公共事务与国家治理研究丛书·研究报告系列

显政之治：
政务公开的理论与案例

主　编　孔繁斌
副主编　魏　姝　黄　科

南京大学出版社

图书在版编目(CIP)数据

显政之治:政务公开的理论与案例/孔繁斌主编
.—南京:南京大学出版社,2021.6
(公共事务与国家治理研究丛书)
ISBN 978-7-305-23729-4

Ⅰ.①显… Ⅱ.①孔… Ⅲ.①地方政府-行政管理-研究-中国 Ⅳ.①D625

中国版本图书馆CIP数据核字(2020)第166524号

出版发行	南京大学出版社	
社　　址	南京市汉口路22号　　邮　编　210093	
出 版 人	金鑫荣	
丛 书 名	公共事务与国家治理研究丛书	
书　　名	显政之治:政务公开的理论与案例	
主　　编	孔繁斌	
责任编辑	郭艳娟	
责任校对	梁承露	
照　　排	南京南琳图文制作有限公司	
印　　刷	南京玉河印刷厂	
开　　本	635×965　1/16　印张 26　字数 337 千	
版　　次	2021年6月第1版　2021年6月第1次印刷	
	ISBN 978-7-305-23729-4	
定　　价	80.00元	
网址:http://www.njupco.com		
官方微博:http://weibo.com/njupco		
官方微信号:njupress		
销售咨询热线:(025) 83594756		

* 版权所有,侵权必究

* 凡购买南大版图书,如有印装质量问题,请与所购
　图书销售部门联系调换

总序

在人类文明体系演进中,政治共同体的良善治理始终是衡量文明发展水平和程度的标尺。在中华民族源远流长的历史中,形成了丰厚的治理文明传统,至今依然熠熠发光。在近现代基于文明互鉴的治理实践中,中华民族不断探索新的治理文明道路。时至今日,在中华民族伟大复兴背景下,推进国家治理体系现代化成为时代发展的主题。推进国家治理体系和治理能力现代化,就是为人民幸福安康、为社会和谐稳定、为国家长治久安提供一整套更完备、更稳定、更有效的制度体系并构建其实践能力。这既是历史发展的主题,也是当今中国社会科学的时代责任,探究合法性和有效性兼备的治国理政知识,无疑是政治学和公共管理的根本旨趣。

在国家"双一流"建设背景下,南京大学确立了创建具有中国特色、南大风格的世界一流大学的总体目标,其中包括"国家治理现代化"学科高峰和"理论创新与社会治理"特色学科群建设计划。为高水平实现这些目标,南京大学以政府管理学院为主体组建了"公共事务与国家治理"学科群。本学科群以人类社会发展中的公共事务及其规律为基本关怀,研究国家治理与全球治理中的理论及实践问题,探索良政善治之道,全面服务于推进国家治理体系和治理能力现代化的总体目标。

南京大学政府管理学院脱胎于1921年成立的国立中央大学政治学系,历经百年沧桑,她既见证了中国现代国家治理体系的形成过程,又致力于通过对国家治理的知识创造积极参与到中国现代国家治理体系的建构之中。"周虽旧邦、其命维新",经过数代学人的不懈努力,南京大学政府管理学院形成了"道器相济、兼有天下""真诚研究、立德树人"的文化传承,确立了基础理论原创性研究和应用问题引领性研究的学术布局;在新时代社会科学发展进程中,南京大学政府管理学院正在成为科研力量雄厚、学术特色显著、传承紧致有序、发展充满朝气的国家治理现代化的研究和教学机构。

南大校歌云:"吾愿无穷兮,如日方曒。"创新性地开展国家治理现代化的研究,是政治学和公共管理的使命和挑战,呈现在读者面前的这套丛书,是我们研究国家治理现代化的学术成果。我们由衷期待这套丛书成为我们与学术界开展对话和交流的平台,并期待与学界同仁一道为探究国家治理现代化的中国话语做出贡献。

于南京大学政府管理学院
2019 年 10 月

前言

政务公开是法治政府建设的重要举措，全面推进政务公开，让权力在阳光下运行，对于增强政府公信力和执行力，发展社会主义民主政治，保障人民群众知情权、参与权意义重大。自20世纪80年代末期开始，中国政府在政务公开领域的实践探索和理论认知都在不断深化。一方面，政务公开在政府治理的各个重点领域不断拓展，政务公开平台和渠道初步建立。政务公开的范围从公开政府内在职能扩大到国有企业、社会组织、中介机构等公共信息，政务公开的内容涵盖"三公经费"、重点项目建设、财政资金、民生政策、财税体制改革等多个领域。另一方面，政务公开已成为全社会的普遍共识。自政务公开工作被纳入法治政府建设之中以来，各级政府部门对政务公开的重视程度显著提升，民众参与公共政策制定的热情不断提高，公民的知情权意识不断增强，这些都为推进政务公开和阳光政府建设提供了良好的政治和社会发展环境。

事实上，经过多年发展，我国政务公开初步形成行政权力公开透明运行、政府信息公开、公共企事业单位办事公开的工作格局，有力地促进了政府职能转变和经济社会发展。但同时，也应当看到，政务公开工作的实践探索与理论认知之间的裂痕也愈发凸显，特别是人民群众日益高涨的行政参与热情与信息获取的渠道不通畅之间的矛盾,社会回应性需求与政务公开内容不全面之间的矛盾,行政人员思想认知与政务系统的价值追求之间的矛盾,政务公开的制度设计与政务公开的实践要求之间的矛盾。随着我国行政体制改革进入深水区,改革遇到的都是难啃的硬骨头,这些平时隐藏着的政务公开"隐形"矛盾开始频繁显现,在一定程度上影响着政务公开的推进效能。而且这种矛盾在突发公共事件中还会进一步激化,影响甚至损害整个政务系统的公信力,重大公共卫生事件中信息公开不及时导致的政府信誉受损就是典型案例。

众所周知,治理活动是一种实践行动,它不仅受到实践主体对实践对象的认知的影响,也受到治理体系的知识体系的影响,即治理行动是实践维度、知识维度和认知维度三个层面相互作用的结果。对于政务公开活动而言,知识维度是它的价值中轴,是基于公共性而构建的一套认知体系,是对于公开什么、谁来公开、怎么公开和公开效果的判断与解释;而认知维度则是政务公开主体对政务公开价值体系的认知,它最终反映在个体行动、制度设计和机制运转上。任何认知维度的偏差必然会导致目标偏差,诱发实践层面的困境;而实践层面的探索过程如果缺乏知识中轴的指引,就会落入认知偏差的窠臼。换言之,政务公开是一种公共行政行为,必然要把公共性作为知识体系的中轴,在认知维度和实践维度上都必须高举公共性的旗帜,以避免认知维度的价值偏差和实践维度的行动困境。基于这一逻辑,再反思政务公开的现状,正是对公共性作为价值中轴地位的不珍视,导致政务公开的诸多困境,因此,我们才看到近年来在政务公开行动中更注重对公共性的价值回归,特别是《2019年政务公开工作要点》中明确指出,政务公开要"切实增强人民群众满意度、获得感"。显而易见,无论当前政务公开实践对有效性的追逐,还是对公共服务满意度的向往,如果偏离了公共性这一最终的价值归属,都可能将政务公开引向背离公共利益的方向。那么在政务公开的实践探索中,究竟是哪些环节的制度设计导致了对公共利益的背离？究竟是哪些运行机制影响着公众的满意度？对照公共性的价值诉求，我们可以提炼出哪些经验举措，剥离出哪些不足，进而在以后的实践中加以改进和完善？这一系列问题都需要结合政务公开的基础理论，在政务公开的实践探索中寻找答案。

基于对以上研究问题的思考，近年来南京大学公共政策研究院围绕政务公开领域的热点议题进行了跟踪研究，在广泛调研、理论梳理、框架建构、案例分析的基础上，形成了一系列研究成果。这些研究立足于公共性的视角，借助政务公开的具体案例，对政务公开的运作机制、推进实践和基础制度等多个层面进行了深度扫描，并针对当前政务公开存在的问题，提出了一些具有前瞻性的对策建议。这些研究成果既是对现有政务公开研究的理论反思，也是对政务公开实践的经验总结，有利于丰富服务型政府建设的知识体系，有助于推进政务公开的改革。

一、近年政务公开的研究热点

政务公开是民治政府或民主施政的经典研究议题，也是当代中国的一个热点话题。国内外的理论工作者和实践探索者都对这一议题有着深厚的兴趣，近年来更是围绕政务公开的热点议题形成了大量的研究成果，为深化政务公开研究提供了丰富的理论素材。

1. 国外研究的热点议题

在 web of science 数据库中搜索"政务公开（open * AND government * ）""透明政府（transparent * AND government * ）"得

出与这两个主题密切相关的文献1 996篇。[①] 国外对政务公开、透明政府的研究开始于1957年,但是研究的热度一直不高,到20世纪70年代末,政务公开和透明政府的研究热度有所增加,直到2010年研究成果才爆发式增长,其中,数据库中检索到以"透明政府"为标题的文献最早出现在1999年。在Google Scholar以及国外的学术网站和大学网站中搜索与政务公开、透明政府建设相关的会议,发现相关议题主要有"政务公开与透明政府建设""城市化电子商务与电子政务""国际电子政务会议",以及"公共行政国际会议"等,形成了《欧盟的政务公开与透明政府建设》《政务公开:促进政府与市民社会之间的对话》等论文集,可见国外对政务公开、透明政府方面的研究,虽然起步比较早,但也仅仅局限于电子政务和电子商务的论题。

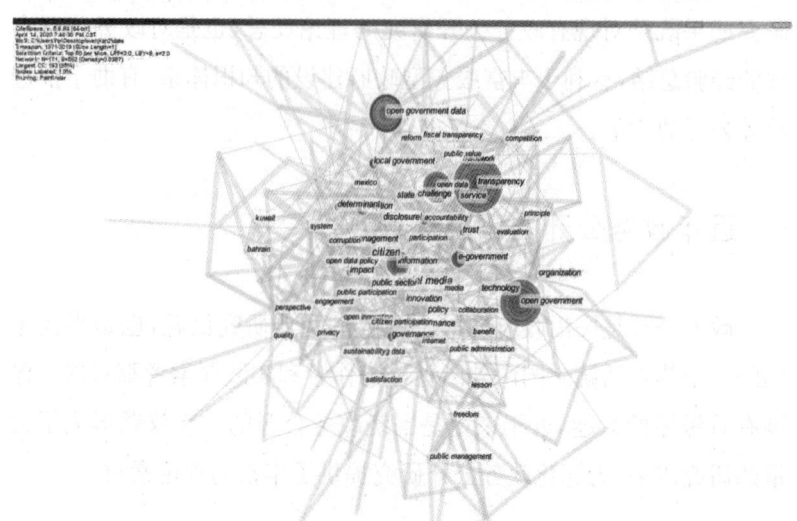

图1 国外政务公开的研究热点图[②]

---

① 国外文献中没有"阳光政府"(sunlight government)的提法,在ISI和JSTOR数据库中,文献标题有"sunshine"的仅一篇"Government in sunshine-open meeting legislation in Ohio",国外较多使用透明政府的范畴。

② 图表是借助CiteSpace对web of science的数据分析得到的。

一般而言,国外研究普遍认可经济合作与发展组织对政务公开(open government)的定义,即"政府行为的透明化、政府服务和信息的公开化,以及政府对新观点、新需求的回应"[①]。它包含了三个核心内容:一是信息透明,即保证公众的知情权,让公众了解政府的运作;二是公众参与,即公众通过参与政策过程影响政府的运作以及公共服务的提供;三是回应性与责任政府,即通过政务公开,加强公众对政府的监督,保证政府对其政策承诺和公共服务提供负责,提高政府的回应性。因此,国外的研究工作也主要围绕与信息透明、公众参与和回应性有关的主题展开:一是围绕开放数据门户、对采购和预算使用信息的公布进行研究;二是围绕推进公众参与(包括推进电子政务建设)、提供在线的参与和投票等服务等主题进行研究;三是围绕提高政府回应性、完善反腐败机制等主题进行研究。

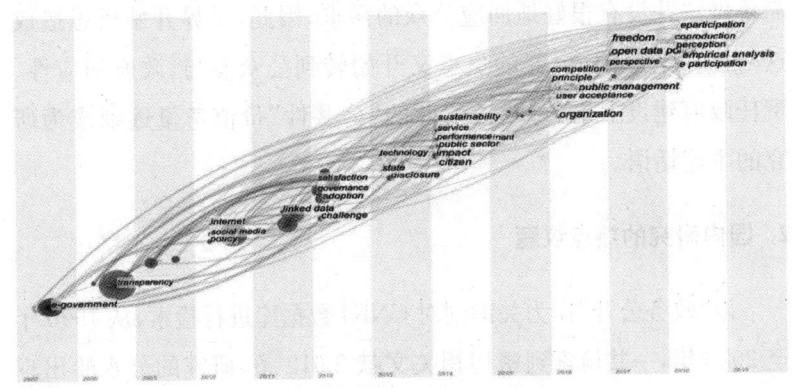

图2 国外政务公开的研究趋势图[②]

如果从研究趋势的演变看,国外对于政务公开、透明政府的研究主要有两条主线:一是从政务公开的实践入手,集中于财务公开、电子政务、信息公开技术、政务服务等热点议题,探讨政务公开、透明政

---

① 参见国际透明组织相关资料。*Open Government*: *beyond static measures*. http://www.oecd.org/gov/46560184.pdf.
② 图表是借助 CiteSpace 对 web of science 的数据分析得到的。

府的建设在重塑政府、提高政府回应性、建设责任政府中的重要作用;二是围绕政务公开的公共性价值,从政务公开的影响力、满意度、参与性、信任度等议题着手,探讨政务公开在维护公共利益上的民主价值。而且随着理论研究工作的深入,近年研究工作的重心也逐步从实证性的实践探索研究向经验性的公共价值研究转向,研究热点从关注"电子政务",转向关注"公民参与、政府回应性"。之所以会产生这种研究趋势是因为"政务公开"的早期议题产生于20世纪90年代中期,正是电子政务兴起的时代,因此,国外对于政务公开、透明政府的早期研究关注技术的运用以及信息和数据的公开,集中在政务公开制度的建设方面以及对于政务公开的范围和程度的探讨上。但随着国外在信息公开制度和机制建设上的规范化以及信息技术的日趋成熟,电子政务建设中以数据、信息公开为导向的这种简单做法并没有很好地回应公众的需求,因此,学界开始反思造成这一困境的原因,研究的焦点又开始转到公众参与、政府回应性、责任政府建设上来,对政务公开的"公共性"价值考量逐渐成为研究的主流话语。

2. 国内研究的热点议题

以"政务公开"作为关键词对CNKI数据库进行检索,从1990年至2020年,一共检索到密切相关文献2 612条,研究的分水岭出现于1997年,在1997年前政务公开的学术关注度并不高,而在1997年后,政务公开的关注度提升明显,研究成果的数量更是大幅增长。这是因为在1997年召开的十五大上,中央明确提出要"实行政务和财务公开,让群众参与讨论和决定基层公共事务和公益事业",政治环境的现实要求深刻地影响着学术研究的兴趣,持续二十多年的学术关注充分证明了政务公开的学术价值和研究意义。

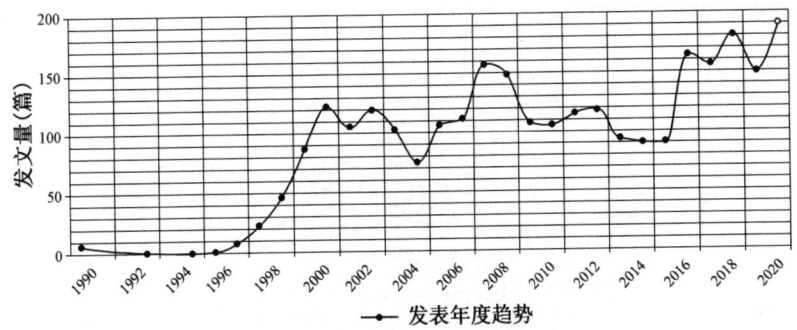

图3 近年国内政务公开研究关注度的变化

采取 CiteSpace 对中国知网中核心期刊的数据进行关键词共现网络分析的话,可以看出国内学术界对政务公开的关注主要集中于实践层面,这与国外研究偏向价值层面的关注有所不同。具体而言,国内研究的焦点主要围绕三个维度展开:一是在基础制度层面,将政务公开视为一套制度设计,主要关注政务公开的公开内容、法律依据、实施细则、运行规范等,比如关注政府信息公开制度、依法行政的程序、政府信息公开条例等;二是在运行机制层面,将政务公开视为一套有效运行的流程,包括政务公开的决策、执行、管理、服务、监督和评估等方面,研究工作主要关注地方在政务公开的实践过程中保障各个政策环节有效落实的具体举措,比如关注编制预算、绩效评估、网上公开和行政审批等热点议题;三是在具体操作层面,政务公开被看作不断的实践探索和工作创新的过程,它在现有的制度框架和组织架构下,创造性地为公众获取政务信息、参与公共治理提供保障。围绕着政务公开的推进实践,现有研究主要关注阳光政务、电子政务、服务平台建设等领域。

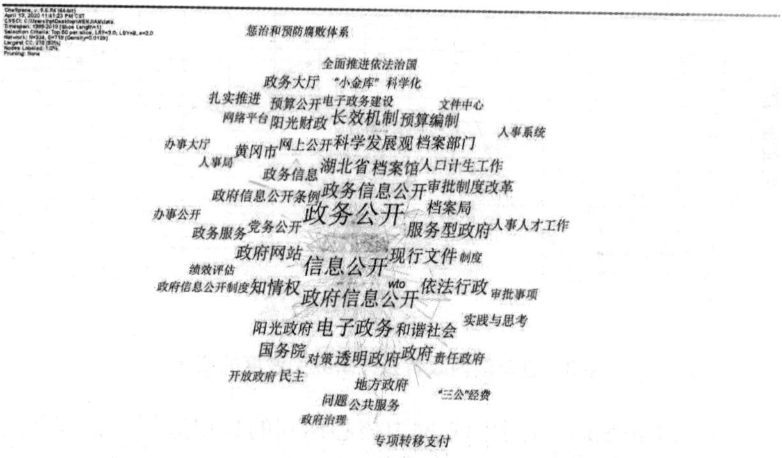

图 4　国内政务公开的研究热点图①

一般而言,国外政务公开研究兴趣偏向于讨论公民权力与公民关系,无论"透明政府"[戴维·奥斯本(David Osborne),特德·盖布勒(Ted Gaebler)]概念的提出,还是"无缝隙政府"[拉塞尔·M.林登(Russell M. Linden)]和"民有政府"[谢里尔·西姆拉尔·金(Cheryl Simrell King),卡米拉·斯蒂福斯(Camilla Stivers)]的倡议,都指向对公共权力与公民关系的重新认识。而国内的研究热点主要偏向技术变革、组织再造、制度重构等实践层面的议题,对政府的公共价值归属问题讨论得不多。国内外研究兴趣的差异源自政治制度的不同,西方政体下政治与行政二分,行政性事务受严格的制度规范约束,实践操作的空间有限,因而研究者将研究兴趣更多置于政治领域的公民权力与公民关系上,探讨政务公开的价值属性;而国内政务公开处于持续发展阶段,政务公开的创新举措层出不穷,所以研究者更多将研究焦点放在政务公开的具体实践上,研究通过提升政务公开效能,加强政府的执政能力建设。当然,在众多的热点研究中

---

① 图表是借助 CiteSpace 对中文核心期刊的数据分析得到的。

值得关注的是,政务公开是手段而不是目的,政务公开虽然指向政府执政能力的提升,但政府治理能力提升仍属于一项公共行政议题,它必须回到公共权力与个人的关系的讨论上来,否则研究就容易偏离既定方向,造成对政务公开概念解读出现偏差、政务公开的目标指向错误、政务公开的效果评判失败等研究困境出现,因此,在对政务公开的研究活动中,我们必须认识到研究工作回归公共行政本质的重要性,回到发展公共性的话语逻辑中来,培养思考公共行政基本问题的理论自觉。

二、政务公开的理论渊源与实践探索

政务公开是政府与公共机构依法向公民告知或依法向公民提供各种公务信息,保障公众知晓、观察、查询公共权力行动的民主施政行为。一般而言,政务公开包含三个层面的内容:一是政务公开所蕴含的价值取向,它是实现现代参与民主和协商民主的必要环节;二是政务公开的实践流程,它是制度建设和机制运行不断法治化的过程;三是政务公开的认知深度,它是公开的内容、范围、程度不断透明化的进程。因此,要真正理解政务公开在当代政府治理中的理论价值和实践意义,必须从以上三个层面来寻根溯源和深度剖析。

1. 公共性:政务公开的价值中轴

政务公开是参与民主和民主施政的经典研究议题,也是当前学界关注的热点研究领域。纵观政务公开的实践过程,实质就是不断调整公共权力和公民权利关系的实践,是逐步构建和实现公民主权理论的历史进程,而政务公开的本质是施政的民主价值追求,体现的是对施政民主化和公民主权理论价值的认同。换言之,政务公开的理论旨趣始终指向政府与公民关系这一理论预设。

严格意义上看,统治型行政下的"神秘政府"不存在政务公开这一话题,政府与百姓之间是隔离对抗的关系,政府利益的获取总是以牺牲社会公共利益为代价,为巩固政治格局和获取更大利益,政府通过信息控制手段,使得政府神秘性不断强化,政府与普罗大众之间的关系也进一步隔离与分化。因此,信息成为统治的工具,成为政府控制的手段。真正孕育出政务公开理念的理论土壤,应当是基于契约论观照下的对政府与公民关系全面反思的公民主权理论,政府与公民之间不再是一个高高在上、另一个是人身依附的关系,而是委托—代理的关系,这一点卢梭说得很清楚,契约关系"并不是上级与下级之间的一种约定,而是共同体和它的各个成员之间的一种约定。它是合法的约定,因为它是以社会契约为基础的;它是公平的约定,因为它对一切人都是共同的;它是有益的约定,因为它除了公共的幸福而外就不能再有任何别的目的;它是稳固的约定,因为它有着公共的力量和最高权力作为保障"①。契约关系的形成奠定政府与公民之间委托—代理的关系,也就明确了"人民主权"的根本性定位,政府只有治权而非主权,人民主权才是政治结构的中心。在明确了人民主权的强势地位后,信息权就不可避免地成为维护人民主权的一个焦点,特别是当信息成为除物质、能量之外的第三大要素时,就显得格外重要,政治体系必须注重避免信息不对称产生的逆向选择和道德风险,破坏主权与治权之间的关系。因此,公开透明的政府逐渐成为现代公共行政理论的中心话题。

既然政务公开在价值层面上反馈出的是一种政府与公民之间的权力关系,那么维系这种关系的制度安排和行动规则就必须体现"公共"性质。这种公共性质在民主行政理论看来就是一种"公共性",它体现在政府必须重视其服务对象——公众的需要,而不应盲目地追求组织效率、忽视公民平等自由的权利,它要求把公众需要作为行政体系的轴心,公共利益和权利高于政府自身的利益扩张,政治民主只

---

① 卢梭:《社会契约论》,何兆武译,北京:商务印书馆,2003年,第40页。

有在民主行政中才能实实在在地体现出来。对于政府而言,政府存在的价值就是确保个人自身利益能够自由、公正地相互影响。政务公开作为政府行为的一种方式,其目的就是确保经过一定的程序和制度安排,公民能获取足够的信息,以保障公民在政府行动中能做出符合自身利益的选择。当然,政务公开本质也是政府与公民互动的过程,除了政府责任以外,成为积极公民也是应有之义。新公共服务理论认为,必须恢复公民利益而非自身利益的公民权,公民会关注广泛的公共利益,并积极参与政府治理活动,会为他人承担更多的公共责任,也就是说,政务公开一类的政府行为也只有通过广泛的对话和公民参与,才能实现政务公开的最终目的,即实现共同的价值观和共同利益。

当然,从民主行政理论到公共服务理论的嬗变中,人们对政务公开的理解在不断深化,对效率和生产力等价值观的反思也铸就"公共性"在政务活动中的价值中轴地位,但对民主价值和公共利益的追逐,并不是要抵触效率和生产力,而是说,应当将其放在公共性的视野中重新审视,正如珍妮特·V.登哈特(Janet V. Denhardt)所言:"在民主社会中,当我们思考治理制度时,对民主价值观的关注应该是极为重要的,效率和生产力等价值观不应丧失,但应当被置于民主、社区和公共利益这一更广泛的框架体系之中。在这一框架之中,其他有价值的技术和价值观都可粉墨登场。"[1]换言之,政务公开必须回到公共行政的本质特征上来,回到公共性的基本认知上来,失去了公共性的指引,任何对公开效率和公开制度的讨论都会失去意义,陷入认知的窠臼而迷失方向。这一逻辑对于政务公开的研究工作同样适用。

当我们回到公共性的视角重新审视政务公开,就会发现它不仅

---

[1] [美]珍妮特·V.登哈特、罗伯特·B.登哈特:《新公共服务:服务而不是掌舵》,北京:中国人民大学出版社,2004年。

契合了中国政治民主发展的时代需求,而且是公共价值理论、公民主权理论和治理理论在当代中国治理实践中的呈现。从某种意义上看,分析和探讨政务公开的理论渊源和实践经验,实质是对中国政治发展历程和治理现代化路径的一次再审视,是立足于政策实践对治理理论和政治民主理论的一种深度解读和理论升华。通过理论纬度看待政务公开,也就不难理解它已成为建设有中国特色民主政治和服务型政府的关键举措,标志着中国政府施政方式从"以政府为中心"的管理行政转向"以公民为中心"的民主行政的重要观念转变。

2. 法治化:政务公开的实践进程

政务公开作为一种政府行为或是制度安排,必然要经历一段不断酝酿、推进和完善的过程。它是各国不断探索和创新的经验结晶,对于公共行政改革和理论发展具有重要意义。从国外政务公开的实践看,它大体经历了萌芽期、探索期、发展期和推广期四个重要阶段。① 第一阶段:政务公开肇始于18世纪的瑞典,此时的瑞典正经历议会统治时期,瑞典议会中的多数党通过了《出版自由法》,它赋予公民以印刷方式出版自己思想的权利和自由取得官方文件的权利,同时还鼓励公民对行政活动的过程和结果进行充分讨论,这一法案为约束政府权力、保障公共生活的透明度和民主化程度提供了制度保障。第二阶段:一直到20世纪70年代政务公开一直处于探索阶段,这其中以美国为典型代表。美国宪法虽然也保护公众获取信息的权利,但对政务公开的内容并不具体。最早制定的《管家法》其实代表着政府并不希望向公众、新闻媒体公开信息的态度,这项法案直到1946年通过的《联邦行政程序法》才被打破,在《联邦行政程序法》确立后,信息公开成为政府的一项行为准则,之后,美国政府又先后

---

① 陈宏彩、周莹:《国外行政公开制度的发展历程》,《湖南省社会主义学院学报》,2005年第4期。

出台了《情报自由法》《联邦隐私权法》《联邦咨询委员会法》《阳光中的政府法》等，这些文件对保障公民权利、维护公共利益以及获取政务信息的渠道、条目和内容做了详细规定，当然后期政务公开的制度还在不断地修改、补充和完善，但主体框架已在这一时期成形。第三阶段：到二十世纪七八十年代，政务公开在西方发达国家呈现出蓬勃发展之势。法国最早成立"行政文书协调委员会"，研讨和协调行政文书的公开、出版发行和保管等事宜，然后在1978年颁布《行政文书公开法》。加拿大分别于1970年和1982年通过了《联邦法院法案》和《情报公开法》，对政务公开的内容和途径做了详细规定。另外，澳大利亚1982年通过了《情报自由法》，新西兰1982年制定《官方信息法》，奥地利1987年出台《联邦提供信息义务法》，等等，这些西方发达国家在政务公开领域的探索进一步丰富了政务公开理论的内涵，为世界政务公开的实践累积了丰富经验。第四阶段：自20世纪90年代以来，政府公开不再受地域、文化传统和经济发展水平的限制，在世界许多国家中建立和推广。这一时期荷兰的《政府信息公开法》，西班牙建立《个人信息保护与公共信息公开法》，葡萄牙建立《行政文书公开法》，俄罗斯建立《信息公开与保护法》，波兰通过《公共信息公开法》，等等，可见政府公开已成为全球政府的共识，政务公开的理念也被各国政府普遍认可和接受。

我国的政务公开起步较晚，最早提出这一概念可以追溯到村务公开的试点工作，1998年，中共中央办公厅、国务院办公厅联合发布了《关于在农村普遍实行村务公开和民主管理制度的通知》，村务公开全面推行，并在各地进行了乡镇政务公开的试点和推广工作。而"政务公开"正式出现在国务院颁布的法令中是1999年颁布的《社会福利机构管理暂行办法》，其主要是针对民政部门对社会福利机构的审批和年检工作实行"政务公开"。之后"政务公开"就常见于各种法律、法规以及具有法律效应的国务院对各部委的法规的批复之中。从2000年开始，"政务公开"的法律条文就与国家治理的法律规范紧密联系在一起,与行政活动密不可分,它含括了乡镇政务的公开制度、改革行政审批制度、廉政制度、民主政治建设等多个领域。2003年国务院批复的民政部《婚姻登记工作暂行规范》对婚姻登记的政务公开制度进行了细化,细分为具有可操作性的九条具体内容,这也标志着政务公开推进的"口号式"向"可操作化"的转变。2004年颁布的《中共中央关于加强党的执政能力建设的决定》文件对政府公共信息服务做了比较完整的概述:"对同群众利益密切相关的重大事项,要实行公示、听证等制度,扩大人民群众的参与度⋯⋯建立社会舆情汇集和分析机制,畅通社情民意反映渠道。"2005年,中共中央办公厅和国务院办公厅联合颁布《关于进一步推行政务公开的意见》,以制度的形式将政务公开推入具体细化操作层面。2006年劳动和社会保障部又颁布了《劳动和社会保障部政务公开办法》并得到了国务院的批复与转发,进一步细化了政务公开的范围、内容以及组织形式和保障。此后,包括《2006—2020年国家信息化发展战略》《国务院办公厅关于加强政府网站建设和管理工作的意见》《中华人民共和国关于深化行政管理体制改革的意见》《关于全面推进政务公开工作的意见》《中华人民共和国政府信息公开条例》等在内的多项政府文件将政务公开与信息化建设、政府服务、廉政建设等政府行政活动紧密联系起来,不断拓展政务公开的适用范围和生存空间。

3. 透明度:政务公开的认知深度

从国外政务公开的历程来看,西方对政务公开的认识是一个从不自觉到自觉的过程。近代契约论颠覆了传统君权理论后,政府的神秘性被彻底瓦解,自此以后,政务公开就一直潜在地存在于政府的行政活动之中,一直到20世纪70年代这种政务公开才走上前台,成为政府职能的重要组成部分。当然,政府政务公开在最初是以外在规制的方式呈现,即通过立法或法律规范强制政府行政公开,而到了20世纪90年代,西方发达国家的政府公开已经有了一定的自觉性,政府越来越意识到政务公开是一种逃避不了的社会责任,它必须对社会环境中的民众知情权进行回应,因而,政务公开开始冲破制度、政治、文化的界限,蓬勃发展起来。当然,政务公开的发展趋势与其说是政府制度安排的结果,不如说是政府适应社会环境变化的结果。因为20世纪中后期,全球范围内出现了一系列金融风暴,大批国家走上了政治与经济转型之路,信息封闭和制度残缺导致腐败盛行,人们在对治理的反思中,将矛头指向了政府的透明度,提出透明度是政府从善政走向善治的必然选择;在服务型政府的建立过程中,政府越来越意识到透明度是政府的治理优势而不是治理成本,特别是在新公共管理理论的指引下,企业家理论引入政府治理当中,透明度被视为一项能够给政府带来竞争优势的优质资产。透明度就是在政府从被动约束到主动履职,不自觉到自觉的过程中得以推广,并迅速推广到世界的其他地方。

我国政务公开的探索同样也是透明度不断增加的过程。首先,政府公开的主体由基层政府逐步拓展到全国行政机构和授权组织。在政务公开的萌芽阶段,它主要涉及基层乡镇及县级政府的办事公开,2005年后政务公开的范畴扩大到全部县和市(地),2007年又扩展到全国范围的行政机关和履行公共权力的部分企事业单位,2016年国务院办公厅印发《关于全面推进政务公开工作的意见》,进一步提出将政务公开的主体扩展到全国所有行政机关,覆盖到省级和国家级机关。其次,政务公开内容从办事信息拓展到行政全流程。最初政务公开的内容主要涉及乡镇政府行政管理、经济管理活动的事项,与村务公开相对应的事项,以及乡镇政府各部门和派驻站所从事的与群众密切相关的各类办事事项等,2012年公开领域拓展到财政预算决算、"三公"经费和行政经费公开等八个重点领域,到2014年又从特定领域拓展为全过程、全方位的全领域公开。再次,政务公开从强调静态结果到动态过程的转变,随着社会对政务公开要求的提高,政务公开更注重"决策、执行、管理、服务和结果"的全过程的动态公开,《关于全面推进政务公开工作的意见》中明确指出要探索建立政务公开的负面清单和数据开放制度,并对政务公开的制度和监督进行了详细规定。最后,政务公开对公民角色的定位从消极走向积极。2009年以前的政务公开制度没有对公民参与做明确规定,2009年后,公民参与逐渐受到重视,特别是在《关于全面推进政务公开工作的意见》中对公民参与制度进行了有效完善,保障了公民参与的权利。

三、政务公开的研究思路和研究内容

国内外政务公开的研究热点和研究趋势,充分揭示公共性的价值导向对政务公开实践的指导意义,而政务公开的理论与实践也证明只有高举公共性的旗帜,政务公开才不会偏离公共利益的方向。在现有的研究中,我们必须把握住的一个中心原则,就是政务公开本身是政策工具,而不是政策目标,是治理手段而不是治理目的。因此,现有政务公开的研究如果仅仅把公开的有效性和合法性作为研究目的的话,那研究工作所提出的对策建议必然会偏离政务公开本质目标的方向。遗憾的是,现有的不少研究工作都只是停留在这一研究的表层,没有深入挖掘政务公开的价值归属和深层意义。我们认为,政务公开属于公共行政的范畴,就应当回归到公共性的话语体系,跳出有效性和合法性框定的研究边界,把公共性作为政务公开的价值目标和理论逻辑,在公共性的框架内阐释和讨论,因为,对于现代政府而言,公共性才是再造政府、评价政府绩效的基准规范和价值。[①] 围绕着这一逻辑,近年来我们的研究工作有意识地建构起基于公共性的分析框架,并在这一框架的指导下,剖析政务公开在运作

---

① 孔繁斌:《公共性的再生产——多中心治理的合作机制建构》,南京:江苏人民出版社,2008年,第226页。

机制、推进实践和基本制度中的问题困境，并尝试着提出一些有针对性的对策建议。具体研究框架和研究内容如下：

1. 研究思路

政务公开是深化行政体制改革的重要内容，也是民主行政理论的热点议题，对政务公开的讨论必须回到公共行政的本质特征上来。从某种意义上来看，政务公开和阳光政府建设应当被看作施政主体对民主治理的积极建构，目的是用来矫正政府施政公共性的失衡，离开了公共性的价值关怀，政务公开和阳光政府建设就会迷失方向，所以有关政务公开的研究必然要回归到公共性的视角之中进行讨论。遵循这一研究逻辑，再重新审视政务公开这一研究对象，在公共性指引下的政务公开的知识体系，以及对政务公开的现实认知体系就十分重要，对政务公开的研究工作必须放置在知识维度和认知维度构成的框架体系中来剖析和理解。知识维度确立了政务公开的行动逻辑，是在公共性价值的观照下对公开什么、谁来公开、怎么公开和公开成效的具体回答。而认知维度则是影响价值判断和制度建构的各类关键要素，它包括了制度背景、治理理念、组织架构和价值体系等多个层面的内容。两个维度共同为政务公开的分析提供了边界清晰、范围合理、要素完整的分析框架。从政务公开的具体实践看，它包含了制度建设、机制运行和具体推进三个层面的内容，对照知识维度的行动标准和认知维度的要素要求，再结合实践维度中制度建设、机制运行和推进实践的具体案例，就能在公共性的指引下，提炼政务公开的经验举措，剖析当前政务公开中存在的问题，并提出有针对性的对策建议。这一分析框架的优势，在于将实践的需要和知识的逻辑高度结合，提高了研究成果的针对性、有效性，保证了研究成果的严谨性和可靠性。

基于以上研究逻辑，我们挑选了运行机制、实践操作和制度建设等三个层面中有代表性的热点议题作为研究对象，对中国政府政务

```
                    ┌─────────────────────┐
                    │ 政务公开和阳光政府建设 │
                    └──────────┬──────────┘
                               ▼
┌─────┬──────┐      ┌─────────────────┐      ┌──────┬─────┐
│     │理论基础│- - -│ 政务公开的基础制度 │- - -│公开什么│     │
│政   ├──────┤      └────────┬────────┘      ├──────┤政   │
│务   │现实背景│- - -          ▼          - - -│谁公开 │务   │
│公   ├──────┤      ┌─────────────────┐      ├──────┤公   │
│开   │影响要素│- - -│ 政务公开的运作机制 │- - -│怎么公开│开   │
│与   ├──────┤      └────────┬────────┘      ├──────┤与   │
│阳   │行动逻辑│- - -          ▼          - - -│公开效果│阳   │
│光   └──────┘      ┌─────────────────┐      └──────┘光   │
│政                  │ 政务公开的推进实践 │                   政   │
│府                  └────────┬────────┘                   府   │
│建                           ▼                            建   │
│设                                                        设   │
│的                                                        的   │
│战                                                        行   │
│略                                                        动   │
│选                                                        逻   │
│择                                                        辑   │
└─────┘                                                 └─────┘

   ┌──────────┐         ┌──────────┐         ┌──────────┐
   │认知维度   │────────▶│实践维度   │◀────────│知识维度   │
   │组织结构与制度│        │建设目标和途径│        │价值体系   │
   └──────────┘         └──────────┘         └──────────┘
```

图 5　研究思路

公开的现状、问题展开系统分析。在政务公开的运行机制上，研究工作要探寻政务公开流程是否基于政府和民众良性互动，是否有利于提升公众的参与度和监督权。在实践操作层面，研究工作要回答政务公开在初始设计、操作技巧和工作创新方面是否符合公众预期，是否能够有效回应公众诉求。在制度建设层面，政务公开的制度设计是否基于公众参与的考量，其在推进过程中是否有利于维护公共利益,是否有利于培育官员良好的公共服务意识。通过对运行机制、实践操作和制度建设等三个层面的具体分析,本书的研究工作最终要回答一个基本问题——政务公开的制度设计、运行机制和推进行动是否偏离了公共性价值的指引方向。如果在实践中政务公开确实存在这种价值偏离,我们就还需要进一步回答这种偏离出现在哪些具体的领域,产生偏离的原因是什么,应当采取什么举措加以纠正。当然,这一系列问题的答案,最终还是要回到政务公开的实践中寻找。

2. 研究内容

从公共性的视域来看,政务公开和阳光政府建设是施政主体对民主治理的积极建构,目的是用来矫正管理型政府施政公共性的失衡,通过公开方式证成、监视公共权力的正当性,维护公民权利和公共利益。因此,对政务公开和阳光政府建设的研究不仅要立足于民主行政理论、服务型政府理论和公共政策理论等中层理论基础,系统阐释以公共性为导向的政务公开理论的知识体系,为政务公开和阳光政府建设提供理论指导和方向指引,而且还要在政务公开和阳光政府建设的实践探索中,不断深化认知体系,加强制度建设、优化运行机制、创新方式方法,促进政务公开工作的有序前行。前者是政务公开研究的价值主线,后者是政务公开研究的逻辑主线。

基于此,我们选取了政务公开领域的八个热点议题,每个议题都按照"提出问题—分析问题—解决问题"的研究思路,从现状入手,厘清和理顺政务公开各关键要素之间的理论逻辑关系,分析影响政务公开成效的根本原因,并在此基础上提出具体的对策建议。因此,整本书的主要内容包括以下七个方面:

(1) 政府信息公开的互动性研究。政府信息公开是各国公共行政实践中的一项重要制度设计,其目的在于改变公众与政府之间信息不对称的状态,更好地维护公共利益。政府信息公开必须要考虑到政府与公众这两个主体,也意味着要构建政府与公众之间恰当的互动关系。因此,站在互动性的角度,结合民主行政理论、信息公开理论和交往行动理论,所构建的公众参与与政府回应相统一的分析框架,能够很好地描述依申请公开互动的过程,解释依申请公开互动的逻辑,进而能针对政府信息公开中的问题提出有效的对策建议。

(2) 政府信息公开的内部监督研究。加强政府信息公开的内部监督是实现规范、有序、高效信息公开的重要保障,我们以江苏省政府信息公开办公室的内部监督治理为研究对象,结合民主行政理论和政府内部监督理论,从多个监督维度梳理和探讨政府在信息公开工作中所采取的各种监督制度与保障措施,剖析政府在信息公开监督工作中的困境,提出要在提升政府理念和公民意识、完善监督法律、规范考核体系和改进社会评议机制等方面全方位地加强政府信息公开的内部监督效能。

(3) 政务公开创新实践研究。"基于公共价值的、界面亲切友好的服务体系"是政务公开的实践目标,围绕着这一目标,南京市在权力、责任、服务清单的信息公开、"互联网+政务服务"和政务服务集成等方面取得了可喜的成绩,也面临着许多问题,根据我们所构建的南京市政务公开指数体系的分析结果,未来提升南京政务公开的水平需要在完善工作机制、开展标准化试点、打造政务服务平台和破解信息壁垒等方面寻求突破。

(4) 政务公开指数体系研究。评价指数体系是衡量政府公开效能的重要参考。与传统工作视角下的考核指数设置不同,基于公共价值视角下的政务公开指数体系能够回应公众对公共价值层面的关注,引导政务公开质量全面提升。通过对比两个不同视角下的政务公开指数体系分析结果,以及对照南京政务公开效能的实证考核,公共价值视角下的政务公开指数体系具有很强的实用价值,能够深入挖掘公共价值导向下的政府政务公开质量提升策略,有利于推进服务型政府、透明政府、法治政府建设。

(5) 行政权力阳光运行研究。南京市推行的"行政权力阳光运行"是从廉政创新走向管理革命的重要实践。它发轫于廉政自律的领域,继而向更广泛的治理领域迈进,既显现了管理型政府的巨大改良空间,也揭示了向服务型政府转轨的可行路径。南京阳光政府建设在不触动体制硬核的基础上,突破了行政改革的困局与僵局,实现了低投入带来大产出的管理效益,使政府管理和服务面貌发生了革命性的变化,是一个优秀的改革样本,值得认真研究和推广。

(6)土地督察与信息公开研究。土地督察信息公开是政务公开的一种类型,研究土地督察信息公开能够为我们透视政府信息公开的内在规律提供一种视角。分析当前土地督察信息公开的状况,不难发现它存在着发布方式单一、内容不全面、公开不及时等诸多问题,在借鉴国内外相关领域政府公开的启示和分析土地督察信息公开风险的基础上,提升土地督察信息公开透明度还需要在信息公开的系统化、公开内容的标准化和跟踪评估的规范化等层面下功夫,不断完善土地督察信息公开的制度体系建设。

(7)政务公开标准化规范化研究。政务公开标准化规范化是政务公开制度建设的重要抓手。面对各地政务公开内容和范围不清晰、主体设置不规范、公开形式表面化的乱象,加强政务公开标准化建设十分迫切。通过对南京市建邺区政务公开标准化规范化试点的实地调研,并结合浙江、上海、贵州等地的基层政务公开标准化的做法与经验,研究发现,推进基层政务公开标准化规范化需要在打造亮点、设置目录、顶层设计、创新方法和平台建设等多个层面进行系统优化。

目 录

前 言 ··· 1
 一、近年政务公开的研究热点 ·· 3
 二、政务公开的理论渊源与实践探索 ····························· 9
 三、政务公开的研究思路和研究内容 ··························· 16

第一章　政府信息公开的互动性 ·································· 1
 一、概　论 ·· 1
 二、政府信息依申请公开：理论阐释框架 ····················· 13
 三、依申请公开中的互动：界面—过程描述 ················· 27
 四、依申请公开中的互动：实践场域解释 ····················· 36
 五、建构依申请公开中政民良性互动的政策建议 ·········· 61

第二章　政府信息公开的内部监督 ······························· 65
 一、概　论 ··· 65
 二、政府信息公开监督治理概述 ································· 75
 三、我国政府信息公开监督的实践 ······························ 84
 四、发达国家政府信息公开监督的实践 ······················· 99
 五、政策转移视角下的监督改进考察 ························ 106

第三章　政务公开工作的创新 ……………………………… 113
一、政务公开的理论基础研究 …………………………………… 113
二、南京市政务公开工作的现状和存在问题分析 ……………… 123
三、国内外政务公开先进经验及典型做法 ……………………… 133
四、南京市政务公开创新实践的战略取向 ……………………… 145
五、南京市政务公开工作的对策建议 …………………………… 147
六、小　结 ………………………………………………………… 162

第四章　政务公开的指数体系 …………………………… 165
一、概　论 ………………………………………………………… 165
二、基于公共价值的政务公开指数测评过程 …………………… 173
三、南京市政务公开指数体系评估结果分析 …………………… 183
四、政务公开指数评估结果的比较分析 ………………………… 199
五、工作视角与公共价值视角的政务公开评估结果比较分析
　　………………………………………………………………… 204
六、公共价值视角下进一步完善南京市政务公开的对策建议
　　………………………………………………………………… 218
七、小　结 ………………………………………………………… 222

第五章　行政权力阳光运行 ……………………………… 224
一、概　论 ………………………………………………………… 224
二、宏观背景：电子政务浪潮中的行政改革 …………………… 231
三、改革设想：南京市权力阳光运行机制的初始设计 ………… 238
四、改革实施：南京市权力阳光运行机制的操作技巧 ………… 244
五、改革绩效：南京市权力阳光运行机制的直接贡献 ………… 255
六、改革启示：南京市权力阳光运行机制的拓展思考 ………… 259
七、小　结 ………………………………………………………… 264

第六章　土地督察与信息公开 …… 266
一、概　论 …… 266
二、土地督察与信息公开 …… 267
三、土地督察信息公开及社会影响评价的理论研究 …… 273
四、国内外相关领域信息公开方式比较研究 …… 279
五、土地督察信息公开社会影响评价 …… 305
六、土地督察信息公开模式探讨 …… 326
七、完善土地督察信息公开机制的政策建议 …… 337

第七章　政务公开标准化规范化 …… 341
一、概　论 …… 341
二、近年来各地开展政务公开工作面临的问题和困境 …… 346
三、政务公开标准化规范化的理论分析 …… 348
四、南京市建邺区政务公开标准化规范化试点情况 …… 351
五、其他地区政务公开标准化规范化的做法与经验借鉴 …… 353
六、推进基层政务公开标准化规范化工作的建议 …… 356

参考文献 …… 359

附件 …… 372
附件1：第一章的访谈提纲 …… 372
附件2：第二章的访谈提纲 …… 375
附件3：第七章的调查问卷 …… 378

后记 …… 385

第一章　政府信息公开的互动性

一、概　论

(一) 选题背景及意义

公开透明是法治政府的基本特征。做好政府信息公开工作，建设透明政府和服务型政府，对于发展社会主义民主政治，增强政府公信力，保障公民的各项权益具有重要意义。而信息公开制度中的依申请公开部分，则为公众主动行使知情权、完善信息公开范围提供了重要的渠道支撑。我国第一部与政府信息公开相关的法规《中华人民共和国政府信息公开条例》(下称"《条例》")于2008年5月1日起正式实施。自《条例》实施以来，我国政府信息公开工作获得较大进展，公开透明的价值理念、知情权和监督权等公民权利深入人心。但随着社会环境的变化，公众对信息公开的需求也不断变化，这种变化不仅体现为需求量的增加，还包括对公开形式、内容、申请渠道等的要求不断提高。尽管政府部门对于信息公开工作始终高度重视，从各地相关政策的出台，到电子政务平台的建设，还有对于信息公开工作越来越规范的考核制度，但在信息公开工作的实践中，公众与政府的矛盾突出，主要集中在公众依法申请信息公开的过程中，政府部门无法满足其需求，与之相关的行政复议和诉讼案件也屡见不鲜。也就是说，当公众与行政机关两个主体，在政府信息依申请公开这一特定的场域内产生互动关系时，两者的互动过程并不顺畅。

政府信息公开是各国公共行政实践中的一项重要的制度设计。学界在论述政府信息公开的相关问题时，对政府信息公开的互动性达成了共识，但对其在理论上的必然性缺乏进一步的描述。从字面上理解，政府信息公开似乎是政府单方面的一种信息发布行为，但事实并非如此，政府信息公开的实质是要通过发布信息、听取民意、形成反馈等过程，在公共部门与社会公众之间形成一种有效的合作关系，从而推动各项社会公共事业发展。一项制度的本质要求，应当与其制度产生的根源相联系，政府信息公开的必要性就在于政府与公民之间的信息不对称现状。政府在行使公共权力的过程中，掌握了80%的信息，却出于对自身组织利益的维护，倾向于对许多信息保密，使得公众无法获知相关的信息，从而在制度上形成了信息的不对称现象。这种不对称加剧了政府部门与公众之间的紧张感和陌生感，使得公众对政府部门的信任度下降，也就削弱了政府部门的合法性基础。正是为了改变政府与公众之间的这种紧张关系，为公共事务管理活动减轻阻力，政府才将政府信息的公开作为一项重要的行政原则，并在制度上加以确认。从政府信息公开的理论根源可以发现，这项制度的目的在于改变公众与政府之间信息不对称的状态，从而改善公共事务管理的社会基础，这表明政府信息公开在其诞生之时，就天然地包含了政府与公众这两个主体，也就意味着构建政府与公众之间的恰当关系，是实现制度目标的本质要求。

进一步，在政府信息公开的具体实践中，对于这种关系的构建有着更明确的要求。《条例》第一条就明确了政府信息公开的目的是提高政府工作的透明度，促进依法行政，充分发挥政府信息对人民群众生产、生活和经济社会活动的服务作用。这一具体表述充分表明了政府信息公开只是履行政府职能、实现公共利益的手段，而非目的。倘若政府信息公开被限定为政府对信息的公布，而不考虑公众参与，或者是更高层面的政民互动，那也就无法确认被公开的信息是否在真实性和有效性上符合要求。只有从手段和前提的角度来认识政府信息公开,才能发现公众这一主体在政府信息公开过程中的重要性。

政府信息公开过程中对政府与公众互动性的必然要求,除了来自政府信息公开的本质要求之外,还来自信息化时代的要求。在信息化的时代背景下,信息传播的交互性越来越强,传播速度也逐渐加快,并且信息的开放性成为一个显著特征,这样的外部环境变化,也使得政府与公众的关系发生了质的改变。在传统的公共行政中,政府是作为管理者的形象存在,而公民则是被管理者,随着信息化时代下开发性和交互性的加强,双方的关系逐渐趋于平等和合作。政府信息公开倘若只是政府单向度的信息提供,则背离了信息化时代对合作性的要求,单向度的信息提供,缺乏公众的参与,也没有政府在信息公开过程中对公众持续的回应。反过来说,信息时代公众能够通过更多的渠道和更便捷的方式获取各类信息,从而提高了对政府信息公开的速度和准度的要求,倘若政府无法适应互联网的信息共享能力带来的更高要求,则公众在认知的过程中,会因为互联网的信息共享能力和政府部门的信息公开能力之间存在过大的差距,而更消极地对待公共事务的管理,从而阻碍政府行政能力的提升。近年来,公众屡屡在各类社会事件中通过倒逼政府信息公开的方式来促进问题的解决,尽管最终的结果往往是圆满的,但这种政府与公众的博弈关系,事实上是对政府与公民在信息公开过程中互动关系的一种破坏。政府应当以这些问题的解决为契机,转变工作思路,在信息公开过程中与公民进行全方位的互动,才能促进政民关系在良好的轨道上发展。

中共中央办公厅、国务院办公厅于 2016 年 2 月和 11 月先后印发了《关于全面推进政务公开工作的意见》和《〈关于全面推进政务公开工作的意见〉实施细则》,明确了各地区各部门下一步工作的方向,这必然会推动我国政府信息公开工作的又一次转变,正是基于这样的政策背景，进行一项针对政府信息公开的矛盾聚焦点的研究，是有其学术价值和现实意义的。

从理论角度看，微观层面上，在信息公开的学科领域中，构建公众与政府部门在依申请公开过程中的互动层次，有利于拓展政府信息公开的研究视角，明确研究范畴和对象；宏观层面上，公众参与公共行政过程、在特定政策场域内和政府部门形成良性互动、同时政府部门积极主动回应公众的利益诉求，是开展民主行政理论基础上的行政实践、实现良好治理、追求民主政治的具体目标，并且通过专题研究，能够为在民主行政理论框架下描述和分析公众参与与政府回应提供借鉴。

从现实角度看，对各级政府来说，依申请公开都是信息公开工作过程中政民矛盾和冲突多发的领域。依申请公开制度在信息公开工作中的重要性不言而喻，努力减少互动中的冲突、实现良性互动是依申请公开工作在制度设计和实务操作两方面的重要目标。通过直接梳理民主行政理论视角下的政府信息依申请公开过程，在对依申请公开实践场域的描述中，更多考量公开性、公共性、回应性和参与性等价值因素，对把握现状、归纳问题、分析对策的指导意义是突出的。

（二）研究述评

1. 关于政府信息公开的研究综述

自《条例》实施以来，国内外学者围绕信息公开相关议题进行了大量研究。以"政府信息公开"为篇名关键词检索CNKI中国知网全文数据库，截至2015年，期刊文章共有2398篇，其中历年期刊文章数量变化见图1-1。如图1-1所示，学者们对于政府信息公开相关问题的关注程度和研究热情逐年提升，由于2008年《条例》的出台，当年数量最大，近年来的数量虽然有所减少，但依旧稳定在较高水平。

第一章　政府信息公开的互动性 | 5

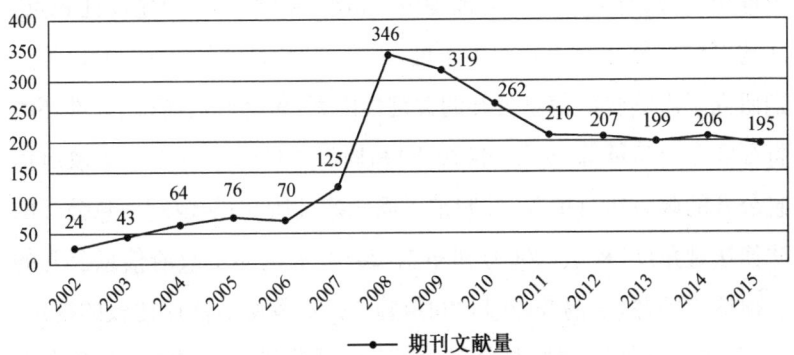

图 1-1　CNKI 历年"政府信息公开"期刊文献量

纵览政府信息公开的相关研究文献,学者们一方面着重阐释了政府信息公开研究的理论基础和框架,另一方面也对政府信息公开的价值取向、含义范围、实施原则等问题进行界定。首先在概念的界定上,学界对政府信息公开的定义表述具有一致的基本内涵,即政府信息公开就是将政府在行使职权、履行职责的过程中所收集、产生、整理、利用、保存的信息进行公布与发表①。而对于信息公开主体范围的界定,则分为广义和狭义两种不同观点。广义的主体包含各类国家机关,狭义的主体则局限于行使行政权的行政机关。

而在对理论基础的认识上,学者们的观点展现了政府信息公开丰富的理论视角和研究空间。例如,颜海认为政府信息公开的理论基础包括行政学的服务论、平衡论,法学的宪法基础、行政法基础,政治学的人民主权理论,经济学的信息不对称理论,社会学的民主思想、社会诚信理论,信息管理学的信息资源共享理论。②

理论基础的多样性,反映出了政府信息公开问题的复杂性,也体现了在研究视角选择上丰富的可能性。因此,学者们基于不同的理

---

① 方维慰.我国政府信息公开研究进展的述评[J].中国行政管理,2013(12):111—115.
② 颜海.政府信息公开理论与实践[M].武汉:武汉大学出版社,2008:25—47.

论框架,在政府信息公开的范围内,提出了相当丰富的建设性观点。从政府信息公开的行政行为角度,马亮(2012)和吴三通(2011)等分别研究了影响政府信息公开的关键性因素,包括政府特征、外部环境特征和公众特征等,莫于川(2008)和周汉华(2009)等考察了政府信息公开的政策执行情况,并归纳了问题症结所在;从政府信息公开的法律法规角度,程洁(2009)和邓志(2010)等论述了政府信息公开的法律适用问题,王锡锌(2011)和芦帅(2012)等则从法律比较的视角,将《条例》同《保密法》《档案法》等法律规范进行了比较,而金太军(2011)、山文岑(2010)和杨解君(2012)等则从不同的角度讨论了完善相关法律的途径。

无论是从制度建设、法律保障还是执行能力看,我国政府信息公开制度的发展都是任重而道远。相对应的,学界对于信息公开的研究也需要伴随着政策实践和落实的推进而一步步深入,当前的研究也存在许多问题,例如有学者就指出,在研究内容的层面上,目前对政务信息公开的研究呈现出必要性研究较多而操作性研究偏少、定性研究较多而定量研究较少的特点,且研究的深度和广度不足。从研究问题的构建上看,学界主要将未来进一步推动政府信息公开发展的问题视为技术革新、组织再造或者是制度重塑的过程,对信息公开背后的公共性价值、信息公开中的信息以及主体交互等问题的关注较少。从研究方法上看,现有研究多为解释性的,或者是基于特定地方政府的工作现状进行的个案研究。①

2. 关于政府信息依申请公开的研究综述

依申请公开制度是政府信息公开制度中重要的组成部分,甚至可以说是其核心所在,因为正是依申请公开制度,赋予了公民主动向政府要求公开信息的权利,体现和保障了公民的参与权和知情权。

---

① 庄国波,谢长征.首届全国"政府信息公开与公共政策创新"研讨会综述[J].中国行政管理,2015(9):153—154.

而就我国现阶段的政府信息公开实践而言,依申请公开也是问题最聚集、矛盾最激化的领域,可以说,能否准确发现并解决依申请公开制度中存在的问题,直接关系到我国政府透明化和公开化的发展前景。

但从现有的研究成果来看,关于依申请公开制度的研究并不丰富。利用 CNKI 的中国期刊全文数据库进行检索,篇名含有"依申请公开"的文献仅 40 篇,其中核心期刊来源的文献仅 14 篇,而在中国博士学位论文数据库、中国优秀硕士学位论文全文数据库中,仅有 6 篇题目包含"依申请公开"的学位论文,均为硕士论文。

关于依申请公开的研究,主要分为两类:一类是关于依申请公开相关制度、概念和理念的规范研究;另一类则是对特定部门或者地区依申请公开实践状况的实证研究。在对依申请公开制度的规范性研究中,学者们往往更多关注《条例》,通过对条例中与依申请公开相关的条款进行分析,来探究依申请公开制度存在的问题,例如陆幸福(2013)通过对条例第 8、13、14 条款进行介绍和分析,指出了我国政府信息依申请公开制度的三点不足,包括申请主体范围受限、政府信息公开范围狭窄以及监督机制无效[1]。在聚焦于条例本身的同时,学者们在各自的论述中,也都有不同的侧重点:吕艳滨(2012)重点关注了依申请公开制度中的政府信息概念,认为全部政府信息应适用于依申请公开制度,并且不应该对"履行职责过程中"和"现有的"政府信息做狭义理解;[2]而蒋红珍(2012)则从公民权利的角度,提出要想走出政府信息依申请公开制度的困境,就需要行政部门在理念上完成公民从"知的需要"向"知的权利"的转变,正视公民的知情权,完

---

[1] 陆幸福.论依申请公开政府信息之制度改进[J].法学,2013(4):74—80.
[2] 吕艳滨.如何理解依申请公开中的政府信息概念[J].中国行政管理,2012(8):12—15.

善信息公开的豁免权；[①]罗长青（2009）则通过依申请公开和主动公开两个制度框架的比较研究，阐述了依申请公开建设的优越性及其制度价值；[②]还有学者进一步细化研究的对象，针对依申请公开过程中地方政府网站的作用，提出以公众对信息的需求为导向，在设计思路上变单向主动公开为双向信息共享。[③]

政府信息依申请公开的研究中，还有一类是对特定部门或者地区依申请公开实施情况的实证研究。这类研究的着眼点在于政府信息依申请公开制度的实际运作情况，往往选择某一地区，或者某一特定的职能系统，通过对不同类型数据和实例进行分析，来发现所研究对象在依申请公开工作中的特征和存在的问题，并提出改进建议。

从这些研究成果中，我们可以发现，国内现有的实证研究，主要通过两种方式进行：一是总结和分析各级政府颁布的政府信息公开工作年度报告，对其中依申请公开工作的相关数据进行分析；二是以公民的视角，通过参与式的方法，直接使用研究对象的依申请公开服务，来获得其服务现状的一手资料。两种研究方法各有侧重，但也有共同的特征，那就是所关注和评测的要素是相通的，基本都包括申请方式、申请内容、回复情况，以及后续救济等部分。而他们的研究结果，也基本反映了我国依申请公开工作的现状。

总的来看，无论是从研究的数量看，还是从研究的广度和深度看，国内对于政府信息依申请公开的研究属于比较初步的阶段。从广度上讲，有价值的文献比较少，现有的文献所分析和评测的要素基本是类似的，对现行制度存在的问题，也基本达成了共识，缺乏不同的观点，同时研究所使用的方法也比较单一，即使是实证研究，在研

---

① 蒋红珍.从"知的需要"到"知的权利"：政府信息依申请公开制度的困境及其超越[J].政法论坛,2012(6):71—79.
② 罗长青.依申请公开的制度价值[J].电子政务,2009(4):57—59.
③ 李鹏.地方政府网站依申请公开的发展思路及建议[J].长白学刊,2012(4):59—61.

究方法的使用上也存在不足。从深度上讲,已有的研究,在理论深度和制度逻辑的挖掘上存在明显不足,往往是就制度论制度,缺乏对依申请公开这一特殊的政府信息公开形式在整个政府信息公开制度乃至整个公共行政过程中的地位的分析,也没有能够较为透彻地分析依申请公开制度运行的内在逻辑,以及这一制度背后的理论考量。

3. 关于依申请公开中公众参与的研究综述

如何理解政府信息公开的全过程,会直接影响到制度的设计和发展方向。学者们普遍认为,理想的政府信息公开过程,应当是主客体之间良性的双向互动过程,而不是政府作为公开主体,单向向公众发布信息的过程。龚信(2014)就曾指出,政府信息公开从单向公开的"1.0版"进入了更加互动亲民、更加注重实效的"2.0升级版"。① 以此为基础,有部分学者基于政府信息公开中公众参与的视角,选择从政府与公众的互动关系出发,来分析中国政府信息公开困境的内在逻辑和现实原因。

刘密霞等(2015)指出,政府信息公开应包含过程的公开和公众的参与、监督。她认为,深度的政府信息公开应该让公众参与行政决策的过程,使公共行政实践以合作协商为主、公众参与度高、包容性强,成为实现最终目标的重要手段。② 刘小康(2015)认为信息公开会通过调整信息不对称来影响公众的行政决策参与,指出《条例》应当助力公众参与行政决策。③ 吴光芸等(2013)则通过对 296 个公众申请案例的考察,提出公众参与信息公开,主要存在申请难、答复难和救济难这三方面问题。④ 曾宇辉(2013)基于政民关系的视角,在

---

① 龚信. 政府信息公开迈入 2.0 时代[N]. 人民日报,2014-01-23(002).
② 刘密霞,王益民,丁艺. 政府信息公开推动电子政务环境下的公众参与[J]. 电子政务,2015(6):76—82.
③ 刘小康. 政府信息公开的审视:基于行政决策公众参与的视角[J]. 中国行政管理,2015(8):71—76.
④ 吴光芸,吴金鑫,赵改霞. 政府信息公开中的公众参与困境及对策探究[J]. 理论视野,2013(7):33—37.

我国服务型政府建设的大背景中,论述了政府信息公开的价值取向,即要以"公众"为核心,以"服务"为取向,强调"公民本位",并在改进信息公开制度的建议中,着重强调了运行过程中的推动力和公众的约束机制的重要性。①

除了直接讨论政府信息公开中的公众参与,也有其他学者,基于和公众参与相似的价值内涵,从不同的研究角度来展开论述。例如肖卫兵(2014)就从《条例》第5条出发,认为行政机关应当以顾客为导向,通过各种措施为包括申请人在内的公众创造最大化获取政府信息的便利条件。② 这里的便民原则虽然强调的是行政机关在信息公开工作中的服务导向,但实际上已经将作为客体的公众纳入政府信息公开的过程中来,本质上是对互动性的强调。而赵春雷(2013)则构建了公众体验的概念,提出公众是否具有良好的体验,在很大程度上影响政府信息公开目的的实现。他分析了公众体验的结构,包括信息获得、信息可靠性和利益相关性,将公众体验的不同部分和行政部门的不同行为对应起来,并具体阐述了各组对应关系背后的价值取向。③ 还有部分学者尝试在信息公开的实证研究中,加入公众参与的要素。例如刘磊等(2014)运用模糊层次分析法,在搭建政府信息公开绩效评估指标体系的过程中,加入了六个与公众参与相关的二级指标。④

关于政府信息公开中的公众参与的研究成果并不算丰富,但其理论价值是巨大的。政府信息公开制度的构建,是一个庞大的系统

---

① 曾宇辉.服务行政视域中的政府信息公开——基于政民关系的视角[J].政治学研究,2013(3):51—56.

② 肖卫兵.论便民原则在政府信息公开申请答复中的适用[J].河北法学,2014(4):118—124.

③ 赵春雷.论政府信息公开中公众的体验及其改善路径[J].南京师大学报(社会科学版),2013(1):38—46.

④ 刘磊,邵伟波.公众参与视角下基于模糊层次分析法的政府信息公开绩效评估研究[J].情报理论与实践,2014(3):73—78.

性工程,如何在当前的困境中,准确找到问题的症结所在,是推动我国政府信息公开工作走向发展新阶段的关键所在。与行政体制改革中的其他矛盾类似,中国政府信息公开工作的开展,最关键的是政府如何在自上而下的政策推进过程中,摆脱固有的行政本位观念,向服务型政府职能转变,通过开展民主行政实践,提升自身的回应性,以更好地实现有效的公众参与。因此,我们应当更多地关注政府信息公开中的公众因素,关注信息公开的服务性和互动性。从这个角度讲,关于信息公开中公众参与的研究,还有很大的推进空间。

(三) 研究设计

1. 研究问题

尽管学界对于政府信息依申请公开过程中政府与公众的互动性本质已经达成共识,但现有的研究更多的是聚焦于单一主体,并未真正实现对互动过程的关注。也就是说,现有的研究,要么聚焦于公众参与,要么聚焦于政府是否为公众参与提供了完备的服务,始终没有能够实现两者在互动过程中的行为统一。而在实际的信息公开工作中,一方面政策层面高度重视,公众参与热情日渐高涨;另一方面在信息依申请公开过程中的行政诉讼案件数量也不断增长。基于以上的理论和现实背景,本章尝试在研究中,基于民主行政理论的核心价值诉求,聚焦于公众与行政机关在信息公开过程中的互动性,并回答以下几个问题:在政府信息依申请公开的场域内,公众与行政部门的互动界面是如何构成的?互动界面的运作,是如何体现民主行政理论的价值诉求的?而在进一步探究依申请公开的实践场域时,还需要分别关注公众和行政部门这两个维度:公众对于信息公开的认知如何?参与申请信息公开的情况如何?行政机关在信息公开工作中,秉持着怎样的工作方法和理念?

2. 研究内容

信息公开制度作为民主行政的重要制度实践,是双向互动性的,在信息公开的场域内,依申请公开制度是实现公众与行政机关互动的重要平台。从行政机关的维度看,依申请公开制度的设立,一方面作为主动公开的制度补充存在,为信息公开提供全面保障,另一方面,它作为拥有最多公共信息资源的政府部门和公众进行互动的制度渠道,体现了政府在信息公开工作中的政策思路,将自身作为信息资源管理者和供给者,基于回应社会需求和提供公共服务的目的开展信息公开工作。从实践的角度看,行政部门的政策制定和工作思路,直接影响了公众在参与信息公开时的体验和角色。从公众的维度看,开展政府信息公开工作的目的,在于保障公众的知情权,实现行政机关对于公众的承诺,因此,公众对于信息公开的需求和认知,决定了信息公开制度及相关服务的发展方向。综合来看,公众与行政机关,不仅是信息公开过程中互动关系的参与者,而且是这种关系的构建者。

研究工作从政府信息公开活动中政民互动关系的相关理论基础出发,着眼于政府信息依申请公开框架下的政民互动,构建由三个层级组成的公众与政府的互动结构,同时通过访谈研究等研究方法,以公众和行政机关两个主体为研究对象,明确双方的认知、需求、实践模式等现状,对其互动现状进行评析,并试图发现其中存在的不匹配或者不对称,从而揭示未来改进信息公开工作的方向。

3. 研究方法

一是文献分析法。通过阅读与依申请公开相关的期刊、学位论文和会议综述等文献,了解并借鉴已有的研究成果,发现可供进一步研究的问题。同时,深入分析各级政府出台的有关政府信息公开的法律法规和规范性文件,把握政策动向,为后续的访谈分析提炼素材和问题。

二是访谈法。基于文献分析中提炼出的主要问题,对地方政府中负责信息公开工作,尤其是熟悉依申请公开工作的公务人员,进行访谈研究,以期能够了解行政机关处理信息公开申请的工作流程和工作方法，发现其认知理念和工作原则。

二、政府信息依申请公开：理论阐释框架

(一) 政府信息公开中政民互动的理论基础

1. 民主行政理论的发展及理论核心

民主行政理论是伴随着公共行政学科的话语变迁逐步发展起来的。伴随着后工业化时代的到来，传统官僚制的理论范式遭遇越来越大的危机。官僚制行政开始寻求公共行政范式的转换，公共行政的学科话语开始呈现多样性特征。众所周知，当新公共管理运动和新公共行政运动这两种不同的理论体系在20世纪80年代开启碰撞的时候，新公共管理运动的理念和主张在实践中获得了绝大多数人的支持，实务界开始热衷于以企业等私人组织的方式来管理公共部门，但到了20世纪90年代，新公共管理运动的许多弊端在实践中暴露了出来，这使得新公共行政运动的一些代表人物重新回到了人们的视野中，并在理论和实践上有了新的主张。他们在向人们推荐民主行政理论的同时，还带来了许多具备可行性的民主行政政策方案，获得了各国公共部门的积极响应。

民主行政理论的许多理论主张其实来自"新公共行政运动"，尽管我们知道"新公共行政运动"的许多理论是为了帮助传统行政学走出过于重视效率、对社会缺乏回应性的困境，而非出于对某种新的价值的推崇，但其中提出的包括社会公平、代表性、公众参与以及重视回应性和社会责任等观念，都为后来追求民主行政的价值奠定了理论基础，也构成了民主行政理论的价值核心。民主行政理论是民主政治和公共行政之间的桥梁，既提高了行政的共性和正当性，又丰富了民主的内在要求和外在形式。

根据研究角度和探讨路径，民主行政议题大致可以体现为三个

维度:组织人本主义是从官僚制内部来探讨民主问题,主张对官僚制进行组织结构的民主改良;新公共管理和公共选择理论则主张解构官僚制和去官僚化,强调小政府的逻辑和重叠管辖的分权思想,试图用市场化和多中心的治理结构来替代官僚制;最后一种则主张重新建构官僚制,认为民主行政的关键是官僚制的民主控制,主张对官僚制进行重构,以民主价值使其驯服和重现活力,而这类思想也构成了较为主流的民主行政观点。①

奥斯特洛姆是民主行政理论研究的代表人物之一。他把民主行政作为一种行政范式来加以建构,他认为,民主行政应当具备以下四个特点:承认人人都有参与公共事务管理的平等权利;社区及其代表保有所有重要事项的决定权;将行政命令权限制到尽可能低的程度;政府官员的地位由主人变为公仆。② 他对于民主行政理论具体内容的论述,为之前我们所讨论的政府与公民之间的互动关系,提供了许多理论上的基础,例如,他认为,公共部门及其管理活动的合法性,来自公正程序基础上的多元协商决策,而从长远的角度看,多中心的公共事务管理体制,更有利于人民福祉的实现。尽管奥斯特洛姆的观点仅仅是作为众多不同取向的民主行政理论中的一种代表,他对民主行政理论范式化的推动也不一定是完全合理的,但他对于民主行政理论的概括,已经让我们能够在政府角色和民主决策等核心角度,较为系统地理解民主行政理论的内涵。

而沃尔多则是民主行政理论的另一代表。他反对官僚制行政以效率为先的价值取向,提倡公共行政理论中的民主和公共价值。在他的影响下,才有了后来的"新公共行政学派",有了弗雷德里克森对回归公共行政的价值内涵(即社会公平、政府回应,以及行政组织开放性)的强调。再后来的登哈特的新公共服务理论,则是将公民的地

---

① 陆聂海.西方民主行政理论评析[J].政治学研究,2013(4):115.
② 金东日,石绍成.如何理解国家治理现代化——以民主行政理论为中心[J].中国行政管理,2015(11):52.

位提升到公共行政的中心,认为官僚的角色应当是授权和服务。登哈特的理论事实上与沃尔多以及"新公共行政学派"一脉相承,在很大程度上,其理论是在寻求将民主行政理论付诸实践的可能性。

理解民主行政的理论核心,需要抓住外部特征和本质内涵两个方面。民主行政事实上表现为在行政的返政治化过程中和政治同构的背景下,参与性、责任性、代表性、回应性、制约性等民主价值在公共行政领域的贯彻和实现。① 民主行政的理论核心,与民主政治运行的内在逻辑密切相关,表现为如何通过贯彻人民主权原则,实现民主和权威的平衡,从而使公共行政在最大限度上实现和代表社会的公共性。

(1) 公开与透明

对政府行政行为的公开性要求,与民主行政理论对政府本质的理解是一脉相承的。新公共服务理论认为,公民才是政府的主人,政府只是依据公民的委托行使公权力。在这样的前提下,作为被委托人的政府,自然无权将大量的公共信息据为己有。政府是公共服务的提供者,而非公共事务的管理者,只有做好公开,实现透明政府,才能奠定扎实的公共服务基础。

推动行政行为的公开与透明,应当成为政府的一种自觉行为。从实践的角度看,要求政府信息公开就源于公众对信息普遍诉求的动机与权利,因此政府对信息的控制与人民对信息的诉求之间就必然构成一种张力。② 而随着政府公开实践的深入,建设透明政府应逐步摆脱满足公众信息诉求的被动现状,成为政府的自觉行为,这也是政府从管理走向治理的必经之路。社会环境的变化,使得透明性成为政府开展治理活动的客观要求,而这一要求也会成为社会对政府组织角色的新期待,从而迫使政府部门形成透明行政的自觉意识。

---

① 陆聂海.民主行政研究[D].杭州:浙江大学,2014:1.
② 刘祖云,林莉.透明政府:一个政府模式变革的历史与逻辑[J].四川大学学报(哲学社会科学版),2009(1):26.

而这种自觉意识的养成,需要在政府与社会的互动和对话中完成,只有这样才能避免政府认知与社会期待之间的冲突。福克斯与米勒认为,对白式的沟通,因为缺少来回,无法在言语上界定问题并就解决问题的措施开展讨论。因此,现代公共行政,需要由政府和公众这两方主体,在公开透明的条件下,充分考虑公共利益,以会话和协商的方式,赋予司法立法与行政决策以合法性。

(2) 公众参与性

民主行政理论阵营的另一代表黑堡学派认为,实现有效的参与是公共行政的基本使命。首先,公共利益是公务人员职业价值的基础,能否使不同的利益诉求进入对话界面,是评价公务人员工作的标准;其次,自由裁量权的使用在许多行政过程中是不可避免的,而裁量权的使用应当依赖于对公众意见的听取。因此,公共组织和公务人员必须考虑到广泛的公共利益,为公众参与公共行政过程提供有价值的教导。同时,民主行政的主张不仅在理论上为公民参与和互动提供了必要性的证明,还创造和改变了公众与政府互动的方式,公众既可以通过具有代表性的权力机构进行互动,也可以直接向政府表达自己的诉求。

在社会公共事务越来越复杂的今天,公众参与可以提升公民的责任意识,提高政府的合法性,在公众和政府部门之间形成良性互动。戴维·H.罗森布鲁姆(David H. Rosenbloom)这样认识参与性对于民主行政的作用:"第一,公民参与可以提高现代政府的代表性和回应性;第二,公民参与可以提高公民的道德责任感,提升民主国家公民资格的品质;第三,公民参与能增进民众对政府运作功能的了解,政府中缺乏公民参与渠道会造成公民和政府的疏离感;第四,公民参与可促进政治团结和社区整合,加强公众的合作,而非竞争和冲突;第五,公民参与可促进政府决策的合法性,使得决策最大限度地符合民意,有利于决策的顺利执行。"①

民主行政理论支持下的制度实践,改变了原有的单向浅层次的公众参与状态。如果说原有的公众参与是一种政府构建合法性的手段的话,那么民主行政理论所要求的公众参与,更多是一种政府与公众互动状态下的民主决策体制,这里的公众参与已经有了更强的实质意义。

(3) 政府回应性

回应性并非民主行政理论特有的价值,民主政治理论很早就将回应性视作其基本命题之一。而在民主行政的理论体系下,回应性从政治领域回到了行政领域,被确立为公共行政价值的重要组成部分。这主要是因为随着行政活动范围的扩大,当代官僚作为公共政策的执行者,在日常履职过程中,越来越难以回避直接回应民众诉求的工作场景,而回应的优劣又直接影响公众享受到的公共服务的质量。正是在这样的实践背景下,回应性价值的重要性被突显了出来。

即使在民主行政理论的框架内,不同时期和不同理论派别对回应性价值也有着不同的理解。新公共管理中的顾客型回应模式,被认为是一种被动的回应模式,而登哈特倡导的新公共服务理论,则更强调政府回应模式的主动性。而在当前建设服务型政府的时代背景下,以主动的服务导向的模式来阐述政府的回应性,显然更切合现实的需要。新公共服务理论认为,公民的身份不是政府的顾客,而是政府的"所有者",政府部门与公民之间是代理与委托的关系,也就是说,政府的权力来自人民的委托,这就决定了政府必须以公共利益为导向回应公民的利益诉求,应当主动地向公民解释政策、征询建议,并为公民解决问题。同时,这种回应不是政府单方面的行为,还应建立在沟通与互动的基础之上。

---

① [美]戴维·H.罗森布鲁姆.公共行政学:管理、政治和法律的途径(第五版)[M].张成福等译.北京:中国人民大学出版社,2002:95.

(4) 民主行政与互动

政府与公民的关系,是公共行政学科发展过程中的一个核心问题。公共权力部门介入并影响公民生活,是"国家"概念产生的现实支撑。在关于政府起源的表述中,洛克在《政府论》中提出,政府的合法性既要"符合法律",也要"符合民意";而卢梭在《社会契约论》中则认为,国家和政府的权力来源于人民对其部分权利的转让,即政府作为代理人,其权力来自人民的委托,也就是说,自政府诞生的那天起,就天然构建起了与民众的关系。尽管在不同的历史时期,依据不同的社会背景,政府在理论上被赋予了不同的角色和职能,但其角色扮演或者职能履行,都是在与公民关系的建构中实现的。

如果说在世界政治文明发展的初期,政府更多是通过建构与公民的恰当关系,来突显自身的合法性和权威性,而忽略了公民的主体性的话,随着时代的变迁和理论的发展,公民的自我意识随之觉醒。而当民主行政理论被广泛应用到公共行政实践中,民主、权利、法治等价值观深入人心时,政府与公民关系的构建也出现了巨大的转变。作为关系体的两端,政府和公民在某种程度上都渴望成为关系体系的建构者。这种双方都体现出主体意识的关系建构被表述为互动的关系是恰当的,也就是政府与公民作为两个主体,通过双方行为过程中的交互和影响而形成的某种动态的关系体系。

从民主行政理论的角度看,在传统的公共行政实践中,公共部门合法性的建立,来自政府单方面的价值建构。各国的公共部门都会通过建构自身与公众的合理关系来获取合法性和政治权威,例如强调民本思想等,但事实上,公共行政领域依然呈现组织上的独立性和实务上的保密性,与真正意义上的公众保持着"安全"的距离。这种距离导致的隔阂,使得政府与公民之间的关系充满了谨慎、紧张和怀疑。但随着民主行政理论在全球范围内的广泛传播,许多能够将公民参与落实到实践中的政策得到推广,政府开始改变自身的标签,民主、服务、公开等价值成为新的导向,而公众参与和政府回应性这两个民主行政理论的核心价值概念,也成为现代政府追求治理能力现代化的重要手段。

事实上,当政府开始走向民主行政理论所描绘的公共行政发展路径时,政府与公众的关系,就步入了互动时代。从政府的角度看,回应性和代表性的概念,只有在政府与公众的互动过程中才能实现。在公务人员这里,要求必须关注公众利益、社会道义和责任,以此保证回应性;对政府部门来说,则需要寻找公众对公共事务的参与,才能提升政府的代表性。因此,原先的单中心权威体制被改变了,而管辖交叠、权威分散的行政体制应运而生。① 而从公众的角度看,公众对公共事务的参与,也需要得到公共部门的支持,才有意义。一方面,公众的参与需要畅通的渠道,渠道的建立需要政府部门相应制度的支持;另一方面,公众参与的价值需要通过政府的回应和反馈来得以体现。因此,公众的参与,以及政府对公众参与的回应,就构成了公众与政府的互动过程,也成为行政体制发生转变的关键。

不难看出,尽管民主行政理论从未直接提出互动的概念,但在其倡导的包括回应性、代表性、参与性在内的诸多价值维度背后,都暗含了互动的必要性。而这些价值维度之间的关联和交叉,就是通过互动这一概念来实现的。

2. 信息空间理论与政府信息

在《信息空间:认识组织、制度和文化的一种框架》一书中,布瓦索提出了"信息空间"(I-space)这一概念性的工具,从信息的编码、抽象和扩散三个维度出发,用于研究信息生产和交换过程。

在公共行政的实践过程中,政府部门既是社会信息的生产者,也是信息的垄断者。政府部门通过对信息编码,可以对数据进行针对性的过滤,改变其表现形式;通过抽象途径,可以在内容上对信息进行归类与整合,形成系统的信息与知识体系;通过有选择地扩散,信

---

① 张康之,程倩. 民主行政理论的产生及其实践价值[J]. 行政论坛,2010(4):23.

息和知识社会化,以达到营造社会氛围并指导社会行动的目的。基于信息的生产视角,布瓦索从是否编码和是否扩散两个维度将信息类型归纳为公共信息、专有信息、个人信息和常识信息(如图1-2所示)。布瓦索以信息的编码和扩散状况为判断维度,将信息类型化,将其作为解释制度形成原因和分析信息在组织内运行的理论工具。不同类型的信息,依据编码扩散情况的不同,表现出不同的特性。当然,这四种信息类型的所属不是固定的,而是处于不断的动态变化之中,各种类型的信息,会伴随着编码和扩散程度的变化,而在类型图中产生相应的移动。

	未扩散	扩散
已编码	专有信息	公共信息
未编码	个人信息	常识信息

图1-2 信息空间理论的信息类型图①

对于政府部门来说,其作为公共行政过程的重要主体和行使各项行政权力的核心,在行使管理职能、提供公共服务的过程中,积累了海量的一手感知数据。按照布瓦索的信息空间理论,政府部门通过对这些数据进行筛选、提取、归类、编码和抽象,使繁杂的感知数据变成了更有价值的信息资源。这其实就是政府部门进行信息生产的过程。本节所关注的政府信息公开议题,则可以被视作信息的流动和交换过程。政府信息的流动和交换,也同样是在图1-2所示的四个象限中进行的,其中与政府信息的依申请公开过程最相关的,就是公共信息与专有信息这两个象限。

---

① 本图参考自:[英]马克斯·H. 布瓦索. 信息空间:认识组织、制度和文化的一种框架[M]. 王寅通译. 上海:上海译文出版社,2000:204.

公共信息所处的象限，代表着编码良好且扩散充分的信息。政府部门通过对在公共行政过程中掌握的数据进行技术化的分析和处理，使之成为有价值的政府信息资源，并运用网络、报纸、公共文书等形式将这些政府信息向全社会充分传播。也就是说，政府通过履行信息主动公开的职能，使这些信息资源能够服务于社会需求，指导集体行动。

而专有信息所处的象限，代表着编码良好但扩散不充分的信息。在政府部门的信息活动中，这类信息同样经过了良好的编码处理，成为有价值的政府信息资源。但受到某些因素的影响，这些信息并没有得到充分的扩散，也就是没有进入信息公开的进程，成为相对保密的信息。影响这些信息扩散的因素很多，包括维护部门利益、保护个人隐私、编码技术性过强不利于扩散等。

因此，对照布瓦索对信息类型的划分，政府信息依申请公开制度的价值，就在于为政府信息从专业信息向公共信息的流动提供稳定和有效的制度渠道。

3. 交往行为理论与政民互动

随着现代社会科学技术的进步和信息技术的发展，社会公共事务的复杂性不断增强，政府部门处理公共事务的专业技术水平也不断提高，这在政府部门内部形成了一种追求技术理性的趋势。这种趋势使得政府部门倾向于技术控制在信息管理中的运用，减少了面向公众的主动性和回应性，公众参与公共行政过程的机会愈加渺茫。正是为了能够在现代化的进程中更好应对过度追求技术理性的现状，尤尔根·哈贝马斯（Jürgen Habermas）提出了交往行动理论，通过实现关注点从"主体—客体"向"主体—主体"的转变，来建立理性的交往模式。

哈贝马斯借鉴了奥斯丁的言语行为理论、韦伯的合理性理论、米德的符号互动论、马克思的交往学说以及早期法兰克福学派的批判理论，并以此为基础，通过综合与创新，创立了交往行为理论，以期实现交往的合理化与现代性的重建。在哈贝马斯看来,技术异化的根源在于技术发展背景下的交往表现的非理性化。技术全面渗透产生的强大工具理性,使金钱与权力等因素替代了语言和理解,成为人与人交往的媒介。①哈贝马斯认为,破解技术异化的弊端,需要以主体间性为中心重建交往理性,以语言交往的有效性弥补工具理性的不足。哈贝马斯的交往行为理论内容非常宽泛和庞杂,但从消除技术异化的角度来说,主要包括主体间性的建立、道德伦理的塑造、语言交往的有效性和公共领域的澄清四个方面。

在这四个方面中,关于公共领域的澄清,哈贝马斯继承了汉娜·阿伦特(Hannah Arendt)关于公共领域的思想,并在已有成果的基础上对公共领域的建构进行了进一步阐释。哈贝马斯认为,"公共领域是那些允许市民之间公开地和合理地辩论以形成公众舆论的社会机制"②。这里的公共领域有以下两个特征:一是公共领域是公开的,向所有公众开放;二是一致意见的形成源于合理辩论后的论据,而非外在的胁迫。交往行为主体在某一空间中就某一公共事务展开讨论,在互动中交换信息,它是一个不同信息与意见的交往网络。不同的信息在这个公共领域内,通过交往互动而实现过滤、汇集和整合,最终形成针对某一议题的舆论。

我们认为,信息依申请公开的实践场域,正是一个典型的公共领域。在基于政府信息公开的交往互动过程中,按照哈贝马斯的论断,政府与公众之间应当是"主体—主体"的结构,而非"主体—客体"的关系。政府与公众在交往互动的过程中,所关注的不仅仅是信息本身,还应推动信息的再生产,即应当把政府信息的依申请公开制度,视为一个包容的、有创造力的公共领域,努力赋予交往互动中的信息以更高层次的价值。

---

① 韩红.交往的合理化与现代性的重建[M].北京:人民出版社,2005:11.
② [英]安德鲁·埃德加·哈贝马斯:关键概念[M].杨礼银等译.南京:江苏人民出版社,2009:143.

(二) 公众参与性与政府回应性的统一：一个理论阐释框架

民主行政理论所倡导的公开、参与、回应、代表等价值理念，暗含了不同主体之间开展沟通和互动的必要性。正是通过互动，不同的价值维度才能在同一公共事务场域内实现某种交互和统一。政府信息的依申请公开，作为当下各国政府开展民主行政实践的重要制度设计，实际上就是通过政民互动的形式实现了公众的参与性与政府的回应性的统一。

在以民主行政理论为基础的公共行政实践中，往往都需要同时考量多个主体，以避免传统公共行政中效率优先的管理型思维。在政府信息依申请公开的制度实施过程中，政府与公众就成为两个需要被考量的重要主体。首先，就政府主体而言，正如前文所提到的，公开与透明应当是政府部门的一种自觉行为，这种自觉实际上就是对应了新公共服务理论所倡导的政府应具备的主动回应性。政府基于公共利益，主动回应公众对于政府信息这一公共资源的需求，做好信息公开及政策解读工作，并为公众能够按照自己的个体诉求申请信息公开提供稳定可靠的渠道，这就是政府部门在政府信息公开工作中应当做到的回应性。要再次强调的是，基于新公共服务理论体现的回应性，应当是主动的和服务性的，应当基于公共利益回应，而不应当基于公众已经提出的诉求，被动地进行回应。事实上，民主行政理论在回应性价值上的这一要求，与哈贝马斯倡导的"主体—主体"交往互动结构在本质上是相近的。公众与政府应当同时被视作在政府信息公开中交往互动的主体，而不能将公众放在"客体"的地位上。当前我国的信息公开实践，往往是公众找上门来，才想到去回应，这样的回应性恰恰是滥用工具理性的体现，在价值理念上不符合民主行政理论的要求。

其次，就公众主体而言，公众浏览政府公布的信息，接受政府政策解读的过程，就是参与政府信息公开的过程，而政府信息的依申请公开制度，更是以满足公众的参与性为制度设计初衷的。当然，与政府的回应性相类似的，公众参与性行为背后的价值，也因行为的不同有所不同。在传统公共行政的实践中，政府往往也会通过公开部分政府信息的方式来为公众提供参与渠道，维持自身的合法性。但这种公众参与是基础的，也是浅层的，并不能体现出民主行政理论中公众作为政府权力来源的核心地位。民主行政理论要求的公众参与，应当是一种有意识的主动行为，包含着公共利益的表达，也影响着行政过程的决策。因此，在政府信息依申请公开的场域内，公众应当以保障自身知情权为目的，通过申请信息公开来监督政府行为，通过与政府部门的信息交互，来降低政民之间的疏离感，并最终推动政府决策的民主化。从信息空间理论的角度看，公众参与政府信息依申请公开的过程，实际上也是帮助政府部门重新设定信息类型的过程，即通过公众参与的驱动力，使政府部门更关注信息的编码，并将更多的专有信息，通过扩散，转变为公共信息。

按照民主行政理论的要求，在政府信息依申请公开的场域内，政府与公众的互动过程，实际上是通过政府的回应性行为和公众的参与性行为体现出来的。具体来说，政府基于回应性的要求，完成了信息依申请公开的制度设计，但这种回应只有通过公众的参与才能实现制度价值。而公众基于自身参与意识的觉醒，通过申请信息公开的方式，来满足自身对政府信息这一公共物品的需求，但这种参与还需要政府信息的"管理员"，也就是政府部门的回应，才能满足需求。值得注意的是，单纯的政府回应行为，以及公众参与行为，并不能实现回应性和参与性的价值，只有当回应行为与参与行为相互碰撞，展开有效互动时，制度背后的价值追求，即对民主、回应、参与、公开等价值的追求，才能得到实现。

如果说，对于信息依申请公开这一场域而言，民主行政理论支撑起了政府与公众的互动界面背后的价值要素的话，信息空间理论就为我们清晰地勾勒出了互动界面的对象和内容，即政府信息。政府信息是互动界面中体现回应性和参与性的重要载体对象。政府与公众开展互动的过程,实际上就是对信息进行编码和扩散的过程,也只有通过考量政府信息的编码和扩散程度,才能判断其互动过程背后的公开、参与、回应等价值的实现情况。而哈贝马斯的交往行为理论,则为这一互动界面的形成提供了其他维度的理论支撑。哈贝马斯所倡导的"主体—主体"互动结构,明确了互动界面中政府与公众这两个互动主体的平等地位,这也是双方开展互动交往的基本前提。而公共领域概念的澄清,则为我们描述了政府与公众互动交往的理想方式。总的来说,在政府信息依申请公开的制度框架下,本节所建立的政府与公众的互动界面,是多元复合的,这也体现了这一互动界面的复杂性,任何单一理论都难以涵盖这一互动界面的完整面向。具体来说,交往行为理论中对公共领域的澄清和对主体间性的建立,明确了政府与公众这两个平等的主体,并描绘了一种开放包容的交往方式;信息空间理论则聚焦于信息这一互动的主要内容,为分析政府信息在互动中的编码和扩散情况提供了概念化的分析工具;民主行政理论则是这一互动界面的核心理论基础,所有的互动和交往过程,是基于民主行政理论对于政府回应、公众参与,以及服务性等价值的诉求而进行的。

以民主行政理论为核心,加上信息空间理论和交往行为理论的补充,我们可以勾勒出政府与公众完整的互动界面。当然,按照不同的互动层面,可以将整个互动界面分为三个阶段。如图1-3所示,这三个阶段分别是权利义务层面、制度程序层面和结果层面的互动,形成三个不同的互动子界面和实践场域。

在不同的子界面中,公众和政府都作为平等的互动主体,围绕政府信息的编码和扩散开展互动和交往,但互动过程中回应性和参与性的价值表现是不同的。具体来说,在权利义务层面的互动中,政府通过主动公开政府信息、开展政策解读等工作,履行自身的公开义务,并且体现对公共利益的回应。在这一阶段的互动中,政府基于回

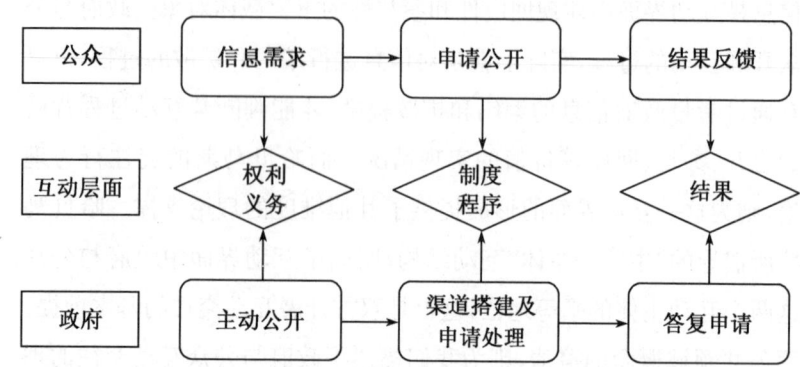

图1-3 政府与公众在政府信息依申请公开过程中的互动三阶段

应性价值的主动公开活动居于主导地位,而公众则基于自身的信息需求,参与互动过程。在制度程序层面的互动中,公众的参与行为则更为主动。依据政府搭建的信息公开申请渠道,公众主动申请信息公开,一方面满足自身信息需求,另一方面则通过信息申请行为,监督政府的透明化进程。而这一过程中的政府,则主要作为制度的执行者,回应公众的公开申请,这里的回应更多的是被动的回应。而在最后一个阶段,也就是结果层面的互动中,政府与公众的互动主要集中在两个方面:一个是基于申请结果本身的互动,公众通过权利救济途径,保证自身参与的质量,而政府则依据相关法律法规,通过承担相应的行政责任,制约自身的行政权力,以保证对公共利益的维护;另一个则是基于由申请结果衍生的互动,无论是政府对公共性的回应,还是公众主动参与公共事务,其最终目的都不应止于其自身价值的实现,而是为了通过这种互动,推动整个社会的民主化和法治化进程,提升未来的公共政策的科学性。

可以看到,以公众参与性与政府回应性的统一为价值基础,公众与政府在政府信息依申请公开的场域形成的互动界面具有相当丰富的层次。本章的后续内容将围绕着互动界面,分析实践场域的现状,进而寻求改善政府信息依申请公开工作的有效路径。

三、依申请公开中的互动：界面—过程描述

从政府与公众互动的角度看，依申请公开是政府信息公开制度中最重要的制度载体。在信息公开的完整场域内，依申请公开为公众的直接参与，以及政府部门的精准回应，提供了实际可操作的制度框架，是公众与政府在信息公开中实现良性互动的制度基础。因此，在依申请公开制度的整体框架内，勾勒政府与公众的互动界面，分析具体的互动过程，对于厘清现状、发现问题、寻找改善路径，具有重要的意义。

在我国现有的政府信息公开体系中，《中华人民共和国信息公开条例》是具有最高权威性的法律规范，现行政府信息依申请公开过程的执行，也均以该《条例》为准。《条例》中对公民申请信息公开的流程，以及政府部门答复的规范，做出了详尽的规定，但由于某些条款在应用过程中存在争议性，且各级政府部门在执行过程中面对复杂的现实特殊性，在当前的政府信息依申请公开工作中，政府与公众的矛盾频频爆发，双方的互动难以实现良性的发展。在政策层面以及各级政府高度重视政务公开工作的背景下，依申请公开的实施现状却不容乐观，其中的原因是多方面的，但最重要的一点是，政府部门在依申请公开工作中，缺乏对政民互动过程复杂性的认知。从制度框架上看，依申请公开似乎仅仅是从公众申请到政府部门处理申请、最终做出答复的简单流程。但事实上，由于申请主体，也就是公众在权利认知和利益诉求上的差异性，以及过程所涉主体的多元性，双方互动的过程是复杂的，其互动界面也是有所区别的。基于不同互动阶段中政府与公众不同的互动要素，以及背后的不同理论价值，可以将依申请公开过程中的政民互动分为三个不同的界面。我们将以《条例》中对于依申请公开制度的规定为基本框架，努力还原依申请公开中政府与公众互动的不同界面及互动过程。

（一）基于知情权利与公开义务的互动

依申请公开是整个政府信息公开制度的重要组成部分，而政府信息公开制度的各个部分之间是有机统一的，要想全面分析依申请公开过程中的政民互动层次，需要着眼于政府信息公开的全局。依申请公开中政府与公众的互动，始于信息主动公开工作中双方对于权利和义务的认知，也就是说，政府和公众以权利义务这一对概念为核心界面，在依申请公开的场域内进行了第一次的互动。

首先，之所以将政府信息的主动公开作为研究起点，是因为主动公开与依申请公开之间紧密的逻辑衔接关系。正如前文所提到的，对于政府部门来说，依申请公开的制度价值，在于通过公众的申请，来弥补信息主动公开中的不足，以便更好地实现对公共利益的主动回应。换句话说，因为政府信息主动公开在实现充分性和有效性上是艰难的，所以才突显了依申请公开的重要性。也正因为如此，我们在分析依申请公开过程时，不应忽略信息依申请公开的需求来源，即政府与公众在信息主动公开中的互动。尽管主动公开作为政府信息公开的一种形式，在制度地位上与依申请公开是相互独立的，但实际上两种公开形式的内在逻辑是相互联系的。正是基于公众与政府在信息主动公开过程中的互动，才产生了政府信息依申请公开的需求。也就是说，如果忽略了公众与政府在权利义务层面的互动，就不能完整地勾勒依申请公开过程中政民互动的全景图。

对于公众来说，获取政府信息，是其作为公民的一项基本权利，即知情权的实现。而对于政府部门来说，公开其掌握的大量信息，则是政府作为公权力行使主体的义务。在公众行使权利与政府履行义务的过程中，双方实现了第一次互动。从公众的角度看，只有通过行使知情权，事先获取了相关信息，才能保障选举权、监督权和参政权等民主权利的行使。同时，从互动的角度上说，知情权的行使，最原始的目的在于满足公众基于个人利益或者社会公共利益的诉求产生的对信息的需求，而在获取信息的过程中，公众不仅在信息获取的层面上与政府部门发生了直接接触，而且在监督政府信息公开工作、推动政府职能履行的层面上与政府部门完成了互动。在不同时期和政府活动的不同领域，公众对知情权的认知差别，会导致诉求的变化，由这些诉求产生的语言和行为，才是改变政府和公众互动过程的真正因素。① 而从政府的角度看，公开政府信息是其履行公开义务、主动回应公众的体现。新的时代条件下，服务型政府建设要求政府部门最大程度实现与社会多元主体的合作共治，这也是民主行政理论的核心要求。因此，政府的职能逐渐从管理型向服务型转变，公开、公平、民主、回应等成为政府部门的价值追求。在这样的改革背景下，政府所掌握的大量信息成为其与社会合作共治的重要资源，依据"不公开为例外"的原则向公众公开政府信息，也就成为当代政府的重要义务，也是实现公共利益的重要途径。同时，向公众公开信息，也是阻止政府滥用权力的重要制度防线。向公众公开政府信息，能够防止信息保密状态下的"暗箱操作"，建设阳光政府，减小政府滥用权力和滋生腐败的可能性。从这个意义上说，政府的信息公开行为，一方面是出于防止权力滥用的自我约束目的，提高其政治权威性，另一方面则是保证公众参与民主行政、实现社会多元合作治理的必要措施。

通过以上的论述，我们发现，在信息公开的过程中，政府在权利与义务这一界面中实现了与公众的互动（见图1-4），而当这种互动的关系未能实现良性的发展时，即公众对于信息的需求未能在政府主动的信息公开中得到满足时，公众就产生了申请信息公开的需求，政府与公众的互动也就进入了新的互动界面。

---

① 李世颉.公民知情权与政府信息公开政策的互动分析[J].中国行政管理，2009(7):16.

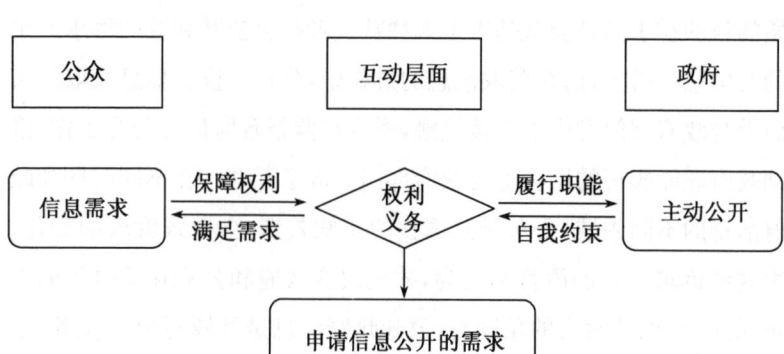

图 1-4　政府与公众基于权利义务关系的互动过程

(二) 基于制度程序中公众参与与政府回应的互动

在政府主动公开信息的过程中,如果公众未能实现其对信息的需求或对权利的期待,则会自然而然地产生申请信息公开的意愿。政府致力于在信息公开相关法律规范的框架内搭建依申请公开的渠道,并规定公众申请信息公开的流程和规范,而公众则借助于这类渠道,试图将自我意愿传达给政府,以保障其知情权或其他权利,实现有效的参与。这一过程就构成了政府与公众在依申请公开过程中的第二个互动界面,也就是基于制度程序的互动过程。

对于政府而言,在这一互动过程中,最基础的工作是搭建依申请公开的制度渠道。我国目前的政策框架包括网上申请、当面申请和信函申请等渠道。这里所说的渠道搭建,应当至少包括"一实一虚"两方面内容,"实"的内容指具体渠道的建设及管理,即包括当面申请窗口的设置、信函申请的定时查收、网上申请的界面设计等。这些内容看似只是工作中的细枝末节,实际上却是公众接受依申请公开服务的重要窗口,能否在"实"的工作上实现制度化和人性化,直接影响政府与公众在流程互动中的主观感受。"虚"的内容则主要指对于申请程序和流程规范的设定。程序正当性是政府部门在行使公权力过程中合法性和权威性的保证,也是依法治国理念在实践中的具体要求。规定申请程序和流程的必要性还在于,政府信息依申请公开不同于其他的公共服务,其服务对象是有差异性的个体,而在服务内容上则具有延展性,涉及政府工作的方方面面。倘若失去规范化和程序性,则渠道无法实现长效稳定的运作。

政府部门在流程层面的工作,还包括处理各渠道中产生的信息公开申请。事实上,这部分内容在依申请公开工作中具有非常重要的地位,因为它与最终的信息公开答复直接相关,也是政府履行信息公开职能、体现回应性的重要步骤。这其中既包括主管机构和工作人员的设置,也包括主管部门处理信息公开申请的具体步骤,还有相关工作人员对理念标准和工作方法的选择等,应当说,其中的每一项具体内容,都会对政府与公众在制度流程方面的互动效果产生直接的影响。

对于公众而言,申请信息公开的过程就是使用政府提供的依申请公开服务的过程。在政府部门设定的场域内,依照法律规范做出的程序性规定,行使申请信息公开的权利。在公众这里,基于制度流程的互动是对权利义务层面互动的延续,只有在申请信息公开的渠道畅通的状态下,公众的知情权才是趋于完整的,因为我们认为,权利的行使应当区别于义务的履行,具有主体性和主动性,借用制度框架行使权利,也是公众体现其参与性价值的重要路径。

当我们在制度程序的互动界面中,将政府与公众放在统一的互动过程中进行考量时(见图1-5),会发现,这一互动过程,在现有的制度设计中是不对称的。一方面公众在这一互动层次上的参与是单薄的,即在政府部门设定的制度内,依照已定的程序,提出信息公开的申请,以开启一次互动过程。在现行的制度框架内,渠道的搭建和程序的设定都是政府单方面的行政行为,并未在程序设定的过程中有互动的考量。另一方面,政府处理公开申请的过程是在相对"不公开"的状态下完成的,依然保留了强烈的管理性意味,作为一个互动过程来讲,政府的主动性已经演变为主导性,公众趋于被动和弱势的地位。这样的互动界面状态,已经注定了政府回应性的削弱,也为公众参与性的实质性程度,打上了一个问号。

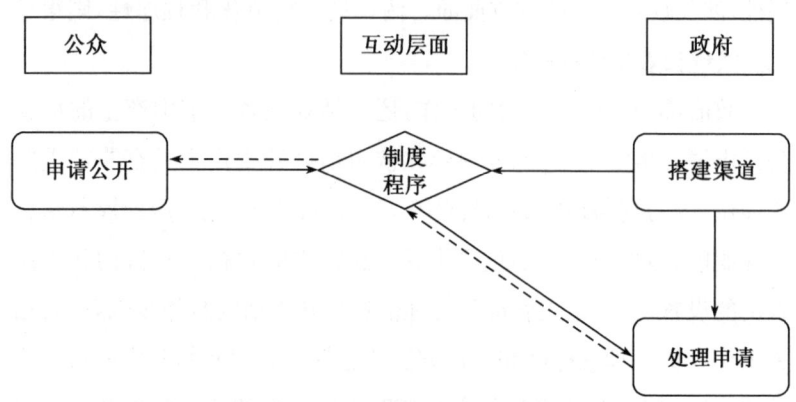

图1-5 政府与公众基于制度程序的互动过程

(三)基于申请结果的互动

在依申请公开的全过程中,公众最关心的应当是申请的答复结果,最终能否获取需求的信息,是公众评价这一互动过程的基础指标。而对于政府部门来说,作为结果的答复者,自然需要对其做出的答复承担行政责任,并将双方基于申请结果的互动过程作为反思和考核依申请公开工作的重要指标。因此,对于政府与公众双方而言,尽管基于最终结果的这一互动界面在程序上并不复杂,但其重要性不容忽视。

从政府的角度看,基于申请结果的互动主要有两方面内容。首先是依据在制度程序层面的互动过程中,处理信息公开申请时得到的结论,答复申请主体,提供答复书,明确是否同意公开信息,并向申请主体提供同意公开的信息内容。其次是要承担所做出答复的行政责任,当申请主体对答复不满,并依据《条例》规定,进行举报、行政复议或诉讼时,做出答复的行政主体要依法配合,承担相应的行政责任。

从公众的角度看,获取政府部门的答复书,并判断其答复依据是否充分,提供的信息是否满足申请中的要求,是其参与结果互动的首要过程。事实上,在这一互动过程中,公众的主动性主要在于可以行使的后续救济权利,包括举报处理、行政复议以及行政诉讼这三种途径,以此来监督政府部门的依申请公开工作,并保障自身知情权的实现质量。

针对某一特定的政府信息依申请公开过程来说,基于申请结果的互动过程的完成,也就意味着这一申请信息公开的过程的完成。但从依申请公开工作的全局来看,政府与公众的互动应当是一个循环的过程(如图1-6所示)。也就是说,基于申请结果的互动并不是终结,而是与其他互动子界面相互影响的。具体来说,正如我们在第一个互动界面,即基于权利义务关系的互动中提到的,依申请公开工作与政府信息的主动公开是密不可分的,主动公开工作的完善,能够减轻依申请公开工作的压力。那么同样的,依申请公开工作也能够为主动公开的完善提供推动力,两者是统一的互动关系。政府部门通过在申请结果界面与公众进行互动,对答复结果的公众满意度进行评估,并基于大量个体案例的累积,能够把握公众的信息需求倾向和分布,从而为确定主动公开工作的发展目标以及改进处理信息公开申请的工作方法提供借鉴。

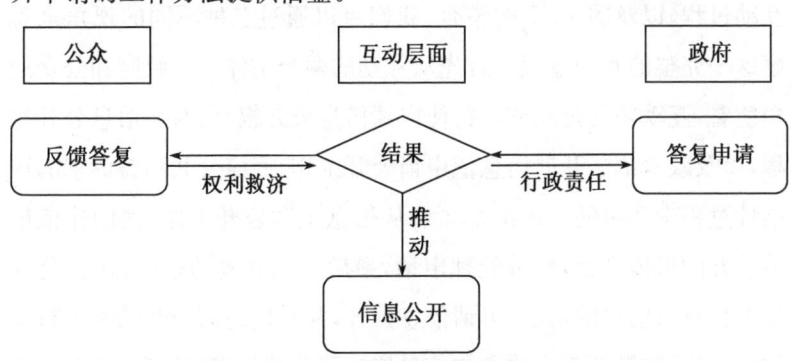

图1-6 政府与公众基于申请结果的互动过程

(四)完整的互动模型:民主行政实践的一种良性循环

综合前文的论述,在依申请公开的制度框架内,政府和公众的互动过程可以细分为三个子界面,这三个界面的互动基于不同的互动核心,即权利义务、制度程序和申请结果,将它们按照依申请公开制度运作的逻辑顺序进行整合,则形成了政府与公众在政府信息依申请公开制度下的完整互动界面和过程(见图1-7)。

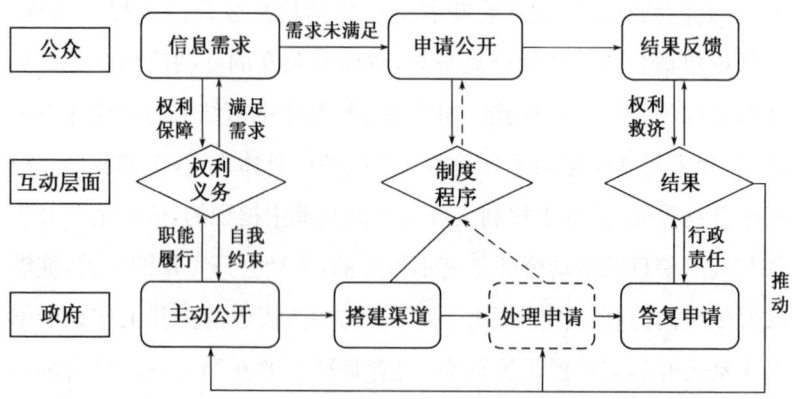

图1-7 政府与公众在政府信息依申请公开过程中的完整互动图

在前文的论述中,我们曾提到,这一完整的互动过程是复杂的,但也是系统的、有规律可循的。结合之前描述的三个不同子界面的互动过程,以及图1-7的整合,我们可以通过三种不同的视角来观察这一完整的互动过程。首先从互动的两个主体——政府和公众的角度看,互动是在公众依法行使申请信息公开权利、参与信息公开过程,以及政府依法开展信息依申请公开工作、回应公共利益诉求的连续性过程中产生的。无论是政府从信息主动公开工作,到创建依申请公开的渠道平台,然后处理申请,最后给出答复的过程,还是公众根据自身对信息的需求,申请信息公开,并对最终的公开结果进行反馈的过程,都是两个主体参与信息依申请公开的现实过程,而在这平行的两个现实过程中,互动自然而然地产生了,这从另一个角度证明了政府与公众在依申请公开中互动的必然性。其次从互动的角度看,双方在依申请公开中的互动不是杂乱无章的,也不是随机性的,而是依据特定的互动界面和互动核心展开的。这里所描述的互动界面,并不直接指代互动的全部内容,而应当被视作互动的场域,是互动展开的各类背景、条件和内容的集合,具体包括权利义务、制度程度和申请结果三个不同的互动核心。最后要注意的是,这个完整的互动过程在具体实践中不是重复的过程,而是循环的过程,双方基于申请结果的互动表现,应当能够推动政府信息主动公开工作,以及信息公开申请的处理规范的改进,从而影响到新的互动进程。

进一步,我们认为,三个相对独立的互动子界面,在完整的互动过程中有其自身的独特地位,在系统性的互动过程中发挥作用。首先是权利义务层面的互动,作为一对价值命题,依申请公开过程中政府与公众对义务和权利这两个概念的认知,构成了整个互动过程的价值基础。从权利的角度看,如何理解公众的知情权及其价值取向,直接影响后续互动过程中公众角色的建构。有学者认为,知情权代表的应当是知的权利,而非知的需要,知情权不同于信息获取权,应当以不确定利益为前提。[①] 而只有在价值上坚定了对知情权作为公民民主权利的重要性的理解,在后续的互动过程中,公众角色的主体性和主动性才能获得坚持。从义务的角度看,通过主动和依申请公开两种途径公开政府信息,是当代政府的义务和职责所在。这一义务的履行,既有源自宪法的外在推动力,也有政府部门为了适应时代背景、提升治理能力、建设服务型政府职能、实践民主行政论的内在驱动力。政府部门需要从信息的"管理者"向信息的"服务者"转变,只有将政府信息的依申请公开工作当作重要的职能义务,才能在与公众的互动过程中保证回应性和对等性。服务型的政府应当以公

---

① 蒋红珍. 从"知的需要"到"知的权利":政府信息依申请公开制度的困境及其超越[J]. 政法论坛,2012(6):74.

民本位、社会本位的理念为指导,以为公民服务为宗旨,实现服务性职能并承担服务责任。① 而作为信息"服务者"的政府,也应当基于这一要求完成自我的角色构建。

其次是制度程序界面的互动,作为互动过程中现实性最强的流程性互动层次,制度界面的互动构成了整个互动过程的现实制度载体。无论是公民基于知情权产生的申请信息公开的需要,还是政民双方基于答复结果在法律层面上进行的互动,都会涉及制度程序这一互动界面。而政府部门作为制度程序的制定者,需要更多地从自身回应性,以及公众参与性的角度考量程序的合理性,在确保普适性和规范性的同时,使其成为整个互动过程中可依靠的制度基础。

最后是结果层面的互动,作为依申请公开互动过程的"终结",基于结果的互动实际上是构建完整互动过程循环性的关键节点,是政府与公众得以在依申请公开的框架下实现良性互动的"心脏"环节。从实务的角度看,公众能否获得满意的申请答复,政府是否切实履行公开的义务,是双方评价互动成效的最直观指标。

四、依申请公开中的互动:实践场域解释

互动性是政府信息公开制度的公共价值所在,不同层面的互动过程,为我们观察实践中的政府信息公开过程,尤其是依申请公开制度的运作,提供了一个更为清晰和全面的视角。我国的政府信息依申请公开的制度化和法制化进程始于 2008 年的《中华人民共和国信息公开条例》,经过 8 年的实践,应当说已经积累了丰富的实务经验,各地方政府也都在《条例》的基础上形成了各自的工作特色和方法。而依申请公开作为政府信息公开过程中重要的互动渠道,公众的关

---

① 刘熙瑞,段龙飞.服务型政府:本质及其理论基础[J].国家行政学院学报,2004(5):25.

注度和参与度也是节节攀升。但可惜的是,过去几年间,政府与公众在依申请公开场域内的互动并不顺畅,各类矛盾及诉讼案件频频进入社会舆论的视野。2016年年底,国务院办公厅先后出台了《关于全面推进政务公开工作的意见》以及《意见》实施细则,对包括依申请公开在内的各项政务公开工作,提出了新的要求,明确了推进决策、执行、管理、服务、结果公开(统称"五公开")的目标,要求加强政策解读,回应社会关切,推进公开平台建设,推动服务改革工作。而本章所强调的依申请公开过程中的互动性,正是与这一系列新要求的制度理念和价值逻辑相互契合的。事实上,《意见》也指出了当前政务公开工作存在的几大现实问题,包括公开理念不到位、制度规范不完善、工作力度不够强、公开实效不理想等。基于这样的现实背景,有必要从前文所论述的互动视角出发,观察和评价依申请公开工作的现状,以期能够探寻到更具针对性和科学性的工作路径。为了保证分析的客观性,我们在前后数月的时间里,深入两个不同级别城市的信息公开主管部门,通过调研和访谈,获取了一定的一手资料,以提高分析的针对性和有效性。为满足对访谈内容的保密性要求,需对调研对象做模糊化处理,下文所称A市为某副省级城市,B市为某县级市,特此说明。

(一) 权利义务层面的互动现状

1. A市信息主动公开的义务履行现状

权利义务层面的互动界面是政府与公众在依申请公开制度内互动的开端。概括这一互动过程,公众基于对知情权的认知和实现期待,产生信息的需求,并寻求依申请公开制度的帮助;而政府的信息主动公开工作,则奠定了依申请公开工作的基础。这一并不复杂的互动过程,在现实实践中的面向却是丰富的。

事实上,在过去的几年间,各地政府对于政府信息的主动公开工作高度重视,在公开数量和公开方式上都有所突破。以A市为例,通过查阅 A 市从 2008 年到 2015 年的《政府信息公开工作年度报告》,我们发现其主动公开工作的开展有几个突出特征:一是通过政府信息公开平台发布的信息量整体上升明显。如图 1-8 所示,A 市从 2010 年到 2015 年,每年通过其政府门户网站的信息公开栏目,发布的政府信息数量上升趋势明显,其中 2013 年到 2015 年的平均发布数量接近 8 万条,这直观反映了 A 市各级行政部门,在推动政府信息主动公开上的力度是有持续性的。二是各类主动公开配套机制逐步完善。具体来说,2011 年对政府门户网站进行了大规模的改版,整合全市 70 多家子网站的信息公开资源,对公众关注度高的政府文件、政策解读、新闻发布进行重点展示;2011 年 8 月,"移动 A 市政府微门户"正式建成,移动端的信息公开模块与政府网站实现同步;2011 年 10 月,市政务服务中心正式投入使用,通过设置信息公开专栏、触摸屏和咨询台,丰富了公众现场获取信息的形式和渠道;2013 年对全市政府信息公开平台进行了重建,对条目信息来源进行重新定义和分配,实现一次录入、多栏目展现;2013 年还进一步落实了新闻发言人制度,将新闻发布制度化、常态化;2014 年建立了全市政府信息公开统计制度。三是重点领域公开工作不断深化。A 市政府每年都会根据国家和省有关重点领域信息公开的工作要求,结合工作实际,印发政府当年度的《信息公开重点工作安排》,重点推进行政审批、财政预决算、住房保障、食品安全、环境保护、招投标、生产安全事故、征地拆迁、价格和收费等领域的信息公开工作,其中 2014 年 A 市各级部门公开了包括全市行政审批事项清单、行政权力清单等在内的涉及政府职能转变改革的"10 项清单"。总的来说,A 市自《条例》颁布以来,在政府信息的主动公开过程中做出了相当大的努力,既在直观的数量层面加大了政府信息公开的力度,也在平台建设、资源整合、考核评估等方面形成了制度层面的规范。

图1-8 A市政府信息公开平台发布信息数量变化图(2008—2015)

2. 主动公开工作的改革路径:从"看得到"到"愿意看"

从互动的过程来看,政府信息主动公开工作的有效开展,是政府正确履行信息公开义务的评判标准,能够在满足公众信息需求的过程中,减轻依申请公开工作的压力。A市市政府在主动公开工作上的进步是毋庸置疑的,但逐步完善并未转化为与公众的良性互动,未能为依申请公开工作奠定好的基础。2015年的数据显示,A市信息公开申请的数量,以及由政府信息公开引发的行政复议和诉讼均有较大幅度增长。这表明,在看似顺利的发展进程背后,A市的主动公开工作尚未触及问题的根本,也就是在政府与公众的互动过程中,主动公开行为未能满足公众对信息的需求,从而随着公众知情权和公共参与意识的觉醒,引发了依申请公开数量的增加和申请过程中矛盾的爆发。

我们认为,评价主动公开工作,公开数量只是最基础的标准,更重要的在于政府部门对于信息公开工作的认识,以及基于认识所采取的公开方式。社会需要的政府信息主动公开,应当是以"看得到"为基础,以"看得懂"为标准,以"愿意看"为目标。"看得到"是指属于公开范围的任何政府信息都要公开,公众能够找得到他们需要的信息;"看得懂"是指信息的呈现形式要符合公众的认知水平,要让不同文化层次的公众都能够看懂公开的信息中与其切身利益相关的关键内容;"愿意看"是指要通过主动公开工作提升公众的权利意识和参与公共事务管理的能力。从"看得到",到"看得懂",再到"愿意看",对政府来说最重要的是要转变对公众在信息公开过程中角色的认知。在信息公开的全过程中,公众不是被管理者,也不是全过程之外的旁观者,而是信息公开的参与者和互动关系的构建者。只有在认同公众与政府的互动关系的基础上,才能让政府信息的主动公开真正触及问题的根本,成为信息公开全过程的良好基础。

在现实的信息公开过程中,各地政府部门在以上论及的三个层面,均存在不同程度的问题。首先,在信息公布的层面,尽管各地政府都做了不少工作,形成了相对完整的制度过程,但在平台建设和信息处理等方面,仍然存在不足。以 A 市为例,通过使用 A 市门户网站的信息公开功能,发现了几点明显不足,包括信息公开目录页面的信息条目关键词搜索功能无效、作为重点领域的社会保障领域的信息公开中存在与主题无关的无效信息,以及 A 市人力资源和社会保障局掌握的与社会保障相关的信息未能与 A 市门户网站平台实现互通。在访谈中,A 市政府政务公开办的工作人员指出,A 市已经实现了拟文单位注明主动公开的政府文件全部上网。这表明在信息公布方面,该市已经实现了制度化操作,但以上指出的几点问题,也表明信息主动公开的平台建设还需要在技术层面更加细化。其次,在信息解读的层面,各地政府仍在探索可行的方案。当前公众能够查询到的政府信息,大部分仍是以政府公文的形式呈现,这既加大了公众理解信息内涵的难度,也增加了公众与政府的距离感。加强信息解读,努力让公众看得懂政府信息,就需要政府在开展信息公开工作的过程中,增强服务意识和公共责任意识,了解公众关注的焦点,学习接地气的语言模式,丰富信息的表现形式。最后,在带动公众权利意识的层面,政府部门还需要在完善前两方面工作的基础上,加强在主动公开过程中与公众的互动,引导公众更主动和理性地行使权利。A市政府办公厅副主任在访谈中说:"政府现在搞信息公开,还是依靠自我感觉,单向地向公众传递信息,信息公开应该是互动的过程,应该是友好的。居高临下是不行的。"

主动公开工作实效性不强的原因,主要还是在于政府部门的理念不到位。一方面是对于信息公开在工作全局中的地位认识不到位,传统的唯政绩论观念尚未根除。B市政府办公室信息公开科主任在访谈中说:"领导也不是特别重视信息公开这一块工作。除非是工作中出了问题,不然领导很难去重视,毕竟这块工作不会出效益。对于领导来说,只要稳就可以了。"另一方面是面对政府信息公开工作的主动性不足。对于政府部门来说,信息的公开意味着政府行为要更多置于公众的视野之中,接受更多的监督。在传统的管理行政的思路下,政府缺乏接受社会监督的意愿,这就导致了在信息公开过程中的懈怠。A市政府办公厅副主任在访谈中说:"信息公开工作的核心是经不经得起社会的检验。原来对政府工作的评价是有限的,关起门来领导评价、相互提醒。现在是打开门来,社会上各路精英,整个社会的智慧,都来评价我们的工作。所以这个公开不仅仅是字面上的意义,更重要的是,我们的工作规范,要禁得起检验。"

3. 公众行使知情权的复杂性现状

在权利义务这一界面的互动中,公众的参与也是至关重要的。公众基于自身利益或对知情权利的认知,对信息产生需求,从而进入政府信息公开的场域,并有可能产生依申请公开的需求。对于个体而言,这个过程是清晰的,而在现实生活中,对于公众这一庞大的整体而言,公众基于知情权的行使与政府部门在依申请公开的基础环节产生互动,是一个相当复杂的过程。这种复杂性体现在两个方面:一是公众在保障自身权利、参与信息公开的过程中,对知情权的认知不同,不同的认知导致了对政府信息公开不同的判断标准和评价结果;二是基于个体的差异性,政府在与公众互动的过程中需要满足其不同层次的需求。

从对知情权的认知角度看，不同的知情权认知决定了对政府应该公开哪些信息的不同期待。而在我国的文化价值背景下，公众对政府的价值要求是更加民主和公开，因此公众往往希望政府能够提供更多类型的政府信息，而不仅仅是最终的结果性信息。在这一点的互动中，国务院办公厅早在2010年公布的《关于做好政府信息依申请公开工作的意见》中就提出，行政机关的内部管理信息，以及尚在处理中的过程性信息，不属于应当公开的政府信息范围。这显然与公众对于知情权的主流认知是相悖的，事实上破坏了政府与公众的互动基础。

从公众需求的角度看，基于个体的差异性，公众对信息公开的内容、程度和方式等会产生不同的需求。政府部门只有找准需求、对症下药，才能为依申请公开工作打好良性的互动基础。2011年5—6月，有学者在南京和北京两地对公众的政府信息需求倾向进行了调查。调查结果显示，公众最希望政府公开的三种信息为与突发公共事件相关的预案和处理、官员的财产情况，以及政府财政的预决算报告。而在新浪网和《中国青年报》社会调查中心联合进行的一项网络调查中，官员财产情况、政府财政预决算报告，以及土地征用和房屋拆迁这三类信息位居公众最希望了解的信息前三位。从这两份结论相似的调查中我们可以发现，公众对于政府信息的需求，主要集中在财政预决算、土地征用及拆迁等关乎公众切身利益的事项，以及官员财产情况这类在社会上引发广泛讨论和关注的内容。而在针对A市依申请公开工作的调研访谈中，A市政府办公厅政务公开办的工作人员也坦言，在A市政府办2016年办理的所有信息公开申请中，最主要的几类内容包括土地征用及房屋拆迁、环保事项、互联网金融相关内容，以及社会保障和教育等民生事项，其中土地征用和房屋拆迁所占比例最高，为25%—30%，而关于互联网金融相关内容的申请明显增加则是A市2016年依申请公开工作的一个突出特征。通过以上的观察，我们发现，公众的信息需求，一方面体现为与其切身利益相关的土地、环保、民生等事项,另一方面也会随着社会热点的出现而变化。对于政府部门来说,需要在信息的主动公开工作中及时调整工作重心,回应社会热点,以期最大程度满足公众的信息需求。

在分析公众需求的过程中,我国的另一类特殊现象不应被忽视。在现实的信息公开实践中,从政府部门的角度看,有一部分人出于与政府博弈、寻找政府把柄的目的进行依申请公开。尽管从公民的角度看,他们可以基于知情权的行使,向政府申请公开任何需要的信息,但某些过于集中和有特定目的的申请行为,事实上占用了行政资源,并违背了信息依申请公开制度的初衷。B市政府办公室信息公开科主任在访谈中谈及这部分时说:"今年B市政府办到目前为止,一共答复了45条公开申请,其中有20条是同一家的三个人反复申请的,他们是市里的老信访户,希望就拆迁时被拆掉的违建获得更多的补偿……我觉得政府在依申请公开中是处于弱势的,条条框框规定得很死,政府部门不管怎么处理,一定要给予答复,还要负行政责任。面对一些老信访户用依申请公开来找政府的把柄,然后告倒政府的行为,我们没有什么有效的管理和应对办法。"A市政府办公厅政务公开科的工作人员也谈道:"在依申请公开的处理过程中,存在一些申请人滥用申请权利、浪费大量行政资源的情况,面对这种情况,我们也只能是厘清自己的工作性质,按照《条例》规定处理,适当容忍。"

可见,在权利义务关系层面的互动过程中,公众的参与具有复杂性,政府部门要履行好自己的信息公开职能,做好信息的主动公开工作,让公众看得到、看得懂、愿意看,真正树立民主行政的服务意识,提高回应能力,减少公众跳过权利义务层面的互动、直接进入依申请公开制度程序的现象,为后续的依申请公开制度程序层面的互动奠定良性基础。同时,还要充分认识到公众参与依申请公开的目的的复杂性。设立依申请公开制度的初衷是保障公民的知情权利,体现公众在与政府互动过程中的主动性,并促进信息公开制度的完备。而对于那些出于私人目的滥用申请权利的个人,我们既要在价值上保障其正当权利,又要在制度上尽量规范其行为。

(二)制度程序层面的互动现状

基于制度程序的互动是依申请公开制度框架内政府与公众开展互动的主体过程,其重要性不言而喻。当公众的信息需求未能在主动公开过程中得到满足、向政府部门提出信息公开申请时,这一互动过程就开始了。制度和程序是这一互动过程的核心层面,对于政府而言,既包括制度的设立,也包括程序的执行。而在当前的依申请公开实践中,公众参与互动的主要途径是提出信息公开申请、开启政府的响应程序。更准确地说,公众是制度程序的开启者,而非参与者。正如在剖析互动过程时所提到的,在现实的制度实践过程中,政府与公众的互动关系是不对等的,对于公众来说,信息公开申请的处理过程,是一个"黑箱"。而基于制度程序的互动是整个依申请公开制度的主体部分,政府的行为方式直接决定了其在多大程度上可以被称作服务者而非管理者。

1. 依申请公开的制度规范及渠道搭建

考量依申请公开制度程序层面的现实互动,需要有不同的视角。从互动的前提基础来看,制度与程序的设立是首要的。《中华人民共和国信息公开条例》是依申请公开的制度支撑,明确了公众申请信息公开的规范,而国务院办公厅于2010年发布的《关于做好政府信息依申请公开工作的意见》则对这些规范进行了进一步的细化和解读,主要包括:公众申请公开政府信息要以满足自身生产、生活、科研等特殊需要为前提;政府信息的适用范畴不包括过程性信息及须加工制作的信息;公众申请信息公开要遵循"一事一申请"的原则。从这份《意见》的内容看,这些规范的确立首先是为了突显《条例》的立法本意,实现政府信息对社会的服务作用;其次是为了提高相关服务部门的工作效率,方便公众的申请,但其现实效果不尽如人意。从规范的现实影响看,无论是"三需要"的申请理由,还是对政府信息适用范畴的限定,都为公众知情权的行使设置了障碍,减少了知情权的适用情形。例如依照对《条例》中第 13 条的理解,申请用途成为审查申请人是否适格、申请是否应当被受理的实质性要件。但无论从政府信息公开制度的意义,还是从制度实施本身而言,这种限制都是不恰当的①。而从公民权利的角度考量,依申请公开的政府信息应当适用于全部政府信息,即使有部分信息在申请后无法公开,政府也没有权力剥夺公民提出公开申请的权利,在限定政府信息定义的范畴时,应该有更加广义和准确的界定。

而在政务公开部门的实际操作过程中,这几条规范性要求也大多成为一纸空文,难以被贯彻。对于申请理由的限定,B 市政府办公室信息公开科主任表示:"我们现在如果能直接给的一般都是直接给,因为如果你让他提供一个申请理由的证明,来来回回最终还是要进行答复,没有意义。"A 市市政府办公厅政务公开科的工作人员也认为,"三需要"的规定过于宽泛,几乎涵盖所有情形,在实际工作中并没有什么意义。可见,关于申请理由的规定,既无法在实践中提升公众申请的规范性,又在公众与知情权之间立了一道墙,从而降低了公众对于依申请公开制度的信任感。而对于政府信息适用范畴,各地也在《意见》的基础上,确立了更加严格的执行标准。A 市将过程性信息看作一种状态性信息,随着某项议程的完结,过程性信息就不具有过程性了,进而根据公开是否对具体的行政行为产生影响,来做出公开、不公开或者部分公开的答复。对于"一事一申请"的原则,则会根据各地依申请公开数量的多与少进行不同的处理。A 市市政府每年的依申请公开数量巨大,为了提高工作效率,体现对申请人的

---

① 吕艳滨.如何理解依申请公开中的政府信息概念[J].中国行政管理,2012(8):13—15.

友好，一般不对"一事一申请"做出要求。而 B 市由于依申请公开的体量较小，因此会在答复第一条申请信息的同时，要求申请人就其他事项重新提交申请。综上所述，我们可以发现，政府部门在具体执行这几条规范性要求时，为了与公众实现更顺畅的互动，往往需要做出灵活的制度安排。生硬的申请限定，不仅无助于依申请公开工作的有效开展，还会增加公众与政府在互动过程中的距离。作为服务者的政府，在向公众提供依申请公开服务时，需要恪守的仅仅是知情权的边界，过多的限制性制度，降低的是公众在互动中的主动性，最终损害的是整个依申请公开制度的有效性。

除了以上这几条颇具争议的规定之外，我国的依申请公开制度还规定了信息公开部门设立公开渠道的规范事项。《条例》第十九条明确规定了行政机关应当编制、公布政府信息公开指南，其内容应包括政府信息公开工作机构的名称、地址、办公时间、联系电话、传真号码、电子邮箱等内容。在具体编制过程中，A 市的政府信息公开指南除以上信息之外，专门规定了三种依申请公开方式，包括现场申请、书面申请和网上申请。这三种方式也是当前我国依申请公开制度的主要申请渠道。应当说，设置三种不同的申请方式能够满足不同年龄层次和文化水平的公众的需求，为公众与政府部门的互动建立了良好的制度前提。在渠道的实际使用中，网络申请已经成为公众参与信息公开的主要方式，以 A 市为例，A 市从 2013 年到 2015 年，网络申请在所有申请方式中的占比分别达到 43.2%、51% 和 50%。这一分布特征提醒政府部门，在渠道搭建的过程中，应当更加注重网络渠道的建设，不仅要保证现有网上申请平台的畅通，还需要提高申请页面的友好程度，实现便利化和规范化的统一。同时，随着智能移动设备在公众的日常生活中扮演越来越重要的角色，政府部门应当在互动中体现自身的前瞻性和回应性，拓展现有渠道，更多关注移动端信息公开申请渠道的建设，以满足公众新的信息需求。

总的来说，制度和程序的设立是政府与公众在制度程序层面开展良好互动的必要前提。在依申请公开的实践过程中,各地方政府一方面按照相关法规和政策的要求,实现了申请渠道的多样化,基本满足了不同群体的渠道需求;另一方面也在执行程序规范的过程中尽可能考虑公众的实际情况,最大程度地尊重公众的知情权,灵活执行"三需要""一事一申请""排除过程性信息"等规定。应当说,在渠道搭建的阶段,政府部门与公众的互动是趋向良性的,公众的需求能够在政府设立制度和程序的过程中得到体现,从制度发展的趋势来看,满足公共利益、提升服务能力逐渐成为政府确立制度发展目标的首要依据。当然,从顶层设计的角度看,我国依申请公开法律规范的发展程度还跟不上实践的变化速度。政策法规的修订要以实践经验为依据,在制度设计的层面体现政府部门的服务性,在申请程序的规定上体现人性化和对公众诉求的尊重。最新出台的《关于全面政务公开工作的意见》中明确提出要完善制度规范,将政务公开实践成果上升为制度规范,修订政府信息公开条例,完善依申请公开规定,对不适应形势要求的规定及时予以调整清理。当前政府与公众在依申请公开渠道搭建的互动中缺少法律层面上相对完善的制度支持,《意见》中对制度规范的重视正是回应了这一现实需求。

2. 依申请公开的机构及人员现状

事实上,处理信息公开申请的过程由两部分内容组成:首先是机构和人员,其次是制度和流程。机构和人员是政府部门开展信息公开工作的基础,依申请公开工作制度化的方向和规范化的程度,都与该部门主管机构的设立,以及人员编制的安排密切相关。在我国现行的《条例》中,第三条明确指出信息公开工作的主管部门是国务院办公厅,县级以上地方人民政府办公厅(室),或者是县级以上人民政府确定的其他政府信息公开工作主管部门。而在现实实践中,各地方政府基本都将办公厅(室)作为信息公开,乃至政务公开工作的具体主管部门。这一制度安排实际上是考虑到了信息公开工作的全局性特征。信息公开不同于其他政府职能的专业性,它更多具有全局性特征,任何一个掌握了政府信息的职能部门,都会涉及信息公开工作,可能成为信息公开申请的对象。而办公厅(室)作为一个在日常工作中接触各职能条线、统筹协调各项工作开展的综合性部门,在应对信息公开这样的全局性事务型工作时,具有天然的优势。但同时,不得不承认的是,办公厅(室)更像是政府内部的服务性和协调性机构,其在专业性和主动权上的欠缺,使得在其主管下的信息公开工作,尤其是依申请公开工作,也被贴上了协调统筹的标签,失去了充分的革新力,这一点在各地方政府设定的依申请公开工作流程中有着最明显的体现。

而在人员编制上,调研中发现,各县级及以上地方政府的惯例是在办公厅(室)下设信息公开科或者政务公开科,作为具体开展信息公开的部门。而乡镇街道则直接由办公室的工作人员兼任信息公开工作,包括依申请公开工作的开展。在具体人数上,不同层级的政府有所不同。B市作为县级城市,其市政府办公室下的信息公开科仅有一人,负责与信息公开相关的所有工作。而A市市政府办公厅所设的政务公开科,则由科长及两位工作人员组成,共三人,理论上由其中一人专门负责依申请公开工作,但实际工作中还需要承担其他工作。在谈及依申请公开工作的压力时,受访者都提到,单论依申请公开工作的压力尚可接受,但因为依申请公开仅仅是工作中的一部分,所以实际上在工作时间和精力的分配上都有一定的压力。这表明,我国各地方政府在信息公开工作中,普遍存在着人力资源配置不足的情况。人员的不足一方面加大了依申请公开经办人员的工作压力,另一方面也束缚了工作人员的视野。他们只能将有限的精力用于应付繁杂的信息公开申请,而无暇在整体的工作思路设计和工作方法创新上下功夫。

除了机构和人员编制之外,人员素质也是影响制度执行效果的重要因素。信息公开工作人员的公开意识和回应关切的能力,直接影响依申请公开的制度安排和内部流程能否高效运转。提高依申请公开工作人员业务能力和意识的重要途径就是开展有效的教育培训活动。国务院下发的《关于全面推进政务公开工作的意见》中明确要求要重视对相关人员的培训，按照不同的层级，制定培训计划，开发培训科目，优化培训内容，要以3年内将全国从事政务公开工作人员轮训一遍为目标。而在现有的制度下，信息公开相关的培训体系尚未能实现各级政府全覆盖。A市目前已经实现了每年对全市各部门领导和信息公开工作人员开展一到两次的集中培训，培训内容既包含重点公开事项的讲解，也包括依申请公开引起的行政复议和诉讼案例的解读等。但这类培训尚未覆盖所有层级的政府部门，区县级以下的信息公开工作人员难以享受到同等的培训资源。尽管依申请公开工作的专业性没有那么强，但熟悉《条例》相关法规、了解各职能条线的业务范畴、掌握流程规范和答复标准是做好依申请公开工作的基本要求。对于基层乡镇街道办公室的工作人员而言，缺少相关技能的培训，直接面对公众的信息公开申请，难免会出现工作上的疏漏和不规范，从而破坏与公众的良性互动，甚至激化双方的矛盾。

3. 处理申请的流程分析：官僚制思维下的低效率与黑箱化

(1) A市市政府处理依申请公开的内部流程

以机构和人员编制的设置为基础，各地方政府在《条例》的制度框架下，形成了符合自身情况的依申请公开处理流程。在开展调研及访谈的过程中，我们重点关注了A市市政府办公厅以及B市市政府办公室处理信息公开申请的内部规范和流程设置。各地的流程设置大同小异，既具有我国政府内部办事流程"重程序、书面化"的普遍特征，又具有信息公开工作全局性和协调性的特殊之处。我们以B市市政府办公厅处理信息依申请公开的流程为例，模拟了一项申请从提交到做出答复的全过程（如图1-9所示）。当一项申请送达经办人时，首先需要形成一份办理单，用以记录该份申请在政府部门内部流转的所有环节。需要指出的是，图1-9所示的是相对复杂的信息公开申请所需要完成的全部程序，并非所有的申请都需要经过如此冗长的审批和流转环节。当一项申请所涉及的信息比较明确、经办人可以直接确认进行答复时，所需经过的程序则相对简洁，只需要在政务公开科内部进行流转，由两个层级的领导签字确认即可做出最终的答复，即只需要完成2—4这三个步骤，即可进行答复。而对相对复杂的申请而言，图1-9的所有环节就是必需的了。当一份申请的信息涉及其他职能部门，且经办人无法准确判断公开方式时，就需要将申请表和办理单按照图1-9所示的程序进行流转。流转的过程总共要涉及三个相对独立的行政主体，包括政务公开科、市政府相关的业务处室，以及对应的具体职能部门。而在每个行政主体内部进行流转时，工作人员提出的处理意见，都需要由其主要领导对处理意见进行签字确认，然后才能进入下一个流转环节。要指出的是，在职能部门的答复意见流转回到政务公开科之后，还需要由政务公开科的两层领导再次确认，才能出具最终的答复书。也就是说，在答复书正式起草之前，一份较为复杂的信息公开申请，需要十余项程序的流转，才能得到最终的答复意见。

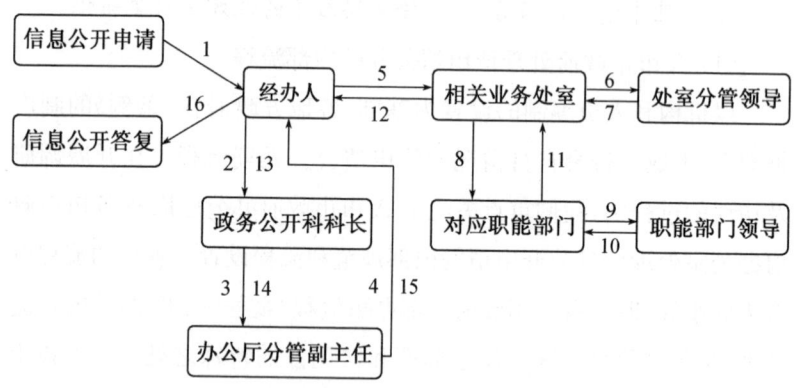

图1-9　A市市政府信息依申请公开处理流程图

即使如图1-9一样的复杂的内部流转过程，也不一定能够解决所有的信息公开申请。当一份申请所需求的信息涉及多个不同的部门时，需要综合多个部门的答复意见，才能确定最终的答复。各地方政府办公厅(室)都会建立类似的沟通协调会制度,在必要的时候召集多个职能部门,进行讨论,并形成最终的答复意见。但在实际工作中,这样的协调制度往往难以有效执行,特别是对于 A 市这样的大体量城市而言,各个职能部门地理位置分布较远,很难在日常工作中实现集中的会商和协调。事实上,对于不同层级的政府部门而言,处理依申请公开的程序复杂程度是不同的。往往层级越高的地方政府,因为主管部门与具体职能部门在组织结构上距离较远,需要相对复杂的流程来实现申请处理单的流转。而层级较低的县区级政府,则能够依据基本的流程规范,完成信息公开申请的处理。但矛盾的是,层级越高的政府部门,所面对的依申请公开的体量也越大。复杂的内部流转程序和大量的公开申请之间的矛盾,大大增加了依申请公开工作的压力。以 A 市为例,根据 A 市市政府办公厅政务公开办工作人员的估算,A 市每年需要走完图 1-9 的完整流程,才能做出答复意见的申请,占到所有信息公开申请的 10%—15%,在访谈中,该工作人员也坦言,"这个量勉强还能保证在《条例》规定的时限内完成答复,如果再多的话,就不太承受得住了"。事实上,在 A 市的实际工作中,即使是对单个的申请而言,《条例》规定的 15 天时限也是相当紧张的,一旦在业务处和职能部门的流转过程中不及时,就很容易出现答复不及时。可见,处理依申请公开的这一程序设置,尽管遵循了政府部门内部对于规范性的要求,但对于实际操作而言,算不上友好。

(2) 流程程序的官僚制特征:低效的管理性思维

进一步分析 A 市政府处理依申请公开的流程规范,我们可以发现,这一处理过程带有明显的官僚制特征,而这些特征也导致了这一过程的低效率。第一,权力分层下的领导负责制,导致了纵向流程的烦琐。在整个流程程序所涉及的三个行政主体的内部流转中,分管领导对答复意见的确认是流程进入下一环节的必要条件。这充分体现了行政权力的分层特征,最基层的工作人员所掌握的行政权力是有限的,只有其直属领导才有权力拍板决策,同时领导需对其确认的事项负主要责任。而依申请公开的答复不恰当极易引起公众的不满,引发复议或诉讼,因此各级领导对于依申请公开工作的态度都格外谨慎。第二,归口管理下的明确分工,增加了横向沟通的困难。我国政府部门实行的归口管理,明确了政府日常运作过程中各个条线部门的职能分工。但在处理依申请公开的过程中,由于分工导致的各个职能主体之间的独立性,加大了信息公开主管部门与对应职能部门以及多个相关职能部门之间开展有效的横向沟通的难度,从而降低了政府办公厅(室)处理复杂信息公开申请的效率和能力。第三,过于依赖职能部门的答复意见,导致了依申请公开工作的自主性不足。在处理信息公开申请的过程中,最终答复意见的出台依赖于职能部门或者发文单位的专业性判断。正如图1-9所展现的,当面对较为复杂的公开申请时,主管部门能做的仅仅是按照程序流转处理单,并等待职能部门或业务处室的答复意见,最终按照意见做出答复。在这个过程中,各办公厅(室)尽管是名义上的主管部门,却无法左右职能部门对于公开与否的利益判断,在信息公开义务的履行过程中缺乏强制力和自主性。第四,服务型的制度价值和管理型的工作方法之间的不协调,激化了政府与公众在互动过程中的矛盾。无论是《条例》对公众所设的各类申请信息公开的制度规范,还是政府在处理信息公开申请时的流程流转,都折射出我国政府部门在开展依申请公开工作时的管理型思维。对于各个职能部门而言,部门利益与公众利益之间,存在某种权衡,而政府信息正是利益取舍的工具。政府视自己为政府信息的管理者,而非提供者,因而在向公众做出信息公开申请的答复时,经常透露出某种担忧和不情愿。

(3)流程程序的黑箱化处理:回应与互动的缺失

正是基于以上的四点特征,形成了我们现在所看到的处理依申请公开的严苛制度和烦琐程序。而在实践过程中,被视作政府内部管理过程的处理过程也就自然而然地被放进了"黑箱",这显然是与信息公开民主、透明、回应的价值导向背道而驰的。信息公开的互动性要求已经得到了政府部门的认同，政策解读和舆情回应等工作愈来愈贴近公众的喜好和需求，但依申请公开过程中最重要的申请处理过程依旧被隐藏于高墙之内，讳莫如深，这不得不引发我们的思考。在已有的关于依申请公开的研究成果中，极少有学者聚焦于这一过程。但我们认为，处理信息公开申请的过程相对封闭和被忽视的现状，恰恰突显了其在整个依申请公开过程中的重要性。倘若我们能够把握信息公开主管部门在依申请公开工作中的内部制度和处理流程，了解工作人员的经验认知和工作方法，就能够更加深入地勾勒出政府部门在与公众开展互动中的角色定位，从而找到双方互动难以实现良性循环的症结。在调研访谈的过程中，A市市政府办公厅政务公开科的工作人员表达了他对依申请公开处理过程中互动性的看法："依申请公开处理过程中的互动肯定是有的，但不是一个频率很高的实时互动，如果有复杂的情况需要在处理的过程中联系申请人，一般都是围绕他提交的申请信息进行确认……好多申请人本身就不太愿意跟你联系，有什么事情他觉得都要一个书面答复，还有一些人就觉得我们是在骗他。而且我们也有一些担忧，比如说我们打个电话给他，如果他说的跟纸上的完全不一样，我们按照哪个处理呢？我们遇到过一个案例，我们打电话给他，给了他几个具体的文件，问他要的是哪个，他说就是其中某一个，我们就按这个给他答复了。然后他又说，我们怎么不按照他的要求给他答复。那这个我们就很难办，我觉得有一定的行政风险在里面……互动更多应该是政策解读和舆情的回应，放在这个大的背景下，这种互动还是相当必要的，也应该是频繁的。处理依申请公开的过程，不需要那么强的互动性。"根据这段表述，我们认为政府部门将依申请公开的处理过程排除在互动过程之外，是有多方面的原因的。首先是对信息公开工作的定位不明确，未能理解其服务性内涵，将处理依申请公开的过程视为政府内部事务的管理过程，从而忽略了与公众互动的必要性；其次是公众行使知情权利的能力良莠不齐,降低了政府参与互动过程的意愿,正如访谈中提到的,在处理某件申请的过程中,政府部门也会产生与公众开展互动的需求,通过互动来明确公众申请的信息对象,以提高答复的准确率和效率,但公众在行使知情权时对政府的敌意,或者对自身权利界定的模糊,提高了这种互动的行政风险,促使政府部门将处理的过程封闭了起来;最后,政府部门对互动性的认识不全面,事实上,公众与政府之间的互动是全方位的,在处理过程中双方进行联络是一种实质性的互动,在制度设计的过程中考虑公众需求的变化是一种价值层面的互动,而在处理依申请公开的过程中,政府最应该做的是在信息层面与公众互动。这里的信息指的是政府部门处理依申请公开的程序性信息,在信息层面的互动,就是通过处理进程的展示实现处理过程的透明化,以加强公众对政府部门的信任感,体现依申请公开的服务性。

我们认为,处理信息公开申请的过程,是政府与公众互动过程中必不可少的一部分。将处理过程排除在互动过程之外,就等于是破坏了依申请公开过程中互动的连续性,不仅会加深公众对制度程序的不信任,还会对之后双方基于申请结果的互动产生不利影响,提高公众在面对不满意的答复时出现抵触情绪的可能性。其实,政府部门应当更全面地认识与公众之间的互动性。依申请公开过程中的互动性要求,并不完全是互动的要求,与双方主体直接产生接触的互动相比,互动性的要求还拥有更丰富的内涵。同样是在制度程序的互动场域内,政府在执行制度规范的过程中,灵活运用《条例》相关规定,尽可能减少公众行使知情权的障碍;在搭建申请渠道的过程中,各地方政府将公众的行为特性考虑其中,形成全方位、多样化的申请渠道。这些都是互动性的表现,通过在行政行为中加入公众诉求和公共利益的考量,实现了政府部门利益与公共利益的良性互动。同样,在处理信息公开申请的过程中,也应当更多考虑公众的诉求,通过信息的互动,将处理的过程透明化,便于公众的监督,也能够更顺畅地与申请人进行沟通,以提高答复的准确率和效率。

(三) 结果层面的互动现状

制度程序层面的互动,是从公众提出申请到政府给出答复意见的过程,但依申请公开的互动过程,并没有随着答复结果的确认而结束。公众与政府,围绕着最终的答复结果,在救济权利与行政责任、公众满意度与绩效考核等关系中开展互动。

1. 基于结果的权利救济与行政责任

作为公众来说,在申请结果层面的参与,最重要的就是救济权利的行使。公众的参与和政府的行政行为共同构建了依申请公开过程中的互动性。公众在获取政府部门出具的答复书之后,自然有权利通过法定的救济途径,来监督和纠正政府的依申请公开工作。公众在对依申请公开结果有异议时,可以通过举报、复议和诉讼这三种途径来监督政府部门的信息公开工作,实现自身权利的救济。其中,举报途径在举报对象上具有广泛性,在举报事由上具有宽泛性,虽然并非针对申请结果,但仍然是维护自我权利的重要方式。而行政复议则是政府部门内部自我监督、自我纠错的一项制度,对公众来说是一种快捷、低成本的救济途径。行政诉讼则是人民法院根据诉讼程序,对行政行为合法性进行审查的制度,是更为有力的权利救济途径。

尽管这三种权利救济途径为公众在申请结果层面与政府的互动提供了制度的保障,但在实践过程中,当前的权利救济制度存在诸多问题,主要表现为使用举报处理渠道的人少、非正常的行政复议和诉讼案件过多、对不同救济渠道的了解不够等问题。首先是举报处理制度的使用率低。以信息公开工作开展较好的上海和南京为例,上海2014年和2015年的举报投诉数量分别为8件和22件,同期的行政复议数量为1 043件和1 430件,行政诉讼数量为761件和1 361件,而南京2015年的举报投诉数量为17件,行政复议数量为69件,行政诉讼数量为236件。举报投诉数量与复议诉讼数量相比,反差明显,这表明举报处理这一救济途径未能发挥其应有的作用,其原因值得思考。其次是对行政复议和行政诉讼途径的了解不足。知晓这两种途径的相关规定,是公众维护自身权益的前提。但从相关调查的结果中我们发现,尽管《政府信息公开条例》已实施多年,不熟悉救济途径的公民所占比例仍然居高不下。最后是非正常的行政复议和诉讼案件过多。在实施过程中,公民滥用申请渠道和诉讼权利的情况时有发现,干扰了正常的行政复议和行政诉讼秩序。① 在调研中,A市市政府办公厅的工作人员就介绍了这样一个案例,某名职业打假人,因为对政府处理其投诉的结果不满,就无限次进行无关的信息公开申请,并就申请结果进行上诉,不仅影响了政府部门正常的工作秩序,也大大增加了法院的工作负担。上海市高级人民法院的调查报告显示,少数当事人(多为上访老户和缠诉者)出于非理性动机,通常是一个人提出数个乃至数十个政府信息公开申请,或者众多当事人就同一事项分别向行政机关申请信息公开,然后又分别起诉至法院,使法院疲于应对个案,不堪重负。②

以上三点问题,集中反映了我国公民在围绕申请结果与政府部门开展互动的过程中,参与能力还需要进一步提高。对于政府部门来说,在结果层面与公众开展互动的首要内容就是根据公众的权利救济诉求,依法纠正自身的不恰当答复行为,以提高依申请公开工作的满意度。而在处理信息公开申请的过程中明确行政责任,是政府部门有效应对公众救济诉求的前提。在工作实践中,面对公众针对依申请公开答复结果所提出的行政诉讼,各地方政府在行政责任的确认上还存在一些争议。A市市政府政务公开科的工作人员表示:"以前是法制办全权代理应诉,现在也拉上我们政务公开科了,他们

---

① 申海平.现有法律框架下政府信息公开救济制度的完善[J].电子政务,2014(10):41.
② 上海市高级人民法院.政府信息公开法律问题研究[M].北京:人民法院出版社,2008:149—156.

觉得这个应诉的责任应该由我们主管部门来承担,我们现在也在考虑这个事情,到底怎么样才是最合理的……"A市市政府目前的做法是,按照《条例》的要求,由依申请公开的答复部门,也就是市政府办公厅作为应诉方承担主要责任,市政府法制办协助承担部分应诉责任,所涉及的职能部门则承担诉讼过程中的举证责任。而B市市政府信息公开科科长在访谈中谈道:"我们今年开始通过发函的方式来处理信息公开申请,根据职能部门的答复建议来进行答复,职能部门要对其做出的答复建议负责,将来如果遇到诉讼的话,职能部门需要承担起相应的责任。"B市市政府的做法是在工作中探索行政责任划分最合理的方式。办公厅(室)作为信息公开的主管部门,实际上在处理依申请公开的过程中只承担了出具答复意见的职能,而具体的答复建议,都是由信息对应职能部门作出的。倘若由信息公开的主管部门承担所有的行政责任,其在职能专业性上的欠缺,必然会影响与公众在结果层面上的互动效果,影响复议和诉讼制度的有效执行。而在不需承担行政责任的前提下,办公厅(室)也难以保证各职能部门能在对待每一份信息公开申请的答复时足够严谨和投入。

事实上,为了实现与公众在申请结果层面的良性互动,各地方政府始终在探索如何能进一步提高答复公众信息公开申请的规范性,以规避各类行政风险。在调研中,我们发现了许多有意思的细节。其中最具代表性的是,各地方政府在答复书的用章上,都经历了相似的转变过程,从最开始使用自己处室的章,到现在使用统一的信息公开专用章。尽管这是一个用章的区别,但体现了政府部门在信息公开工作中思路的转变。使用统一的信息公开专用章,一方面体现了信息公开工作在整个政府工作中特有的全局性地位,另一方面也规范了依申请公开这一对外行政行为,提升了信息公开答复在公众心目中的权威性。除此之外,包括答复信函上的统一印章,设置专门的发件簿记录每一封答复书的编号及邮寄时间等细节,都体现了政府在推动申请结果答复规范性上的努力。

应当说，在申请结果层面，在政府与公众围绕行政责任和权利救济这一对概念开展互动的过程中，在基本完整的制度框架下，互动双方都存在着多方面的问题。公众对救济渠道的认知不足和政府对行政责任的界定不清，都影响了互动过程的良性开展，导致政府与公众在依申请公开结果领域的矛盾频发，各地的行政复议和行政诉讼数量持续增加。

2. 依申请公开结果对民主行政实践的推动

基于申请结果的互动，除了权利救济与行政责任的层面之外，同样也有更丰富的层面。对于政府部门而言，做出的每一个依申请公开答复，都不是一份简单的工作结果，而是在与公众互动过程中形成的积累和资源。正如前文所强调的，依申请公开的互动过程，不是从申请到答复的单向重复，而是从权利义务层面的互动到制度程序层面，再从制度程序到申请结果，最终由申请结果推动政府更好地履行公开义务，更高效地处理信息公开申请的循环过程。而这种循环最大的推动力就来自依申请公开过程中政府与公众的全程互动。正是因为在各个环节加入了公共因素的考量，在实务、价值和信息层面实现了与公众的互动，才使得最终呈现的依申请公开结果能够反作用于政府的行政行为。也就是说，与公众的互动给依申请公开的结果注入了公共性价值，而这种公共性对封闭的行政体制之内的信息公开主管部门来说，具有重要的借鉴意义。

结果层面的互动，首先应当对信息公开申请的处理过程产生推动作用。这种推动作用表现为两个方面，分别是基于绩效考核的规范力和基于结果大数据的创新力。基于绩效考核的规范力指的是通过在信息公开的绩效考核中加入依申请公开的考核指标，来促进政府部门依申请公开工作的制度化和规范化。最新出台的《关于全面推进政务公开工作的意见》中指出，要加强考核监督，把政务公开工作纳入绩效考核体系，加大分值权重，同时要鼓励支持第三方机构对政务公开质量和效果进行独立公正的评估。绩效考核是保证政府行政行为合法性和发展有序性的重要方式,许多地方政府已将信息公开工作纳入年度绩效考核的范畴,并达到了一定的分值比例。A市市政府从2015年起,在对全市各区各部门的绩效考核中,政务公开部分的分值占比达到了4%,下一步的计划是争取在2017年前,实现各区对下属部门的考核中,政务公开作为单项指标,分值占比达到4%。除了分值以外,考核项的设置也会直接影响绩效考核规范力的强弱。A市在政务公开的单项考核中,依申请公开考核项分值占比为30%左右,主要考核以下几点:是否有依申请公开的规范流程;依申请公开答复是否及时;答复文本是否规范合规;信息公开指南中信息是否准确;行政复议和行政诉讼中是否有被依法纠错的案例等。这些考核项目基本涵盖了政府部门处理信息公开申请的全过程,能够客观反映依申请公开工作的规范性程度,达到了用实际工作成果来推动依申请公开工作向规范化和制度化发展的效果。

基于申请结果的创新力指的是将大量依申请公开的处理结果数据化,通过大数据的挖掘和典型案例的分析,推动依申请公开工作机制的补充和创新。对于信息公开的主管部门来说,其每年做出的大量公开答复,本身也是重要的信息资源。对于公众和社会而言,政府信息的重要性在于信息背后蕴含的潜在价值,政府部门同样应该关注所掌握的信息资源的可用性。对于信息公开的主管部门来说,结合实践现状,公众的申请结果和政府的答复意见,可以在以下多个方面助力依申请公开工作的开展。例如通过分析所有申请结果,发现处理公开申请时经常涉及的职能部门,尝试通过与该职能部门建立特殊的沟通渠道来提高答复此类申请的效率;还可以通过分析申请答复中引发复议或诉讼的原因,来推动答复文书和法条引用的规范性。

结果层面的互动,其次还应该对政府信息的主动公开工作起到推动作用。在国务院2010年出台的《关于做好政府信息依申请公开工作的意见》中,就明确提出了主动公开与依申请公开之间的统一关系，两者相辅相成。该份《意见》强调，在受理依申请公开政府信息过程中，要有意识地将需要主动公开的信息从依申请公开转向主动公开。同时在国务院2016年年底下发的《〈关于全面推进政务公开工作的意见〉实施细则》中，也明确提出各级行政单位要对照"五公开"要求，每年对重点信息进行全面自查，发现应公开未公开的信息应当公开，可转为主动公开的应当转为主动公开。这一细则，明确了依申请公开工作对主动公开的积极推动作用。事实上，主动公开与依申请公开不仅共同构成了我国的信息公开制度，相互之间还存在着紧密的互联性。全面、及时、准确、主动公开政府信息，可以大大减少依申请公开数量，也就是我们在权利义务的互动层面所强调的，用政府公开义务的良善履行来优化依申请公开过程的前置基础。反过来，通过挖掘和分析依申请公开结果层面的信息资源，也可以为主动公开工作的完善找到方向。这种反作用在依申请公开的实践中是十分必要的。政府信息的公开属性是由各发文单位确认的，既具有片面性，也具有阶段性。片面性是指发文单位对于透明公开理念，以及文件的敏感程度的认知具有片面性。阶段性是指随着政策和社会背景的推移，政府信息的公开属性会发生变化，某些依申请公开的信息应当转变为主动公开。正是由于这两种特性的存在，将经过了公众利益权衡的依申请公开结果引入对政府信息主动公开范围的考量，就变得十分必要了。

虽然用依申请公开推动主动公开的政策意见在2010年就已经提出，但可惜的是，这一项举措尚未被广泛纳入政府部门的依申请公开制度设计中。B市市政府办公室信息公开科科长坦言，这部分B市尚未有什么实际的举措，也没有添加这部分制度的规划。而A市作为副省级城市，对于以依申请公开促进主动公开的工作则更重视一些。在目前的实践中，A市对于这部分工作的开展有两种不同的工作方式：一种是在办理完信息公开申请的答复之后，对于频繁被申请公开的信息，要求拟文处室直接在网站上主动公开；另一种是针对某些专题信息,进行集中梳理和集中公开。据 A 市市政府办公厅政务公开科工作人员介绍,未来 A 市还将在全面推进政务公开工作的过程中,落实规范文件的定期清理工作,调整政府规范性文件的公开属性,以保障主动公开信息范围的全面性。总的来说,A 市目前的实践还停留在工作方法的层面,未能形成规范的工作制度,这尚不能算是达到了国务院最近下发的《〈关于全面推进政务公开工作的意见〉实施细则》的要求。上海市在以依申请公开推动主动公开的工作中则有着更为正式和制度化的尝试,具体来说,上海市黄浦区和虹口区政府已经在其信息公开网站上开设了专门的"依申请转为主动公开"栏目,让公众看到了政府部门在以依申请公开推动主动公开工作中的作为和努力。

总结政府与公众在申请结果层面的互动过程现状,我们认为,这一过程在整个依申请公开过程中具有独特的制度地位。一方面在结果层面基于公众权利救济和政府行政责任的互动,既是政府部门展现依申请公开制度成果的环节,也是公众在参与信息公开过程中最关注的环节。另一方面,双方基于申请结果的互动,还推动着依申请公开和主动公开过程的完善和发展,是实现依申请公开互动全过程循环性的关键节点。从以上两个方面的互动现状来看,在基本的制度框架下,政府与公众的互动初见实效,但部分过程的制度化和规范化程度还不高,这还需要政府与公众的共同努力。

五、建构依申请公开中政民良性互动的政策建议

(一) 转变政府与公众的互动理念

政府与公众之间理性主动的互动理念是政府积极开展依申请公开工作、公众主动参与和反馈,以及公众与政府实现合作共治的内在推动力。从政府的角度看,正确的互动理念要求去除"官本位"思想、

摒弃"大家长"作风，奉行"执政为民""服务为民"、信任民众的思想，始终牢记政府的合法性来自公众的信任、政府的权力来自公民的让渡。① 在依申请公开工作中，政府要从"管理者"的定位向"服务者"转变，突出服务性意识，将自身定位为政府信息的提供者，而非政府信息的拥有者，切实转变工作方法，优化流程规范，最大程度保障公众的知情权实现。

公民要逐渐提升在社会政治领域的权利意识、在公共领域的规则意识以及参与公共事务的责任意识。在参与依申请公开的过程中，公众要明确知情权的权利入口，积极回应政府的主动公开工作，在与政府的互动中确定申请信息公开的需求。在申请信息公开的过程中，要提高规则意识，按规申请，配合政府部门明确所需信息，提供必要信息。

（二）重视主动公开中的政策解读

要正确理解政府信息主动公开与依申请公开之间的关系，认识到做好主动公开工作对于减轻依申请公开工作压力的重要意义。在开展主动公开工作的过程中，要坚持以让公众"看得到""看得懂""愿意看"为工作目标，全面提高政府信息主动公开的质量。要继续加强主动公开的渠道建设，细化现有公开渠道管理，提高界面友好度，拓展功能实用性，同时探索信息公开工作的移动互联化，建设手机App端和新媒体端的信息公开平台，真正做到让公众"看得到"政府信息。同时要重视政策解读工作，既要与多种媒体开展合作，也要在解读形式上下功夫，在解读政策的过程中，多使用图表类和视频类的传播形式，体现数字化和生活化，让公众"看得懂"政府信息。最后，政府部门要加强对公众参与的引导，通过政府门户网站、政务服务热

---

① 邓倩.政务信息公开视角下的政府与公民互动关系研究[D].南京：南京航空航天大学,2014:55—56.

线、新媒体等多种渠道扩大公众参与范围,积极开展政府开放日,依申请公开专题答疑等主题活动,丰富公众参与形式,让公众"愿意看"公众信息。

(三) 加快修订完善相关法律规范

首先,要明确信息公开是政府部门的义务所在。应当在《条例》或其他法律规范中明确宣示政府信息的本质,即政府信息属于公共物品和公共资源,而非政府拥有。同时,法律中要明确政府部门在开展依申请公开工作时,应当坚持"公开为原则、不公开为例外"的原则。此外,还应当以法律条文的形式,明确知情权是公民的法定权利,而信息公开是政府的法定义务,摆正两者的权责关系。①

其次,要加快推进《中华人民共和国信息公开条例》的修订,使依申请公开工作的法律依据更具可行性,更符合当前社会背景的要求。第一,要明确免于公开的政府信息范围。目前对于免除公开的信息范围的界定过于宽泛,更多成为政府机构逃避公开的"避风港"。要贯彻《关于全面推进政务公开工作的意见》要求,尽快落实信息公开负面清单制度,细化明确不予公开的范围,做到清单详细具体、便于检查监督,努力实现负面清单外的事项全部依法依规予以公开。第二,要降低政府信息公开的申请门槛。要加快调整现行《条例》中不符合实际需求的限制性条款,包括申请理由要满足"三需要"、申请过程要"一事一申请"等,重新规范公众申请信息公开的制度门槛,取消对于公众知情权的附加要求。

(四) 创新内外联动的高效工作机制

依申请公开工作的发展需要更多有效的创新机制,以加强沟通,

---

① 吴光芸,吴金鑫,赵改霞.政府信息公开中的公众参与困境及对策探究[J].理论视野,2013(7):33—37.

保证互动,提高处理信息公开申请的效率。首先,各地方政府应尽快出台有效措施,优化依申请公开工作中的多部门协同处理机制,通过行政机关内部不同职能部门的协作,提高政府信息依申请公开水平。努力探索面对复杂信息申请的应对办法,构建横向职能部门之间有效的协调沟通平台,以提高依申请公开答复的科学性和合法性。对于负责部门有疑义的政府信息,要提前讨论,落实部门责任;对于公开后可能对其他部门造成不良影响的信息,在公开前要开展高效的协同处理,降低信息公开的风险。其次,要破除依申请公开处理过程的"黑箱"状态,规范处理流程,公开处理规范,将制度放到公众的视野里执行,以体现政府部门在处理信息公开申请过程中的服务性和公共性。在处理申请的过程中,要探索与公众之间在信息层面开展有效互动,将处理申请的步骤展现给公众,实现更公开的内部流程,拉近依申请公开工作中政府与公众的距离,增强信任感。

(五) 充分挖掘信息资源的衍生价值

要加强对依申请公开的结果资源的利用。依申请公开的处理结果是政府与公众有效互动的产物,通过大数据挖掘和典型案例研讨等方式,发现申请结果体现的趋势和特性,从而反过来以申请结果推动处理过程的完善,是体现公共性和公众因素在依申请公开中重要性的方式。一方面要分析依申请公开中集中涉及的职能部门,探索建立与重点职能部门的便捷沟通渠道,加强合作,提高处理该类申请的效率;另一方面要总结依申请公开引起的复议或诉讼案例,发现工作中存在的问题,针对性地调整工作方法。

同时,还应重视以依申请公开结果促进主动公开工作完善的制度建设。要对应"五公开"的要求,积极开展自查工作,将更多的政府信息主动向公众公开,及时更新依申请公开的信息范围,真正将依申请公开转为主动公开,落到实处,以推动依申请公开工作的良性循环。

第二章　政府信息公开的内部监督

一、概　论

(一) 选题缘由

人类社会正迈向全球化和后工业化时代，在这一历史进程中，传统的工业文明正逐步被洪流般的信息和大数据文明所取代。一串一串的编码信息，正成为驱动社会和经济发展的新动力。信息社会的到来，不仅改变了世界经济格局，也重塑了政府的治理模式。

20世纪后期，伴随信息技术革命强大的渗透力和影响力，各国政府掀起了政府透明化改革运动，探索新的政府行为方式和社会互动方式。再者，随着协商民主理论学术关注度的提升以及参与式民主实践的兴起，政府信息公开和透明化政府建设已然成为各个国家民主政治发展的新潮流。政府信息公开作为现代民主不可或缺的组成部分，正在与自由、法治等意识形态式语汇一道，成为衡量民主国家政治进步与文明发展的重要标志。

政府信息公开，是指政府与公共机构依法向公民告知或依法按公民意思提供的各种公务与公共信息，是一种确保公众知晓、观察、查询、传递公共权力行动的民主施政行为。政府信息的可获取是公民积极有效参与公共政治生活、践履政治民主的基础条件，它不仅可以保障公民的知情权，助益于参与行为，也可以让公民了解政府的治理行动，对政府的一系列施政行为进行监督。

从世界各国来看,"透明政府"正成为一种趋势。除了加强政务网站建设、信息管理部门专门化、公众反馈意见的调查研究等,迄今为止,全球大约有80个国家和地区以立法的方式,对公众获取政府信息的权利和公共部门提供政府信息的义务做出规定。例如,美国1966年实施的《信息自由法》、德国1976年颁布的《行政程序法》、法国1978年制定的《行政文书公开法》、俄罗斯1995年出台的《信息、信息化和信息保护法》、英国2000年通过的《信息自由法》等等。

从中国本土的实践观察,2008年5月,《中华人民共和国政府信息公开条例》颁布实施,阳光政府建设逐渐被各地方政府提上日程,政府信息公开的学术关注度也正当其时,学术专著、研究论文集、调研和讨论不断涌现。

但是,与上述情况相对的是,近年来,政府信息公开无论是在理论叙述还是在具体实践中均遭遇诸多瓶颈。从理论研究层面看,现有的对问题的分析更多侧重的是对政府信息公开概念的列举式界定、必要性阐释、个案研究,这些降低了问题研究的有效性。从政府实践层面观察,在地方公开条例出台完成,提出建设阳光政府的目标之后,政府信息公开却陷入了一个相对明显的沉寂期。信息公开这一职能更多成了公共部门的事务性职责,而非一项基于公共价值创造的实践创新。若将政府治理的行动看成是公共价值链条的实现过程,那么现有的、处在行动链中的信息公开显然没有实现其应有的价值、公平、效率和满意度。

毫无疑问,政府在履行行政职能的过程中,采集和存储了大量的信息。这些政府信息是一种公共产品,具有非排他性,它们同公众的生产、生活以及城市运转等方方面面息息相关。它不仅是促进政府信息这一公共资源优化配置和更加高效利用的有效途径,而且是坚持和发展民主政治、建设民主行政的必然要求。

各个国家的政府信息公开发展历程表明,公开范围的有效扩大、政府信息公共价值的再生产、民众对政府履行信息公开职能满意度的提高,不仅需要立法的不断明确规范,而且需要政府的主导推动。要让权力的施行者、信息的掌管者——政府确保公民获取信息的权利的真正落实,则不仅依赖于各个社会利益集团的敦促,而且需要的是监督力量的持续监督。

一般而言,我们所说的监督政府,通常包括立法监督、司法监督和行政监督三种类型。具体到信息公开,立法和司法机关的监督对信息公开职能的履行起到了重要的监督效果。但是,立法监督和司法监督往往是被动的、事后的,在某种程度上也是片面的、零散的。

政府信息公开涉及利益广泛,也深刻地影响着政府行政日常运作方式。有鉴于此,来自推行者内部专职化、全局性、系统性和持续性的监督就显得尤为重要。政府信息公开内部监督也更加值得关注。

有鉴于此,本章拟以"民主行政"为核心理论视角,以"政府信息公开"为主要研究,以"政府信息公开监督治理"为研究主题,对相关论题进行理论探讨和实践考察。我们认为,政府信息公开是对行政权正当、有效运作的一项行政监督充实机制,是政府在系统内部自己监督自己的一项有效治理工具。通过信息公开的政府内部监督,提高公共部门职能履行效率,强化政府内部的责任监督机制,提高政府治理公共性,实现对民主行政的积极建构。

(二)研究现状述评

1. 政府信息公开

国外对政府信息公开的研究比国内早很多。在理论研究方面,国外学者一般从知情权理论(the right to know)出发,阐释对政府信息公开的理解。在《信息自由与知情权》一书中,美国学者赫伯特·N. 福斯特(Herbert N. Foerstel)提出了关于知情权的三种含义:政府不得妨碍公民交流有关国家事务的事实和观点的信息,政府有义务回应公民的请求,提供政府信息,使公民了解政府的状况。① 日本学者山内敏弘和古川纯则认为,知情权是包括公民主权原则乃至民主主义自治原则在内的公民权利。②

在实证研究方面,国外学者的研究可谓琳琅满目。如在2010年的《政府信息季刊》第27辑中,一些学者对英国信息自由法案正式实施以来的表现进行了评估。帕特里克·伯金肖(Patrick Birkinshaw)考察了英国信息自由法案的运转情况及对英国的影响、信息专员所扮演的角色以及信息法庭在处理信息拒绝和申诉时的作用。③

国外对政府信息公开的研究取得了丰富的成果,其理论研究主要聚焦于以民有政府、透明政府、知情权理论、政体价值等为理论基石,分析政府信息公开对其建构作用等。在实证研究方面,国外的研究大多采集大样本数据,通过对某一国家、地区信息公开相关数据较长时间的跟踪和观察,对政府信息公开工作进行测量评估。这点是值得我国研究者学习的。

伴随我国民主政治的发展和政府治理改革实践进程,特别是2008年以来,以《中华人民共和国政府信息公开条例》的颁布实施为契机,国内对与政府信息公开有关问题的学术关注度和研究热度逐步升温,一系列的研究取得了大量的学术成果。

从整体上看,国内学者从不同视角出发,通过对政府信息公开的理论和经验进行挖掘,对其中有关问题进行深入剖析,以期对改进我国的政府信息公开提供有针对性的建议,勾勒出"阳光政府"的未来图景。从研究兴趣来看,一部分学者注重对政府信息公开的基础阐

---

① Herbert N. Foerstel. *Freedom of Information and the Right to Know*. New York: Greenwood Press, 1999, p. 14.

② [日]山内敏弘、古川纯:《宪法的现况和展望》,东京:北树出版社1996年版,第185页。转引自《日本宪法上的知情权与信息公开法》,载《法学家》2007年第3期。

③ Patrick Birkinshaw. Freedom of information and its impact in the United Kingdom. *Government Information Quarterly*, 2010, 27(4): 312—321.

释。如颜海从多学科角度全面阐述了支持政府信息公开的理论基础。① 一部分学者从建构科学、合理和有效的政府信息公开制度并规范公开行为出发，对这一论题做了制度建构研究。如金太军和姚虎从新制度经济学的视角，探究了造成政府信息公开制度创新困境的三种静态路径依赖和三种动态互动博弈。② 还有一部分学者则关注政府信息公开的具体做法、立法实务以及对公开制度的有效性进行测量和评估，对信息公开这一论题做了有益的实证研究。如肖卫兵以上海市A区为例，通过分析这一地区政府信息公开制度实施以来的挑战，提出从宏观和动态的信息流通视角系统改善政府信息公开制度的实施，提出将被动公开视为一种信息流，从主动公开、内部公开和外部公开对被动公开的影响，以及从被动公开角度提升信息公开制度实施的成效，以适应信息社会和政府治理转型需求。③

国内对政府信息公开的研究起步较晚。现有的研究中，在基础阐释方面，不管是理论基础的发掘，还是研究政府信息公开与服务型政府建设的契合，研究更多是指向对于政府信息公开必要性的探讨，更感兴趣于政府主动的信息公开，而非研究公民在获取信息之后，对政府数据进行加工、创新和利用的操作化方法；在制度构建研究方面，大多是对信息公开制度本身或其边缘进行的修修补补，而较少从宏观出发，研究信息公开之于治理体系完善之效用，之于施政公共性价值实现之功用；在实证研究方面，国内学者现有研究更多关注于对某个政府、地区以及行业等的个案分析，较少的是政府信息公开对整个国家的影响性评价等。

---

① 颜海：《政府信息公开理论与实践》，武汉：武汉大学出版社，2008年版。
② 金太军、姚虎：《政府信息公开制度创新困境的内在机理探究——以新制度经济学为视角》，《江汉论坛》，2011年第8期。
③ 肖卫兵：《信息流通视野下的政府信息公开制度实施：以上海市A区为例》，《中国行政管理》，2014年第7期。

2. 政府信息公开监督

从现有的研究来看,对政府信息公开监督的研究主要集中在以下几个方面:其一,对西方政府信息公开监督制度进行介绍和考察。有学者考察了法国、新西兰、澳大利亚等国的信息公开监督法律体系,并对这些国家的信息公开监督制度体系做了评析。① 其二,对我国政府信息公开监督制度的考察。乔立娜、李鹏等对政府信息公开工作制度以及这一制度的实施情况进行了考察,将信息公开实践中遇到的问题、障碍与解决途径做了展示。② 总体而言,就已有的研究中,对监督制度进行系统性研究的还较少。特别是,结合中国的政府信息公开监督的实施情况进行分析的研究更是相对有限。

3. 对现有研究的述评

从对两个研究义项的考察可以看出,国内外学者对政府信息公开的理论和实证研究在不断进行中,对这一问题的研究较为深入、充分,学术概念较为清晰,研究方向多样化,初步完成了对政府信息公开监督体系的建构。但是,目前已有的研究中,大部分研究都是从保障公民知情权出发为学术原点,以透明政府建设为研究半径,从政府自身视角来审视政府信息公开监督治理情况的研究则可谓是凤毛麟角。特别是,从政府内部监督的视角,审视政府信息公开的研究更可谓方兴未艾,在国内,对这一理论的概念仍旧不明晰,阻碍着进一步研究的进行。对于政府信息公开主管部门而言,不够明晰的监督职能更无益于政府信息公开内部监督的本土实践。以上这些问题,正是本章研究展开的动力。

---

① 刘恒等著:《政府信息公开制度》,北京:中国社会科学出版社,2004 年版,第 115—133 页。

② 乔立娜、李鹏:《政府信息公开工作制度与实施》,北京:中国人事出版社,2011 年版。

(三) 研究思路与研究方法

1. 问题建构

现代国家治理体系与施政能力的生长,呼唤公民规范、有序地参与,渴求政府传统履职方式的革新与履职能力的提升。本章的研究正是在这一政府改革的背景上展开的。一方面,在民主观念的水位普遍不断上升的过程中,公民参与社会公共事务治理的偏好和兴趣日益浓厚,唯有以阳光、透明照亮公民的合理诉求,才能实现这个充满复杂性和不确定性的社会的规范和有序;另一方面,随着全球化与后工业化浪潮的兴起,政府企图以传统统治和管理行政思维来谋求实现政府合法性的路径已然行不通。政府只有让自身的行事逻辑拐个弯,转变自身履行职能的方式,以良好的公共服务,实现合法性与公共性价值。从政府行政视角看,政府信息公开可谓基于政府和信息资源公共价值创新的一个点,虽不具有意识形态般的幻景,却与公民日常的柴米油盐相连,真切得足以撬动政府转变履行职能方式的整个面。因此,探求良好的政府信息公开监督治理方式,不仅正合时宜,而且,更是矫治传统政府选择性失明和选择性偏见的一剂良药。

在此研究背景下,本章将选择描述—解释性的观察视角。在这一观察视角下,对现有的政府信息公开内部监督治理的事实进行阐述和分析,对《中华人民共和国政府信息公开条例》中所规定的监督保障制度的实施绩效进行考察和述评,并以江苏省政府办公厅政府信息公开办公室为案例进行观察和研究,对其监督方式和相关做法进行梳理,并做适当评价,分析制度的实施对政府转变履职方式和建构民主行政提供的支持,并尝试勾勒出实施政府信息公开内部监督治理的未来图景,提出面向未来的、具有实践价值的改革行动策略。

2. 研究框架

《中华人民共和国政府信息公开条例》第三条规定:国务院办公厅是我国政府信息公开工作的主管部门,负责全国政府信息公开的推进、指导、协调和监督工作。县级以上地方政府办公厅或县级以上地方政府确定的其他的信息公开工作主管部门负责推进、指导、协调和监督本行政区域的政府信息公开工作。①

既然条例中规定,由各级行政机关的政府办公厅来推进政府信息公开监督工作,那么在现实实践中,作为工作主管部门,它的权力边界几何?推进信息公开的目的是什么?政府办公厅政府信息公开办公室推进监督的职能和方式又是什么?

围绕着以上这些问题,本章将以江苏省人民政府办公厅政府信息公开办公室为制度执行考察主体,考察其推动职能部门政府信息公开的有关情况。众所周知,推进政府信息公开内部监督制度实施和完善的初衷,就是试图从传统封闭的政府履职中撕开一道口子,以信息公开的特效药,以阳光不锈的消毒剂,治理腐败亚文化,建设更好的政府,推进公众参与治理。因此,我们对政府信息公开监督制度的实证考察,就是要站在制度实施的视角,审视我国的政府信息公开监督的职能履行情况,思考政策改进的可能性。具体研究思路如图2-1所示。

3. 研究方法

可以说,政府信息公开监督制度的构建和完善是与中国经济和社会结构的不断转型相伴相随的,要使论文本身有益于增进政府信息的公共性再生产,建构适合中国的政府信息公开内部监督制度,就必须对这一论题进行多面的考察。

一般地,按照研究目的来分,社会科学研究方法主要包括探索性研究、描述性研究和解释性研究三种。探索性研究一般是试验性的、暂时性的,是开展进一步研究的基础;描述性研究是一种描述事物"是什么"的结论性研究,用于客观、准确地描述事物的总体性特征;

---

① 资料来源:《中华人民共和国政府信息公开条例》,北京:中国法制出版社,2011年版,第2页。

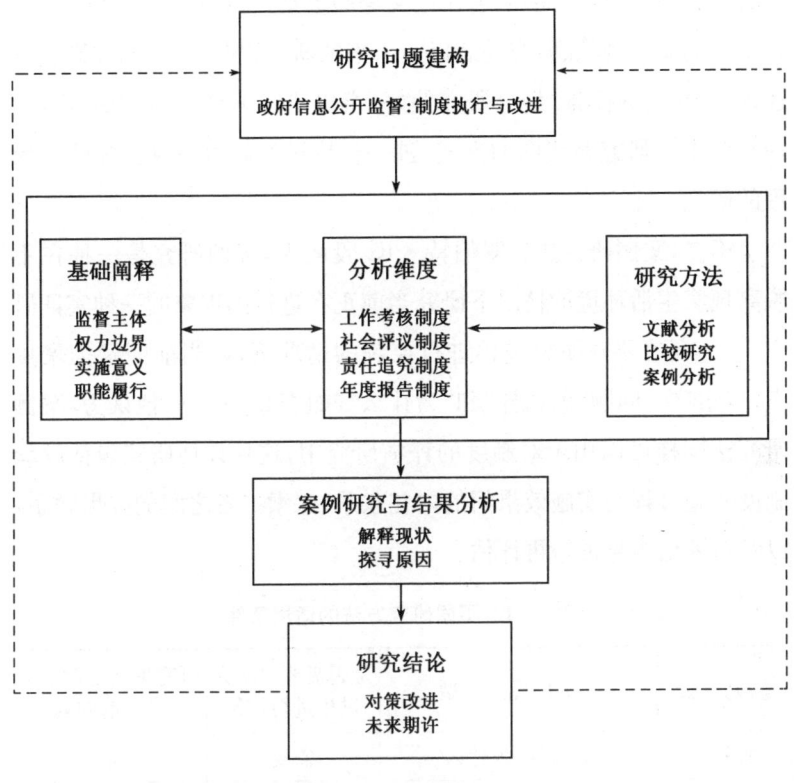

图 2-1 研究路线图

解释性研究则是一种通过方案和结构的设计,解释事物"为什么"的研究,是一种因果关系研究。

本章主要采用的是描述性研究和解释性研究,以描述性研究为主,展开的解释则是在此基础上的发挥。例如,通过对江苏省政府信息公开办公室所实施的监督维度的描述,分析探讨实施监督治理的方式,概括其规律和特点。而对于监督制度执行绩效现状和监督困境的分析,则是在描述基础上的阐释。具体而言,本章采用了文献分析、比较研究和个案分析等来表达与政府信息公开内部监督治理有关的研究思想与内容。

第一,文献分析法。通过对政府信息公开监督治理这一主题相关的研究报告、学术期刊、著作论文等的鉴别、搜集和梳理,了解对这一主题的研究现状、研究动态以及未来的研究方向,对研究成果进行述评,分析研究图景,划分研究偏好,指出研究不足,以此为原点,选择符合本章研究路线图的方式,进一步推进对政府信息公开监督治理的研究。

第二,案例研究法。罗伯特·K.殷认为,案例研究是一种在不脱离现实生活环境的情况下研究当前正在进行的现象的一种实证研究。[①] 它是在不对研究过程进行控制的情况下,以当前问题为聚焦点,探索这一问题"怎么样"和"为什么"(如表2-1)。[②] 他认为,案例研究法同样可以用于对制度的评估研究中,这种评估研究包括解释制度实施过程与实施效果间的内在联系、探索二者之间的因果联系,以及对评估本身进行再评估。

表2-1 不同研究方法的适用条件

研究方法	研究问题的类型	是否需要对研究过程进行控制	研究焦点是否集中在当前问题
实验法	怎么样、为什么	需要	是
调查法	什么人、什么事、在哪里、有多少	不需要	是
档案分析法	什么人、什么事、在哪里、有多少	不需要	是/否
历史分析法	怎么样、为什么	不需要	否
案例研究法	怎么样、为什么	不需要	是

本章是在现代性国家治理体系与施政能力获得的大背景下,考察由政府主导的政府信息公开监督制度实施的当前情况,研究政府信息公开监督治理是怎么样的,为什么会形成现在的治理效果。同

[①] 罗伯特·K.殷:《案例研究:设计与方法》(第3版),重庆:重庆大学出版社,2004年版,第16页。

[②] 同上书,第7页。

样地,研究工作尝试以江苏省政府办公厅政府信息办公室为研究深入的蓝本,以管中窥豹的方式,以期透视我国政府信息公开监督治理的主体、职能、方式等问题,通过事实材料和典型案例的结合,进一步解释信息公开监督维度和取得效果之间的联系,探索这二者之间的因果关系,以期诠释建构更加完善的政府信息公开内部监督治理体系的可能性路径。因此,采用描述性案例研究方法来展开研究,无疑是合适的。

第三,比较分析法。通过对客观事物进行比较,达到更加清晰的认识事物本质和发展规律的目的是比较分析法的初衷。英国、美国、日本、法国等国的政府信息公开监督治理早于中国,相对而言积累了较为丰富的经验。通过对其他国家信息公开监督治理经验的挖掘,把握不同国家制度特点,分析不同制度间的共性与差异,以政策移植的视角,运用于中国的政府信息公开监督治理实践,是一种可行的研究路径。

二、政府信息公开监督治理概述

(一) 有关概念界定

1. 政府信息公开

信息,即消息、资讯,是现代汉语中经常使用的词语。《辞海》中对信息的解释,一是指音讯、消息,二是指通信系统处理和传输的对象,一般指事件或资料数据。通过信息,我们能够感知到物质的属性和本质特征,不相同的两个事物,都会有着不一样的本质、属性和特征,两者所传递出的信息也当然就是不一样的。

政府信息,一般指的是公共部门所掌握和拥有的信息。各个国家的政府信息公开法律中均对其做出了规定。如韩国制定的《情报公开法》中规定,政府信息指的是"公共机关职务履行中取得、制作、管理的一系列事项,这些事项包括文书、图画、照片、磁带、胶卷、幻灯机、电脑处理的媒体上记录的事项等等"。美国《信息自由法》、日本的《情报公开法》等均采取概括加列举的方式,对政府信息的内涵和外延进行了表述。

《中华人民共和国政府信息公开条例》第二条中明确了我国的政府信息的范围和内涵。政府信息是指公共部门在履行职能过程中制作或获取的,以一定形式记录和保存的有关信息。《江苏省政府信息公开暂行办法》更是在《条例》的基础上,对政府信息的内涵,做了更加准确和细致的定义:政府信息是指政府机关在行政管理活动中制作、形成、获得或者掌握的以纸质、胶卷、磁带、磁盘以及其他各种载体反映的内容。

本章所指的政府信息,指的是政府公共部门在履行职能的全过程(至少包括决策、执行、监督、协调四个过程)中产生的、收集的、整理的、获取的和储存的与政府公共职能有关的所有信息。

公开,根据《辞海》中的解释,一是指不加隐蔽,面对大家(跟"秘密"相对);二是使秘密的成为公开的。它表明的是事物的一种状态和属性,也是主体的一种行为,表示主体将某事公之于众,让公众知晓。

有关政府信息公开的含义,学术界已经进行了较为充分的讨论。学者刘恒认为,政府信息公开是指国家行政机关和法律法规授权组织,在履行政府职能的过程中,通过法定的形式和法定的程序,主动将政府信息向公众,或者依公开申请而向特定的公民个人或社会第三方组织公开的制度。[①] 朱友刚认为,政府信息公开指的是,政府公共部门依法通过各种方式公开其政务活动,公开其在履行职责过程中所掌握和控制的与社会公众利益相关的信息资源,允许公众通过查询、阅览、收听、观看、摘录、复制、下载等方式,依法利用政府信息

---

① 刘恒等著:《政府信息公开制度》,北京:中国社会科学出版社,2004 年版,第 2 页。

的过程。① 从对文献的分析不难看出，不同学者的侧重点可能不同，但都涉及构成政府信息公开的基本组成方面，如公开的程序和方式方面、主动公开方面、依申请公开方面等等。

从对"公开"一词的解析，可以看出政府信息公开首先是一种行为过程。而且，政府信息具有上述所讲的"不加隐蔽性"，所呈现的状态和属性是"公开"，公开的政府信息即公共部门的履职过程及结果的反映。

综上所述，政府信息公开，是指政府与公共机构依法向公民告知或依法按公民意思提供的各种公务与公共信息，是一种确保公众知晓、观察、查询、传递公共权力行动的民主施政行为。政府信息的可获取是公民积极有效参与公共政治生活、践履政治民主的基础条件，它不仅可以保障公民的知情权，助益于参与行为，也可以让公民了解政府的治理行动，对政府的一系列公共事务治理行为进行监督。

2. 政府信息公开监督

政府信息公开监督，也即对政府公共部门信息公开情况的各种监督和检查。根据《条例》中的解释，对政府信息公开的监督主要是指各级政府中承担信息公开职能的主管部门和监察机关，对各个专属职能部门实施政府信息公开的情况进行的各种监督和检查。监督制度主要包括各级行政部门建立的信息公开社会评议制度、工作考核制度、年度工作报告制度和责任追究制度，以定期对信息公开的实施情况进行考核和评议。这些考核办法、工作标准和评议制度相互作用，对行政部门的信息公开工作进行检查。

欧美等发达国家的政府信息公开监督主要包括立法代议机构——如英国的议会、美国的国会——的监督、掌握审判权的法院的司法监督、权力执行部门的行政监督以及公众的监督等等。

---

① 朱友刚：《服务型政府视角下的政府信息公开研究》，山东大学 2012 年博士学位论文。

所谓政府信息公开监督,主要是指来自政府机关内部,即各级政府信息公开工作部门,如江苏省政府信息公开办公室,所采取的对各个政府职能部门信息公开职能履行情况进行的监督和检查,即本章着重考察的政府信息公开内部监督治理情况,如上述的政府信息公开社会评议制度、工作考核制度、年度工作报告制度和责任追究制度等,暂不将立法机构、司法机构等的监督纳入讨论范围。

(二) 政府信息公开监督概述

1. 政府信息公开监督主客体

第一,江苏省政府信息公开办公室。一般地,政府信息公开监督的主体主要有三个方面:代议机构、司法机构和行政机构。本章只研究以行政机构为主体的政府信息公开监督治理情况。如上所述,政府信息公开监督这一制度的执行主体,即公共部门对政府信息公开实施情况等的监督,是指上级政府部门或专门的政府信息公开职能承担部门,对各个专属职能部门信息公开职能履行情况所进行的监督和检查行动,在这当中,政府信息公开工作职能承担部门对各个专属职能部门的监督,是一种横向的平行监督,《条例》第三条中规定,国务院办公厅是信息公开工作主管部门,负责全国政府信息公开的推进、指导、协调和监督。县以上人民政府或人民政府办公厅确定的其他信息公开工作职能主管部门负责推进、指导、协调和监督本行政区域的政府信息公开工作。①

从实践看,许多西方国家也都设立了信息公开制度执行的专门机构,对政府信息公开制度体系的实施效果进行监察,如新西兰设立的信息局、日本政府专门设立的信息公开审查会等。

当然,公民个人、社会法人或非政府组织对政府信息公开的监督

---

① 资料来源:《中华人民共和国政府信息公开条例》,北京:中国法制出版社,2011年版,第2页。

也可归结为行政监督范畴。一方面，拥有权利意识的公民主动参与到政府信息的公开中来，能推动政府权力在更民主下运行，使政府对公众负责，这种"正向"监督是现代民主政治赖以实现的基础；而"逆向"监督是指，假若公民认为公共部门并未良好地履行政府信息公开职责，可以通过行政复议、行政诉讼等形式来捍卫自己的知情权，以督促行政机关履行相关信息公开义务。

从本章的研究对象——江苏省政府办公厅政府信息公开办公室——来看，它是承担江苏省政府信息公开工作的主管部门，负责推进江苏省的政府信息公开监督工作。在江苏省政府办公厅印发的办公厅主要职责内设机构和人员编制规定的通知中，对政府信息公开办公室的职责界定为：承担江苏全省的政务公开和信息公开的组织、协调、检查和指导工作，研究并拟定指导全省政务公开、办事公开的相关政策性意见和建议，承办江苏全省的政务公开和信息公开有关事务，负责办理江苏省的政务公开和信息公开、政务服务管理有关的电文、会议会务、督查、调研工作，负责《江苏省政府公报》的编撰和编写工作。

第二，政府信息公开监督职能履行。政府信息公开的客体则是指各个政府职能部门信息公开职能履行情况。具体如：公共部门办理政府信息公开事宜的有关情况，维护、更新本级政府公共部门的政府信息公开的情况，组织并编制本级政府行政部门的政府信息公开指南、目录以及年度工作报告的落实情况，对拟公开政府信息的保密审查情况。

2. 政府信息公开监督的方式

毫无疑问，对公共部门政府信息公开制度实施情况进行监督有多种多样的类型和方式，如网络平台监督、网上投票监督、年度工作报告审阅等等。在《中华人民共和国政府信息公开条例》中规定了政府信息公开监督的几项基本制度：工作考核制度、责任追究制度、社会评议制度、年度工作报告制度。

一般地，对政府信息公开实施情况进行内部监督治理的方式有：

一是专门监督。各级政府公共部门政府信息公开办公室作为承担政府信息公开监督工作的职能部门，凭借所赋予其的职责和行政权力，对各政府职能部门的信息公开工作进行的专门监督，这种监督方式具有威慑性和专门性等特点，通过不定期抽查、材料审阅、定期检查等方式，对职能部门的政府信息公开工作进行监督。

二是部门间监督。通过内部考核来监督各职能部门政府信息公开的情况，对于没有达到要求的机构进行通报、批评，甚至处罚，以此实现监督。以江苏省为例，2016年年初，江苏省政府信息公开办公室晒出了2015年度34个政府职能部门的政府信息公开"报告单"。通过集中晾晒和展示，不仅实现了政府部门自我的纵向比较，更重要的是，实现了不同地区、各个部门之间的横向比较，通过这种见贤思齐和见不贤内自省的相互竞争，更好地实现了政府信息的公开，倒逼政府工作效能的提高。

三是社会监督。包括社会公众、社会组织、新闻媒介和政府公共治理服务对象的监督，通过设立监督举报和投诉电话，开通政府信息公开网络举报信箱，聘请社会监督管理员、第三方评估机构评议等方式，主动接受社会的监督。

3. 政府信息公开监督的目的

在传统政府行政思维下，政府信息公开与否全凭政府的随心所欲，在这种"看心情"的行事逻辑下，秘密越来越多，信息闭塞，看似安全了很多，然而政府行动的风险却愈来愈大，如群体性事件、邻避性事件的发生无不与信息不公开、不透明有关。

当条例开始颁布实施后，恰当履行政府信息公开职能成了《中华人民共和国政府信息公开条例》的必须要求，是否履行这一职能成为关涉政府是否依法行政的基础问题，对政府信息公开的监督也就成了一项规定动作。在政府推动实施信息公开后，阳光政府建设与政府行为监督也得以启动。从公民和政府的双重视角来看，推进政府信息公开监督，重要而必要。

一方面,公开政府信息,有助于提高政府工作透明度,加强对行政权力的监督,防止权力腐败,建设透明和有公信力的政府。另一方面,对政府信息公开进行监督也是保障公民知情权、参与权、表达权的有效手段。全球化和后工业化时代,政府信息公开成了公民社会建设的政治道义,政府信息公开的范围、质量、效益与民主、公平、正义等政体价值联系起来。只有当政府信息公开监督真正地实施起来,社会的流言和噪声才能得到平息。而且,信息公开也是对公民参与意识的一种规训与引导,促进政府与公民合作,进行公共事务的治理。

(三) 政府信息公开监督的理论依据

1. 民主行政理论的建构

第一,民主行政的内核。公共行政的合法性危机,源于传统官僚科层制与民主价值的内在冲突。这种内在的冲突,恰是民主行政这一范式兴起的主要原因。文森特·奥斯特罗姆(Vincent Ostrom)等学者到汉密尔顿和麦迪逊等美国国父的《联邦党人文集》中挖掘民主自治的有关原则,到托克维尔的《论美国的民主》中寻找民主思想的渊源,从而奠定了民主行政的思想灵魂与理论内核。

奥斯特罗姆等人认为,民主行政是与官僚行政不同的行政方式,相较于官僚行政方式,民主行政更加突出对公共权力的分权化以及公民参与的强调,也更加突出对实现公民自治的强调。"政府的主要宗旨是为公民提供服务,在行政过程中行政行为体现的是部门平等、社群意识、多元公民参与、分权、民主、自由、开放等特质。民主行政的关键表现在公平至上、共同决定重要决策、缩小命令权力的范围,以及行政机关定位的公仆性。"[1]

与奥斯特罗姆等人相似,韩裔美国学者全钟燮在其研究中认为,

---

[1] [美]文森特·奥斯特罗姆:《美国公共行政的思想危机》,上海:生活·读书·新知三联书店,1999年版,第87—88页。

民主行政应该包括以下几个特征:"(1) 公共利益的表达:政务人员和事务人员都需要代表公共利益;(2) 代表性:不同社会阶层、群体的正当利益需求,通过具有代表性的公务人员组成结构,而进入到政府的公共政策中;(3) 开放性:公民能够及时、多样化地得到政务信息;(4) 超越党派利益:而不是代表不同党派的利益和政见;(5) 严防专业主义对民主原则的损害:强调专家对于公共行政的参与应有其界限和监督;(6) 参与:公民通过参与公共政策和公共行政的过程而实现民主化的运作、提高政府的合法性。"①

由上可以看出,民主行政以公民参与公共行政为核心,以实现最大化、最广泛的公共利益为旨归,以政府与公民间的积极参与、合作和监督等为制度建构路径,期望通过政府与公民的合作,作为公共事务治理之道,并且整个过程受到来自政府内外部力量的监督制衡。

第二,对政府信息公开的解释力。从对民主行政范式的分析中可以看出,公共利益的实现是民主行政理念最重要的要素,它通过强化公民参与才能获得。而公民参与的前提在于公共行政信息和政府履职信息的公开,也即政府的开放性与透明性。反之,公民也能够将公开信息的意见与建议反馈至公共部门,改进公共治理。通过一个又一个的良性循环,实现自由、民主、公平等社会价值。

从政府自身的视角来审视,一方面,行政权力来源于做主之民,来源于一国宪法的授权,公民有权利通过恰当的途径和合适的方式,来知晓政府公共部门是否恰当而正确地执行了权力的所有者——人民的授权。所以说,政府公开其履行职能的有关信息,接受来自授权者的监督显然是天经地义的。而对政府信息公开进行的内部监督,则是检验政府是否切实履行义务的基本手段,也是对民主行政范式的一项建构机制。另一方面,从行政权力的内容来看,其广泛到几乎涉及人类生活的方方面面,政府信息是一种准公共资源,理当由做主

---

① 孙本初:《行政学辞典》,台北:一品文化出版社,2008年版,第195页。

之民的人民所有,向人民公开政府信息是政府应当做的事情。对政府信息公开内监督,就是要检验人民是否获得了有关行政权力的所有方面。再者,从政府行政权力的行使方式看,政府信息也是一种权利资源,应当由权利的所有者——公民享有。

2. 政府内监督理论的契合

第一,什么是"政府内监督"?政府内监督(regulation inside government),简而言之,是指在政府内部,一个公共官僚机构实施的对另一个公共官僚机构的监督。克里斯托弗·胡德等人在20世纪90年代中期较早对"政府内监督"的理论和实践给予关注。他们认为,政府内监督是一种与官僚体系内部的直接命令链体系以及外部监督不同的一种监督方式。它包括三个基本方面:

> 1. 一个官僚机构以影响另一个政府机构的行为为自身的组织目标;
> 2. "监督者"与"被监督者"二者之间,保持着一定程度的独立性;
> 3. "监督者"被组织正式授权,以仔细审查"被监督者"的行为,并设法纠正。①

很显然,政府内监督希望通过横向的"平行监督",将政府内部问题防患于未然,引导并矫正被监督者的行为,从而化解问题于无形,遵循的是"防范—消解逻辑",它旨在提高公共服务质量,打造胡德所说的节俭、优质与廉政的行政体制。

第二,对政府信息公开的解释力。毫无疑问,政府内监督要解决的是政府自己监督自己的问题。从政府信息公开来看,它正是这样

---

① 克里斯托弗·胡德、科林·斯科特、奥利弗·詹姆斯、乔治·琼斯、托尼·查沃斯著,陈伟译:《监管政府:节俭、优质与廉政体制设置》,上海:生活·读书·新知三联书店,2009年版,第8—9页。

一种内部监督：在这种监督中，各级政府信息公开工作机构被授予了负责推进、指导、协调、监督政府信息公开工作的权力，它们与同级政府中具有专属职能的诸多公共部门保持着相对独立的位置，对这些公共部门的政府信息公开工作具体情况实施监督。

在现有政府信息公开内监督治理实践中，各级政府信息公开工作部门对作为"被监督者"的各个专属职能部门实施内部监督的方式主要有信息公开年度工作报告制度、工作考核制度、责任追究制度和社会评议制度等等。在接下来的研究中也将详细考察这些制度的效力与价值。

三、我国政府信息公开监督的实践

改革开放以来，随着市场体制的确立与不断完善、国家经济的快速发展，社会形态逐渐由单一化向多元化、差异化转变，传统皇权统治体制下的公民社会泯没于高度集中的政治生活一体化的现象一去不复返。在经济结构的不断转型与社会结构的持续重构中，公民的权利意识和民主意识也在不断觉醒。从社会前进的视角看，公民的憬悟至少表现在以下两个方面：

近年来"民告官"案件的不断攀升，一方面显示出公民自我维权意识的不断增强，另一方面也提醒着手握自由裁量权的政府，权力再不可任性行使，责任追究也不再是纸上谈兵；

再者，伴随着科技和信息技术的革新，越来越多的公民通过网络、微博、微信等新途径建言献策，有序参与政治生活，建言政府决策，评论政府行为。这说明，公民参政议政的意识和能力在不断提高，"不在会场的代表委员们"，正以自己的力量影响政府公共政策议程。这说明，政府只有对自身进行改革，将民主化、科学化的理念引入政府行政中，才能谋求自身合法性，实现公民社会吁求。

简言之，公民意识的醒觉，推动了民主行政的生长，推动了社会的进步。民主行政拒绝政府行政的"躲猫猫",而倾向于建构一个阳光、公开、透明的政府,政府信息公开正是对民主行政的回应。要实现规范、有序、高效的信息公开,必须加强对其的监督和保障。

接下来,我们将以江苏省政府信息公开办公室的内部监督治理为研究对象,探究其在做好本级政府的信息公开工作中所采取的各种监督制度与保障措施,以期通过对信息公开多个监督维度的梳理,初步离析出政府信息公开监督中凸显的困境。①

(一) 政府信息公开监督的方式

《中华人民共和国政府信息公开条例》中的第29和第30条里规定,政府信息公开工作主管职能部门和监察机关负责对各级政府公共部门政府信息公开制度的有关实施情况进行监督和检查。各级人民政府要通过建立和健全信息公开工作考核制度、责任追究制度、社会评议制度,定期对各个专属职能部门的政府信息公开工作实施情况进行考核和评议。②

江苏省人民政府于2008年8月制定了《工作考核办法(试行)》《工作社会评议制度(试行)》《工作过错责任追究办法(试行)》等③,建立和健全了江苏省的政府信息公开责任追究制度、工作考核制度以及社会评议制度,切实提高政府公共部门和行政机关政府信息公开的能力和水平。

1. 工作考核制度

工作考核制度是实施政府信息公开监督的基本制度,作为实施政府信息公开监督的一项基本制度,工作考核制度旨在通过对政府信息公开工作部门组织机构是否健全,公开内容是否及时,公开形式

---

① 相关访谈提纲详见附件1。
② 资料来源:《中华人民共和国政府信息公开条例》,北京:中国法制出版社,2011年版,第12页。
③ 有关办法的具体内容详见附件2。

是否便捷有效，公开制度实施是否完善，责任追究制度是否落实，公开效果是否显著等方面的考核，推进政府行政机关的政府信息公开工作，以此来提高信息公开质量和水平。

江苏省政府信息公开工作考核采取的是两个相结合——平时不定期检查与定期考核相结合、重点内容考核与全面工作考核相结合。其中，定期工作考核每年组织一次，通过成立考核工作组，对政府信息公开考核内容进行量化评估，并将其纳入行政效能考核体系，提高监督效能。

在一份未公布的江苏省《政府信息公开第三方评估指标体系征求意见稿》中，将对信息公开考核工作的一级指标分为主动公开（占考核权重的50%）、依申请公开（20%）、保障监督机制（10%）、地级市政府信息公开工作（20%）。

2. 社会评议制度

一是制度设计。《中华人民共和国政府信息公开条例》在"监督和保障"一章中明确规定要建立健全社会评议制度，为公众在政府信息公开中的组织化有序参与提供了保障，也展现出"参与"的民主理念之于政府信息公开法治的独特价值。

《江苏省政府信息公开工作社会评议制度（试行）》中规定，每年一次，采取公众评议和代表评议的方式，对各个专属职能部门政府信息公开的内容和形式、程序和时限、公开实用性和公开效果等多个方面进行评议。同时还对评议结果反馈做出了规定。

二是评议实施。通过设计民意调查问卷，公民参与投票，采集来自不同性别、政治面貌、年龄组成、学历和职业分布的670份有效问卷，可以了解公民对政府信息公开渠道的有关评论和政府信息公开实施对公民生活等的影响，明晰各个政府职能部门在主动公开信息方面的不足以及公民对依申请公开的期待。①

---

① 《2015年度江苏省政府信息公开工作民意调查问卷》详见附件3。

从对政府信息公开民意调查数据的分析中,可以清晰地发现江苏省政府信息公开工作的亮点以及改进方向:

(1) 主动公开:全面性、准确性、及时性、透明度提升程度、方式的创新程度

以政府信息主动公开内容是否全面为例,横坐标表示四个频度(非常全面、比较全面、不太全面和非常不全面)、纵坐标表示频数(如图2-2)。可以看出,在670份样本中,认为政府信息主动公开内容不太全面和非常不全面的占较大数量。

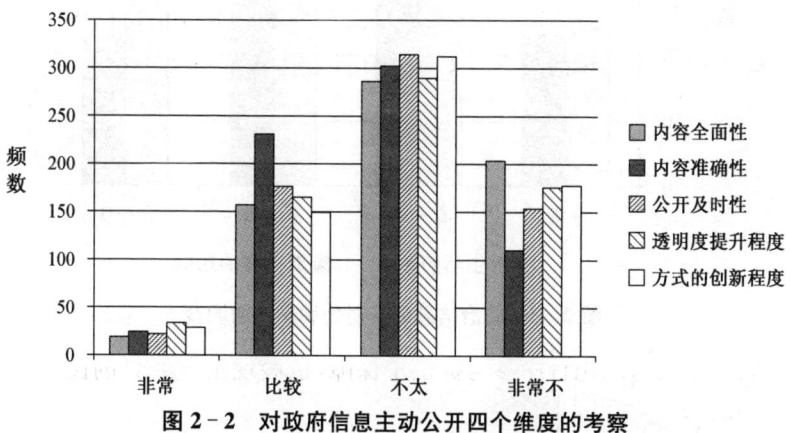

图2-2 对政府信息主动公开四个维度的考察

类似的,在政府信息主动公开内容准确性方面,集中在比较全面、不太全面和非常不全面三个频度,在政府信息公开及时性、透明度提升程度、公开方式的创新程度方面也是如此。而且,在对五个维度的考察中,认为程度"非常"所占的比例均很小。这说明,公民和社会认为,政府在主动公开政府信息方面,还有较大差距。

(2) 政府信息公开对公民影响的调查(如图2-3、图2-4)

从对政府信息公开对公民生活等的影响的调查中可以发现,公民个人对政府信息公开的重要性认识并不高,前三个频度所占频数和后三个频度所占频数差不多。对重要性认识的不足可能影响公民对信息公开的关注度,而关注度的不足带来的是公民对政府信息公开参与度和监督力度不够。从公民对不同种类政府信息的关注度也

可以看出,公民对政府信息的关注高度集中在政府重要会议及政府工作报告、政策文件等信息上,而对其他诸多与自身利益、公共利益有关的信息关注度非常低。

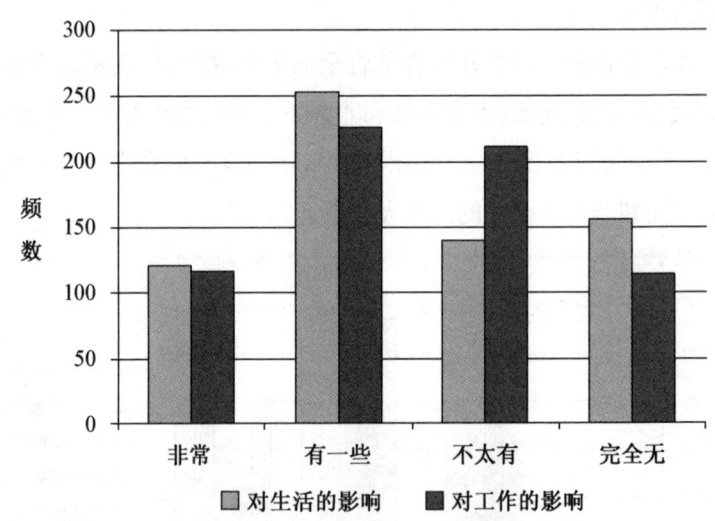

图 2-3 政府信息公开对公民影响的调查

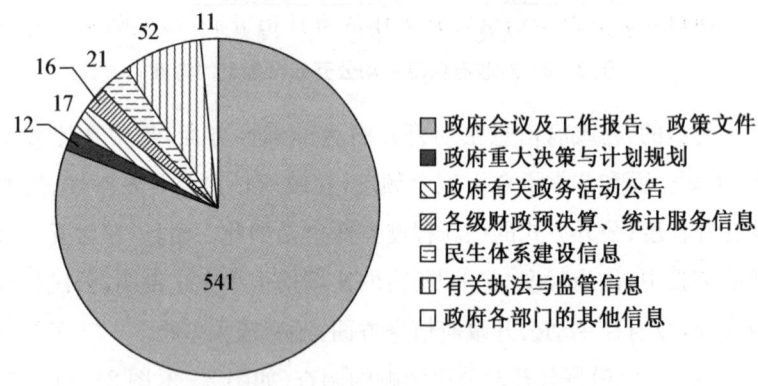

图 2-4 公民对不同政府信息的关注度

(3) 依申请公开:申请结果、处理时间、工作态度、申请方式、流程程序

在本次问卷调查中,有 8 人有 10 次以上的申请经验,有 6 人有 6~9 次的申请经验,有 21 人有 3~5 次的申请经验,有 84 人有 1~2

次的申请经验,余下551人均未向政府提出申请政府信息公开。从这组数据来看,公民申请公开政府信息的频率是不足的,权利意识有待加强。

值得一提的是,在调查问卷、意见征集之后,江苏省政府政务公开办在省政府网站平台首次集中公开了13个省辖市和21个省级政府组成部门的政府信息公开"成绩报告单""问题清单"和"行动清单",请公民评议和监督,让公众担任"啄木鸟",对政府信息公开"挑刺"和"指指点点",通过创新载体和形式,取得了不俗的效果。

从政府行政角度看,以社会评议规范政府信息公开行为,促进了民主监督作用的发挥,通过"民评官"的评价方式,克服公共部门自我评价、自我表扬、自我监督的局限性,以政府和公民、政府和社会双向互动的方式,让公民更清晰地了解政府履职,也培养其参与公共事务治理的能力。

3. 责任追究制度

(1) 制度设计

通过建立和健全信息公开工作的责任追究制度,能够确保政府信息公开工作的各项具体制度和要求落到实处。同时,也对政府信息公开各个职能部门和有关人员的责任进行了明确,以及相对应的责任追究办法。

《江苏省政府信息公开工作过错责任追究办法(试行)》中,对追究公共部门及其工作人员责任的几种情形进行了一个列举式划定,同时,规定了追究责任的方式以及责任人员,划定了从轻、减轻或者免予处理以及从重处理的情形。同时,还规定了责任人员申请复核与申诉的途径。

(2) 制度解析

在访谈中,我们对江苏省政府信息公开办公室有关责任追究方面的制度实践进行了详细了解,如针对专属职能部门制定了哪些责任追究规章制度?对信息公开不力的情形,有哪些矫正制度做保障?

就实践来看,现有的责任追究制度一般在信息公开申请人提出投诉、复议或举报时启动。例如,为了对有关信息公开责任进行认定,当信息公开申请人提出投诉时,由政府信息公开办公室向被举报职能部门出具相关函件,要求该部门就公民或社会组织的申请向政府信息公开办公室书面出具相关的详细说明。政府信息公开办公室则可以依据情况说明,对申请人的申请进行研究裁量和情况认定,就被举报部门的责任情况做出裁量,并在15个工作日内将认定情况告知申诉人。

4. 年度工作报告制度

(1) 制度设计

在《中华人民共和国政府信息公开条例》中的第31、32条里规定,各级行政机关应当在每年第二季度前公布本行政部门的政府信息公开工作年度工作报告。[①] 年度工作报告中应包含以下几方面的内容:

行政机关主动公开政府信息情况;

行政机关依申请公开信息和不予公开信息的情况;

信息公开的费用收取和费用减免情况;

因信息公开而申请行政复议和提起诉讼的情况;

政府信息公开工作中,本年度存在的主要问题及改进措施;

其他本年度需要报告事项。

政府信息公开工作年度工作报告是监督各级公共部门切实履行信息公开相关义务的一项重要的制度安排。这一制度的建立健全,不仅有利于规范政府信息公开行为,及时总结情况,改进信息公开工作,而且也有利于公民了解政府信息公开状况,监督政府行为,推动政府信息公开工作的深入推进与阳光政府建设。

有关调查数据显示,国务院组成部门、各省、自治区、直辖市政府已基本履行公布政府信息公开工作年度工作报告的职责。江苏省政

[①] 资料来源:《中华人民共和国政府信息公开条例》,北京:中国法制出版社,2011年版,第12—13页。

府组成部门、各市、区县各级政府行政机关也较好地实施了政府信息公开工作年度工作报告制度。

(2) 年报解读

江苏省人民政府办公厅从 2009 年开始,公布上一年度的政府信息公开工作年度报告。可以说,政府信息公开年报就是一面镜子,从最初"公文式"的生硬报告,逐步到现在更具可读性的施政答卷,它的改进史折射出政府职能的转变与改革,更折射出公共部门施政理念的转型。从对 2008—2015 年的年度工作报告的分析可以看出,江苏省的政府信息公开呈现出以下几个特点:

① 主动公开数量和依申请公开数量逐年增加

以通过"中国江苏网"门户网站的政府信息公开专栏累计主动公开江苏省政府及省政府办公厅政府信息数量为考察对象,2008 年,这一数量仅为 1 920 条,而在政府信息公开条例施行五年之后,即 2013 年,这一数量是 2008 年的两倍多,达到 3 880 条(如图 2 - 5)。

图 2 - 5 2008—2013 年江苏省通过"中国江苏网"网站主动公开政府信息数量情况①

---

① 相关数据来源于《江苏省历年度政府信息公开工作年度报告》。可参见:http://www.js.gov.cn/jszfxxgk/zfxxgkzl/gzndbg/。

主动公开数量的逐年增加,显示出更多的政府行政行为与行政过程被晾晒于阳光下,得到来自公民、社会、媒介等的监督。而且,主动公开数量的增加本身也彰显出政府的自信。

以通过江苏省政府办公厅申请政府信息公开为考察对象,从报告来看,2009—2015 年,江苏省政府办公厅对所有的政府信息公开申请,均按规定进行了答复,也就是说,按期答复率为 100%。

从图 2-6 可以看出,依申请公开政府信息的数量从 2009 年的 50 件,增长到 2014 年的 436 件,近年来的增长速度较快。这表明,社会和公民对政府信息的需求在不断增大,对政府信息公开的参与度也在提高。

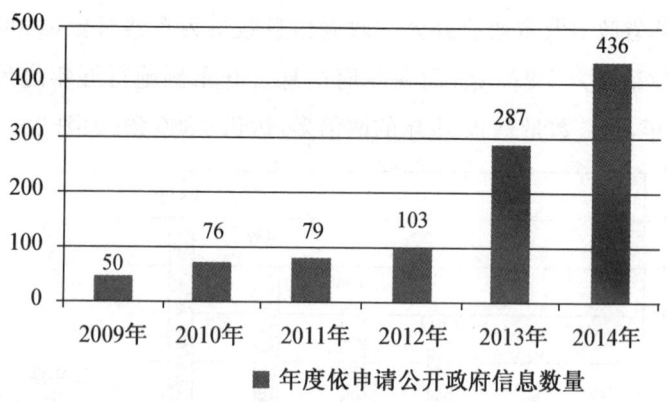

图 2-6 2009—2014 年江苏省政府办公厅受理的政府信息公开申请数量①

② 展示内容越来越翔实,呈现方式愈加新颖

通过横向对比 2008—2015 年江苏省政府办公厅政府信息公开工作年度报告可以发现,起初稍显公文式的年度工作报告无论是在内容还是形式上都有了很大改进。

---

① 数据来源同图 2-5。2015 年的江苏省政府信息公开年报未单独对这一数据进行统计,故不列入考察范围。

从内容来看，从只公开《条例》规定范围到深化重点领域、公民关心的热点和难点事项的公开，到公共部门预决算公开、行政决策公开，再到对舆情的收集、研判和回应；从只晒信息公开成绩清单，问题清单遮遮掩掩，整改清单模棱两可，到2014年公共部门年度工作报告集中发布的横向比较，公开的深度在不断拓展。

从公开形式看，也有了较大的创新探索。政府信息，从最初的行政机关做了即可、无须发布，到各自发布，再到省一级政府平台的集中亮相；从传统的依靠政府网站、新闻发布会、政府公报、信息公开查阅点公开，到利用政务微博微信、政务服务中心、《民生文件汇编》等新渠道、新载体主动公开；从行政机关的自说自话到公众参与年度报告的评点。可以看出，江苏省的政府信息公开正在从以往的单向信息公开朝双向信息互动转变，从从前静态的政府信息公开向现在趋向于动态的权力运行过程公开拓展，从简单的办事公开向趋向于复杂的决策过程公开延伸，年度工作报告成为江苏省政府信息公开的一项重要监督和保障制度得到了落实，也是其履行职能方式和行政理念转型的一块透视镜。

③ 监督保障的制度体系越来越完善

随着政府信息公开的深入拓展，与信息公开有关的规章和制度体系也得到了逐步完善。构建比较完备的政府信息公开规章体系，切实提高了政府信息公开质量和效率。

例如，制定《条例》的相关实施细则和配套措施、《主动公开政府信息移送制度》、《政府信息公开保密审查制度》、《虚假或不完整信息澄清办法》等，理顺了主动公开工作流程与要点。通过制定《依申请公开工作办法》、建立信息公开申请会商机制、建立舆情分析专家库，依申请公开流程更加规范，申请人的申请也更加便捷、高效。

(二)监督制度实施的现状分析

严格意义上说,我国对政府信息公开的监督治理开始实施于2008年,即在《条例》正式实施之后才开始。毫无疑问,《条例》实施以来,我国的政府信息公开监督工作取得了巨大的进展,信息公开的范围更加广泛、内容更加全面、监督制度体系也日趋建立。

但是,总体而言,我国的政府信息公开依旧是监督无力的。从公共部门内部来看,监督流于形式化、监督手段软弱、无威慑力;从公民参与视角来看,公众对政府信息公开的参与权和选择权仍较小,并没有有效参与政府治理与监督中去;从学术界的研究关怀来看,对政府主动信息公开的关注兴趣仍然要远远大于公民参与操作化方法的探索;从实务界来看,以政府为中心的施政观念仍然占据着中心位置,政府信息公开监督的民主价值追求仍未得到足够多的目光聚焦。这主要表现在以下几个方面:

1. 监督流于形式

《条例》在第9、10、11条以肯定列举方式明确了各级人民政府应该主动公开的27类政府信息,简单的分析可以发现,这些信息都属于各级公共部门履行职能的结果性信息。也就是说,现有的对政府信息公开进行监督的重点工作主要是放在对结果的监督上,公开范围有较大的弹性,而对过程的监督则是无力的,这大大削弱了监督的有效性。

从对政府信息公开年度报告的分析来看,现有的各级政府年度报告大体都由概述、主动公开政府信息的情况、依申请公开政府信息的有关情况、政府信息公开费用收取及减免情况、因政府信息公开申请而提出行政复议和提起行政诉讼的有关情况、本年度信息公开工作存在的主要问题及改进措施等几个"类规定"式的部分组成。以大而化之、类似标准文书式的方式处理地区多样性、政府职能多样性、组成部门多样性等问题,使得政府信息公开工作年度报告不仅在篇幅上短小,实际监督效用也存在流于形式之嫌。

而且,从监督主体现有的机构设置和人员配备来看,大体都没有相对清晰的部门内职能划分以及相对固定的人员配备。据考察,在很多市一级政府的政府信息公开工作部门,承担这一职能的人员大都是兼职的。专业性人才的缺乏导致内部职能划分的模糊,也使得整个监督链发挥的实际效果大打折扣。

2. 监督手段缺乏

以省一级政府为例,具体承担政府信息公开和监督工作的主管机构一般是省政府办公厅下辖的信息公开办公室。办公室以其职责、职权对同一级政府中承担专属职能的部门进行横向平行监督。政府信息公开办公室名义上具有独立的监督权,但在实际运行过程中,常常受制于监督体制、经济来源、人事关系等方面的影响,形成监督主体、客体"倒挂"的现象,阻碍监督者的有效监督。被监督者往往从自身的利益出发,隐瞒对自己不利的信息,有选择性地公开,监督效果在一定的程度上被削弱。

从承担工作职责部门的历年重点工作也可以看出,政府信息公开办公室倾向于做好主动公开和各项政策的解读。而某项政府信息是否公开,则往往不由监督主体决定,监督主体发挥监督作用的手段也仅仅限于提出建议和敦促改正。

3. 监督的滞后性

政府信息公开监督的滞后性至少体现在以下两个方面:

其一,如前所述,现有的对政府主动信息公开的 27 类信息都属于政府公共治理的结果性信息,而政府内部信息与过程性信息的不公开,这与公众参与行政决策时,相关的政府信息应当及时公开、动态公开的应有状态相背离。而且,现有的信息公开内部监督主体将自身的重要职能定位于事后的政策解读,而将开放式决策中的事前和事中监督弃之不理。信息不公开,阻塞了行政决策公民参与的基础条件,显然不利于政府行政理念的更新。

其二，现有的监督机制中，无论是责任追究制度、年度工作报告制度，还是工作考核制度、第三方评议制度，都带有一种事后的总结、纠偏性逻辑。前置性监督机制的集体缺乏，导致政府信息公开内部监督主体采用一种被动的、后置性的工作方式，如联络、协调、推进等等。步调不一致、监督不及时，严重阻碍了公民对政府信息的获得。

(三) 监督制度困境成因的阐释

1. 监督观念的障碍

(1) 官僚体验下的私密化倾向

传统封建社会，专治统治者为了维护政治统治秩序、维持社会原有结构，推行的是"民可使由之，不可使知之"①的"密折制度"。这种制度模式下，私密化成为处理公共事务、解决公共问题的通用方式。

进入工业文明时代的社会转型期，在科层制和官本位思想的双重驱动下，政府官员沿袭了传统封建官僚政治中浓厚的保密意识，暗箱操作观念根深蒂固、深入官心。在这种官僚体验下，整个社会的信息处理和传播方式长期具有单向度自上而下的控制特征，对数据的公开遵循精心筛选的程式化特征，在公众中传播的信息都是体现执政者意志的信息。

因此，官僚行政下的政府信息公开往往与隐瞒、保密、掩饰、截留、垄断等语汇相联系。在处理信息公开事务时，产生抵触情绪，阻碍信息公开，甚至涉及公民切身利益的政府信息，应主动公开不主动，而变成需要"依申请公开"，毋宁说与政府形象有损的负面信息。

(2) 观念淡薄下的集体性缺位

长达两千多年的封建专治统治历史，中国民众长期处于被压迫和奴役的地位。即使是到了现代工业文明，传统政治文化理念在公

---

① 王建军、刘金程：《知情制度建设的问题及对策分析》，《社会科学研究》，2004年第6期。

民中依然影响深远,现代法治意识和民主观念的水位显然相对处于洼处,公民参与公共事务治理的权利意识淡薄、精神素养差、公共技能缺失。

在参与意识缺乏、理性程度不高的状态下,公民往往采取非规范化、非程序化的参与方式,仅凭直观感觉,甚至只为发泄心中不满,酿至群体性事件,以民粹式的进击获取政府信息。显然,权利意识淡薄的公民,连参与的积极性都不高,对政府信息公开的监督就显得更加软弱而无力了。

2. 监督法律法规的不足

中国从2008年开始全面执行政府信息公开制度,并制定了《中华人民共和国政府信息公开条例》来保障制度的实施。除此之外,各级政府公共部门还制定了与政府信息公开有关的工作制度和监督保障制度,如上述江苏省的《工作考核办法(试行)》《社会评议制度(试行)》《工作过错责任追究办法(试行)》等。

然而,这些制度仍然是零散的、片面的,并未形成一个有机的、立体的、行之有效的具体法律监督体系和长效管理机制。而且,就《条例》和各种制度本身来看,其有效性也是值得再推敲的。例如,《条例》中并未将"以公开为原则,不公开为例外"写入,而采取的是"不得危及国家安全、公共安全、经济安全和社会稳定"的例外式描述,给予政府信息公开的范围规定非常大的弹性。

另外,在《条例》中虽设置了相关的个案救济制度,但由于配套的法律法规并未完善,对公开的政府信息的真实性、准确性以及措施是否到位就无从监督和约束。

3. 信息公开的规范性缺位

政府信息公开的规范性至少体现在两个方面:一个是信息公开工作本身的规范性;另一个是公开的政府信息的规范性。从目前的情况来看,这两个方面仍然需要改进。

对前者而言,规范性缺位体现在两个方面。其一,政府信息公开的工作力度不足。就目前情况看，一些公共部门仍然缺乏专职人员，政府信息公开工作处于"兼顾"状态。从江苏省2015年政府信息公开年报中可以发现，政府信息公开工作专门机构数为2 089个，从事政府信息公开工作人员数量统计中，专职人员数为1 520人，兼职人员数为5 377人。① 而且，行政层级越低，信息公开的力量越显薄弱，承担信息公开工作职责的机构分散不整合。其二，承担信息公开职责人员的临时性导致了工作的随意性。

从政府信息公开的规范性方面来看，现有的、公开的政府信息的质量存在参差不齐的现象，在指标的统一性、项目的规范化、口径的一致性、数据的准确性和公开的实效性方面有欠缺。很多情况下，公开的政府信息不够精确和细致，公共部门提供的信息和公民所想要的信息经常是错位的。②

4. 监督责任追究的式微

从现有情况来看，对比国外政府信息公开监督的职权法定化和机构常设化，我国的政府信息公开监督和责任追究机制是缺乏的。

一方面，主动公开的监督运行机制是微弱的，甚至可以认为是形同虚设。例如，其中规定了政府信息公开的内容、义务和职责，但对于这些法定义务和职责的追责机制是温柔的。现有的信息公开以"公开为原则、不公开为例外"，这一原则无疑加大了政府信息公开主体的自由裁量权。这一宽泛的裁量权滋生了政府信息公开的随意性，助长了政府信息的保密倾向，"伪秘密"越来越多。也就是说，即使公共部门不公开《条例》中规定的信息，也没有相关法律对其进行惩处。监督难以得到保障。

---

① 详见附件3。
② 针对公开政府信息不规范的情况，国务院办公厅曾专门发文就政府信息的统计范围和内容做出要求，加强公开政府信息的规范性。详见国办发〔2014〕32号，《国务院办公厅关于加强和规范政府信息公开情况统计报送工作的通知》。研究发现，从该文之后，各级政府公开信息的规范性有了显著提高。

另一方面,在政府信息公开内部监督过程中,在现有的行政体制下,被监督的专属职能部门常常处于相对强势地位,而各级政府信息公开工作部门处于相对的弱势地位,其监督的手段仅仅限于建议、敦促改进等。这样一来,如果被监督主体将监督者的命令置于不顾,则监督者无计可施。

另外,我国虽然有政府信息公开救济制度,但也基本上属于事后的监督机制,缺乏对政府信息公开的事前和事中监督。只有出现公众不满意的情况和信息公开纠纷,行政复议和诉讼制度启动后,责任追究机制才发挥作用,维护公众的知情权。而更好实现政府信息公开,无疑需要一套更加有效的、有前瞻性的政府信息公开监督机制和责任追究制度。

四、发达国家政府信息公开监督的实践

(一) 信息公开监督:角色与职能

1. 英国的政府信息公开监督制度

作为一个具有浓厚的官僚保密传统的国家,到了 20 世纪 90 年代,在社会各界的呼吁下,英国的政府信息公开立法议程才起步,并于 2000 年年底通过了《信息自由法案》,但该法案直到 2005 年才开始全面施行。

英国借鉴了澳大利亚、新西兰、加拿大等国家的信息公开制度,在监督体制上设置了信息专员和信息裁判所两级监督体制。

信息专员制度是英国政府信息公开监督制度的重要组成部分,直接向议会负责,主要任务和职责范围包括:

核准各级政府部门的文件公开计划,并定期检查其执行情况;

监督各行政当局对《信息自由法案》的实施,评估行政当局的执行情况;

向国会提交信息公开年度报告,向公众传播《信息自由法案》的内容。

受理信息公开申请当事人的不满申诉。通过自由裁量,决定对信息被申请机关发出三种决定:决定通知,内容为敦促被申请机关在一定期限内执行该法所规定的应采取的措施;信息提供通知,内容为要求被申请机关在规定时间内向其提供未公开的、与本次申诉有关的信息,以供信息专员审查和判断该行政当局的处理是否得当、合法;执行通知,即如果被申请机关没有履行信息公开义务,发出该通知,要求其提供政府相关信息。

信息裁判所主要受理两种情形:当被申请机关对信息专员发出的信息提供通知或执行通知有异议时,或者当信息公开申请人对行政当局拒绝公开政府信息的行为有异议时,可向信息裁判所申请裁决。信息裁判所有权变更、撤销或维持信息专员的决定。[①]

2. 日本的政府信息公开监督制度

1999年5月,日本的《信息公开法》经国会审议正式通过,在国家层面正式建立起了行政机关信息公开制度。在政府信息公开监督制度上,日本最具特色的是信息公开审查会制度。

信息公开审查会起源于日本各地方自治公共团体的实践,日本参照各公共团体的信息公开实践,建立起了信息公开审查会,该审查会一共设9名委员,由内阁总理大臣任命、国会两院批准。该审查会设置在总理府内,其权限超然于各行政机关之上,可以确保法律的运作真正发挥实效;[②]全国只设置一个,保证其权威性;参与行政复议;定位为第三者机关,同时属于咨询机关。根据《信息公开法》的规定,

---

① Dawes, Burke. *Build State Government Digital Preservation Partnerships: A Capability Assessment and Planning Toolkit.* Center for Technology in Government, 2005:34—37.

② 朱芒.开放型政府的法律理念和实践——日本的信息公开制度[J].环球法律评论,2002年冬季号,第466—476页.

当信息公开申请人对行政机关的信息公开处理决定提出复议时,复议机关需要向审查会提出咨询。信息公开审查会若认为有必要,可做出以下决定:

(1) 要求信息公开被申请机关提交有关行政文件,且该机关不得拒绝;

(2) 要求行政机关对与公开决定有关的行政文件按指定分类方法分类整理;

(3) 对提交复议申请的信息公开申请当事人和行政机关,要求其提交资料或意见书;

(4) 指定审查委员阅读行政文件,调查或询问行政机关及信息公开申请当事人。

与此同时,信息公开审查会提供了方便快捷的救济通道,而且,因其高效的审查和第三方机关的定位而在民众中享有很高的威信。但除为行政机关提供咨询服务外,信息公开审查不从事其他的监督活动,仅将审查的结论定期在互联网上公示,以做示范。[①]

3. 美国的政府信息公开监督制度[②]

相较于其他国家,美国主要从三个方面来进行政府信息公开的监督制度设计。立法的监督和保障、司法的保障和行政的监督三位一体的制度安排,既有效地保障了公民的知情权,也较好地实现了政府信息公开的有关职能。[③]

一是立法的监督和保障。在美国,立法对政府信息公开的保障来自国会的监督。根据《美国法典》第 552 条(丙)的有关规定,每年 3 月 1 日之前,所有联邦部门和管制机构需向参众两院的议长呈递

[①] 刘恒等著.政府信息公开制度[M].北京:中国社会科学出版社.2004 年 5 月版,第 122—123 页。

[②] 如想深入了解美国政府信息公开主要法律制度、《信息自由法》的结构及其演变、信息公开行政复议与司法审查等方面的内容,可阅读周汉华:《美国政府信息公开制度》,《环球法律评论》,2002 年秋季号。

[③] 周汉华.美国政府信息公开制度[J].环球法律评论,2002 年秋季号:22—24.

一份有关该部门上一年度政府信息公开情况的详细报告。报告的内容至少包括：行政部门满足公民政府信息公开申请的次数，拒绝信息公开的次数和理由；拒绝提供该政府信息所属部门负责人的姓名、职务；年度政府信息公开诉讼结果；行政部门制定的有关信息公开的各项规章制度的文本；所有表明该行政部门尽职履行了《信息自由法》的情况说明。

二是司法的保障。在美国，如果与政府信息公开有关的行政复议请求被行政部门拒绝，信息公开申请人可以在所居住的联邦基层法院、哥伦比亚特区法院或者文件所在地的联邦基层法院提起司法审查。而且，如果行政部门在规定时间内未做出行政复议决定，信息公开申请人也可以认为复议请求被拒绝了，而据此向上述三家法院中的任何一家提出进行司法审查。

三是行政的监督。行政部门如果拒绝公民的政府信息公开申请，要向申请人报告拒绝的理由以及可以向行政机关首长提出行政复议的权利。一般来讲，申请人可以就以下情形提出行政复议：

信息公开申请本身被拒绝或申请减免公开费用被拒绝，可以提出行政复议；

收到来自行政机关任何不利的决定，可以提出行政复议；

某次申请只有部分请求被满足，可以就被拒绝的部分提出行政复议。

向美国文官奖惩保护委员会提出申述，其特别法律顾问可就是否给予拒绝提供应该提供政府行政文件的有关直接责任人法律处分进行裁量。

四是社会评议制度。美国因其成熟的公民社会和发达的非政府组织体系，在政府信息公开社会评议制度建设方面发展得较为完善。作为公众对政府信息公开实施状况的评价与监督的文献，美国非政府组织"解密国家安全资料库"的"奈特开放政府系列调查报告"具有一定的代表性。

在2003—2008年,这一公益性非政府组织连续发布了七篇"奈特开放政府系列调查报告",这一系列的报告综合运用政府信息公开申请与答复规则,以及美国国家保密文件定期解密的有关规定,揭示了美国联邦政府信息公开中普遍存在的积压申请与迟延回复、"伪秘密"、网站建设不力等等问题,以及这些问题背后的原因。该系列调查报告反映了美国公民对联邦政府信息公开工作的组织化参与,对《信息自由法》实施状况的机制化监督以及专业化、系统化的社会评议,可谓一个对信息公开实况予以社会评议的范本。①

4. 法国的政府信息公开监督制度

法国是较早通过立法明确公民享有获取政府信息资源权利的国家,它于1978年制定通过了《行政文书公开法》,并于1979年和2000年对该法进行修订和补充。在该法中,允许个人免费获取行政机关和公共部门所掌握的档案和政府信息,而仅将涉及个人隐私和国防机密等排除在外。

法国设立了专门的行政机构——行政档案获取委员会——来监督和保障公民获取政府信息和公共档案的权利。该机构的主要职能包括:

其一,提供咨询建议。该委员会既可以提供个案和实施政策建议,也可以向议会建议,修改文件公布的范围以及立法。

其二,受理信息公开申请人的申诉。任何信息公开申请人在接到被拒绝申请通知的两个月内,可向委员会申诉,委员会拥有广泛职权展开调查,并在一个月内给予申请人答复。而且法国的法律规定,委员会受理申诉出具的意见书是信息公开申请人寻求救济手段的强制性前置程序。

其三,定期总结、评估信息公开的情况。该委员会有权采取行动

---

① 赵正群、董妍:《公众对政府信息公开实施状况的评价与监督——美国"奈特开放政府系列调查报告"论析》,《南京大学学报》,2009年第6期。

制止行政机关逃避公开和任意公开的行为。而且,法律还要求该委员会每年提交一份与政府信息公开有关的年度工作报告。

(二)信息公开监督:制度思考与启迪

1. 从实际出发选择监督方式

通过对西方国家政府信息公开监督制度所承担角色与职能的考察,我们不难发现,各国虽在国家制度和政治体制上有差异,但也都从自身实际国情出发选择监督方式。而且,往往选择的监督方式并不是单一的,而是多种监督方式的"组合拳"。总体而言,信息公开的监督模式有以下三种:

模式一——设立信息公开监督专门管理机构进行监督。

这种模式通常是设立专职的组织机构来监督各行政机关的政府信息公开执行情况。如法国成立的专门文件了解委员会,负责行使监督职能;新西兰设立的向众议院直接负责的信息局,对政府部门的咨询进行专门的调查审议;英国的信息专员是独立的、向议会直接负责的监督机构;日本成立的政府信息公开审查会,就信息是否公开提出理由和建议。

模式二——赋予业已存在的机构信息公开监督职能。

这种方式通过将监督职权赋予已有的国家机构,对政府信息公开行使监督。如南非的人权委员会。再如美国,不仅要求各级联邦法院对《信息自由法》的实施情况进行司法审查,还要求所有联邦部门和管制机构向参众两院的议长呈递一份有关该部门上一年度政府信息公开情况的详细报告。

模式三——专属职能部门首长的内部审查监督。

这种监督方式是由各个专属职能部门首长或内部所设专门机构来监督本部门的信息公开执行情况。相较而言,因为部门利益的存在,这种坚持内部复审结构的监督方式可能会弱化政府信息公开的监督力度,而监督效果也可能不太理想。

2. 相对完善的监督机制保障

就政府信息公开制定相应的法律法规来保障公民知情权的实现,只是实现政府信息公开的第一步。要实现民主行政的建构,缺少有效的监督机制的配合,也只会是纸上谈兵。

从实践来看,要不断提高政府信息公开的数量、质量、效率,使得公民能够便捷而低廉地获取政府信息,对政府信息公开的监督就不应该是片面的、零散的,而是全面的、持续的、完善的。相关的监督机制应该随着信息公开范围的不断扩大而动态完善,覆盖信息公开的事前、事中和事后全过程。

3. 趋向于独立的组织架构与人员配置

随着全球的民主化浪潮,越来越多的国家倾向于设置专门的机构和相对独立的职位处理有关政府信息公开监督的事宜。如英国的信息专员、法国的专门文件了解委员会、新西兰的信息监察专员、日本的政府信息公开审查会等等。相较于其他方式,这种监督方式无疑更加高效。

作为一个专设机构,信息公开监督部门可以更加明确信息公开法律法规对本国的意义,也有更加积极的动力去推动政府信息的深度公开,从而把更多的政府履职行为纳入自身监督的范围中。从另一个角度来说,专设监督机构也只有不断推动监督,才能维持和拓展其权力,为组织的独立法律人格和财产人格寻求正当性。

4. 有效的行政复议与个案救济制度

政府信息公开的目的在于保障公民的知情权,促进公民参与公共事务,实现公共利益。监督政府信息公开效能的标准,除了公民是否能够低廉而便捷地获取信息之外,还在于信息公开监督机构能否提供公正、有效的救济,能否对个案救济以不容挑战的强制力加以保障。

从信息公开的发展历程看,世界各国的政府信息公开法律大都设立了明确的行政复议救济制度,保留了司法对信息公开申请的最终裁决权。如日本的信息公开审查会，它为信息申请人提供了便捷而高效的救济渠道。

五、政策转移视角下的监督改进考察

（一）理念的成长方向

传统科层制行政是一种适用于相对稳定、静止的同质性社会环境的支配型公共行政。但是，在具有高度复杂性和高度不确定性的社会里，官僚制行政的制度结构就丧失了回应能力和创新能力，更无法以前瞻性感知快速变迁的社会。

民主行政正是对快速变迁的多元化、异质性社会的一种恰当回应。在公民社会快速成长和以权利为本位的全球化和后工业化时代，民主行政适应了社会环境复杂性、组织结构多样性以及民主价值观念多元化等多重需要。在制度设计上，它依据多中心治理原则进行分权，通过政府公共部门与公民的对话和双向互动，增加公众直接参与公共事务的机会，同时，民主行政倾向于限制政府权力，以促成社会的有效治理。毫无疑问，在社会和政治结构变迁进程中，民主行政是一种趋势，它正在从马克斯·韦伯（Max Weber）所称的"类型上的边缘状态"上升为公共行政的主流范式和理念。

然而，政府公共行政中民主理念的获得并不是一蹴而就的，治理体系和治理能力现代化的治道变革也是充满荆棘的长期过程。同样地，我国的政府信息公开也面临着诸多现实的问题，但不管是相关法律规范的完善，还是信息公开监督机制的获得，要改革和完善政府信息公开及其监督，最紧要的无异于两个方面：其一，政府对于民主行政范式的支持，必须首先进行其政府理念的嬗变；其二，公民对于政府信息公开监督的兴趣，更依赖于公民意识的觉醒。

1. 政府理念的嬗变

观念的革新是促进公开、阳光、透明政府建设的前提条件和必备要件。毫无疑问,作为信息公开的执行者——公共部门及公务员,在政府信息公开工作中,对改进政府信息公开监督起着重要的作用。从理念的革新上看,转变至少包括以下两个方面。

首先是公共部门整体角色的转变。从我国历次行政管理体制改革的宏观视角审视,从精简机构、革新干部队伍,到组织和职能转变、改革管理方式,政府行政管理体制的改革宗旨,仍旧遵循的是"着力转变政府职能、理顺关系、优化结构、提高效能"的组织再造的思路,与国家治理战略趋势脱节。[①] 沿着这般"国家中心主义"的行动路线,本应充满公共属性的政府部门异化为独立的利益体,信息的公开也就变得越发有选择性了,"伪秘密"越来越多。这种"保密文化"显然不是民主行政所想要的,民主行政坚决拒绝暗箱操作,要求行政机关公开、透明,置于公民的监督之下,以防行政权力异化、腐败和滥用。民主行政理念下,政府为了切实提高自身的民主性与管理的科学性,必须以公共利益的充分实现为公共事务治理的原点,以服务者自居,建设服务型政府。

其次是公务员思想观念的转变,确立民主行政理念。受数千年封建社会的影响,我国的公务员给人以一种高高在上的神秘感,官本位的思想惯性至今仍隐约可见,在或多或少的层面上影响着公务员的心理和价值取向。民主行政范式下的政府信息公开监督建构有着不一样的价值诉求。它与"公仆意识""全心全意为人民服务""开放性""阳光透明""互动与合作"等语汇有着天然的黏性。因此,可以说,政府信息公开首先是一场观念的革命,它要求公务员以公仆意识投身于公共事务治理中,将开放的观念体系和公开的价值取向内化

---

① 孔繁斌:《认真对待民主行政——对中国行政管理体制自我认同的一项分析》,《公共管理研究》,2011年第9期。

为自我精神性约束。

2. 公民意识的培育

在我国,受传统政治文化影响,在传统观念的灌输、洗礼下,思维定式下的行事方式表现为对政府与政治的漠不关心、不闻不问、习以为常。从上述民意调查中也可以发现,公民的权利意识与参与意识是不足的。公民普遍缺乏参与意识与权利意识,助长了政府的不透明倾向,很大程度上制约着政府信息公开的进程。

毫无疑问,公民权利意识的觉醒是推动政府信息公开持续深入不可缺少的因素与动力。这种意识表现为,公民以政治使命感和社会责任感积极参与公共治理,勇于维护自己的自由权利和尊严,维护公共利益和价值。现代法治社会与民主政治价值的实现,均离不开具有权利意识的现代公民的支撑。

政府自上而下地推动信息资源向公民公开、向社会公开,这是一面。但只有政府的推动显然不够,另一面需要的是公众的积极主动参与。公民获取政府信息的权利意识越强,获取的政府信息越多,就越能激发公共部门的热情,监督其把自身职能履行好,推进行政民主化,增加公民的政治信任。[①] 而随着参与深度和广度的增加,公民也能够提高自身信息的识别与分辨接受能力,进而在分析、加工信息的基础上,实现政府信息公共性的再生产,也提高了自身的政治法律素养和参政议政能力。

当公民权利意识增强,借助政府信息,以公共精神和公共技能,主动、理性、有序参与公共政策与公共议题的讨论时,影响政府公共政策议程、对政府信息公开的监督就成了一种内化于心的自觉。民主行政之光也就洒满了政府行政的全过程,而这不仅是民主行政范

---

① 在于文轩的一项研究中,他以跨文化比较的视角,将政府透明度与政治信任进行经验数据分析,并得出以下结论:在中国,政府透明度的提高会提升政治信任。详见于文轩:《政府透明度与政治信任:基于2011年中国城市服务型政府调查的分析》,《中国行政管理》,2013年第2期。

式本身区别于官僚行政的重要标志,也是现代民主政治的核心。

(二) 政府的改进机制

1. 完善监督法律法规

将民主行政理念转化为信息公开监督的实际行动,离不开法治行政的保障。法治也是建设透明政府和阳光政府的必然选择和必由之路。

从发达国家的立法经验看,政府信息公开监督的法律制度一般包括《政府信息自由法》《档案法》《保密法》《新闻出版法》《行政程序法》等。以美国为例,美国的信息公开立法架构由四部法律构成:《电子信息自由法》(1996年制定)、《阳光下的政府法案》(1976年制定)、《隐私权法》(1974年制定)和《信息自由法案》(1966年制定)。再加上美国比较完善的行政程序法,这些法律建构起了美国政府信息公开监督的框架,立体式地监督美国的行政决策过程和行政决策结果的公开,保障公民和社会的知情权、参与权和监督权。

与美国相比,我国的政府信息公开监督法律法规显得不足。这种不足主要体现在两个方面:其一,《政府信息公开条例》本身的不足。与其他法律法规相比,《条例》内容不免显得过于简单,不太符合相对复杂的现实行政过程。例如,从《条例》来看,规定需要公开的信息大都属于一般的政府管理性信息和结果类信息,对于行政过程性信息和决策执法性信息,均未规定在内。"以公开为原则、不公开为例外"的基本原则也未成为该《条例》的基本法条。现行的版本更像是一个从政府管理本位出发,政府行政流程规范,行政效率提高的"秀场"。与此相应的是,各地方政府公共部门制定的相关监督保障机制则更是言之无物、空空如也。因此,对现行《条例》的修订与完善势在必行。其二,立体式监督法律体系尚未形成。现有的对政府信息公开的监督主要依靠的是《条例》,与作为行政行为的基本法律的行政程序相关的法规尚未制订,而对于行政管理执法过程中的不规范及违法行为,虽然可以通过行政复议和行政诉讼等方式来追责,但上述方式都遵循着事后监督的逻辑。民主行政公民参与,更需要的是事前的"告知"监督和事中的"发声回应"监督。因此,民主行政的成长,进而推进政府信息公开的监督,需要相关监督法律体系的先行。①

2. 规范工作考核体系

一般地,一个行之有效的考核机制应具备几个功能:首先是引导公共部门推进政府信息公开,实现良性循环;其次是能客观反映出公共部门推进政府信息公开的能力的高低;最后,是引领行政系统内部及公务员行政理念的更新。换句话说,一个好的政府信息公开考核体系应不仅具有对过去行政行为的评价,也具有对推进信息公开深度和广度的某种前瞻性启发。

考虑到这种未来导向性,在制定考核指标体系时,就应兼顾到考核的长远目标和当前目标。具体到政府信息公开,在设计当前目标时,就要考虑到公务员的业务熟悉程度、行政诉讼和行政复议结果的应对情况、答复格式的规范化等指标。而如果说长远目标是实现民主行政、促进公民参与、实现公共利益,那么,对应的考核就应该是:公务员对于政府信息公开的理解,是公民权利本位的,还是政府中心主义的?公务员的主要精力是侧重于回应公开申请需求与政府政策解读,还是对信息公开公民参与制度化路径的思考?

因此,在考核指标设计前,就应认真考虑指标体系的宏观方面和微观方面、长远目标和当前目标、定性指标和定量指标、考评的多样性和全面性、动态指标和静态指标等等。

3. 改进社会评议机制

与工作考核制度相对,社会评价是由政府信息公开直接服务对

---

① 让人欣慰的是,目前,《重大行政决策程序条例》正在制订中,其中规定了重大行政决策的五个法定程序:老百姓参与、专家论证、风险评估、合法性审查、集体讨论决定。将公民参与以法规的形式规定在政府决策的行动链条中,无疑是一种进步。姜明安、应松年等学者也在多种场合呼吁出台《行政程序法》。

象——公众对信息公开的效果进行评价,是民主监督中一种开放性的、可操作性强的"啄木鸟式"监督机制。社会评议是一项重要的信息公开监督机制。正如赵正群、董妍所言,一个没有公众与国家权力机关互动的机制则没有活力,进一步说,只有在社会组织基础上形成的公众的组织化活动,才能赋予政府信息公开监督机制以源源不断、永不停歇的活力。①

从目前的情况看,改进政府信息公开社会评议,可以从以下几个方面进行:第一,借助丰富的载体和形式开展社会评议。如实地走访、发放民意调查问卷、进行现场访谈、利用社会评议员制度等等。第二,将评议贯穿政府信息公开全过程。事前进行争议问题建议征询,事中对公开的内容和程序等进行监督,事后对政府信息公开工作展开定期评议,这不仅能够实现政府信息公开的全过程监督,也有助于推进公民参与的常态化和制度化。第三,开展专业、权威、独立的第三方评议。专业机构主导开展信息公开社会评议,可以充分发挥专业机构评议的监督优势,具有客观性、中立性和公信力。在这方面,北京大学公众参与研究与支持中心开展的"政府信息公开公众支持项目"可谓一个范本。自 2008 年 5 月《中华人民共和国政府信息公开条例》正式实施伊始,中心就启动了这一项目,并编制了《中国政府信息公开评测指标体系》,连续多年发布了《中国行政透明度年度观察报告》,开展了"阳光政府创新奖"等评选,取得了良好的效果。②

(三) 政府信息公开监督期许

政府信息公开,是对中国政府传统执政方式的一次观念革命。政府信息公开监督的推进和建设,有助于为建设一个民主法治的政

---

① 赵正群、董妍:《公众对政府信息公开实施状况的评价与监督——美国"奈特开放政府系列调查报告"论析》,《南京大学学报》,2009 年第 6 期。
② 资料来源:北京大学公众参与研究与支持中心,中心网站:http://www.cppss.com.cn/。

府提供条件；有助于从源头促进廉洁治理，为塑造高效廉洁的治理体系服务，为治理体系与治理能力现代化的获得与实现服务；有助于强化公务员施政为民的政治意识，认同施政过程公开的不可逆转和必然趋势，提高政策制定和执行的透明度、开放度；有助于真正落实"把权力关进笼子里"的目标，让行政管理者真正成为为人民服务的公仆，让公共利益和公民权利充分得到实现。

同样地，政府信息公开，也是对公民权利意识与参与意识的一次唤醒。作为现代民主政治的核心，公众参与的深度和广度是衡量政治民主发展的尺度，公民对公共生活的参与缺乏热情，权威强制式的政策执行就会异化为象征性执行，成为一潭死水。只有在参与过程中，不断学习民主政治知识，提高信息获取能力，公民的民主理念与参与意识才会发展起来，对政治生活的认知程度才会提高，民主的意识和观念的水位才会培养起来。

将上述两个方面结合起来看，政府信息公开的层次与公民参与的程度存在某种正向的促进关系。当信息公开被定位为政府机关履行的一项事务性职责而公民权利意识缺乏、参与程度低时，政府倾向于走向封闭、官僚的行政，政府信息公开监督的大门也越开越小；当信息公开是一项基于公共价值创造的制度创新且公民意识高涨、能以可操作的路径参与公共政策议程中时，政府倾向于走向开放、民主的行政，政府信息公开监督成为政府、公民、社会等多中心合作治理的日常。

因此，民主行政治理模式的构建，需要不断推进政府信息公开。在中国社会转型发展进程中，对政府信息公开监督的建构，需要不断调整政府公共权力与公民民主权利的关系，通过政府与公民的合力，使政府逐步沉淀起全心全意为人民服务的真性情，公众成长为主体与公共意识俱佳的好公民，公民社会生长为公共利益良好实现的第三领域。

第三章 政务公开工作的创新

一、政务公开的理论基础研究

关于政务公开的理论基础，前几章比较多地提到人民主权理论、民主政治理论、知情权理论、信息不对称理论等，而且在相关的文献中对此有比较多的介绍和讨论①，在这里就不再对这些理论进行赘述。本章重点强调除上述理论之外的两个重要理论基础，即信息空间理论和公共价值理论。

(一) 信息空间理论：理解行政组织运行的崭新视角

1. 信息空间的维度划分及其构建

M. H. 博伊索特(M. H. Boisot)从编码、抽象和扩散三个维度构建了信息空间的分析工具。"编码是一种把信息从数据中提取出来的活动"②，作为社会治理的核心主体，政府承担着公共管理与社会治理的职能，每时每刻都与社会的生产和生活发生联系，从而产出巨量的数据与信息。囿于大脑信息处理能力和信息技术能力的局限性，政府需要对海量的信息和数据进行归类和筛选，以提取有用信息，这一行为即编码。"和编码一样，抽象是去除数据，也就是在数据

---

① 朱锋：《中外政务公开比较及国外经验借鉴》，山东大学硕士论文，2006年。陈文：《地方政府政务公开问题及对策研究》，中国海洋大学硕士论文，2010年。
② [英]马克斯·H. 布瓦索. 信息空间——认识组织、制度和文化的一种框架[M]. 王寅通译. 上海：上海译文出版社，2000：55。

处理资源方面实现节约的一种手段。通过使各个类别划分清晰,并通过使它们变得更明显且可操作,编码推动了抽象。反过来,通过减少其边界需要界定的类别的数量,抽象促进了编码。两者共同发挥作用,都具有使知识变得更加清晰晓畅且可以分享的效果。"①编码和抽象的维度构成了信息空间中的 E 空间(如图 3-1 所示),政府通过信息采集手段或设备,如调研、报表、监控等,将感知数据进行编码和抽象,进而形成有用数据与信息,以实现对感知数据的有效节约,最终形成高度编码与高度抽象的知识,从而实现对社会的有效治理。

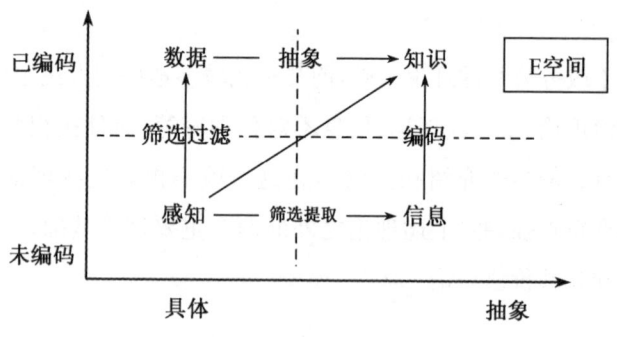

图 3-1 编码—抽象

编码和抽象增加了信息的有效性、实用性与具体情景性,因而有利于信息的扩散。"知识的扩散和不扩散与社会的权力分配有重要关系。有时候在扩散可以增强一个支配集团的威信和权威的情况下,已有的力量关系会积极地支持创新的扩散;在另一些情况下,根深蒂固的利益可能会受到新思想传播的威胁,以此而阻挠他们。"②编码和扩散的维度组成了信息空间中的 C 空间(如图 3-2 所示),个人信息具有未编码与未扩散的特征,经过采集与编码,个人信息转化为高度编码的专有信息,在具体的社会治理中这一部分信息几乎被

---

① [英]马克斯·H.博伊索特.知识资产——在信息经济中赢得竞争优势[M].张群群,陈北译.上海:上海世纪出版集团,2005:63.
② [英]马克斯·H.布瓦索.信息空间——认识组织、制度和文化的一种框架[M].王寅通译.上海:上海译文出版社,2000:186.

政府所垄断。政府则会通过相关媒介向社会进行宣传与发布，实现信息的有效扩散，把专有信息有选择地转化成具有高度编码与高度扩散性的公共信息。公共信息经社会主体间的交流与传播逐渐转化为常识信息，社会主体在常识信息的指导之下，经过实践从而又产生了未经编码与未经扩散的个人信息。在整个信息的循环流动中，社会主体通过信息的沟通与交换达成行动上的一致，从而保障整个社会的有效运行。需要注意的是，随着自媒体的崛起，传统的信息传播渠道和流动方向已经发生了变化，个人可以通过自媒体发声，从而影响公共信息的转化与达成，民众话语权的增强是社会治理中需要予以重点关注的方面。

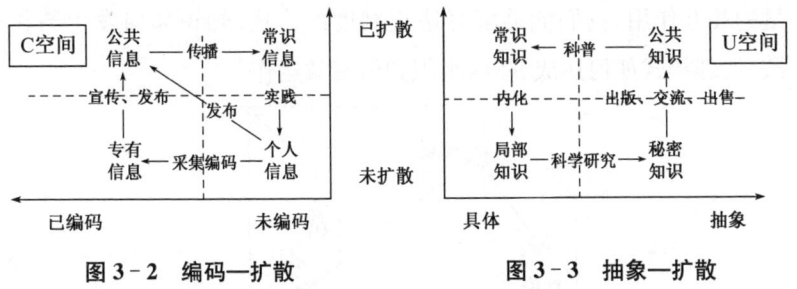

图3-2 编码—扩散　　　　图3-3 抽象—扩散

抽象和扩散的维度则组成了信息空间中的U空间（如图3-3所示）。局部知识具有具体和未扩散的特征，现实中表现为孤立的、现成的、具体的个人经验或组织经验，这一经验有意义但不容易被分享。为了增大局部知识的效用性，经过科学研究，对局部知识进行抽象，从而实现局部知识向秘密知识的移动。秘密知识具有高度的抽象性和概括性，不论是否扩散，均具有潜在的有效性，但这一部分知识被少数人垄断和控制，是否扩散、扩散内容和扩散程度均要视自身利益而定。对于政府来说，则要视是否有利于维护公共利益、社会稳定和治理合法性而定。通过出版、交流与出售等途径，秘密知识得到扩散，从而向公共知识过渡，这一部分知识的显著特征是具有公共性和高度扩散性，经过科普宣传从而成为社会的常识知识，社会主体在具体工作、学习与交往中不断地学习内化,从而转化成具有显著个人与组织特征的局部知识。作为信息和知识的垄断者,政府在整个社会治理体系中依靠对信息和知识的编码、抽象与扩散,完成对社会信息的分流与控制,从而指导社会行动,实现社会治理的有效性。

编码、抽象与扩散的维度则构成了一个立体空间,这一空间被博伊索特称为信息空间(如图3-4所示)。信息在这一空间中不断流动,从而形成了一个强大的、动态的数据场。社会各主体以信息为媒介展开博弈,通过信息的沟通与交换而达成行动上的一致。拥有战略上配置权力的人寻求通过控制数据在不同群体中的分布,来调动其流动。通过考察随着时间的推移在场的不同部分形成数据流的力量的相互作用,我们能够解释法规制度的形成、知识如何发生与扩散、治理模式如何达成、行政组织如何有效运作。

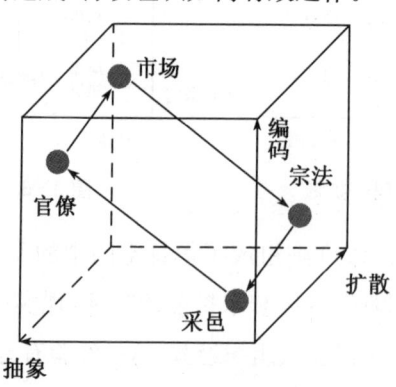

图3-4 空间中的信息的动态演化

2. 信息空间视角下信息交易类型化分析

交易给数据场以能量,并赋予它某种具有特点的结构,为信息的产生和交换提供激励。博伊索特提出了四种理想型的交易类型,即市场制度、官僚制度、宗法制度和采邑制度(如图3-5所示)。

采邑制度:在这一交易模式下,信息未经有效编码与抽象,带有浓重的个人经验的特征或地方化色彩,这种数据很难传播和扩散,即使处于面对面的境遇之中也存在传播和扩散的困境。投射到社会治

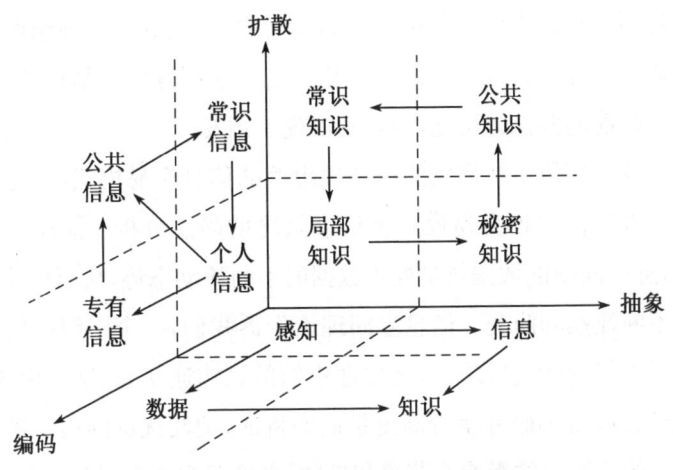

图 3-5 空间中的信息分布与信息流动

理体系中则呈现出高度的个人化色彩,等级层次分明。

官僚制度:官僚制的信息交易模式下,信息已经处于较高的编码和抽象状态,但被数量有限的个人通过授权而拥有,并不具备高度扩散性。具体到社会治理体系中,政府部门以其高度专业化与技术化的优势,使可扩散的信息不扩散成为合理合法之事,并通过信息的垄断与控制维护自我权威,在信息交换与行动达成中占据优势。这一信息交易模式使政府间的共谋行为成为可能。

市场制度:市场信息交易模式下,信息得到很好的编码与抽象,且具备高度的扩散性。交易双方处于平等地位,信息占有相对对称,从而减小了讨价还价和交易失败的代价。具体到社会治理体系中,整个信息流通渠道公开透明,政府一改以往垄断信息的做法,依法充分公开政务信息,社会各主体在透明公开的环境中完成对信息的学习、沟通、交换与创新。各治理主体间充满信任、通力合作,共同应对治理难题。

宗法制度:这一交易模式下,信息没有得到很好的编码与抽象,因而信息的有效扩散被限制了,有限的信息扩散仅局限在某个群体中,由这一集体充分共享信息,而其他人则被排斥在外,局里局外呈现信息不对称的态势。局里局外的互动中，局里的个人或组织往往会结盟或共谋以获取利益的最大化。在宗法制度的交易模式下，不仅存在政府间共谋的可能，而且共谋现象频发。

上述是博伊索特提出的四种理想型的信息交易模式，上述分析也只是着眼于四种交易模式下信息状况的静态分析。但现实生活中，信息空间中的数据场是处于数据的不断流动态势，从而推动了信息的不断流动和演变。信息空间理论告诉我们，一个组织中信息沟通处于市场制度模式之下，是最理想的信息沟通状态，这一模式中，信息经过高度编码并呈现高度扩散的特征，编码优良的信息可以不受个人的或组织的影响而获得和扩散，交换双方处于同等地位，信息和知识的分享避免了讨价还价，降低了交换的成本，并提高了交换效率。交换双方关系的协调是横向的、自我调节的，交换的核心价值是交换自由。从信息空间中信息交换模式的转换来说，要增强社会治理的前瞻性、有效性和针对性，一方面需要我们提高信息的编码能力和编码水平，在代码的编纂中能使全社会共享代码编撰的背景，为信息的良好编码和有效扩散提供可能；另一方面需要我们提高信息扩散的意识与扩散的能力，只有实现信息的及时分享与扩散，才能尽量减少行政组织信息沟通在采邑制、宗法制与官僚制三种模式的停留时间，实现交往主体间的互利与共赢。这一目标的实现，亟须在社会治理变革中积极构建基于政务公开的公共服务体系。

3. 将信息空间理论引入政务公开的做法和意义

政务公开的实质是各级政府机关及其职能部门为履行公共职能，通过建立功能强大的信息交换界面，在组织部门之间、组织与社会之间交换数据、图片、视频等信息资料的互动过程，其运作机理如图3-6所示。在利用信息技术所构建的虚拟平台上，围绕某一公共问题形成的场域之中，政府组织和公众是信息交换的主体，二者既是信息的生产者与发送者，又是信息的接收者与解码者，在价值的指引下，通过电子政务所打造的信息界面进行信息的交往与互动，进而指导自身行动。为使这一信息的交往和互动顺利进行,需要从主体、价值、话语与场域四个方面积极构建以人为本、合作互动、亲切友好、功能强大的政务公开服务体系。研究报告的第六部分将据此提出具体的对策建议。

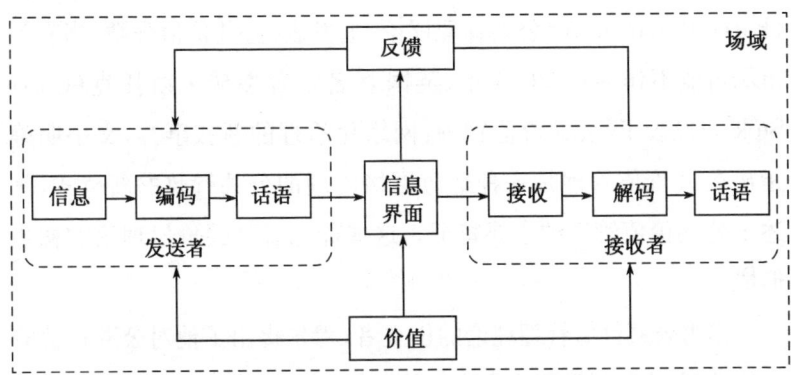

图 3-6 政府信息沟通的运作机理

根据信息空间理论,政府政务公开工作必须在编码、抽象和扩散三个维度上充分发挥自身职能,做到不失位不越位。在编码层面,对不同类别的政府信息进行科学分类,以"正面清单""负面清单"等形式理清公共信息的边界;在抽象层面,从纷繁复杂的海量数据中将最具价值内涵、最被民众关切、最能体现行政行为效能的信息剥离出来,形成公共知识,运用公共话语而不是官僚话语与公众进行沟通;在扩散层面,构建双向畅通、渠道多元、形式多样、亲切友好的政务公开发布和政务信息获取平台。在三个维度的动态平衡中,全面提升政务公开的质量和水平。

(二) 公共价值理论

1. 公共价值理论的内涵和模型

1995 年,美国哈佛大学的资深教授马克·H. 穆尔(Mark. H. Moore)出版了《创造公共价值:政府战略管理》一书,他在此书中阐释了公共价值的内涵,提出著名的战略三角理论,奠定了公共价值管理理论的基础。2002年,英国战略研究部(内阁策略办公室)撰写了一份题为《创造公共价值:公共服务改革的一个分析框架》的报告。报告指出公共价值由服务的价值、产出的价值和信任与合法性构成,进而提出了寻找公共价值的步骤。2002年,著名学者巴瑞·波兹曼(Barry Bozeman)在《公共管理评论》上发表《公共价值失败:当有效市场可能不作为》。2006年,英国著名学者杰瑞·斯托克(Garry Stoker)发表了《公共价值管理:网络化治理的新叙事?》,文中明确指出公共价值管理是一种适应网络治理的公共行政的新范式,阐述了公共价值管理的主要特征。这些标志着公共价值理论的初步形成。

作为公共价值管理理论的创立者,穆尔提出了他对公共价值管理的理解:价值根源于个人内心的期望与感知,公共价值就是公众对政府期望的集合。穆尔认为,存在多种界定公共价值的标准和路径①:首先,公共价值意味着"高效和有效地达成法律所规定的组织目标";其次,公共价值意味着很好地"完成政治授权";再次,可以借助于政策分析、项目评估、成本—收益分析等分析技巧,估算公共组织是否有公共价值;最后,通过顾客服务和客户满意度来考察公共价值的实现程度。穆尔在这儿特别强调了客户不等于公民,因此这种路径存在一定的缺陷,因为管理者的行为都必须既让顾客满足,又让所有者满足。

穆尔的公共价值观可以被看作一种"互动—结果"导向的公共价值观,强调公共价值是各方沟通、建构的结果,是多方参与的政治过程,是由"公共"来决定的,往往反映了主流的社会价值观,其在不同的情境下是不同的,因而是历史的、社会的。与穆尔的观点不同,波兹曼的观点代表了一种共识导向的公共价值观,即公共价值指的是公共管

---

① [美]马克·H.穆尔.创造公共价值:政府战略管理[M].伍满桂译.北京:商务印书馆,2016.

理活动中获得共识的一些价值,如效率、依法行政、责任、合作等,是关于权利、义务和规范形成的共识。具体来说,波兹曼认为公共价值提供了关于下面三个方面的规范性共识[①]:一是公民、法人组织和其他组织团体应该(或者不应该)享有的权利和利益;二是公民、法人组织和其他组织团体对社会、国家的义务以及公民、法人组织和其他组织团体之间的相互义务;三是对宪法和社会运行有影响的政策和规则应该遵守的原则,不论这些政策和规则是政府组织还是非政府组织建立的。

穆尔在分析公共价值内涵的基础上,着重探讨了如何实现公共价值问题。他认为,只要公共部门管理者将以下三点统一起来,他们便可以促进公共价值的实现:(1)对什么是有价值和有效的实质性判断;(2)正确地判断各种政治期望;(3)对可行性有清醒的认识[②]。为了清晰地表述这一思想观点,穆尔提出了著名的政府管理战略三角模型(如图3-7所示)。这一模型成为公共部门战略管理中的一种重要框架,其中包含三个要素:公共价值、运行能力以及支持与合法性。公共价值指向引导公共管理活动的价值目标,强调价值目标对公共领域的重要性以及对公民期望的表达;支持与合法性指向公

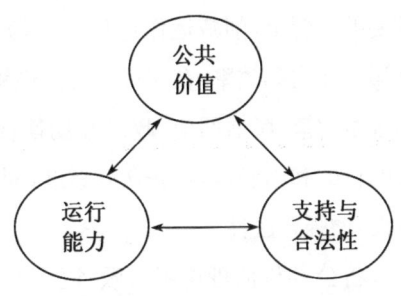

图3-7 政府战略管理三角示意图

共价值实现要获得政治家和利益相关者的支持,有充分的授权;运行能力是指公共部门完成价值目标的运行能力和资源情况。穆尔认为,公共管理者在制定和实施战略过程中,最具有挑战性的工作就是

---

① Bozeman B. *Public Values and Public Interest*: *Counterbalancing Economic Individualism*[M]. Washington, DC: Georgetown University Press, 2007.
② [美]马克·H. 穆尔. 创造公共价值:政府战略管理[M].伍满桂译.北京:商务印书馆,2016:34.

使三者紧密有机地结合起来。无疑,穆尔的洞见是深刻的,他的政府管理战略三角模型对公共价值理论的发展有深远的影响。

2. 将公共价值理论引入政务公开的做法和意义

公共价值理论提供了一个区别于传统政府管理视角和客户服务视角的全新的切入维度,公共价值是政府、公民和社会多元参与合作共治的有效体现。在政务公开工作中引入公共价值理论,以多元主体共同追寻认同的"公共价值"构建政务公开的各项维度和内涵,使政务公开工作在出发点上被各方普遍认同和拥护。从公共价值、运行能力以及支持与合法性三个层面构建基于公共价值的政务公开工作导向,在公共价值选择和交流互动中,选择政府、公民、专家学者普遍认同的诸如自由、平等、法治、效率、回应性等核心价值作为指导政务公开指数的指标选择与筛选、权重确定、数据获取等全流程的指导;在运行能力提升和优化过程中,发挥多元主体的各自优势,将提高政府政务公开工作人员业务素质和增强民众政务公开申请意识和能力摆在同等重要的位置上,削减运作过程中的信息耗散和行政成本,提高政务公开运行能力和效率;在支持与合法性维度,通过多种形式、多平台渠道的政策解读、舆情回应、政民互动使社会和公民更加了解政府行政行为的目的和内涵,增强公众满意度,同时加强相关法律法规、制度体系建设,增强合法性。

将公共价值理论引入政务公开,从源头理顺政府、社会和公民的关系,使各方共同参与政务公开工作的全过程,将极大提高政务公开工作的有效性和效率,同时化解社会潜在问题和矛盾,促进社会和谐。在各方沟通协调中,多元主体的利益和诉求得到充分表达,政府行政能力和公信力、社会资源配置效率和和谐稳定、公民幸福感和满意度将全面提升,政务公开的意义和价值也将最大限度实现。

二、南京市政务公开工作的现状和存在问题分析

(一)现阶段南京市政务公开工作现状与取得的成绩

南京市政务公开工作在全国范围内整体走在前列,在权力、责任、服务清单的信息公开,互联网+政务服务,政务服务集成等方面取得了可喜的成绩。

1. 政务公开组织机构健全、运行体制规范

全市政务公开工作组织机构健全、工作制度相对完备,政务公开运行体制规范、工作落实有效。一是组织机构健全。南京市 2004 年就成立了政务公开工作领导小组,明确常务副市长分管政务公开工作。2016 年 8 月,市政府办公厅设立政务公开办公室,承担全市政务公开、政府信息公开的组织协调、检查指导等职能。各区、各部门也调整完善了政务公开工作领导小组,明确了分管领导,并基本上都设立了专门的内设机构或者专人负责政务公开工作(表 3-1),各区各部门一般都建立了由主要领导或者分管领导负责政务公开的工作机制(图 3-8)。全市政务公开工作组织体系基本构建完成。

表 3-1 单位里负责《条例》和《意见》实施的主体

		频率	百分比	有效百分比	累积百分比
有效	我们单位没有明确规定谁具体负责	1	0.9	0.9	0.9
	我们单位没有专门设立部门,但有具体的专人负责	57	53.3	53.3	54.2
	我们单位专门设立了部门负责	49	45.8	45.8	100.0
	合计	107	100.0	100.0	

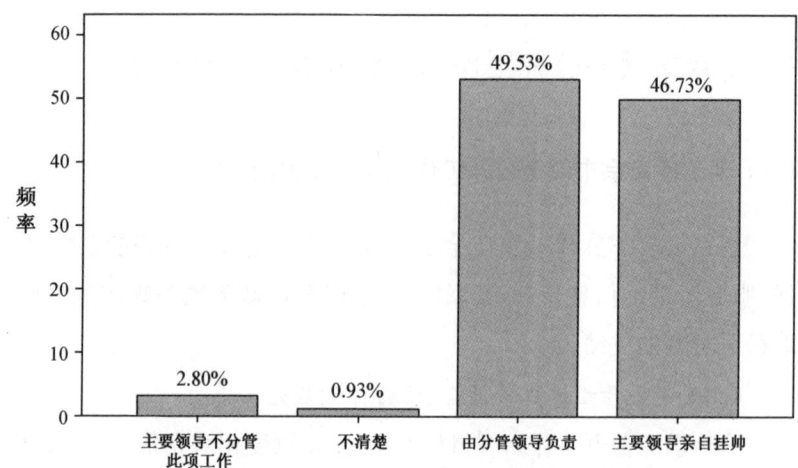

图3-8 主要领导亲自督察《条例》和《意见》实施的情况

二是各项制度比较完备。市里先后出台《南京市政府信息公开规定》《关于全面推进政务公开工作的实施意见》《行政机关政策文件解读》等10多项制度文件。各区、市各有关部门也逐步完善了依申请公开办理制度、考核办法等相关制度。

三是公开运行体制规范。基本上确立了"谁生成,谁公开""谁保存,谁公开""先审查、后公开"的公开流程。通过将公开审查前置到行政机关发文环节,强化对规范性文件的公开。完善依申请公开办理流程,确立了"一事一审"的办理原则。

2. 主动公开和依申请公开同步推进

近年来,南京市不断强化政务信息主动公开工作。一是信息公开目录完备。主题、组配、体裁三维目录完备,一级共30个、下级目录196个。二是公开内容不断丰富,公开数量逐步提高。2015年公开政府信息10.8万条。2016年,通过政府网站信息公开平台公开13.5万条政府信息。通过各平台共公开相关政务信息23万余条。三是公开形式不断创新。调查发现,各区各部门普遍使用了市政府门户网站、政府部门(区政府)网站、官方微博、官方微信、移动客户端、新闻发布会、传统媒体、行政服务中心(大厅)、社区信息公告板、政府文件公开查阅室、公共图书馆、公共档案馆等多种形式进行政务信息公开(图3-9),取得了良好的社会反响。其中,市政府门户网站、政府部门(区政府)网站、官方微博、官方微信是最经常使用的渠道。

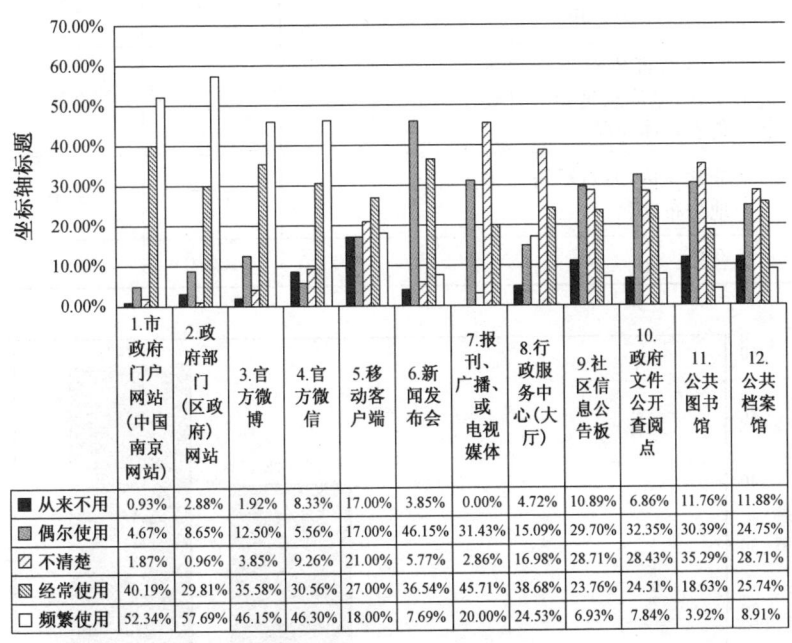

	1.市政府门户网站(中国南京网站)	2.政府部门(区政府)网站	3.官方微博	4.官方微信	5.移动客户端	6.新闻发布会	7.报刊、广播、或电视媒体	8.行政服务中心(大厅)	9.社区信息公告板	10.政府文件公开查阅点	11.公共图书馆	12.公共档案馆
从来不用	0.93%	2.88%	1.92%	8.33%	17.00%	3.85%	0.00%	4.72%	10.89%	6.86%	11.76%	11.88%
偶尔使用	4.67%	8.65%	12.50%	5.56%	17.00%	46.15%	31.43%	15.09%	29.70%	32.35%	30.39%	24.75%
不清楚	1.87%	0.96%	3.85%	9.26%	21.00%	5.77%	2.86%	16.98%	28.71%	28.43%	35.29%	28.71%
经常使用	40.19%	29.81%	35.58%	30.56%	27.00%	36.54%	45.71%	38.68%	23.76%	24.51%	18.63%	25.74%
频繁使用	52.34%	57.69%	46.15%	46.30%	18.00%	7.69%	20.00%	24.53%	6.93%	7.84%	3.92%	8.91%

图3-9 主动公开的渠道

依申请公开方面,2016年,全市行政机关共收到政府信息公开申请3 046件,较上年增长5.6%。其中,各区政府收到1 052件,部门收到1 994件。申请内容主要涉及土地征用与补偿、拆迁许可和补偿安置、城市规划和建设、建设项目立项审批等重点领域。主动公开工作稳步有序开展,政府服务能力增强;依申请公开工作日益规范,公开成效显著。

3. 相关工作人员的公开意识不断提高

调查发现,绝大部分单位对公开政府信息都持有非常支持或者比较支持的态度(表3-2);大部分的相关人员对《条例》和《意见》实

施的态度是"普遍积极的"。(图 3-10)

表 3-2 各单位对于公开政府信息的看法

		频率	百分比	有效百分比	累积百分比
有效	感觉不太情愿,在不得已的情况下会公开	4	3.7	3.7	3.7
	总体而言比较支持这项工作,但信息是否公开还得看具体情况	52	48.6	48.6	52.3
	非常支持,愿意尽可能多地公布信息	51	47.7	47.7	100.0
	合计	107	100.0	100.0	

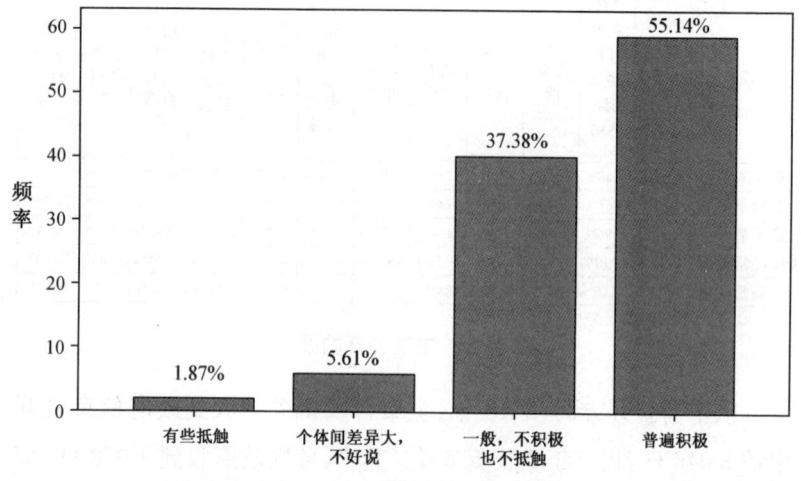

图 3-10 相关人员对实施《条例》和《意见》的态度

4. 政策解读与舆情回应较为及时有效

2016 年以来,国家、省相继发文强调政策解读和舆情回应在政务公开工作中的作用与地位。南京市也出台了《南京市行政机关政策文件解读实施办法(试行)》等文件。实践中,一些政府部门、区政府的主要负责人开始积极参与政策解读,努力以大众化的舆论视角、运用老百姓喜闻乐见的方式多维度地做好解读工作。

5. 政务公开平台建设有力,信息集成度高

近年来,南京市不断整合优势资源,集中打造整合了一批政务服务、政务公开和政府信息公开平台。一是整合政府网站。永久关停政府部门网站274家,精简率67.82%。二是创新政府公报展现形式。例如,在《南京日报》发布公报导读,引导市民关注阅读;在"中国南京"网站、"南报网"等多家网站发布电子版,借助"南京发布"公众号、"我的南京"App等载体,利用二维码等传播形式,进行专题制作,吸引年轻受众。三是强化新闻发布会等公开渠道的应用。2016年,全市各行政机关组织新闻访谈547场,其中行政机关主要领导参加131场。四是重视"两微一端"政务新媒体。南京市政务类微博2014年、2015年、2016年连续三年进入全国"十强"。"南京发布""江宁公安在线"等一批明星微博微信位居全国前列。"我的南京""南京公安微警务""南京掌上公交"等一批手机客户端,也成为政务公开的重要平台。五是融合政务公开与政务服务。依托"互联网+政务服务"模式,努力打造政务服务一张网,实现政务公开与服务的融合,以政务公开促进政务服务。

(二) 南京市政务公开工作存在的问题和挑战

面对中国东部中心城市、特大城市、省会城市的定位,特别是全面推进政务公开,全面高水平建成小康社会、建设"强富美高"新南京目标,南京政务公开工作在很多方面还存在一些问题和挑战:

1. 政务公开工作顶层设计"不清楚",制度落实保障有限

从早期的"政府信息公开"到如今的"政务公开",虽然国务院近年来每年都会颁布实施有关推进政务公开工作的政策文件,但是"政务"的内涵和外延是什么,"政务公开"的范围、边界到底在哪里,政务公开主管部门和政府各个职能部门之间的权责关系如何等问题都尚未在顶层设计中得到明确。政务公开工作流程暂且未能以制度形式规范操作,还存在一定的优化提升空间。政务公开制度体系下的部

分配套制度设计诸如"五公开"、舆情回应、负面清单、标准化等领域的制度还有待结合工作实务中的具体情形和面临的现实问题进一步探索完善。政务公开部分制度的落实不够到位,需要在顶层设计中强化外部监督制度建设,以减少部门化原因对信息公开工作的不良制约,以制度建设保障政务公开工作落到实处。

2. 主动公开"不愿意",公开信息与群众需求存在错位

部分单位对主动公开的主观动力不足,在一定程度上存在"多一事不如少一事"的"懒政"思维,以及"宏观上积极支持、微观上谨慎观望"的现象,例如表 3-2 中,48.6% 的被调查者认为其所在单位"总体而言比较支持这项工作,但信息是否公开还得看具体情况"。在部分事项范围内信息主动公开力度不足,如环境保护、食品安全、教育、征地拆迁等事项上,政府机关提供的信息和群众真正想要的信息有时存在"错位"现象,群众关心的信息公开不够,公开的信息多为政府工作的宣传类新闻信息,群众不够关心,公开实效"不对路"。有些部门公开的信息存在碎片化现象,导致公众获取有效资讯的难度增大,形式上公开多,实质上公开少。公开内容规范性不强。比如:信息目录放置错误,公开信息格式不规范,字体不一致,有错别字等。公开形式较为单一:通过单一文字形式公开的多,相应的解读少,解读形式单调,公众"不想看、看不懂",信息传播效果不好。"五公开"等重点工作公开不够。2016 年的考评结果显示,部门"五公开"工作情况得分率为 75.6%,区政府平均得分率为 80.1%,均拉低了主动公开指标的整体得分水平。

3. 政务公开人力"不够足",工作培训效果不显著

政务公开工作是一项专业性较强的业务工作,需要配备稳定的、专业的工作人员从事相关工作。然而调查发现,南京市目前从事政务公开工作的人员存在以下几个方面的问题:第一,在基层政务公开工作实务中,政务公开工作人员流动性较大。调查显示,在市职能部门和各个区级机关从事政务公开的工作人员中,有 69.2% 进入当前

岗位的时间少于 5 年(见表 3-3)。访谈中了解到,在更为基层的单位,如各个区职能部门和各个乡镇的相关工作人员,这一比例会更高。人员的不稳定和快速流动带来队伍的专业性不强,再加上转岗后工作职责往往交接不清,导致相当一部分工作人员不清楚各类政务信息的公开门类目录归属等各种业务知识,在一定程度上对政务公开的顺利有效开展产生了负效应。

第二,有相当比例的政务公开工作人员不具有公务员身份,公务员所占比例仅为 67.29%,参公人员比例为 6.54%,事业编人员占 16.82%,而合同制聘用人员占到了 7.48%(图 3-11)。总体上来说,合同聘用人员存在综合素质和能力较低的可能性,另一方面稳定性也较差。这些都影响了政务公开工作的有效开展。

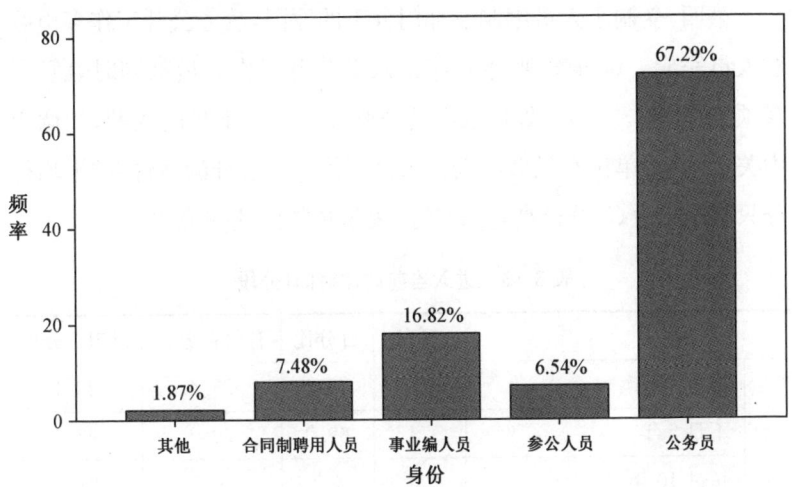

图 3-11 政务公开工作人员的身份

第三,政务公开部门中法律、互联网及相关业务领域专业人员的配备不足以满足现阶段政务公开工作的实际需求。图 3-12 是对政务公开工作人员专业背景的调查结果。可以看出,有近一半的工作人员其专业背景与政务公开没有任何关系。

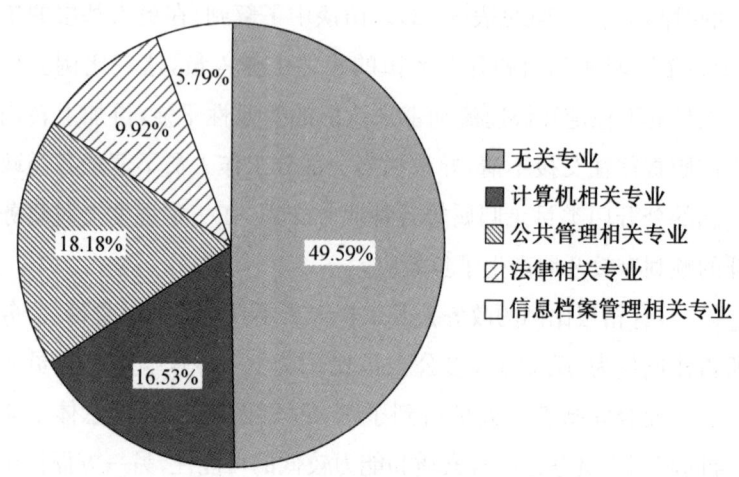

图3-12 政务公开工作人员专业背景

第四,受制于人员编制及部门分工的原因,政务公开工作多由兼职人员完成。调查发现,近一半的政务公开工作人员都同时兼管着多项工作(表3-4)。处理依申请公开存在人手不足的问题,如调查中关于"我们单位有足够的人手来处理依申请公开的案件"的平均得分只有3.5分(5分最高,分数越高表示越赞同这一说法)。

表3-3 进入当前岗位时间(分段)

		频率	百分比	有效百分比	累积百分比
有效	不足10年	25	23.4	23.4	23.4
	不足5年	74	69.2	69.2	92.5
	超过10年	5	4.7	4.7	97.2
	超过20年	1	0.9	0.9	98.1
	数据缺失	2	1.9	1.9	100.0
	合计	107	100.0	100.0	

表 3-4 工作人员专职兼职情况

	专职 vs 兼职				
		频率	百分比	有效百分比	累积百分比
有效	兼职	52	48.6	48.6	48.6
	专职	55	51.4	51.4	100.0
	合计	107	100.0	100.0	

第五,政务公开的业务培训体系还不够完善,培训效果不显著。相关业务工作人员对政务公开工作的知识储备和实务能力参差不齐,不能很好地与当前形势下政务公开工作的重要程度相匹配,制约了政务公开工作效率效能的提升。调查中,关于"我们单位进行了非常充分的有关《条例》和《意见》内容的培训""我们单位对于相关的技术使用进行了充分的培训""相关人员很清楚哪些信息应公开哪些不应公开"等问题的平均得分分别是 3.9、4.0、4.0(5 分最高,分数越高表示越赞同这一说法),明显低于其他各题的得分(图 3-13)。

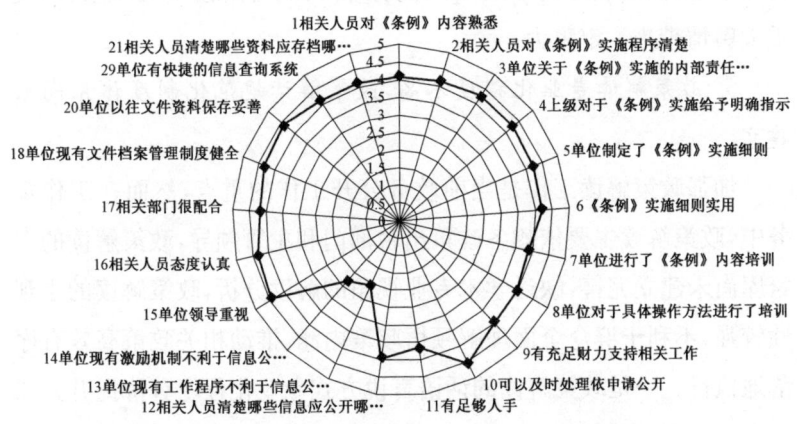

注:非常不赞同=1,不赞同=2,不确定=3,赞同=4,非常赞同=5

图 3-13 《条例》和《意见》的实施情况

4. 各部门协同工作机制尚未建立,数据互通存在双重阻碍

政务公开工作需要多部门密切协作配合,主动公开工作需要各部门集合智能,通过政府网站、微博、微信等及时公开政策文件和工作信息,依申请公开工作需要各部门对职责范围内的文件是否公开提出初步意见。目前,政务公开办、信息中心、电子政务办、政务服务中心等部门的核心职能都与政务公开有着密切关系,但是这些部门无法完全掌握其他各职能部门制定的政策文件和工作信息,也无法完全了解个别部门、各条线的工作制度和专业知识。面对各部门之间的协同沟通需求,当前主要采用的电话沟通、文件往来、座谈研讨等形式,即主要依赖于部门相关工作人员之间个人化的互助和沟通交流达成,而未形成制度化、常态化的约束性协同合作机制。部分单位在思想上对数据互通、建立协同工作机制认识不足、存在一定程度的"我的数据我来用"思维,相关条线、部门政府信息并未统一口径,数据库间联通和数据共享存在思想和技术层面的双重阻碍,为简化行政手续、提高政务公开效率,实现多部门联合解读重大政策、回应重大舆情带来一定阻力。

5. 政策解读专业化程度不高,政策解读规范化制度体系尚未建立

加强政策解读工作是当前政务公开工作的重点,然而在工作实务中,政策解读主要依赖各政策出台部门和主管领导,政策解读的专家库尚未建立完善,缺乏学术专业视角的解读分析,政策解读的主观性较强,不利于群众全面理解领悟政策内涵,推动相关政策高效有序落地执行。一是政策解读的话语言说方式专业化程度有待提升。二是主动解读不足,大多数公开信息未能出台相应配套的政策解读文件。2016年,全市通过政府网站信息公开平台公开13.5万条信息,但通过这一平台公开发布政策解读材料仅几百条。解读力度有待大幅提升。三是解读形式单一。目前,政策解读大多采取文字表述的形式,离多样化、形象化的要求还有差距。四是解读效果有待提高。

因为形式单一,解读的科学性、可读性不高,导致政策解读传播效果不尽如人意。总之,尚未形成较为完善的政策解读制度体系,是否解读随意性较大。

6. 创新创优工作动力不足,成果转化效果不明显

一是创新意识不强,目前各单位政务公开知识储备不够,缺少相应的理论思考。二是创新能力欠缺,平时工作多忙于日常性事务,在人手紧、任务重的情况下,完成原有政务公开基础工作都比较困难,没有时间进行创新思考,更缺少相应的创新能力。三是政务公开工作的创新程度和思维不足,各级政府和部门未能从工作创新中提炼出进一步提升工作质量的方式方法,大多停留于政务公开的操作层面,工作思考、专题调研的数量较少,未能形成相应改进工作质量的调研报告,创新创优成果转化为下一阶段工作提升抓手的效率效果不明显。

三、国内外政务公开先进经验及典型做法

(一) 西方发达国家政务公开的经验和做法

它山之石可以攻玉,为了更好地推进南京市政务公开工作,有必要学习和借鉴国内外政务公开的先进经验和经典做法。本部分将重点梳理发达国家政务公开工作三方面的经验和做法,一是相关政策和法律的制定和实施,二是政务公开的程序和范围,三是政务公开的评估体系,并在此基础上提出发达国家先进经验和经典做法对中国的启示。

1. 发达国家政务公开政策和法律的制定与实施

从国外的实践来看,政务公开发展的过程就是制定和完善政府信息公开法律体系的过程。政府规范政务公开的手段通常表现为两种形式:一是政策,二是法律。尽管政策不如法律的效力高,但是政

策在世界各国政府信息公开法律制度的发展过程中起到了重要作用,能够帮助政府积累经验,为政府信息公开立法奠定基础。例如1895年美国国会通过了《保藏图书馆计划》,该计划要求联邦政府向选定的图书馆呈缴政府出版物,以确保公众通过指定的图书馆(保藏图书馆)获得基本的政府信息。直至1962年美国出台《保藏图书馆法》,才替代了之前的《保藏图书馆计划》。

法律是规范政府信息公开手段中最常见和最主要的形式。在政府信息公开立法的过程中有两个重大标志性事件:一是1766年瑞典制定《出版自由法》,这也是政府信息公开立法的发端;二是1966年美国制定《信息自由法》,从此政府信息公开在世界范围内全面展开、进入到一个快速发展阶段。截至2017年,全球已经有114个主权国家出台了信息公开法,其中80个国家的相关法律是21世纪以来十多年间出台的。

从国外信息公开法的推进情况看,法律的实施比法律的制定更艰难,普遍存在的问题包括:公开不及时、信息公开申请积压严重、信息管理混乱而难以查找申请公开信息、信息公开工作人员不熟悉法律规定和业务技能、信息公开审查不严、公开意识不足、定密范围过大等。之所以会存在法律实施普遍困难的问题,主要原因有:第一,从政府自身的利益而言,它们并不愿意公开政府信息,总是试图控制它们所拥有的信息;第二,保密文化的不良影响。政府尚未从"保密惯性"中摆脱出来,总是寻找种种借口予以拒绝;第三,各界对于政府信息公开缺乏深入的了解和认同。

面对政务公开工作中存在的种种困难,国外政府经常通过修订法律的方式予以解决。以美国为例,《信息自由法》自诞生以来,始终保持"五年一小改、十年一大改"的发展演变节奏(具体如图3-14所示)。

除了图上标明的5次大改,美国《信息自由法》还经历过1976年、1978年、1984年、2002年和2009年累计5次小的修改。之所以

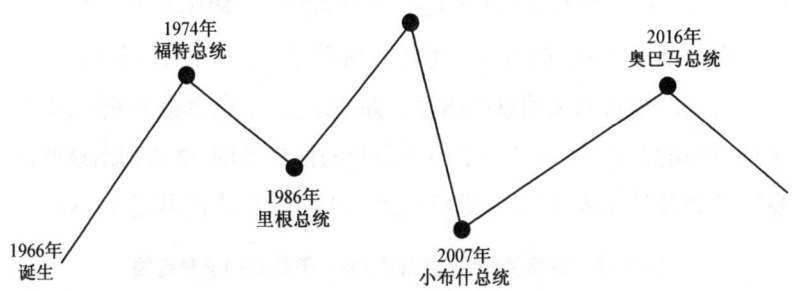

图 3-14 美国《信息自由法》的演变历程

会出现这种情况,一方面是因为信息公开制度本身需要与时俱进,需要结合当时的实际情况在公开与保密之间摇摆以达到动态平衡。另一方面是因为公开透明是一个十分重要的政治价值取向,总统在公开透明问题上的政策调整,具有十分重要的政治意义,能够产生巨大的政治影响,因此,《信息自由法》成为多数美国总统在立法工作方面的共同选择。

2. 发达国家政务公开的程序和范围

依照公开方式,政府信息公开程序可以分为主动公开程序和依申请公开程序。主动公开是政府和整个社会之间的关系,是点对面的;依申请公开是政府和某一特定社会主体之间的关系,是点对点的。

主动公开的程序较简单,主要涉及两方面问题:一是主动公开的范围;二是主动公开的形式。与主动公开的程序相比,依申请公开的程序要复杂很多。主要包括提交申请、受理申请、处理申请、公开信息四个阶段;涉及申请方式、收费与否、期限与说明理由、第三人利益保护等一系列问题。

无论是主动公开还是依申请公开,划定公开范围都是信息公开制度的核心。厘定不公开的例外事项,才可以使得"公开为原则,不公开为例外"的基本原则得以实现。从立法模式上看,绝大多数国家在法律中对于不公开的例外事项采用列举方式,区别只在于列举事项的多少以及表述。按照列举的事项数量看,多则如苏格兰、英国、澳大利亚、挪威、土耳其等国家多达十几类,少则如波兰、中国,只有三类。

在详细列举的国家中,存在两种列举形式:一种是以苏格兰、英国为代表的细致列举信息的内容。如苏格兰《信息自由法》第二部分采用排除的方式,明确规定了不予公开的信息范围,逐条列出这些信息的种类及具体表现形式,数量达到了17条(具体请见表3-5)。

表3-5 苏格兰《信息自由法》中不予公开的信息范围

序号	不予公开信息的条款	不予公开信息的类型
1	第25条:申请者能够合理获取,而并不需依据本法第1条第(1)款的规定申请获得的。	申请人通过其他合理途径可以获得信息。
2	第26条:如果基于苏格兰公权力部门的行为,出现以下情形时则相关信息属于不予公开的信息(而非基于本法令的规定),包括:(a)相关法规予以禁止;(b)与社区义务不相符;(c)将会构成蔑视法庭的罪名。	其他法规定不公开的信息。
3	第27条:由苏格兰公权力部门发布的,形成于某项研究活动进行期间,或者该信息来源于这一研究活动;公开前述信息会给正在进行的研究活动造成不利影响。	将来出版或者发布的信息(处于研究中的信息)。
4	第28条:如果相关信息的披露将会或可能会给英联邦任何行政机关,或者其他类似机关之间的关系带来实质损害的,属于不予公开的信息。具体而言,前述"英联邦行政机关"主要包括:英联邦政府;苏格兰行政机关;北爱尔兰议会执行委员会,以及威尔士国民议会。	苏格兰与英联邦之间的关系。
5	第29条:当相关信息涉及以下内容时,则依据本法不予公开:政府政策的构想与发展规划;内阁对话;法律工作者提出的建议及对于该内容的征求意见稿,内阁或部长的私人办公内容。	关于苏格兰政府行政政策构想等信息(讨论中的信息)。
……	……	……
16	第40条:如果公开相关信息会在实质上损害苏格兰行政机关的账户审计工作,给整个联邦的审计利益造成损失,则不批准前述公开申请。	涉及国家审计功能正常发挥的信息。
17	第41条:与如下内容相关的信息属于不予公开的信息:公权力部门与英联邦女王、与王室或其成员的沟通内容;女王依据其特权所为的具体行为。	与英联邦女王的通信。

另一种是以加拿大和德国为代表的,将不公开的信息划分为大类,在每个大类下面再进行更为细致的划分。如加拿大《信息自由法》第五章整章规定信息公开的例外,分为五大类,第13条至第25条对不予公开的信息进行了详细列举(具体请见表3-6)。

表3-6 加拿大《信息自由法》中不予公开的信息范围

序号	不予公开信息的类型	不予公开信息的情形	不予公开信息的条款
1	关涉国家安全和政府履职的信息	从特定渠道秘密获得的信息	第13条:外国政府、国际组织、地方政府及其分支机构秘密获得的信息不予公开。
		危害联邦和省磋商的信息	第14条:政府机构的负责人可以拒绝公开关于联邦—省的磋商或审议,或关于加拿大政府采取或将要采取的与处理联邦—州的事务有关的战略或策略的信息,如果该信息公开,很可能对加拿大政府处理联邦—省的事务产生危害。
		……	……
2	个人隐私信息		第19条:政府机构的负责人应拒绝包含《隐私权法》第3条定义的个人信息的任何记录。除非与该信息有关的个人同意公开。
3	第三方商业机密信息		第20条:政府机构的负责人应拒绝公开包含第三方商业机密的信息,如果此类信息被公开,很可能会对第三方造成极大的经济损失,损害第三方的竞争地位。如果申请人要求公开的信息经第三方同意,方可公开。如果申请人申请信息的目的是出于公共健康、公共安全或环境保护的,政府机构可以将其公开……
4	涉及政府具体运行的信息	政府人员的建议	第21条:政府机构的负责人可以拒绝公开包含为政府机构或内阁阁员提出的建议或推荐的信息、有关政府机构的主管、官员或雇员、内阁阁员或内阁阁员的员工参与的咨询或审议报告的信息,以及政府机构的还未生效的关于人事或行政管理的计划的信息。

(续表)

序号	不予公开信息的类型	不予公开信息的情形	不予公开信息的条款
		影响政府检查和审计应用或者结果的信息	第22条：政府机构的负责人可以拒绝公开包括与检测或审计程序或将要做出的特殊检测或将进行的审计的技术或细节有关的信息，如果该信息被公开，将侵害特定检测或审计的应用或结果……
		律师客户保密权的信息	第23条：政府机构的负责人可以拒绝公开包含受律师客户保密权约束的信息的任何记录。
5	特别法规定不公开的信息		第24条：政府机构的负责人应拒绝公开本法中一览表Ⅱ所列明的法律所禁止披露的信息的任何记录。

我国的《中华人民共和国政府信息公开条例》(简称"《条例》")采取了对主动公开的事项尤其是主动公开下的重点事项予以肯定式列举，结合概括说明豁免事项的立法模式。《条例》第8条规定，"行政机关公开政府信息，不得危及国家安全、公共安全、经济安全和社会稳定"。换句话说，只要涉及"国家安全、公共安全、经济安全和社会稳定"(一般称之为"三安全一稳定")者，就属于不予公开的情形。而"国家安全、公共安全、经济安全和社会稳定"如何理解，《条例》中没有任何说明，实践中给行政机关几乎无限的自由裁量权与拒绝公开的理由。《条例》第9条规定：行政机关对符合下列基本要求之一的政府信息应当主动公开：① 涉及公民、法人或者其他组织切身利益的；② 需要社会公众广泛知晓或者参与的；③ 反映本行政机关机构设置、职能、办事程序等情况的；④ 其他依照法律、法规和国家有关规定应当主动公开的。

如果将美国、苏格兰、加拿大等国的信息公开法律和中国的信息公开法律进行对比，可以发现中外政府信息公开立法内容的最大区别，在于政府信息公开范围的制度设计。国外普遍采取的是"肯定型概括确定公开范围＋否定列举除外"的立法设计模式。《中华人民共和国政府信息公开条例》选择的是"否定型概括除外确定公开范围＋肯定列举公开事项"的立法设计模式。这种主动公开范围的设计无论采取多么"详尽"的列举方式，均免不了留下众多"空隙"，有限地列举毕竟无法穷尽"政府信息"之应有的实际外延。

3. 发达国家政务公开的评估体系

评估可以帮助跟踪目标实现过程，成为学习、分享、目标设定以及支持绩效管理的工具。信息公开的发展同样也需要全面客观的评估，评估框架设计及方法的科学性很大程度上决定了评估的准确性。目前的评估体系主要分为两类：一是国家层面的开放数据评估，二是地方政府层面的政府透明度评估。前者看重法律体系、制度和技术体系的发展水平，后者看重内容的可用性和完备性。

我们首先看国家层面的开放数据评估。当前，国外几个具有代表性的开放政府数据评估主要包括：

世界银行的"开放数据准备情况评估"；

万维网基金会的"开放数据晴雨表"；

开放知识基金会的"全球开放数据指数"；

联合国的"开放政府数据调查"；

经济合作组织的"开放政府数据指数"。

不同的评估体系，关注的重点有所不同，评估结果也差异较大。例如，中国开放数据在不同研究机构的评估和排名中存在巨大差异：2014年联合国"开放政府数据调查"，中国排名前50位；而开放知识基金会的"全球开放数据指数"对122个国家进行了评估，中国排名93，相对位置比较落后。表3-7中详细比较了不同评估体系之间的区别，可以看出，目前主要的评估体系一般采取三种调查方式，分别是志愿者评估、面向政府的调查问卷和专家问卷。这三种方式实际也代表三种视角，即用户视角、工作视角和知识视角。

由于本章研究的重点是地方政府的政务公开评估，我们将注意力集中在地方政府的透明度评估上。和国家层面的开放数据评估相

表 3-7 国外不同开放数据评估调查之间的对比

名称	评估主体	起始时间	评估频率	评估对象（层级）	评估对象（范围）	评估工具（一级指标）	评估工具（二级指标）	数据获取	分值计算
开放数据准备度	世界银行	2013年	—	国家、地区或城市	—	8个（高级领导力、政策法律框架等）	每个维度3~8个不等	政府调查问卷	—
开放数据晴雨表	万维网基金会	2013年	每年	国家	92个国家	3个（准备度、执行度、影响力等）	准备度4个执行度3个影响力3个	政府自测、专家问卷、数据集评估、二手数据等	准备度和执行度各35分影响力30分满分100分
全球开放数据指数	开放知识基金会	2013年	每年	国家或地区	122个国家或地区	13个（国家统计数据、政府财政预算、政府支出等）	每个维度2~7个不等	志愿者评估、当地协调员审核、专家确认、大众评审	国家得分/1300（最高原始分）满分1分
CUR data 指数	经济合作与发展组织	2014年	—	国家	30个国家	3个（可用性、可获得性、再使用性等）	可用性5个可访问性6个再利用性9个	首席信息官调查问卷	每个一级指标1/3满分1分
开放政府数据调查	联合国	2014年	每两年	国家或地区	193个国家或地区	4个（政策与监管框架、组织架构、数据目录的法律及技术开放等）	每个维度2~6个不等	志愿者评估	—

比,地方政府层面的透明度评估发展相对缓慢。目前应用比较广泛的是财务透明度评估,其次是网站透明度评估、决策透明度评估和地方政府透明度评估。目前,很多国家基于透明国际组织提出的透明度评估指标,建立了自己国家的地方政府透明度评估体系。下面我们看看葡萄牙透明国际组织的工作成果(参见表3-8)。

表3-8 葡萄牙地方政府透明度的主要指标

权重	一级指标	二级指标
0.15	组织信息、社会构成和市政运营(18项)	1. 市政委员会所有成员的角色和职责; 2. 市政委员会所有成员的简历……
0.06	规划和计划(13项)	1. 年度报告; 2. 可持续发展报告……
0.12	地方税、税率、服务费和条例(5项)	1. 市政条例; 2. 市政服务质量管理体系的信息……
0.06	与公民的关系(8项)	1. 市政府网站的搜索引擎; 2. 与活跃社交网络的连接……
0.21	公共采购(10项)	1. 非竞争性公共采购的流程(供应商、数量、流程); 2. 公共采购的文件……
0.15	经济和财政(12项)	1. 年度预算; 2. 资产负债表……
0.25	城镇规划和土地使用管理(10项)	1. 在网站主页上有关于"城镇规划和土地使用管理"的板块内容; 2. 市发展规划和最终报告……

从上表可以看出,这一评估体系有几个特点:首先,其一级指标的权重不同,这一结果是基于专家团打分生成的,反映了不同群体对指标相对重要性的看法。其次,评估方式上,采取的是用户视角的独立评估,避免了政府问卷方式对使用者观点的忽视。这一评估体系有很多地方值得借鉴:首先,不同利益团体组成的专家打分团,有助于通过专家间的交流碰撞,反映不同的公共价值观,让评估视角更加

科学全面；其次，采取用户视角的评估方式，能够更好地反映公众对地方政府透明度的感知；再次，评估内容采取"基本信息＋重点关注领域"的构成方式，既能够体现对地方政府政务公开的标准化要求，又能够配合政府工作重点和群众关心焦点，更好地推动政务公开工作的开展；最后，其主要评估对象是地方政府网站，评估成本较低。

4. 发达国家经验对中国的启示

综上所述，发达国家政务公开工作起步较早，在长期探索与实践中不断修正融合，为我国提升政务公开质量和效度提供了一些可资借鉴的经验。

一是构建"政策＋法律"的全方位政务公开行为指导体系，发挥政策和法律在不同维度、不同强度的比较优势，结合不同时期的时代背景和政策需要，在实践中不断修订完善并保障实施效果。突出政策在积累政务公开经验、为相关立法奠定基础的重要作用，构建涵盖宪法—法律—法规—规范性文件的立体法律体系。及时破除政策和法律实施过程中的公开不及时、信息管理混乱、工作人员业务能力和公开意识不足、定密范围过大等问题。

二是制定完备有效的政务公开申请执行程序，清晰划定公开范围边界。在主动公开中对公开的范围和形式进行清晰表述和指导，在依申请公开中强调申请方式、收费与否、期限与说明理由、第三人利益保护等一系列问题。在政府信息公开范围的制度设计层面，逐步采取"肯定型概括确定公开范围＋否定列举除外"的立法设计模式。

三是在构建地方政府政务公开指数时要充分融合工作视角、用户视角和知识视角，由来自不同群体的专家打分团确定指标权重，反映不同的价值偏好；采取"第三方"独立评估的方式；评估内容主要涵盖"基本信息＋重点关注领域"，体现对地方政府政务公开的标准化要求并配合政府工作重点和群众关心焦点；地方政府网站为主要评估对象，降低评估成本。

(二) 国内典型城市在政务公开的创新做法和可借鉴的经验

1. 国内城市政务公开创新做法

青岛市建立了行政权力清单动态管理制度,根据动态调整情况及时更新行政许可事项目录、行政权力清单、政府部门责任清单。实现了政务信息资源的开放共享,形成包含48个部门、862项数据资源的"政府数据开放清单"。截至2016年底,政府数据开放网站共发布了48个部门、10个区(市)的800多项数据集和120多个API服务接口。组织实施由政府、媒体、企业共同参与的政府开放数据应用创意大赛,联合相关企业开发并发布了违章多发提示等多款App,API接口调用累计超过400次,成为推动建立政府数据治理新机制、政府与社会力量合作创新的重要平台。推进公共信用信息公开,梳理形成公共信用信息"数据清单",包含54个部门6 000余项公共信用信息资源。完成公共信用信息交换共享平台和"信用青岛"网站开发,初步建成了企业、个人和非企业法人三大公共信用信息数据库,归集了52个部门2 100余项信用信息。通过"信用青岛"网站发布了行政许可和行政处罚公示数据43万余条并同步推送至"信用中国"和"信用山东"网站。

深圳市健全决策公开制度和政府法律顾问制度,出台《深圳市人民政府重大行政决策程序规定》。完成《深圳市人民政府关于加强政府法律顾问工作的决定》的研究起草和征求意见工作。完善政府信息公开源头认定机制,实现信息公开审核融入公文制发全过程。推进行政职权事项要素公开,除公布行政职权事项名称外,设立依据、实施主体、办理条件、申请材料、运行流程、履职责任等要素也一并公布。加强政府信息供给的平台支撑,全面改版"深圳政府在线"网站,充分发挥其作为信息公开"第一平台"作用,优化政府信息主动公开目录,完善网站信息搜索服务功能。优化市政府依申请公开和建议、投诉网上平台,增加政府信息公开工作数据统计填报功能,推进政府信息公开资源共享。加强政府信息供给的能力培养，聚焦政府信息公开趋势分析、依申请公开案件司法实践、规范性文件解读等内容，丰富公务员主体培训、自选培训和干部在线学习中的政府信息公开课程内容，增强各级行政机关工作人员特别是领导干部的公开意识。

杭州市着力提高信息化集中化水平，充分发挥政府门户网站信息公开第一平台作用，增强发布信息、解读政策、回应关切、引导舆论的功能。加强政府网站数据库建设，着力完善搜索查询功能，提升公开信息的集中度，方便公众获取。强化与新闻网站、商业网站的联动，增强信息传播效果。推进政府信息公开统一管理平台建设，形成规范统一的市政府信息公开目录编制体系、信息公开发布体系、依申请公开办理体系和监督保障体系，积极推动各部门修订目录体系，梳理加载信息，实现平台整合。提高专业化理论化水平，制定政务公开业务培训计划，分级分层组织实施。加强政务公开工作人员的政策理论学习和业务研究，准确把握政策精神，增强专业素养，强化公开理念，提高指导、推动政务公开工作的能力和水平。收集历年政府信息公开案例，为依法依规处理依申请公开工作提供参考依据。

银川市加强政务公开平台建设，按照"群众需要，方便获取"的原则，改版重建市政府门户网站，明确更新维护责任，确保公开信息准确、全面、到位、及时、有效。开发建设全市网站群全文检索系统，方便公众查阅各方面政府信息。建立全市统一的政民互动业务办理平台，为群众提供一站式的政民互动服务。推进政府数据开放平台建设，组织建设银川大数据中心，制定全市政府数据资源清单，开放目录和数据采集标准，推进民生保障、公共服务和市场监管等领域的政府数据向社会有序开放。密切关注舆论，及时回应公众关切。按"属地管理、分级负责，谁管理、谁负责"的原则，与相关部门就舆情回应责任进行明确，建立健全监测预警、分析研判、归口报送、应对处置以及公开回应机制，做好突发事件信息发布工作，及时回应公众关切。

2. 国内城市创新经验对南京的启发

一是制定并健全政务公开的配套制度体系,完善政府信息公开源头认定、监督预警、分析研判、归口报送、应对处置以及公开回应机制,构建覆盖面广、维度多元的政务公开制度体系。二是打造大数据中心,整合数据与平台,打破"信息孤岛",全面实现政务信息资源开放共享。三是积极引导政府、媒体、企业和社会公众有序参与政务公开事项和政府信息资源应用。加强政务公开网站与新闻网站、商业网站的联动,增强信息传播效果。四是创新形式,分层分类地对政务公开工作人员开展业务培训,增强专业素养,强化公开理念,提高指导、推动政务公开工作的能力和水平。

四、南京市政务公开创新实践的战略取向

(一) 南京政务公开工作的指导思想

全面贯彻党的十八大和十九大精神,以习近平新时代中国特色社会主义思想为指导,深入贯彻学习习近平总书记视察江苏重要讲话精神,紧紧围绕"五位一体"总体布局和"四个全面"战略布局,牢固树立创新、协调、绿色、开放、共享发展理念,深入推进依法行政,认真落实党中央、国务院、省委、省政府和市委、市政府决策部署,坚持以公开为常态、不公开为例外,着力推进行政决策公开、执行公开、管理公开、服务公开和结果公开,推动简政放权、放管结合、优化服务改革,激发市场活力和社会创造力,着力打造法治政府、创新政府、廉洁政府和服务型政府,为全面高水平建成小康社会,加快建设"强富美高"新南京发挥重要支撑作用。

(二) 南京政务公开工作的基本原则

紧紧围绕经济社会发展和人民群众关注关切,以公开促落实,以

公开促规范,以公开促服务,以公开促廉洁,让权力在阳光下运行。坚持依法公开,明确公开主体、内容、方式、时限、程序,加快推进权力清单、责任清单、负面清单公开。坚持改革创新,以"互联网+政务服务"为突破,通过创新理念、方式方法和技术手段等,提高公开实效,让群众看得到、听得懂、能监督。坚持需求导向,围绕促进经济发展、深化改革推进、服务民生改善,增强政务服务的主动性、精准性、便捷性,提高群众办事获得感和满意度。

(三)南京政务公开工作的基本目标

到2020年,全市政务公开工作总体迈上新台阶,基本实现政府权力公开透明运行,公开内容覆盖权力运行全流程、政务服务全过程,政务公开工作走在全国、全省前列。

——公开体系建设更完善。完善政务公开责任制度,建立部门和区协同工作机制,完善公众参与制度,严格评价和考核监督制度。到2020年,实现权力清单、责任清单、负面清单全公开,提升政务公开工作的制度化、标准化、信息化水平,全市政务公开平台体系更加完善。

——政府数据开放更丰富。2018年年底前,建成南京政府数据统一开放平台,统一数据编码和格式标准,基本形成跨部门数据资源共享共用格局。到2020年,进一步完善政府数据指标建设,推行政府数据清单管理,扩大数据开放共享的范围,确保政府数据开放有序推进。

——政务服务获取更便捷。着力打造全市上下整体联动、部门协同、一体化办理的"互联网+政务服务"技术和服务体系,实现政务服务的标准化、精准化、产品化、平台化、协作化。打通线上线下服务体系,初步实现"一号申请、一窗受理、一网通办、一线解决",基本公共服务事项80%以上可在网上办理。到2017年底前实现重点事项和热点事项的全程网上运行。2020年,进驻市政务服务中心符合外网受理的事项达100%。

——公众参与渠道更畅通。在政府公共政策制定、公共管理、公共服务领域，积极拓展公众参与渠道。通过网站、电视、报刊、广播、政务热线、微信、微博、客户端等媒体平台等多种形式，广泛听取和征求公众意见，进一步提升公众参与度，公众参与政策制定、执行和监督的程度明显提高。

五、南京市政务公开工作的对策建议

(一) 建立基于公共价值的、界面亲切友好的政务公开服务体系

政务公开的实质是政府、社会和公众多元主体的信息交换过程，为使这一信息的交往和互动顺利进行，提高社会治理的针对性、有效性和前瞻性，需要从主体、价值、话语与场域四个方面积极构建以人为本、合作互动、亲切友好、功能强大的政务公开服务体系。

1. 打造功能强大、亲切友好的政务公开工作界面（场域）

在信息社会中，信息扩散路径跨越了传统组织与制度的边界，使信息出现平行流动的态势，行动主体间的信息沟通场域日益呈现出开放性、"去中心化"的特征。随着计算机技术的进步和网络技术的发展，人类步入互动传播的高级阶段。计算机、微电子和通信技术的飞速发展，彻底改变了传统信息的编码和扩散方式，重塑着政治生态环境并使其逐渐成为一个开放的系统。顺应这一趋势，应在现有的政府信息公开平台基础上不断拓展这一平台的功能，使其逐渐发展成为具备如下几项重要功能的虚拟治理场域：一是传统的政府信息公开功能，使政府以外的其他行动主体能够准确及时地获取政府和公共信息；二是成为政府借助于互联网和大数据向企业和公民提供各种政务服务，使政务服务走向智能化的平台。这也是目前江苏省提出的"政务服务一张网"所要努力的目标；三是企业、NGO、公民等

向政府及时进行信息反馈、参与政府管理的功能。积极利用信息技术,打造丰富、便民的公共信息界面,使其他行动主体能够准确及时获取公共信息的同时,增强信息反馈、协商参与能力,打造一个开放畅通的信息沟通和交流的虚拟场域,促进信息的生产与再生产,提高政府治理能力和治理水平。

功能强大的政务公开工作界面需要"亲切友好"作为支撑,所谓"亲切友好"意味着"用户视角"的充分体现,即无论是界面的设计、信息的排列还是政务信息的言说方式都充分考虑到方便用户查找、理解、使用的需要。例如,对于信息查找来说,用户点击不超过三次就能找到所需要的信息;从便于理解和交流的角度来说,应当尽量使用普通公民能够理解的语言和各种可视化的形式,如图表、漫画等对抽象、枯燥的政务信息进行解读;从方便使用的角度来说,一方面提供方便的下载服务,另一方面提供相关的延伸性信息的链接;从方便公众参与和讨论的角度来说,要为公众提供"吐槽"、评论的充分空间,为公众通过这一平台进行信息反馈、提出意见和建议、参与公共事务提供便捷的、多元化的渠道,并及时对公众的各种意见和建议进行回应。

这一功能强大的、亲切友好的虚拟治理场域的建构需要价值、主体和话语三个层面的重构。

2. 在政务公开工作中凸显"以人为本"的公共价值导向

有别于农业社会"权力本位"的价值取向和工业社会的"权利本位"的价值取向,与信息社会相适应的是"以人为本"的公共价值取向。具体地说,在"权力本位"下,信息的编码、抽象和扩散,政府与其他主体之间的交往与互动是由权力主导的纵向的"统治—服从"关系,政务信息的公开程度很低,即使公开也主要是出于方便权力运用与运行的需要;在"权利本位"下,信息的编码、抽象和扩散,政府与其他主体之间的交往和互动基本上是基于政府与其他主体之间法定的权利和义务而展开的,政务公开程度大幅度提高,"用户视角"不断强化；在"以人为本"的公共价值视角下，信息的编码、抽象和扩散，政府与其他主体之间的交往和互动是一种"开放—合作"模式，所追求的是实现人的全面进步与社会的可持续发展，公共性是其本质属性，这意味着要突破和超越简单的"用户视角"——用户是顾客，而客户不等于公民。政务公开工作应该在公共价值的引领下展开。

按照公共价值理论，公共价值的寻找和确定有两种路径：一是"互动—结果"导向的公共价值观，强调公共价值是各方沟通、建构的结果，是多方参与的政治过程，是由"公共"来决定的。这要求在政务公开工作目标、工作界面、工作标准的设计和确定过程中与利益相关方进行充分的交流与协商，行政组织与社会公众不再是把信息视为权力资源而加以垄断和控制，而是作为互动中的重要内容而加以分享，力争在信息的分享、辩论与商讨中寻求问题的解决之道。另一种路径是共识导向的公共价值观，即公共价值指的是公共管理活动中获得共识的一些价值，如效率、依法行政、责任、合作等，是关于权利、义务和规范形成的共识。这些可以通过对相关领域的经典理论、权威的政策文本的话语分析得出。根据现代政府的基本原则——人民主权原则（权力来源）、代议制原则（权力的运用）、法治原则（限制公权力）、权力制约原则，我们可以推演出政务公开工作的基本价值追求：自由、民主（回应性）、效率、法治、公平，这五个公共价值也成为后文构建政务公开指数的出发点，其在政务公开中的具体含义将在下文解释。

3. 优化组织结构与强化队伍建设（主体）

功能强大的、亲切友好的政务公开工作界面需要建构有别于传统官僚制的，呈现出灵活、扁平状、开放的组织结构，其主要在三个方面区别于传统的官僚制：一是变部门之间刚性的、坚实的部门壁垒为弹性的、灵活的部门界限，这要求在强化领导统筹的同时，充分利用电子政务平台建立实时的、全方位的沟通协作渠道和机制；二是压缩组织层级，建立扁平化的组织结构；三是建立一个包容、开放的政府组织体系,为其他治理主体参与政务公开工作提供更多的机会和渠道,逐步发展出一种多元互动的、多中心的开放合作的治理体系。借助于这一新的组织形态,尽快建成南京政府数据统一开放平台,统一数据编码和格式标准,形成跨部门数据资源共享共用格局,促进公共价值的实现。

在信息社会中,信息呈现出爆炸式增长的态势与即时性扩散的特征,对于社会治理主体来说,信息泛滥和信息匮乏一样会带来治理的难题,因为太多太杂的数据与信息不仅考验治理主体的信息处理能力,而且使他们面临更多的决策风险。因此,对于政府组织来说,首先需要提高行政人员信息处理能力与信息运用能力;其次,提高行政人员的反思与批判能力,以一个主动的、负责任的、积极的主人翁姿态共同应对治理难题。具体到政务公开工作,结合调查中发现的问题,提出以下具体建议:一是努力提高政务公开工作人员中法律及计算机、互联网专业人员所占比重,以提升政务公开工作人员的专业化水平和专业能力;二是不断提高政务公开工作人员的稳定性和专职化程度;三是加强对政务公开工作人员的培训,丰富培训内容和形式,增强培训效果,推动学习型政府组织建设。通过学习型政府的构建,以知识权威取代职位权威、以知识型的人员取代规训化的工具,将学习逐渐内化为政务公开工作人员满怀责任感的、发自内心的自觉行动。把教育培训作为提升政务公开工作水平的重要举措,建立政务公开培训机制。依托党校、高校、法制部门、司法机关等资源,组织各级各类政务公开工作人员进行培训。丰富培训形式,通过开展案例分析、交流研讨、实战模拟等多形式学习与交流,切实提升工作能力与水平。

4. 增强政务公开话语体系的亲民性和易读性

在信息社会中,自媒体的发展使社会民众成为"发声器",信息扩散呈现多元化趋势,公共政策话语权处于解构与重构的复合状态,社会治理主体在交往互动中亟须构建多元表达的话语沟通机制。首先,要尊重个体的主体性与差异性,保障每一个人都能拥有平等自由发表意见的权利。各主体之间的沟通是遵从内心的真诚表达,是以公共价值为准则,在公开平等、开放透明的环境中充分展开的对话。这就要求政务信息公开界面要突出信息沟通与交换的互动功能,参与政策对话的各方不仅需要能够通过清晰的言语表达向对方准确传递信息并能获得对方的理解和认可,最终说服别人改变立场,而且也需要在对话过程中说服和完善自我,在不断反思中进步。其次,在政务信息公开过程中要加强对公共政策的解读与宣传,并且为了便于与公众之间的相互沟通、理解和对话,对公共政策的解读和宣传应当尽量避免使用晦涩、模糊、枯燥的官僚式语言,而更多地采用便于公众理解的通俗、清晰、活泼的公共话语,使政策所传达的信息能够准确、及时地在全社会进行扩散。按照"谁起草、谁解读"的原则,做好政策解读工作。针对相关政策文件及时主动解疑释惑,有的放矢开展解读,减少误解。建立健全政务舆情收集、研判、回应、评估机制,主动发布权威信息,切实做好回应,提升政府公信力。

(二)依法做好依申请公开工作

目前关于政府信息公开的行政复议和诉讼已经呈现出一种快速增长趋势。从裁判文书网的数据来看,南京地区2016年有关信息公开诉讼的结案数量为410余件,而2015年和2014年则分别为280余件、150余件。仅2017年上半年,该领域的结案数量已超过200件。面对屡创新高的政府信息公开申请、居高不下的政府信息公开类复议或诉讼案件,如何依法做好依申请公开工作,妥善处理各类信息公开申请,已成为各级政府机关工作中亟待解决的难题。对南京市各级政府和部门而言,建议重点做好以下几个方面的工作。

1. 积极履行信息公开义务,切实保障申请者获取政府信息权利

一方面,严格按照法律法规规定的程序、时限和方式履行信息公开义务,处理好公民的信息公开申请,确保实体方面和程序方面不存

在法律瑕疵;另一方面,在不违反法律法规禁止性规定的前提下,创造性地履行信息公开义务,真正落实"保障公民、法人和其他组织依法获取政府信息"的立法目的,更好地体现"高效便民"这一行政法基本原则。《条例》自 2008 年 5 月开始施行至今,在申请人主体资格条件、公开范围、公开形式等规定方面暴露出越来越多的缺陷,如果机械地执行这些规定,对解决当前政府面临的复议和诉讼困境只会适得其反。今年 6 月,国务院发布了该条例的修订草案,对上述方面的规定加以修改,总体上呈现出放宽的趋势。因此,政府应该关注这一立法趋势,在处理信息公开申请时,适当地体现出一定的积极性和灵活性。

2. 建立依申请公开案例库,发挥既有案例指导、预测和教育功能

按照申请、复议和诉讼三个不同阶段,分别建立相应的案例库。案例库至少具有以下三大功能。首先,它可以指导政府部门有针对性地改进依申请公开工作,因为通过对大量的案例进行分析研究,容易发现信息公开工作中存在的普遍性的、代表性的、根深蒂固的问题;其次,它可以指导负有公开职责的政府工作人员在答复申请、参加复议或诉讼中的行为和策略,在提高政府工作效率、应诉水平的同时,也有助于提高依申请公开等一系列行政行为的统一性、规范性和权威性;最后,案例库有助于申请人预测自己的申请后果,促使其更加理性地权衡复议或诉讼是否为其最佳选择,在一定程度上可以起到教育和规劝的作用。当然,中国不是判例法国家,政府应当认识到过往的司法判例存在局限性,有时候并不利于开拓性的政府工作。

3. 扩大主动公开信息范围,相对缩小依申请公开信息空间

虽然《条例》第二章对政府应当主动公开的重点信息的范围做了规定,但这不意味着主动公开的范围仅局限于此。《条例》总则部分第六条要求"行政机关应当及时、准确地公开政府信息",这意味着政府在理论上有义务主动公开所有政府信息,而第二章仅仅是针对重

点信息的一种列举。除第二章规定的重大事项以外，政府还应当及时、主动地公开那些公众关注度高、申请频率高、关系到弱势群体切身利益的重要信息。

4. 完善原机关申诉的渠道，舒缓行政复议和诉讼压力，实现救济渠道多元化

作为一种救济方式，申请人向原机关申诉，可以促使原机关启动内部纠错机制，及时发现和处理申请人的不满。因此，鼓励信息公开申请人优先考虑通过向原机关申诉的方式解决申请中遇到的问题，有助于减少行政复议和诉讼压力。原机关申诉渠道本身具有独特的优势，一方面，行政申诉程序目前还没有明确、统一的规范性文件来调整，与行政复议、行政诉讼相比，在受理、裁决、处理时限等程序方面没有明确规定，由行政机关灵活掌握。另一方面，在知晓信息公开申请人（潜在的复议申请人、原告）的利益诉求与不满、信息的制作与保存等方面，原行政机关比复议机关、法院更有优势，可以节约更多的行政资源、司法资源。具体做法是，提高本机关领导信箱、邮箱、官网投诉功能等渠道的实效性和利用率，取信于申请人，鼓励申请人在遇到不满时优先考虑通过这些渠道来表达，原机关接到申诉后应及时处理，进行调查核实，在办理期限内把处理结果告知申请人。如果数页答复就能解决的事，最好不要诉诸漫长的行政复议和诉讼。

5. 充分发挥律师的功能，提高政府依法行政能力和法治政府建设水平

在信息公开申请及救济领域，律师可以发挥的功能至少有以下三种。一是应诉功能。当前，南京地区至少一半的信息公开诉讼的应诉工作由被申请机关的工作人员或者政府法制办的工作人员独立承担。诚然，他们在表达政府立场、了解政府本职工作等方面具有优势，然而在答辩、举证等诉讼技巧方面可能略显欠缺，在服务意识上也不如长期接受客户就是上帝的市场意识熏陶的律师，这可能影响到裁判结果。要避免出现不利的诉讼结果，最好的策略是让二者优

势互补,即政府工作人员和律师同时作为代理人出庭应诉。当然,聘请律师出庭应诉,不仅涉及律师执业的回避问题,也涉及巨额律师费用的开支等一系列财政问题。二是顾问功能。律师凭借其法律上的专业知识和执业经验,可以为行政机关提供全面的法律咨询服务,提示并消除可能的法律风险,尤其是面对复杂、疑难的信息公开申请。三是"第三方"功能。律师作为政府与申请人之间的"第三方",具有相对独立的身份和客观的立场,其意见易于为双方接受。近年来,律师以"第三方"身份已经开始介入信访接待工作。我国不少地方政府开始尝试让律师参与信访接待工作,改变了过去由政府工作人员与上访人直接面对的模式,这对于化解矛盾、减少诉讼起到了一定的积极作用。在信息公开领域,也存在律师以"第三方"身份的介入空间。比如,在申请答复阶段,如果条件允许,政府机关可在其对申请人的答复中附上律师出具的法律评估意见书,以此减轻申请人的可能的不满和疑虑;在行政复议阶段,如果条件允许,可以请律师以独立身份参与其中;在建立前述的依申请公开案例库的过程中,可以将部分工作甚至全部工作委托给律师来完成。

6. 解决好信息公开申请背后的经济社会问题,从源头上减少申请需求

从南京地区的案例来看,申请人申请政府信息公开的总体动机是收集证据,比如申请公开企业改制的文件、用地批复的文件、拆迁补偿的文件、军转干的待遇文件等等。他们希望通过这些文件证明自己的合法权益受到了政府行为或其他组织行为的侵犯。对这些申请者而言,申请信息公开,已经同信访、诉讼一样成为他们表达和实现自身利益诉求的一种手段。这些动机本身是否正当、能否得到法律的支持,不应该是政府关注的首选重点,而这些动机背后所折射出的社会伦理的建构、政府治理智慧的提升、法律的边界、GDP的局限性等等,这些才是政府应该关注和解决的重点。政府应当转变观念,解放思想,坦然面对走向法治社会过程中的、一个无法回避的、社会

主体和社会关系正在逐步变更的现实：群众群体正在逐步向依法行使权利的公民群体转变，传统的干群关系正在逐步向服务员和纳税人的关系转变。

总之，经济快速发展和社会极速转型中产生的公权力和私权利的冲突，是法治社会的一种正常现象。法治政府应当鼓励公民行使纳税人的权利，这也是建设法治政府的有效的外部鞭策的手段。当公民寻求法律的途径解决心中的不满时，说明公民心中还有法律，此时，公民不应该被当作刁民对待，政府完全可以在法律的框架内拥有并提升足够的治理智慧。换句话说，当公民放弃法律的手段和途径，或者视法律为粪土时，即公民越过刁民的台阶转化为暴民时，政府治理的法律智慧就显得苍白无力了，此时法治政府的建设无异于空中楼阁。

（三）打造基于公共价值的南京市政务公开指数体系

南京市目前已经建立了一整套对各个职能部门和各个市辖区政务公开工作进行考核监督的工作机制，但是整体而言，这一考核评价体系还主要体现的是一种工作视角，即主要是从市政府如何推进各部门、各区政务公开工作的角度进行设计的，是推动工作的一个"抓手"，而未能将用户视角、公民视角融入其中。为了促进"基于公共价值的、界面亲切友好的政务公开服务体系"的尽早建立，我们以公共价值理论为基础，运用德尔菲法和层次分析法建立了一套基于公共价值的南京市政务公开指数体系。

1. 指数设计思路和方法

一是综合运用两种路径确定政务公开的公共价值。总揽现有的国内外各种相关指标体系，主要有两种类型。一种是工作视角的评价指标体系，其主要特点是作为推动工作的"抓手"。另一种是用户视角的评价指标体系，其主要特点是从方便用户使用的角度进行评估。工作视角的评价指标体系虽然可以作为推动工作的有力工具，但是往往忽略了用户的需要,在背离了政务公开工作初衷的同时也带来了很多问题,如前文提到的政府机关提供的信息和群众真正想要的信息存在的"错位"现象,即虽然政府公开的信息在总量上不小,但多为政府工作的宣传类新闻信息,群众并不感兴趣,而群众迫切想知道的信息又公开不够,如教育、城市规划、拆迁等。用户视角的评价指标体系从理论上来说最大的局限是"用户"不等于"公众",过于强调"用户"有可能背离了公共利益、公共价值。基于此,我们以公共价值理论为依据,提出建构"基于公共价值视角的政务公开指数"。

那么政务公开的公共价值有哪些?根据公共价值理论,确定公共价值的路径有两个:一是共识导向的公共价值观,即公共价值指的是公共管理活动中获得共识的一些价值;二是"互动—结果"导向的公共价值观,强调公共价值是各方沟通、建构的结果,是多方参与的政治过程,是由"公共"来决定的。本章的研究综合运用了上述两种路径确定政务公开的公共价值。

首先根据经典文献中关于现代政府的基本原则——人民主权原则(权力来源)、代议制原则(权力的运用)、法治原则(限制公权力)、权力制约原则的阐述,推演出政务公开工作的基本价值追求。第一是自由,即政务公开工作一方面要保障公民的知情权、参与权、表达权、监督权,另一方面也要兼顾到公务员的权利保障,实现二者之间的均衡;第二是民主(回应性),即政务公开工作一方面要能够很好地回应公众的需求和偏好,促进公民参与,另一方面也要注意顾客和公民的区别;第三是效率(能力),这是所有组织管理中必然的要求,它要求不断完善政务公开的工作体制机制,提升工作能力;第四是法治,即权力运行的规范化,权力得到有效的监督与控制(廉洁),"公开是最好的防腐剂",从这个角度来说,应努力不断扩大政务信息公开的范围;第五是公平,即对于社会中受教育程度不同、财富程度不同等各方面差异明显的各个群体来说,信息的可得性、使用的方便性应当是平等的。

其次，对《政府信息公开条例》和《关于全面推进政务公开工作的意见》两个重要政策文本中关于其政策目标的阐述进行了文本解读，发现这两份重要的政策文本中对上述五个公共价值都有所体现和强调。2007年的《政府信息公开条例》第一条明确提出了政府信息公开的政策目标，即"为了保障公民、法人和其他组织依法获取政府信息，提高政府工作的透明度，促进依法行政，充分发挥政府信息对人民群众生产、生活和经济社会活动的服务作用，制定本条例"，这其中主要包含了保障公民权利（自由）、依法行政（法治）、服务于社会经济活动（效率）的价值诉求；2016年的《关于全面推进政务公开工作的意见》开篇指出"公开透明是法治政府的基本特征。全面推进政务公开，让权力在阳光下运行，对于发展社会主义民主政治，提升国家治理能力，增强政府公信力执行力，保障人民群众知情权、参与权、表达权、监督权具有重要意义"。可以看出，《意见》更为明确地点出了法治政府、民主政治、治理能力、公信力、权利保障等公共价值诉求。这五个公共价值成为构建政务公开指数的出发点。

再次以公共价值为引领，借鉴大量国内外同类评估指标体系确定指标库。我们广泛收集了国内外相关评估指标体系，包括以中国社科院的"中国政府透明度"评估、北京大学的"中国行政透明度"评估、上海财经大学的"中国财政透明度"评估、清华大学的"中国市级政府财政透明度"评估为代表的第三方评估体系，以上海、广东、山东、海南等省为代表的地方政府评估指标体系；以葡萄牙、西班牙、美国新泽西州、中东欧、欧洲十五国等为代表的地方政府透明度指标体系。在此基础上，从各个指标体系中提炼出能够反映五个公共价值的指标，并对其进行整合，最后形成了包含"主动公开与重点领域""依申请公开""工作机制""政策解读""与公民互动"五个模块的一级指标，每个模块分别对应了若干个公共价值。具体如图3-15所示。与此同时，我们从国内外各个相关的指标体系中提取了30个二级指标、75个三级指标作为指标备选库。之后又与南京市相关职能部门负责人和工作人员进行了三轮次的访谈,逐步修改、确定了二级指标和三级指标。

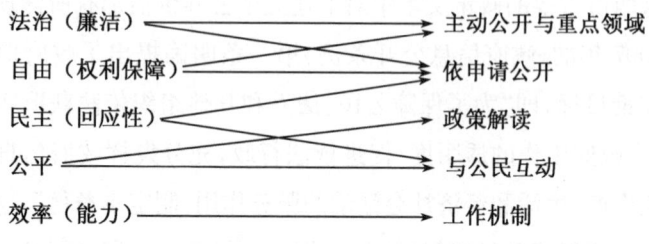

图3-15 政务公开的公共价值与一级指标的对应关系

最后运用层次分析法(AHP)确定指标权重。合理分配指标权重是量化评估的关键。权重的构成是否合理,直接影响到评估的科学性。确定权重的方法有很多种,如专家咨询法(德尔菲法)、专家排序法、层次分析法(AHP)、秩和比法(RSR)、相关系数法、主成分分析法和因子分析法等。其中层次分析法是一种相对科学程度较高又比较简单易行的方法。其实质是运用专家意见征询法,通过不同指标之间的两两比较确定各个指标的权重。尤其是运用软件yaahp,提供了方便的层次模型构造、判断矩阵数据录入、排序权重计算以及计算数据导出等功能。因此研究采用了层次分析法及其应用软件yaahp来确定各项指标的权重。

yaahp的设计目标是灵活易用的层次分析法软件,用户只需要具备初步的层次分析法知识,不需要理解层次分析法计算方面的各种细节,就可以使用层次分析法进行决策。我们采用该软件进行层次分析,按照实施层次分析法的一般步骤和方法,具体步骤包括建立层次结构模型、形成调查问卷并构造判断(成对比较)矩阵、根据调查结果录入判断矩阵数据、计算权重。具体计算方法和过程如下:

(1)建立层次结构模型。在yaahp软件中设定最高层为目标层、中间层为准则层、最低层为方案层。具体层次结构模型的构建如图3-16。

第三章 政务公开工作的创新

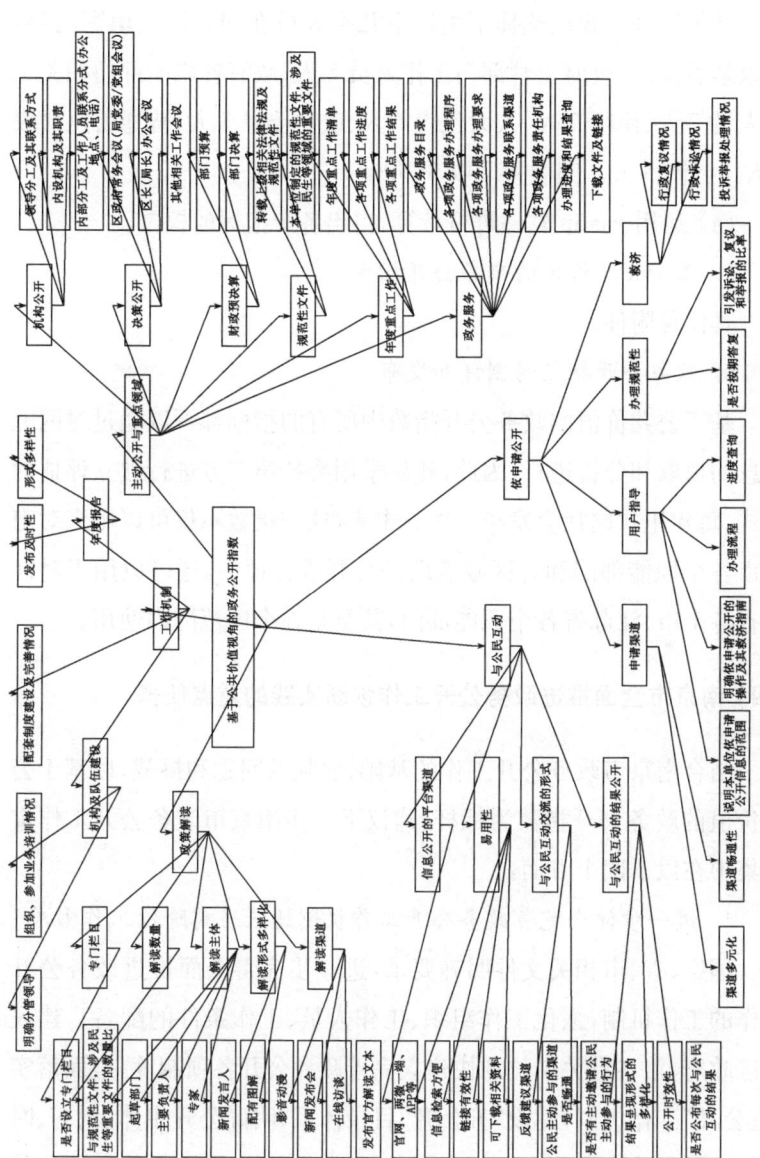

图 3-16 政务公开指数层次结构模型

(2) 运用 yaahp 软件生成判断矩阵和调查问卷。

(3) 发放问卷并回收、录入数据。为了充分体现公共价值的"过程—结果"导向,我们选择了由以下几类人员在问卷星上填写问卷:专家学者 5 人、政府主管部门工作人员 5 人、政府各职能部门相关工作人员 5 人、律师 5 人、人大代表 5 人、政协委员 5 人、普通公众代表 5 人,共计 35 人。问卷共回收 35 份。

(4) 运用 yaahp 软件进行计算,得出各个指标的权重。

2. 基于公共价值的政务公开指数

具体见附件。

3. 政务公开指数的测评和发布

基于公共价值的政务公开指数中所有的指标都可以通过对网上信息的抓取和分析进行,因此,建议采用委托第三方进行独立评估的方式,每年正式向社会发布一次。未来,这一指数不仅可以用来对南京市各个职能部门和各区政府政务公开进行评估,还可以用于对江苏省各个市、江苏省各个职能部门,甚至是在全国范围内使用。

(四) 南京市全面推进政务公开工作创新实践的重点任务

结合南京市政务公开工作的基础、面临的问题和挑战,以基于公共价值的政务公开指数为标杆,建议下一步南京市政务公开工作重点集中在以下四个方面:

1. 进一步健全完善政务公开工作机制适应当前阶段工作需求

国家、省、市相关文件明确要求,进一步完善全面推进政务公开工作的工作机制,强化工作组织、工作人员、工作条件的配备。建议各区政府、市各有关单位加快建立完善政务公开各项制度,全面落实"五公开"工作机制,建设"五公开"目录体系,明确公开主体、内容、时限和方式。认真梳理本部门本系统应公开内容,修订完善主动公开目录,确保应公开、尽公开。积极探索建立政务公开负面清单,细化明确不予公开范围。通过建立和完善工作会议制度、常态化交流机制、督查通报制度、政务公开考评机制、第三方评估制度、社会评议制度等,全面加强对全市政务公开工作的指导、推进、检查和监督。进一步加强制度保障建设,不断健全完善政务公开部门专业协同机制,完善法律救济工作方法,合力推进全市政务公开工作发展。

2. 以基层政务公开标准化规范化试点工作为抓手,推动政务公开工作完善和提升

推进决策、执行、管理、服务、结果公开(以下统称"五公开")是党的十八届四中全会部署的重要改革任务。开展基层政务公开标准化规范化试点,是推进"五公开"工作的具体举措,对于深化基层政务公开,提高行政效能,加快建设法治政府、服务型政府,具有重要意义。2017年5月,国务院办公厅颁布了《开展基层政务公开标准化规范化试点工作方案》,确定在北京市、安徽省、陕西省等15个省(区、市)的100个县(市、区)(以下称试点单位)开展试点工作。南京市建邺区是首批试点单位之一,试点内容主要是城乡规划、重大建设项目、财政预决算、税收管理、环境保护、食品药品监管、安全生产、公共文化服务、公共法律服务等方面。建邺区按照试点工作的要求已经展开了一系列的工作,包括成立领导小组和工作小组,完善工作机制,制定了《实施方案》,全面梳理了试点范围内的政务信息范围、种类、名称、形式、属性等,下一步还将制定公开标准、规范公开流程,整合各类信息平台等。建议对建邺区的试点工作进行全方位的跟进和支持,在实践中不断挖掘、总结南京市建邺区推进政务公开标准化规范化试点工作的创新做法和可推广经验,以点带面,形成示范效应,促进政务公开整体工作的提升。

3. 打通部门之间数据壁垒,实现数据高质量应用

充分发挥"中国南京"作为政府门户网站的作用,通过高位协调,后台打通政府网站、办公系统、业务系统、政务服务网、政务大厅综合管理平台、信用平台等各类信息平台,打通数据接口,实现单一平台录入、多平台发布,在优化信息传递流程的同时,为形成政务管理的

大数据系统、通过数据挖掘和分析提升治理能力提供可能性。2018年年底前,建成南京市政府数据统一开放平台,统一数据编码和格式标准,基本形成跨部门数据资源共享共用格局。到2020年,进一步完善政府数据指标建设,推行政府数据清单管理,扩大数据开放共享的范围,确保政府数据开放有序推进。当然,这需要建立在分类密级管理的基础上,以寻求"开放共享"和"安全隐私"之间的平衡。

4. 结合放管服、不见面审批等改革,实现政务公开和政务服务"一张网"相互促进,建设"智慧政府"

结合放管服、不见面审批、政务服务"一张网"等进行中的重大改革任务,将政务公开融入权力清单、责任清单、负面清单的公开,行政审批运行,办事指南的发布,服务质量提升等工作中,将"一张网"建设与政府门户网站的完善结合起来。一方面通过数据共享和公开促进"一张网"的建设和完善,以政务数据在平台间的"跑腿"代替行政相对人在各单位、各部门间的"跑腿",借助于第三方组织的合作,逐步探索政务信息服务应用的新领域,拓展政府信息利用的效率和价值,以互联网、交互应用等为载体,在新技术的帮助下,提供智能化的政府服务;另一方面通过政务服务"一张网"的高效运作不断积累行政审批和政务服务的过程数据和结果数据,从而进一步促进政务公开工作,提升政务公开水平。

六、小 结

本章运用公共管理中的信息空间理论和公共价值理论对南京市近年来的政务公开工作进行了全面的反思性审视,发现南京市政务公开工作在全国范围内整体走在前列,在权力、责任、服务清单的信息公开,互联网+政务服务,政务服务集成等方面取得了可喜的成绩;(1)全市政务公开工作组织机构健全、工作制度相对完备,政务公开运行体制规范、工作落实有效;(2)主动公开工作稳步有序开展,政府服务能力增强;依申请公开工作日益规范,公开成效显著;(3)工作人员的公开意识不断提高;(4)政策解读与舆情回应较为及时有效;(5)政务公开平台建设有力,信息集成度高。但是,面对新背景下政务公开的更高要求,南京政务公开工作还存在一些问题和挑战:(1)政务公开工作顶层设计"不清楚",制度落实保障有限;(2)主动公开"不愿意",公开信息与群众需求存在错位;(3)政务公开工作人员的数量较少、专业化程度不高、稳定性差;(4)各部门协同工作机制尚未建立,数据互通存在双重阻碍;(5)政策解读专业化程度不高,政策解读规范化制度体系尚未建立;(6)创新创优工作动力不足,成果转化效果不明显。

借鉴发达国家和国内部分城市政务公开的相关经验,以信息空间理论和公共价值理论为依据,我们提出需要从主体、价值、话语与场域四个方面积极构建以人为本、合作互动、亲切友好、功能强大的政务公开服务体系。这一体系包括:打造功能强大、亲切友好的政务公开工作界面(场域);在政务公开工作中凸显"以人为本"的公共价值核心导向(价值);优化组织结构与强化队伍建设(主体);增强政务公开话语体系的亲民性和易读性(话语)。

为了促进这一"基于公共价值的、界面亲切友好的政务公开服务体系"的尽早建立,需要以公共价值理论为基础,运用德尔菲法和层次分析法建立一套基于公共价值的南京市政务公开指数体系。指数中所有的指标都可以通过对网上信息的抓取和分析进行,可以采用第三方独立评估的方式进行,每年正式向社会发布一次。未来,这一指数不仅可以用来对南京市各个职能部门和各区政府政务公开进行评估,还可以用于对江苏省各个市、江苏省各个职能部门,甚至是在全国范围内使用。

在依申请公开方面,建议建立依申请公开的案例库,发挥既有案例的指导、预测和教育功能;扩大主动公开信息的范围,相对缩小依申请公开信息的空间;完善原机关申诉的渠道,舒缓行政复议和诉讼压力,实现救济渠道多元化;充分发挥律师的功能,提高政府依法行政的能力和法治政府的建设水平;解决好信息公开申请及复议诉讼背后的经济问题和社会问题,从源头上减少信息公开申请的需求。

结合南京市政务公开工作的基础、面临的问题和挑战,以基于公共价值的政务公开指数为标杆,建议下一步南京市政务公开工作重点集中在以下四个方面:进一步健全完善政务公开工作机制,适应当前阶段工作需求;以基层政务公开标准化规范化试点工作为抓手,推动政务公开工作的完善和提升;打通部门之间的数据壁垒,实现数据高质量应用;结合放管服、不见面审批等改革,实现政务公开和政务服务"一张网"的相互促进,建设"智慧政府"。

第四章 政务公开的指数体系

一、概 论

(一) 研究背景和研究问题

公开透明是法治政府的基本特征,党的十九大报告进一步对法治政府建设提出了若干新的具体要求。全面推进政务公开,能够让社会公众更加充分地了解并支持公权力的行使过程。对提升社会主义民主政治水平,增强政府公信力和政策执行力,构建和谐有序的政民关系意义显著。自2008年《政府信息公开条例》施行以来,各级政府政务公开意识显著增强,工作能力持续提升,有效回应了民众参与公共事务、维护自身权益的现实需求。2016年中共中央办公厅、国务院办公厅适时出台《关于全面推进政务公开工作的意见》,对新形势下政务公开工作的全面推进进行了周密部署。《政府信息公开条例》的修订工作也于2017年启动并广泛征求公众意见。

为更好地推进政务公开工作有效开展,各地政府、第三方评估机构相继构建了各种评估指标体系,从多个视角对各级政府机关及其组成部门的政务公开工作进行分析评价,力图以评促建。总体上来说,这些政务公开指标体系主要是从两种不同的视角构建的:一种是基于工作视角的指标体系,主要是从考核政府工作绩效的角度对政务公开进行工作评价;另一种是基于用户视角的指标体系,从服务社会公众、方便公众使用的角度对政务公开进行服务性评价。基于以上两个视角构建的指标体系能够在一定程度上满足政府机关及社会公众不同的政务公开需求,起到考核政府工作、服务社会公众的作用。但其基于不同主体偏好的主观目的性也弱化了政务公开作为一种政府行为本身的公共价值内涵。此外,现有指标体系由于在构建主体、测评目标和技术手段等诸多方面存在差异,其科学性、客观性、可操作性等维度的侧重点也各有不同。在这些指标体系的基础上,2017年我们以公共价值理论为基础,运用德尔菲法和层次分析法建立了一套基于公共价值的南京市政务公开指数体系。那么,这一基于公共价值的政务公开指数体系的优势何在?在这一指标体系下来评估和审视南京市政务公开情况会有哪些新的发现?以公共价值为依归,南京市政务公开还需要在哪些方面进一步完善?这是本章要回答的主要问题。

本章研究的意义主要体现在两个方面。在理论层面,将公共价值理论引入政务公开质量评价,探索其应用的可行性和融入方式。学术界对公共价值理论应用于政府绩效评估实践的思考和建议已有相关理论模型,而将这一理论模型应用于政务公开质量评价,为公共价值理论在政府绩效评估、推进良善治理中的应用拓展了新的平台和领域。在现实层面,从公共价值视角对政府政务公开质量和水平进行评价和审视,指导各级政府多维度改进政务公开工作,提升工作能力和水平,以构建和谐有序的政民互动局面,建设开放透明、务实高效的政府。

(二) 文献综述

1. 政务公开指标体系的相关研究

中国社会科学院法学研究所对国务院部门和省级政府进行政务公开评估,每年结合当年政务公开工作要点,对指标体系进行微调,主要围绕主动公开、依申请公开、保障监督机制3个方面开展考核测评。① 北京大学公众参与研究与支持中心构建出涵盖组织配套等5项一级指标的政府信息公开评测指标体系，重点关注政府信息公开过程中的重点难点环节。② 上海财经大学从一般公共财政决算等9个一级指标构建财政透明度指标体系，每年对全国各省级单位的财政透明度进行考核分析，形成年度报告。③ 计世资讯以政府网站评价呈现政务公开质量和水平，对全国范围内各省级政府和部分省会城市政府的门户网站进行考评。从政府网站的公开信息内容、在线政务服务、网站建设质量3个维度进行全面评价。④

郑方辉、周雨(2015)从制度设计、公开目标、实施过程等5个方面构建政府信息公开绩效评价指标体系，对38个国务院组成部门和31个省级政府的政务公开绩效进行评价。其创新之处在于将难以量化评价的公众满意度指标分解为前期建设、过程感受、实施结果等3个阶段的8项二级指标。⑤ 杨道玲等(2014)以《国家电子政务"十二五"规划》的政策文本为依托，从规划中析出若干指标，重点考察电子政务发展中的平台支持、信息应用程度和服务能力，对政务公开的平台建设质量进行考核评价。⑥ 白清礼(2016)以政务公开信息的合法合规、内容质量、科学有效性为原则，构建政务公开质量的评估指标体系。具体包括政务信息内容形式、加工处理、及时有效、服务质

---

① 中国社会科学院法学研究所.中国政务公开第三方评估报告(2016)[M].北京：中国社会科学出版社,2017:12.
② 北京大学公众参与研究与支持中心.中国行政透明度观察报告[M].北京：法律出版社,2012:20.
③ 上海财经大学公共政策研究中心.2015中国财政透明度报告[M].上海：上海财经大学出版社,2015:34.
④ 计世资讯.2007—2008年中国政府公众网站评估研究报告[EB/OL].http://www.ccwresearch.com.cn/report_detail.htmid=1610.
⑤ 郑方辉,周雨.《政府信息公开条例》绩效评价：指标评分及实证检验[J].行政论坛,2015,22(06):56—63.
⑥ 杨道玲,王璟璇.地方电子政务发展水平评估：核心指标体系设计与实证[J].电子政务,2014(05):20—27.

量4个指向①。刘旭(2015)提出,政府政务公开绩效评估指数应包括政务公开过程中的政务完备指数、公众满意度指数、组织实施指数和效益衡量指数。②沈磊(2011)将ACSI评价模型引入政府政务公开评估,对其结合实际应用于我国政务公开评价的可行性进行实证分析,建议在各级政府政务公开评价中适当引入国外权威量表和评估指标体系。③朱红灿(2011)以公众满意度指标作为衡量标准,借助优化粗糙集模型构建政务公开指标体系,并对部分城市的政务公开情况进行实证研究。④

N.F.D.克鲁兹(N.F.D.Cruz)等(2015)从用户的角度定义指标,从7个维度,共76个题项对葡萄牙地方政府透明度进行考察,以考核专家组打分的形式评估各地方政府透明度。⑤S.J.皮欧超斯基(S.J.Piotrowski)等(2010)从政府会议纪要申请、政府文件申请、主动公开、未授权信息披露等4个维度对美国新泽西州构建地方政府透明度指标体系。⑥M.凯瑟琳(M.Kathleen)(2006)以第一责任人回应视角,从5个维度对东欧各国各级政府及部门第一责任人进行访谈,根据其回答测量计算地方政府透明度。⑦阿巴拉特·德索·丹尼尔(Albalate delSol Daniel)(2013)从治理透明度、社会透明度、财政透明度、服务合同透明度、城市规划及采购透明度5个维度,用

---

① 白清礼.我国政府公开信息的质量评估指标体系构建[J].图书馆理论与实践,2016(11):55—60.
② 刘旭.政府信息公开绩效评估指标设计及实施[J].党政论坛,2015(04):17—20.
③ 沈磊.基于ACSI的政府网站信息公开评价研究[D].南京大学,2011:31—34.
④ 朱红灿.基于优化粗糙集的政府信息公开公众满意度测评研究[D].湘潭大学,2011.
⑤ Cruz N. F. D., Tavares A. F., Rui C. M., et al. Measuring Local Government Transparency[J]. Public Management Review, 2015, 18(06):91—97.
⑥ Piotrowski S. J., Borry E. An Analytic Framework for Open Meetings and Transparency[J]. Public Administration Management, 2010, 15(01):138—176.
⑦ Kathleen M., Dowley Associate Professor of Political Science. Local government transparency in East Central Europe[J]. Local Government Studies, 2006, 32(05):563—583.

80个指标对西班牙地方政府透明度指数进行测量①。

A. 威廉姆斯(A. Williams)等(2015)在国家层面,从公开指标、从信息输出质量、信息过程质量、信息基础设施、财政透明度、自由媒体、政治约束6个维度比较各国政府政务公开质量。② V. 皮那(V. Pina)等(2007)以网站作为评估对象,从透明度、互动性、可用性、网站成熟度等4个一级指标、12个二级指标对欧洲15国地方政府透明度和责任性进行考察。③ P. L. 锐(P. L. Rui)(2015)从政府门户网站的关键特征入手,从内容质量、信息完整度、访问便利度、可用和可理解度、及时度、有价值度、间隔度、可比度8个方面着重考察网站的结构而不是内容,对7国政府网站的公开性进行考量。④ C. 维森特(C. Vicente)等(2013)从财政预决算、财政收支透明度、政府负债透明度三个层面对西班牙地方政府财政透明度指数进行考量。⑤

综合分析国内外政务公开各类指标体系,共性特征是政府机构、专家学者、第三方评估机构等多类型主体均参与到指标体系的构建过程中。各方主体由于出发点和价值追求的不同,其所制定的指标体系各有侧重、在多个维度存在差异。在政务公开指标体系构建中均注意综合考虑政府及公众在政务公开中的差异化视角和作用。国内外指标体系的区别在于:国内的政务公开指标体系多为各级政府

---

① Daniel Albalate delSol. The institutional, economic and social determinants of local government transparency [J]. *Journal of Economic Policy Reform*, 2013,16(01): 90—107.

② Williams A. A global index of information transparency and accountability[J]. *Journal of Comparative Economics*, 2015, 43(03): 804—824.

③ Pina V., Torres L., Royo S.. Are ICT is improving transparency and accountability in the EU regional and local governments? An empirical study[J]. *Public Administration*, 2007, 85(02): 449—472.

④ Rui P. L., An analysis of open government portals: A perspective of transparency for accountability[J]. *Government Information Quarterly*, 2015, 32(03): 323—332.

⑤ Vicente C., Benito B., Bastida F.. Transparency and Political Budget Cycles at municipal level[J]. *Swiss Political Science Review*, 2013, 19(02): 139—156.

及第三方评估机构构建,基于工作视角,从考核政府工作绩效的维度对政务公开进行工作评价;而国外一些国家及国际组织的政务公开指标体系一般基于用户视角,从服务社会公众,便利公众参与的维度对政务公开进行服务性评价。

2. 公共价值理论应用于政府绩效评估的相关研究

公共价值理论在世纪 20 世纪 90 年代由马克·H. 穆尔(Mark H. Moore)提出,随后,围绕公共价值理论在公共行政学诸多领域的应用,学术界展开了诸多尝试与探索。戴维·H. 罗森布鲁姆(David H. Rosenbloom)(2015)提出,政府再造运动和新公共管理运动对政府绩效和公共价值进行了重新解读和定位。政府绩效中强调的投入、产出与结果和公共价值中追求的自由、公平与效率本身并不矛盾,在价值、领导、管理和治理交叉融合的框架下二者应当实现有机协同。① 近年来,国内学者将公共价值管理的思维和理论引入政府绩效管理研究,取得了丰厚的成果。王学军(2017)以公共价值为基础构建了考量政府绩效损失的理论框架。以公共价值的思维解构政府绩效提升,关注政府施政行为中社会多元参与达成共识的公共价值实现。通过构建测量政府绩效损失的价值链,确定其发生的范围,进而寻求改进策略。② 姜晓萍、郭金云(2013)对公共价值视角下公共服务的核心定位进行了梳理,并由此提出构建基于科学发展的绩效目标体系、基于公平正义的绩效内容体系、基于民主治理的绩效实施体系、基于公民满意的绩效控制体系、基于责任的绩效反馈体系的理论构想。③

在公共价值理论应用于政府绩效评估实践的实证研究方面,包

---

① 戴维·H. 罗森布鲁姆. 实现行政绩效和公共价值的有机协同——《政府绩效管理学》序[J]. 中国行政管理,2015(11):159.

② 王学军. 政府绩效损失及其测度:公共价值管理范式下的理论框架[J]. 行政论坛,2017,24(04):88—93.

③ 姜晓萍,郭金云. 基于价值取向的公共服务绩效评价体系研究[J]. 行政论坛,2013,20(06):8—13.

国宪、张弘(2015)借助以公共价值为基础的政府绩效治理理论(PV-GPG),从政治系统、政府战略系统和社会系统的三维互动框架中对鄂尔多斯"煤制油"项目进行绩效评估,并在案例研究中论证了政府绩效评估的情景依赖性。[①] 焦克源、吴俞权(2014)将公共价值理论应用于农村专项扶贫政策的绩效评估研究,从效率、合法性、公平性和可持续性4个维度构建了一套包含18个因子的指标体系,对我国西部某乡镇专项扶贫政策落实情况进行评估。[②] 樊胜岳等(2013)从公共价值的视角构建绩效评价指标体系,借助AHP法对四种生态建设政策的落实情况进行客观评价,并通过比较不同政策间的绩效评价结果,寻找将生态建设政策纳入政府绩效管理体系的可行路径。[③]

总的来说,PV-GPG理论为公共价值理论应用于政府绩效评估提供了新的思维框架和可借鉴路径。从规范研究和实证研究的多重视角,以兰州大学包国宪、王学军为代表的国内学者进行了细致深入的探索和思考,论证了公共价值理论应用于政府绩效评估的适用性和合理性。

(三) 研究内容和研究思路

本章将以公共价值理论和信息空间理论为概念基础,借助德菲尔法和层次分析法,试图运用基于公共价值的政务公开指数体系对南京市政务公开进行评估和分析,进而提出进一步优化的对策建议。具体而言,共有七个层面的内容。一是概论,从研究的背景和意义、国内外有关政务公开指标体系和公共价值理论应用于政府绩效评估

[①] 包国宪,张弘.基于PV-GPG理论框架的政府绩效损失研究——以鄂尔多斯"煤制油"项目为例[J].公共管理学报,2015,12(03):117—125.

[②] 焦克源,吴俞权.农村专项扶贫政策绩效评估体系构建与运行——以公共价值为基础的实证研究[J].农村经济,2014(09):16—20.

[③] 樊胜岳,陈玉玲,徐均.基于公共价值的生态建设政策绩效评价及比较[J].公共管理学报,2013,10(02):110—116.

的相关文献综述、研究思路和框架、研究方法等方面总领全文。二是提出公共价值的政务公开指数测评过程。主要详细介绍政务公开指数体系的评分标准、测评方式和具体测评过程。三是介绍南京市政务公开指数体系的评估结果分析,对南京市各区级政府和各职能部门的政务公开工作通过量化的绩效指标进行分类总结,并对政务公开的现状(优缺点)进行简要分析。四是比较分析政务公开指数评估结果,运用基于公共价值的政务公开指数体系,将南京市与苏州市、上海市、深圳市、杭州市的政务公开测评结果相对比,简要分析南京市政务公开的比较优势和相对不足。五是分析政务公开指数体系的比较优势。以南京市为案例进行实证研究,分别运用基于公共价值的政务公开指数体系和原有的政务公开工作考核指标体系,对南京市各区政府2017年度政务公开工作质量进行评估。通过比较分析和典型个案分析,归纳基于公共价值的政务公开指标体系的比较优势。六是提出基于公共价值视角下的完善南京市政务公开的对策建议。七是研究展望,总结全文,并反思研究中存在的不足之处,为以后的相关研究提供参考和借鉴。

(四)研究方法

1. 实验法

针对依申请公开的畅通性部分,采用网络提交相同的问题,记录被测试政府部门的回复时间和回复内容。

2. 德尔菲法和层次分析法(AHP)

以公共价值理论为基础,通过对国内外现有政务公开评估指标体系和评价模型的梳理归纳,建立基于公共价值的政务公开指标备选库。随后,借助德尔菲法和层次分析法筛选确定政务公开指标体系的各项指标及其权重。

3. 对比分析和案例分析法

通过对典型案例的分析,了解政务公开指标体系在使用中的现状、存在的问题和短板、优化的方向和路径等。借助新旧两套指标体系测评结果的对比分析和典型个案的案例分析，归纳基于公共价值的指标体系的比较优势。

4. 问卷法和访谈法

通过对相关部门和单位、人员进行问卷调查和访谈调查，获取第一手的政务公开各方面的数据。借助统计分析软件，对变量间的相关性及数据背后的逻辑联系进行挖掘和分析研判。

二、基于公共价值的政务公开指数测评过程

纵观现有的国内外政务公开评估指标体系，大体分为两种类型：一种是工作视角的评价指标体系，主要通过对各方面工作情况的考核作为持续推动工作的"抓手"；另一种是用户视角的评价指标体系，从方便用户使用的角度评估政务公开工作的"便民度"。工作视角的评价指标体系虽然可以作为推动工作的有力工具，但是往往忽略了用户的需要，在背离了政务公开工作初衷的同时也带来了很多问题。如政府在政务公开中提供的信息和社会公众真正想要的信息存在的"错位"现象，即虽然政府公开的信息在总量上不小，但多为政府工作的宣传类新闻信息，群众并不感兴趣，而群众迫切想知道的如教育、城市规划、拆迁等信息又公开不够。用户视角的评价指标体系从理论上来说最大的局限是"用户"不等于"公众"，过于强调"用户"有可能背离了公共利益、公共价值。基于此，我们于2017年以信息空间理论和公共价值理论为依据，运用层次分析法和德尔菲法，建立了一套基于公共价值的政务公开指标体系(详见2017年报告附件)。该指标体系从自由、民主、效率、法治、公平五项公共价值出发，涵盖了主动公开与重点领域、依申请公开、工作机制、政策解读、与公民互动五个政务公开中的重要维度，包含一级指标5项、二级指标22项、三级指标56项。在设计中融入了中央两办联合下发的《2017年度政

务公开工作要点》的重要指向,重点关注依申请公开、政策解读、与公民互动等领域。为从公共价值的视角评价政务公开质量提供了一套参考模型。这部分将介绍该指标体系的具体运用方法和过程。

1. 政务公开指数体系的评分标准

结合三级指标的内容和权重及各单位门户网站中信息和数据的呈现形式,并参考南京市原有的政务公开考核指标体系中的评分标准,初步拟定了各指标的评分标准。在此基础上,为确保评分标准的恰当性和可操作性,我们主要做了两项工作:一是与南京市相关职能部门负责人和工作人员进行访谈,并对评分标准进行了调整和完善;二是运用该评分标准对少数区和职能部门进行了测试,以发现评分标准中的问题,并进行解决。最终形成了各三级指标的具体评分标准(见表4-1)。

表4-1 基于公共价值的政务公开指数体系

一级指标	权重	二级指标	权重	三级指标	权重	测评方式	评分标准
主动公开与重点领域	32.4%	机构公开	6.46%	领导分工及其联系方式	2.24%	网上第三方测评	两项均有=10分 仅有单项=5分 无=0分
				内设机构及其职责	1.89%	网上第三方测评	明确显示两项=10分 需自寻两项=8分 仅有内设机构单项=6分 无=0分
				内部分工及工作人员联系方式(办公地点、电话)	2.33%	网上第三方测评	有部门及工作人员联系方式、地点=10分 仅有工作人员及部门联系方式或仅有地点=8分 没有明确到工作人员=0分

第四章 政务公开的指数体系 175

(续表)

一级指标	权重	二级指标	权重	三级指标	权重	测评方式	评分标准
		决策公开	7.55%	区政府常务会议（局长、主任办公会议）	4.11%	网上第三方测评[公开每次会议的会议名称、会议时间、会议地点、与会人员（邀请人大代表、政协委员、社会团体和公众代表参会情况）、会议议题及相关结果]	识别标准：发布单位、信息公开目录专门设置主题：大型战略部署会议 有=10分 无=0分
				区长办公会议（其他工作相关会议）	3.44%		识别标准：发布单位、信息公开目录专门设置主题：除大型战略部署会议之外的一切会议 有=10分 无=0分
		财政预决算	4.96%	部门预算	2.72%	网上第三方测评	仅看评选单位，不考虑下属单位 有=10分 无=0分
				部门决算	2.24%	网上第三方测评	仅看评选单位，不考虑下属单位 有=10分 无=0分
		规范性文件	5.29%	转载上级相关法律法规及规范性文件	2.23%	网上第三方测评	有=10分 无=0分
				本单位制定的规范性文件、涉及重点民生等领域的重要文件	3.06%	网上第三方测评	有=10分 无=0分

(续表)

一级指标	权重	二级指标	权重	三级指标	权重	测评方式	评分标准
		年度重点工作	3.16%	年度重点工作清单	0.93%	网上第三方测评	前提：由区政府发布、重点工作清单、进度、结果相对应（若三者均有，但完全不相匹配，则总分给一半） 有=10分 无=0分
				各项重点工作进度	1.02%	网上第三方测评	前提：由区政府发布、重点工作清单、进度、结果相对应 有=10分 无=0分
				各项重点工作结果	1.21%	网上第三方测评	前提：由区政府发布、重点工作清单、进度、结果相对应 有=10分 无=0分
		政务服务	4.99%	政府服务目录	0.72%	网上第三方测评	因江苏省标准化现满分
				各项政务服务办理程序	0.85%	网上第三方测评	因江苏省标准化现满分
				各项政务服务办理要求	0.73%	网上第三方测评	因江苏省标准化现满分
				各项政务服务联系渠道	0.60%	网上第三方测评	因江苏省标准化现满分
				各项政务服务责任机构	0.58%	网上第三方测评	因江苏省标准化现满分
				办理进度和结果查询	1.02%	网上第三方测评	因江苏省标准化现满分
				下载文件及链接	0.49%	网上第三方测评	因江苏省标准化现满分

(续表)

一级指标	权重	二级指标	权重	三级指标	权重	测评方式	评分标准
依申请公开	19.66%	申请渠道	4.17%	渠道多元化	1.88%	网上第三方测评	渠道若同时具备地址、办公时间、电子邮箱、联系电话、传真号码=10分（单个渠道，一个2分）若信息错误=0分
				渠道畅通性	2.29%	网上第三方测评（采取否定性抽检）	根据自测结果，及时且畅通=10分
		用户指导	3.18%	说明本单位依申请公开信息的范围	0.92%	网上第三方测评	有明确的内容=10分 稍作提及=6分 无=0分
				明确依申请公开的操作及救济指南	0.78%	网上第三方测评	因江苏省标准化现满分
				办理流程	0.59%	网上第三方测评	因江苏省标准化现满分
				进度查询	0.89%	网上第三方测评	因江苏省标准化现满分
		办理规范性	6.56%	是否按期答复	4.40%	网上第三方测评	根据优良排序结果，前三分之一（及时答复）=10分 中间三分之一=8分 后三分之一（未按期答复）=6分
				引发诉讼复议和举报的比例	2.16%	网上第三方测评	根据年报中的申诉情况统计情况进行优良排序，按比例得分
		救济	5.75%	行政复议情况	2.01%	网上第三方测评	按比例得分
				行政诉讼情况	1.93%	网上第三方测评	按比例得分
				投诉举报处理情况	1.81%	网上第三方测评	按比例得分

(续表)

一级指标	权重	二级指标	权重	三级指标	权重	测评方式	评分标准
工作机制	16.77%	机构及队伍建设	6.74%	明确分管领导	4.39%	网上第三方测评	在领导分工里面没有涉及分管信息公开、政务公开=0分 有=10分
				组织、参加业务培训情况	2.35%	网上第三方测评	（以年报为准）参加上级组织培训并自发培训=10分 参加上级组织培训但缺少自发培训=6分 无培训=0分
		配套制度建设与完善情况	6.90%	是否公布了相关的配套制度	6.90%	网上第三方测评	最新年份有内容更新=10分 其他年份有但无内容更新=8分 无=0分
		年度报告	3.13%	发布及时性	2.16%	网上第三方测评	以3月31日为标准，3.13号之前公布=10分 3.14号之后公布=6分 无=0分
				形式多样	0.97%	网上第三方测评	统一标准=8分 若有突出=10分
政策解读	14.90%	专门栏目	3.36%	是否设立专门栏目	3.36%	网上第三方测评	有政策解读栏目设置且发布自身信息=10分 有政策解读栏目=6分 无=0分
		解读数量	2.69%	与规范性文件、涉及民生等重要文件的数量比	2.69%	网上第三方测评	自己解读一篇以上=10分 自己解读一篇=8分 无=0分
		解读主体	3.61%	起草部门	0.85%	网上第三方测评	自己解读内容中有提及起草部门或主要负责人=6分
				主要负责人	1.03%	网上第三方测评	自己解读内容中有提及起草部门或主要负责人=6分
				专家	0.92%	网上第三方测评	自己解读内容中有提及专家和新闻发言人=10分
				新闻发言人	0.81%	网上第三方测评	自己解读内容中有提及专家和新闻发言人=10分

(续表)

一级指标	权重	二级指标	权重	三级指标	权重	测评方式	评分标准
		解读形式多样化	2.60%	配有图解	1.68%	网上第三方测评	有=10分 无=0分
				影音动漫	0.92%	网上第三方测评	有=10分 无=0分
		解读渠道	2.64%	新闻发布会	0.85%	网上第三方测评	有=10分 无=6分
				在线访谈	0.78%	网上第三方测评	有=10分 无=6分
				发布官方解读文本	1.01%	网上第三方测评	仅有官方解读文本=6分
与公民互动	16.27%	信息公开的平台渠道	4.62%	官网、两微一端、APP等	4.62%	网上第三方测评	官网醒目位置有APP=10分 有微博、微信两者中一个=8分 微博微信均没有=6分
		易用性	4.65%	信息检索方便	1.65%	网上第三方测评	基本信息易找到=10分 基本信息较难找到=8分 基本信息无法找到=6分
				链接有效性	1.13%	网上第三方测评	方法1:随机抽检方法2:提出依申请公开 在试验基础上,一旦发现链接无效,则分数减半
				可下载相关资料	0.85%	网上第三方测评	在试验基础上,基本标准化满分 一旦发现下载资料无效,则分数减半
				反馈建议渠道	1.02%	网上第三方测评	以信箱为标准,有单位领导信箱=10分 无=0分
		与公民互动交流的形式	2.91%	公民主动参与的渠道是否畅通	1.87%	网上第三方测评	只要有任何形式的主动参与渠道=10分 无=0分
				是否有主动邀请公民的参与行为	1.04%	网上第三方测评	以问卷调查为主,有=10分 无=0分

(续表)

一级指标	权重	二级指标	权重	三级指标	权重	测评方式	评分标准
		与公民互动的结果公开	4.08%	结果呈现形式的多样化	1.26%	网上第三方测评	文字版以上其他形式=10分 文字版=6分 无=0分
				公开时效性	1.71%	网上第三方测评	以信箱为标准,自测回复时间一周以内=10分 一周以上且一月以内=8分 一月以上=6分
				是否每次与公民互动的结果都公布	1.11%	网上第三方测评	每次均公布结果=10分 曾公布过结果=6分 无=0分

就评分标准而言,各项三级指标最高分为10分,最低分为6分或0分,不同类别的指标内部评分标准亦各有差异。受篇幅限制,这儿仅重点介绍以下指标评分标准的内在考量。其一,在主动公开与重点领域中的决策公开部分,评分标准体现了"区政府常务会议"和"区长办公会议"的区别,即以大型战略部署为主题的信息公开纳入区政府常务会议的测评结果,除大型战略部署会议之外的一切会议纳入区长办公会议的测评结果。其二,在主动公开与重点领域中的年度重点工作部分,分为三项三级指标:年度重点工作清单、各项重点工作进度、各项重点工作结果,三项的评分标准均有一个共同的首要前提,即已公开的清单、进度、结果三者之间必须相对应。若三者均已公开,但完全不相匹配,则三项得分均减半计算。其三,在依申请公开中的申请渠道部分,评估渠道多元化的标准在于公开的信息中若同时具备地址、办公时间、电子邮箱、联系方式、传真号码则为满分,但其前提在于经过随机性抽样检测,已公开的多元渠道信息无误。其四,在依申请公开中的办理规范性部分,分为两项三级指标:是否按期答复、引发诉讼、复议和举报的比例。两项指标均以各部门年报统计数据为主要衡量标准,其中按期答复率的计算公式为:答复

率＝及时回复申请数/依申请公开办理案件总数；引发诉讼、复议和举报比例的计算公式为：引发诉讼、复议和举报的比例＝（诉讼案件数＋行政复议案件数＋举报案件数）/依申请公开办理案件总数。经计算，根据答复率数值的降序排列，引发诉讼、复议和举报比例值域的升序排列，统计名次占评估样本前三分之一的可得10分，中间三分之一部分的可得8分，后三分之一部分的可得6分。其五，在工作机制中的年度报告部分，对发布及时性的评估主要参考了2015—2017年的年报发布时间，最终定为3月13日之前公布年报，则为10分，若在3月14日至3月30日期间公布年报的可得6分，若未公布则为0分。

总体而言，基于公共价值的政务公开指数体系的评分标准体现了以标准化和精准化为导向的评估思维，这为进一步优化评估结果对现实政务公开实际工作的解释力和预测度奠定了稳健扎实的基础。

2. 政务公开指数体系的测评方式

为增强评估的客观公正性，各项指标测评所需的数据全部可以通过对各级政府机关和部门门户网站网上信息的抓取和分析进行。具体而言，主要采用了两种测评方式：其一，针对一般的指标，可通过各级政府机关和部门的官方门户网站公布的信息进行抓取和分析；其二，针对需要在一定周期内评估政府回应性的指标，则采取随机抽样与实验法相结合交替使用的方式对诸如依申请公开中的"渠道畅通性"部分和与公民互动中的"链接有效性"部分进行考察。

3. 政务公开指数体系的测评过程

基于公共价值视角的政务公开指数体系测评过程大致可分为如下四个阶段，每个阶段均参照任务量进行了合理分工，由项目组成员共同完成。

其一，指数体系的预测评阶段。项目组全体成员均在正式测评前，采用两人一组的方式，运用基于公共价值的政务公开指数体系，对部分区政府和职能部门进行了预测评，既便于增进对指数体系评分细则和评分过程的了解程度，也可在此环节对指数体系的评分标准进行修正和优化。

其二，指数体系的正式测评阶段。将项目组成员平均分为两组：A组和B组。每组分别由3名硕士研究生（其中1位为小组组长）和1名导师构成。A组的任务为两项，一是运用基于公共价值视角的政务公开指数体系对南京市各区政府和职能部门进行第三方测评，测评方式为对官方网站已公布信息直接进行抓取；二是运用基于公共价值视角的政务公开指数体系对杭州市、上海市、深圳市、苏州市政府的官方网站已公开信息进行抓取。为保证评分结果的稳定性，A组按照一级指标分配评分任务，第一位成员负责主动公开与重点领域部分，第二位成员负责依申请公开和工作机制部分，第三位成员负责政策解读和与公民互动部分。测评期间，组内成员及时就实际打分环节中所遇难题互相沟通和协商，并咨询导师的专业指导。首轮测评结束后，组内3位成员彼此相互就评分结果的有效性和准确性进行详细检查，以保证测评结果的信度和效度。B组的任务为两项，一是运用实验法测评南京市各区政府和部门依申请公开的"渠道畅通性"，二是运用实验法对南京市、杭州市、上海市、深圳市、苏州市政府的"渠道畅通性"进行测评。B组成员与导师共同制定依申请公开的统一问题模板，并于相同的时间节点依据门户网站提供的依申请公开渠道发送电子邮件，就政府回应时间、回应方式、回应内容进行详细记录，以便最终汇总为测评结果。

其三，数据汇总和分析阶段。为便于处理呈碎片化的三级指标测评结果，首先，依据指数体系设置的权重值，将三级指标汇总为二级指标和一级指标，需得出的统计值为：二级指标和一级指标的总分、平均值、得分率。其次，依据一级指标的总分按降序排列，制作南京市各区政府和部门政务公开的比较分析图表、南京与杭州等四市政务公开的对比图表以及公共价值视角与工作视角两套指标体系下的各区政府政务公开的对比图表。

最后,依据统计数据的量化分析,撰写基于公共价值视角的政务公开指数体系的数据分析报告。

三、南京市政务公开指数体系评估结果分析

(一) 南京市 2017 年度政务公开概况

1. 南京市各区政府政务公开总体情况

运用基于公共价值视角的政务公开指数体系对南京市 11 个区级政府 2017 年度政务公开情况进行评估,数据分析结果显示,各区平均总得分为 71.65 分。对照评估指标,各区 2017 年度政务公开情况整体良好,基本覆盖了主动公开、依申请公开、工作机制、政策解读、与公民互动等各方面的内容。具体来看,依申请公开、与公民互动部分的评估结果最好,得分率分别为 86.96% 和 95.47%,高于各区政府平均总得分,表明各区政府依申请公开和与公民互动两项的公开情况较好,积极与公民进行互动,有效回应群众诉求,依申请公开质量基本满足群众需求。主动公开与重点领域、工作机

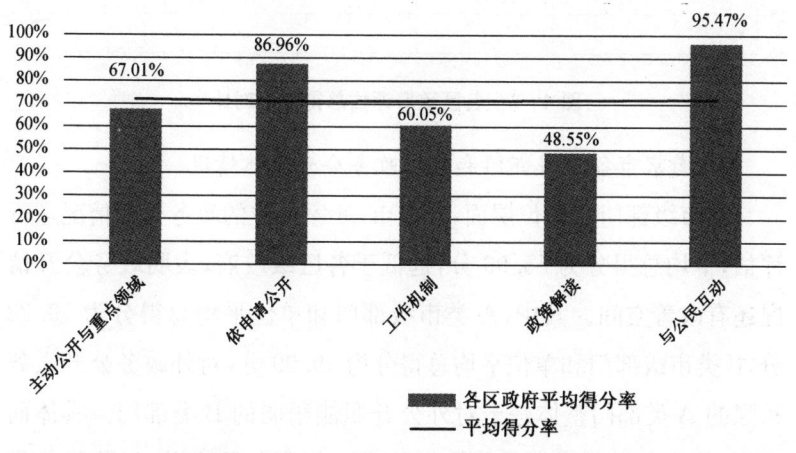

图 4-1 各区政府各项一级指标得分率对比

制部分的评估结果一般,得分率分别为 67.01% 和 60.05%,低于各区政府平均总得分率,略高于及格线,表明各区政府主动公开与重点领域、制度建设环节的公开情况仍有不足,信息公开内容全面性不足。政策解读部分的公开情况不容乐观,平均得分率仅为 48.55%,政策解读质量亟须加强。

对比各区政府政务公开情况,在评估中政务公开情况最佳的是秦淮区,总得分率达 83.96%,远高于平均得分率 71.65%。得分率低于平均值的有浦口区、建邺区、溧水区、六合区等四个区,其中六合区的得分率仅为 59.7%,政务公开评估总得分低的主要原因在于政策解读部分的公开情况较差,得分率仅为 10.63%,远低于各区政府政策解读部分的平均得分率 48.55%。

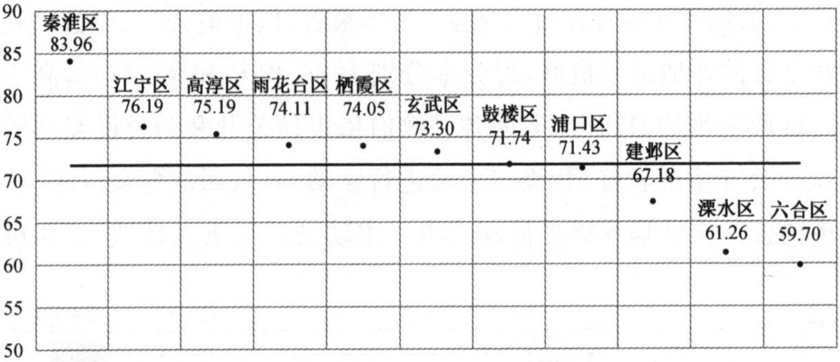

图 4-2　各区政府评估总得分率对比

2. 南京市各市级部门和单位政务公开总体情况

在市级部门和单位层面,对全市 58 家单位的政务公开情况进行评估,平均总得分为 55.99 分,远低于各区级政府,表明政务公开情况还有改善空间。其中,A 类市级部门和单位平均总得分为 59.28 分,B 类市级部门和单位平均总得分为 49.09 分,对外政务公开义务稍强的 A 类部门整体好于对外公开职能稍弱的 B 类部门。具体而言,各部门在依申请公开和与公民互动方面表现较好,A 类和 B 类部门得分率均高于整体平均值。其中依申请公开得分率分别为

89.88%(A类)和 80.33%(B类),与公民互动得分率分别为 69.22%(A类)和 59.05%(B类)。主动公开与重点领域得分率分别为 58.65%(A类)和 48.75%(B类),接近平均得分率。在工作机制和政策解读两项指标中,A类与B类部分的得分率均显著低于平均得分率,表明各市级单位和部门在这两方面信息公开的质量有待提高。其中,政策解读得分率仅为 28.02%(A类)和 18.44%(B类),存在较大问题。

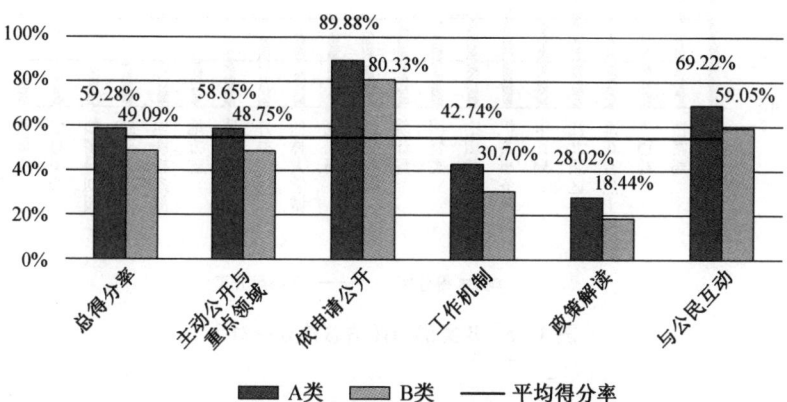

图 4-3 A类与B类部门各项一级指标得分率对比

在A类部门和单位中,政务公开总体情况最好的是民政局,总得分率为76.72%,其中主动公开和政策解读部分的得分率分别为

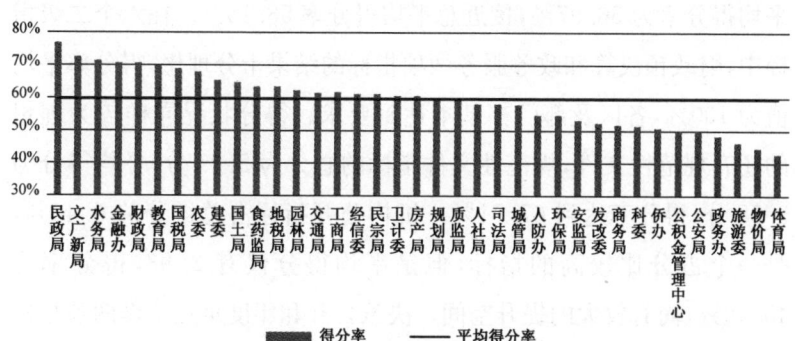

图 4-4 A类部门评估总得分率对比

86%和77.84%,显著高于其他同类部门。政务公开得分率最低的是体育局,得分率仅为42.2%,各项指标的得分率均低于平均值。比较各B类部门和单位的政务公开情况,总得分率最高的部门是法制办(65.34%),总得分率最低的部门是贸促办(37.03%),其在与公民互动这一指标上的得分率为0。

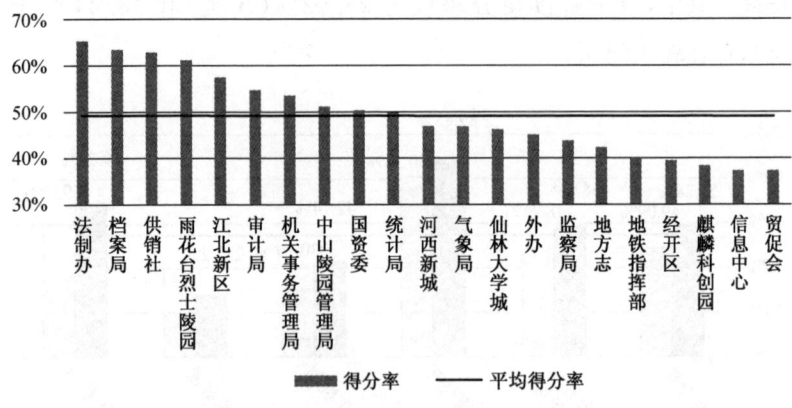

图4-5 B类部门评估总得分率对比

(二)南京市2017年度政务公开评估结果各一级指标细化分析

1. 主动公开

从政务公开评估得分情况来看,主动公开与重点领域部分整体平均得分率为56.97%,接近总平均得分率58.15%。在六个二级指标中,财政预决算和政务服务两项指标的结果十分理想,得分率平均值为100%,各区及部门都基本达到要求。得分状况同样较为理想的还有规范性文件,规范性文件指标的总分为5.29分,平均得分为3.58分,得分率达到67.71%。机构公开指标占总得分的6.46%,是一个占分比较高的指标,但是平均得分仅有2.93,得分率为45.49%,尚有较大的提升空间。决策公开和年度重点工作两项指标的得分率都不甚理想,得分率仅有两成左右(决策公开得分率为17.26%,年度重点工作的得分率为21.98%)。

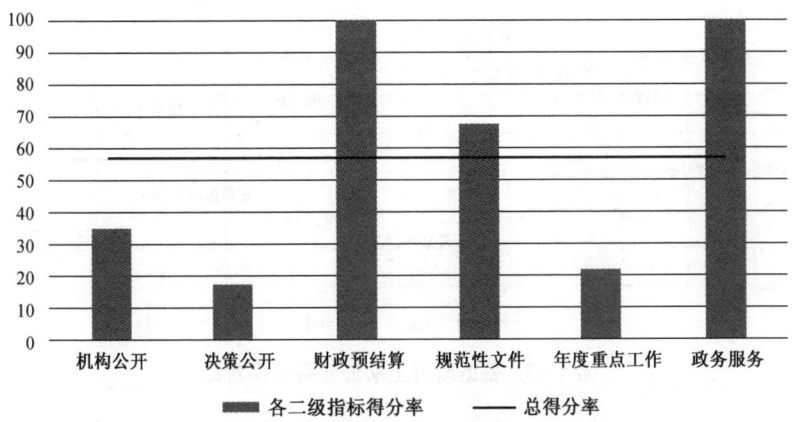

图 4-6 主动公开部分各二级指标得分率对比

各区政府的主动公开情况相对优于各市级部门及单位,平均得分率为 67%。其中,决策公开部分的得分情况最好,得分率为 67.78%。规范性文件部分的得分率为 56.42%,各区政府本单位制定的规范性文件公开情况普遍较好,但是上级相关的法律法规及规范性文件的公开较少。在主动公开的各项领域中,机构公开和年度重点工作公开指标的评估结果不太理想,得分率分别为 37.93% 和 38.28%,影响了该项整体得分。其中,机构公开在公开信息的明确性上存在不足,各区政府在机构内部分工及联系方式公开时普遍没有明确到人,机构公开的内容也没有在信息公开目录中清楚列示;在年度重点工作方面,多数区政府在信息公开目录上对应的"重点工作"一栏中缺少以清单形式列明的年度重点工作,也缺少后续进度和结果的跟进。在各区政府的比较中,栖霞区得分率最高,达到 79.35%,各项指标均达到或高于平均水平。得分率最低的两个区为玄武区和六合区,均为 53.72%。玄武区和六合区在机构公开 (34.89%)、决策公开 (0%) 两项指标上均低于平均水平。

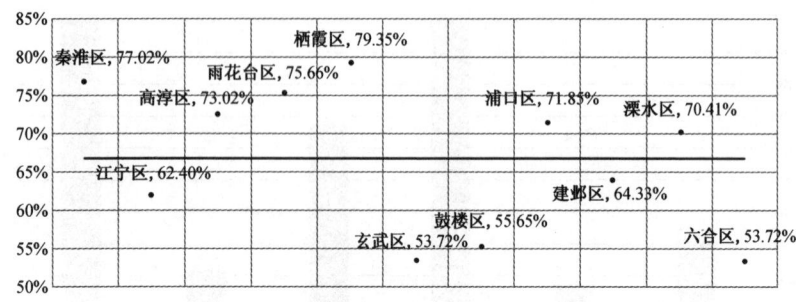

图 4-7 各区政府主动公开得分率对比

A 类市级部门和单位的主动公开部分平均总得分率为 59%，B 类为 49%，主动公开情况整体上看还存在较多不足。其中，规范性文件指标得分情况相对较好，得分率分别为 81.64% 和 49.11%，均为各项二级指标中得分率最高的一项。A 类部门最为薄弱的环节是决策公开（12.04%）和年度重点工作（23.85%），B 类部门因为其性质原因得分率更低，决策公开部分得分率为 0，年度重点工作部分得分也仅为 10.16%，整体有待改善。对比各个部门和单位，A 类部门中民政局得分率为 86%，位列第一，除机构公开（46.59%）部分略低于平均值之外，其他各部分均高于平均值，尤其是决策公开和规范性文件部分，得分率达到 100%，远超过平均值。得分最低的部门是旅游委，在决策公开（0%），规范性文件（0%），年度重点工作（14.72%）这三项指标中得分率均远低于平均值。B 类部门和单位中主动公开部分得分率最高的是雨花台烈士陵园（65%），相较于其他同类别单位在机构公开（91.55%）上得分率更高，机构公开明确清晰。B 类分数最低的部门是地铁指挥部、麒麟科创园和信息中心，得分率均为 37%，只能找到机构公开部分中内设机构及其职责的内容，政务公开目录中内容与实际需求不相匹配。

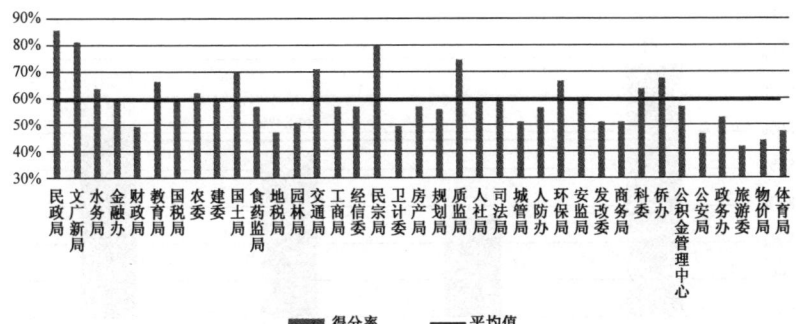

图 4-8　A 类部门主动公开得分率对比

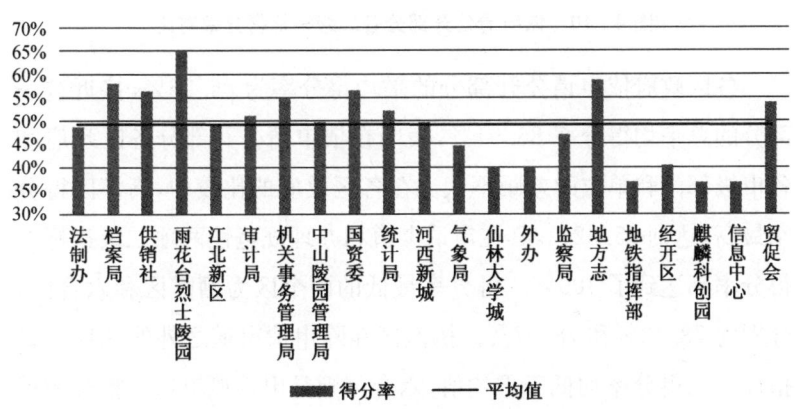

图 4-9　B 类部门主动公开得分率对比

2. 依申请公开

依申请公开部分整体平均得分率为 86.91%，远远超过总平均得分率 58.15%。四个二级指标得分率均超过八成，其中申请渠道和救济两项指标的得分率接近九成，分别为 89.61% 和 86.51%。用户指导平均得分率为 81.38%，其下属三级指标"说明本单位依申请公开的范围"为重点失分项，大量部门仅稍作提及或并未提及。办理规范性一项得分状况也较为良好，得分率达到 84.84%。

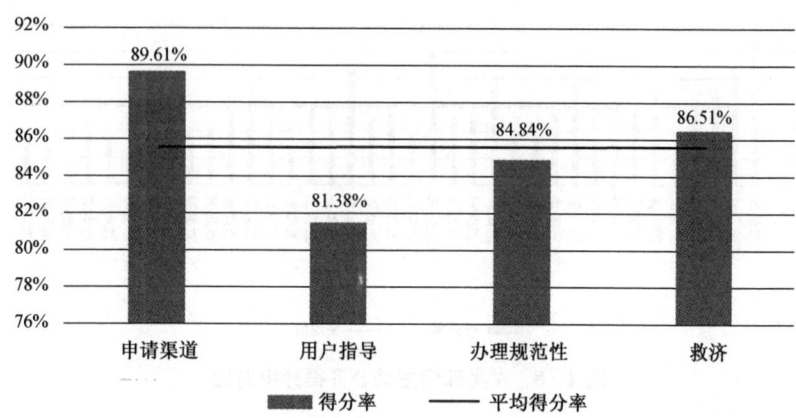

图 4-10　依申请公开部分各二级指标得分率对比

各区政府依申请公开部分的平均得分率为 86.96%,接近这一部分的总平均得分率 86.91%,表明在依申请公开部分各区政府和各市级部门和单位的差距不大。在各区政府的比较中,高淳区得分率最高,达到 95.32%,其在申请渠道和办理规范性两项二级指标上得分率都达到了 100%。得分率最低的两个区为栖霞区和六合区,分别为 78.43% 和 78.07%。栖霞区在除申请渠道之外的三项二级指标上的得分率均低于平均值,六合区则是申请渠道这一指标的得分率仅为 63.93%,远低于该指标的平均得分率 94.26%。

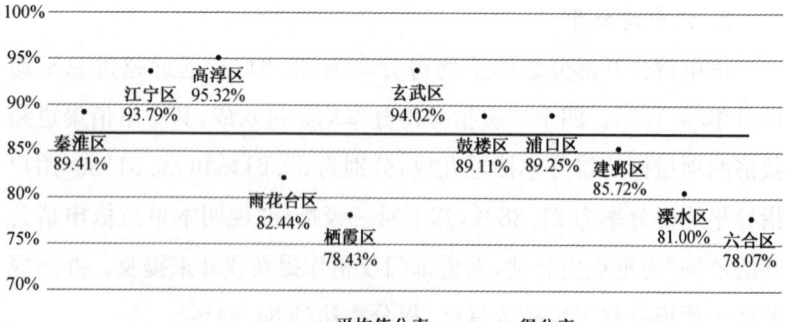

图 4-11　各区政府依申请公开得分率对比

A 类部门依申请公开部分的平均得分率为 89.88%，B 类部门为 80.33%，依申请公开情况整体良好。对比各个部门和单位，A 类部门中民政局、教育局、食药监局、人防办、发改委五个市级部门的得分率均为 98.13%，并列第一，在用户指导之外的二级指标上得分率均为 100%。得分最低的部门是旅游委和体育局，得分率均为 73.96%，只有申请渠道一项二级指标得分率高于平均值。B 类部门和单位中依申请公开部分得分率最高的是法制办，得分率为 100%。B 类分数最低的部门是地方志，得分率仅为 55.34%，办理规范性和救济两项二级指标的得分率均低于 50%。

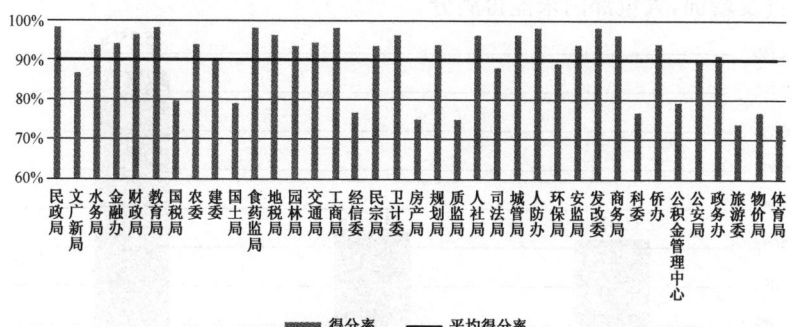

图 4-12　A 类部门依申请公开得分率对比

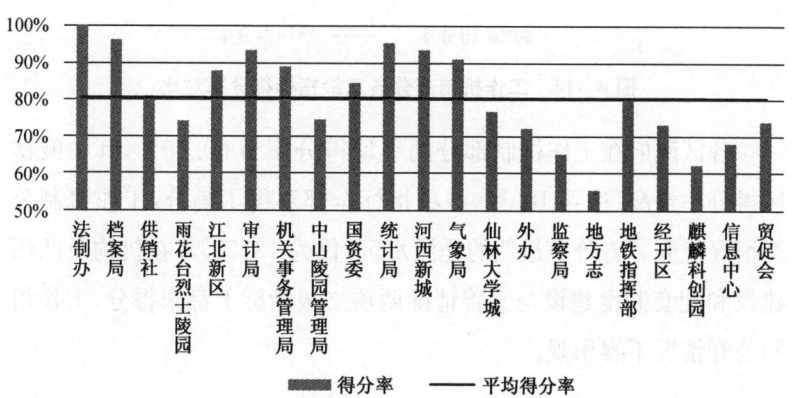

图 4-13　B 类部门依申请公开得分率对比

3. 工作机制

工作机制部分由三个二级指标构成：机构及队伍建设、配套制度建设与完善情况，以及年度报告。工作机制部分的平均得分为7.01分（总分为16.77分），得分率为41.8%。三个二级指标中，年度报告的得分状况相对较好，得分率达到75.75%。部分部门并未公开配套制度建设与完善情况，所以该项指标不得分，而该项指标属于重点得分项，占总得分的6.9%。机构及队伍建设指标得分情况较为严峻，得分率仅有32.41%。其下属三级指标"明确分管领导"大量部门并未明确，遂不得分；"组织、参加业务培训情况"一项因为缺少自发培训，大量部门未能得满分。

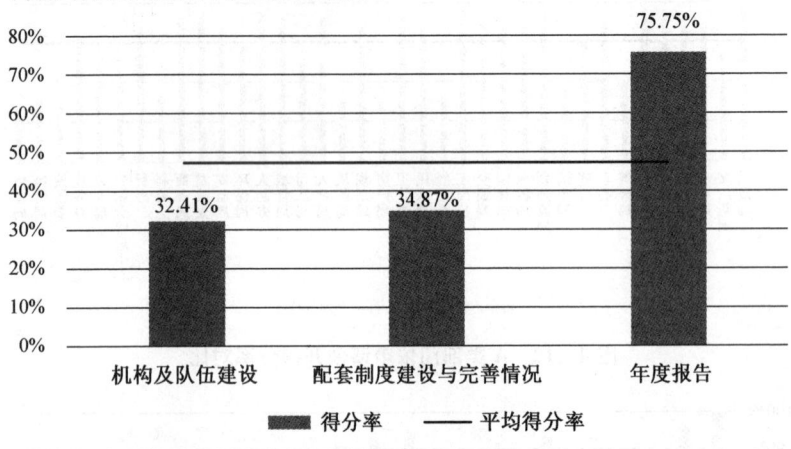

图4-14 工作机制部分各二级指标得分率对比

各区政府在工作机制部分的平均得分率为60.05%，其中鼓楼区得分率最高，达到100%，各项指标全部获得了满分，工作机制公开情况优秀。得分率最低的是溧水区，仅为13.51%，在机构及队伍建设和配套制度建设与完善情况两项二级指标上都未得分，工作机制公开情况不容乐观。

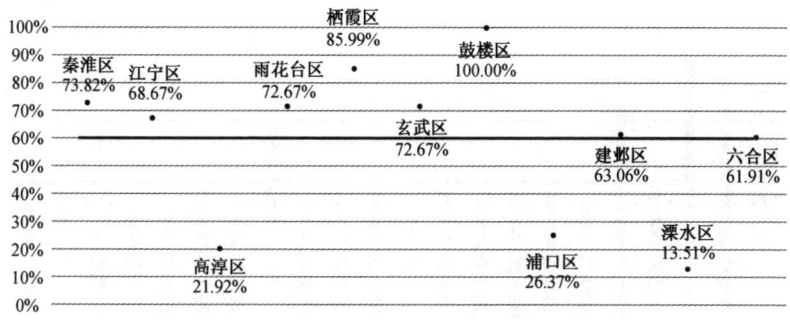

图 4-15 各区政府工作机制得分率对比

A类部门和单位在工作机制方面的平均得分率为42.74%,B类则为30.7%,整体公开情况存在较多不足。A类部门中得分率最高的是财政局,达98.84%,三项二级指标得分率均显著高于平均值。得分率最低的是公积金管理中心,得分率仅为14.01%,配套制度建设与完善情况和年度报告两项指标均未得分。B类部门中得分率最高的是档案局,得分率88.09%,麒麟科创园得分率最低,为8.41%,配套制度建设与完善情况和年度报告两项二级指标均未得分。

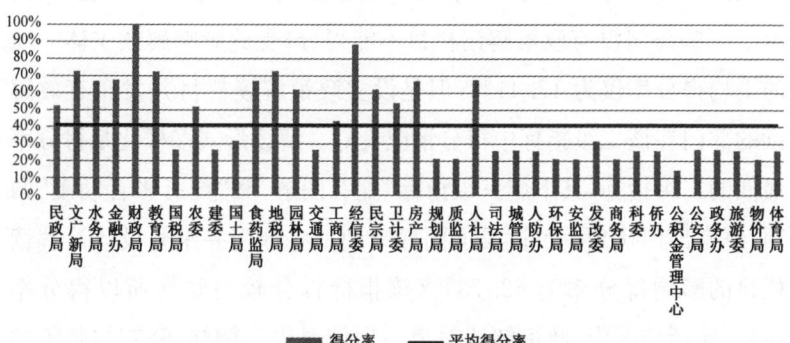

图 4-16 A类部门工作机制得分率对比

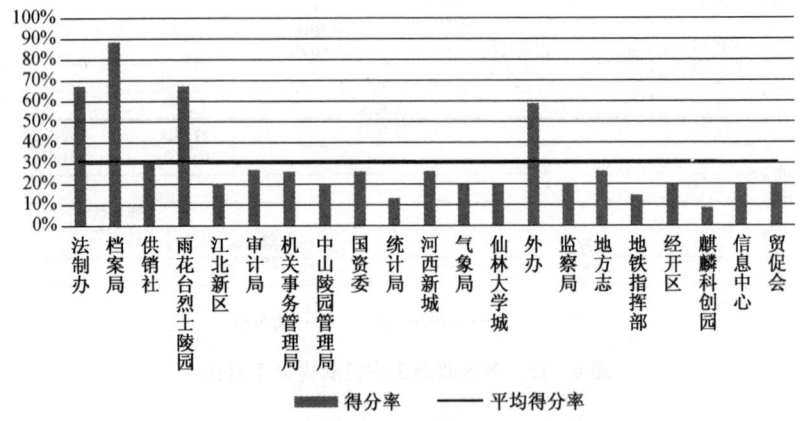

图 4-17 B类部门工作机制得分率对比

4. 政策解读

政策解读部分由五个二级指标构成：专门栏目、解读数量、解读主体、解读形式多样化和解读渠道。该部分平均得分为 4.23 分（总分为 14.9 分），得分率为 28.39%。政策解读部分为五个一级指标中失分最严重的一项。部分部门未设立专门栏目，或设立政策解读栏目但并未公布政策解读，所以五项二级指标都不能得分，导致总得分率较低。另有部分部门并未自行解读，所以解读数量一项不能得分。由于一些部门没有政策解读栏目不能得分，受此影响解读主体一项的平均得分率仅为 17.41%，但是设立政策解读栏目并发布有效解读的部门在该二级指标中得分情况良好。解读形式多样化是得分率最低的二级指标，其下属三级指标"配有图解"和"配有影音动漫"两项，鲜有部门达到。解读渠道同样受到一些部门并未开设政策解读栏目的影响得分率为 62.73%（该指标打分较为宽松所以得分率高）。实际情况中，政策解读渠道一项情况较为糟糕，鲜有与政策解读相关的新闻发布会和在线访谈，文字稿多数情况仅有官方解读文本，未做进一步深度解读。

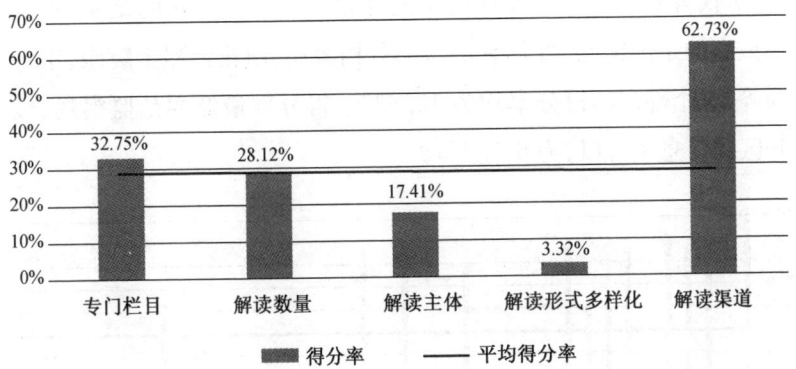

图 4-18　政策解读部分各二级指标得分率对比

南京市各区政府政策解读部分的平均得分率为 48.55%,其中高淳区得分率最高,为 91.54%,五项二级指标得分率均显著高于平均值,其中专门栏目、解读数量、解读主体三项为满分。六合区政策解读部分的得分率最低,只有 10.63%,除解读渠道之外的各项二级指标均未得分。

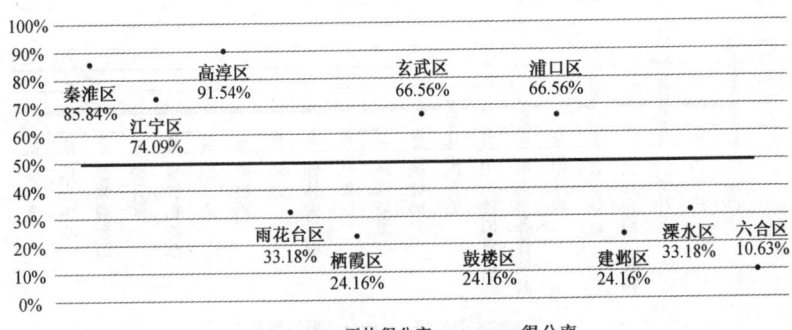

图 4-19　各区政府政策解读得分率对比

A 类部门和单位在政策解读部分的平均得分率为 28.02%,B 类为 18.44%,远低于各区政府在政策解读部分的平均得分率,政策解读情况不容乐观。A 类部门和单位在政策解读部分得分率的两极分化现象突出,民政局的得分率最高,为 77.84%,文广新局、教育局、食药监局等 23 个部门的得分率均为 10.63%,经信委的得分率最低,仅有 6.56%。B 类部门中同样存在着两极分化的结果,得分率最高的是供销社,得分率 83.73%,档案局、雨花台烈士陵园、审计局等 13 个部门的得分率均为 10.63%,得分率最低的是监察局、经开区和信息中心(均为 6.56%)。

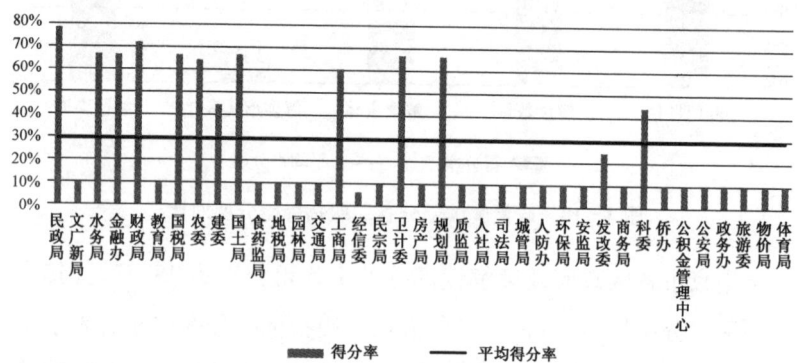

图 4-20 A 类部门政策解读得分率对比

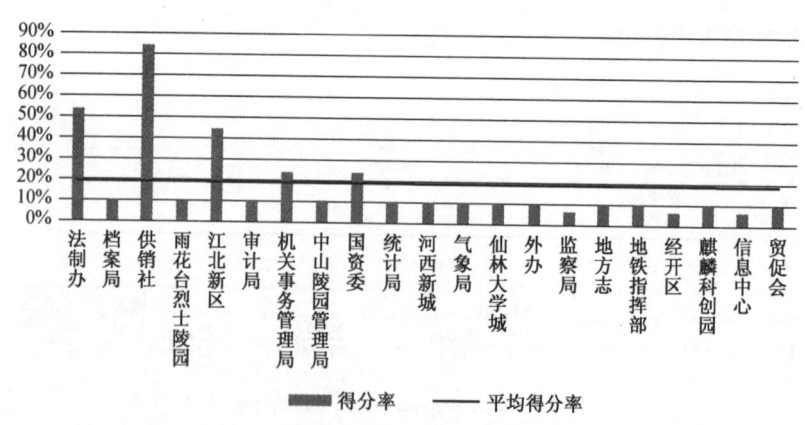

图 4-21 B 类部门政策解读得分率对比

5. 与公民互动

与公民互动部分由四个二级指标构成:信息公开的平台渠道、易用性、与公民互动交流的形式和与公民互动的结果公开。与公民互动部分平均得分为 11.44 分(总得分为 16.27 分),得分率为 70.31%。信息公开的平台渠道和易用性两项指标得分情况良好,绝大多数部门将两微一端放置于官网显眼位置,并且网站易用性较好。与公民互动交流的形式一项得分情况同样较好,得分率为75.52%,小部分部门尚缺乏主动邀请公民参与的渠道,渠道尚不通畅。与公民互动的结果公开一项得分较低,得分率仅为32.30%。市长信箱和领导信箱的公开情况较为良好,公开时效性高,但是问卷调查的结果多数部门未予公开,同时公开结果形式多样化不足,缺少图解。

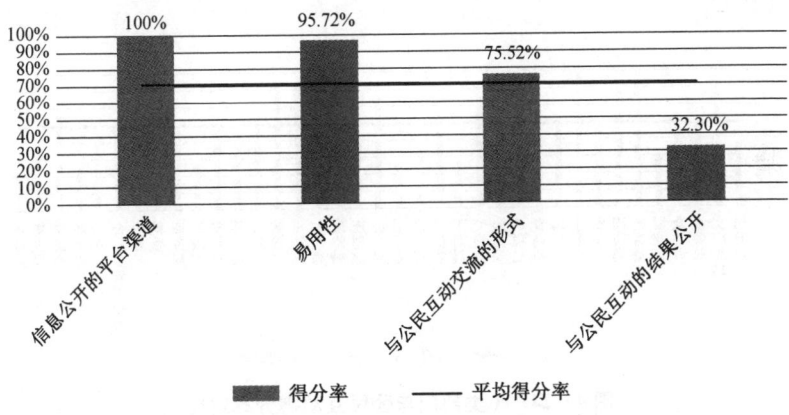

图4-22 与公民互动部分各二级指标得分率对比

各区政府与公民互动部分的平均得分率为95.47%,公开情况整体较好,远高于总平均得分率70.31%。秦淮区、雨花台区和浦口区的得分率最高,达99.94%。得分率最低的是栖霞区(91.56%)。

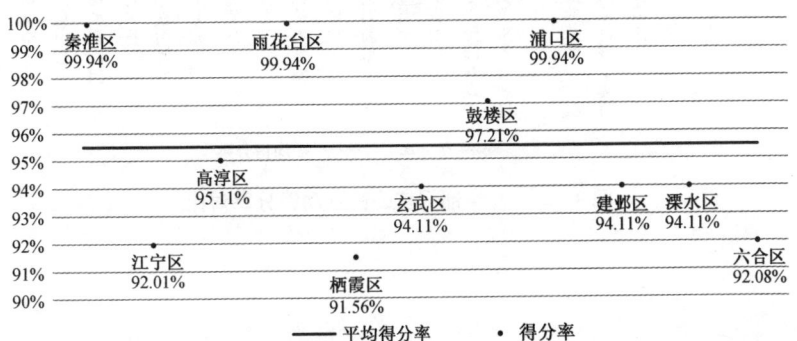

图4-23 各区政府与公民互动得分率对比

A类部门和单位在与公民互动指标上的平均得分率为69.22%,B类部门为59.05%。其中A类部门中得分率最高的是建委,得分率为100%,其次是国税局和城管局(99.93%)。得分率最低的是民宗局、科委和侨办,都只有28.58%,信息公开的平台渠道、与公民互动交流的形式、与公民互动的结果公开三项二级指标均未得分。B类部门中得分率最高的为中山陵园管理局(94.11%),得分率最低的是贸促会(0%)。

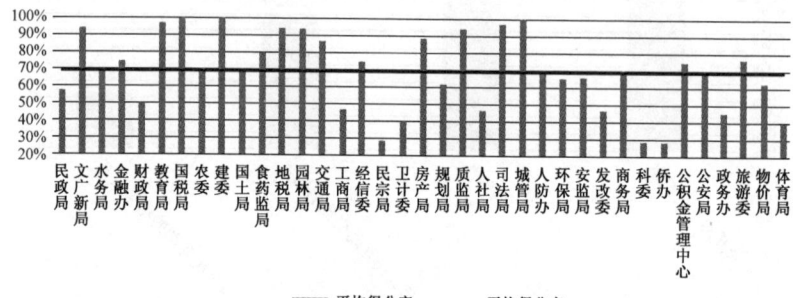

图4-24 A类部门与公民互动得分率对比

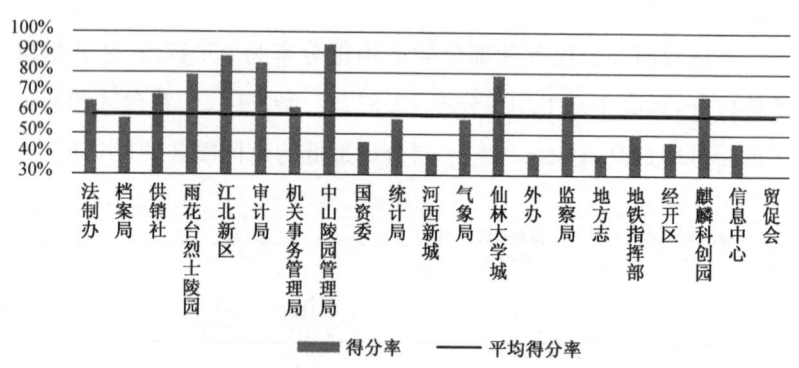

图4-25 B类部门与公民互动得分率对比

四、政务公开指数评估结果的比较分析

(一) 总体情况

上海、深圳、苏州、南京和杭州五市对比中,五市政务公开总体得分情况均良好,平均得分为 83.798 分,五市均达到 80 分以上。杭州市政府政务公开得分最高,达到 87.254 分;深圳市政府得分 85.854 分,位列第二。两市政务公开得分都超过平均水平。上海市政府与南京市政府得分差距不大,分别为 82.632 分和 82.494 分,苏州市政府政务公开得分最低,只有 80.765 分。这一排序与清华大学发布的《2017 年中国市级政府财政透明度研究报告》中五市的排名基本一致(杭州第 3、上海第 4、深圳第 11、南京第 29、苏州第 87)。

总体来看,上海市在政策解读一栏中表现良好,不但有一定数量的政策解读,且质量较高,并对不同政策类型进行了细致分类。深圳市着重用户体验,打开政务公开网页时为用户提供了简单的语音向导。杭州市政务公开网站门类设置齐全,所以得分最高,在政务公开的广度和深度上领先其他四市。南京市在依申请公开的办理规范性上表现较好,并在工作机制这一一级指标中获得满分。苏州市得分情况也较为良好,但还有较大的进步空间。

(二) 五市一级指标得分情况比较

在政务公开一级指标得分中,五市在政策解读和与公民互动两项上得分率相同,在主动公开与重点领域、依申请公开、工作机制和政策解读四个一级指标中,五市均表现良好,得分率在 80% 以上;相比较而言,五市在"与公民互动"方面的得分率都较低。杭州市政府在主动公开与重点领域一项上表现突出,得分率达到 93.4%;深圳市政府在依申请公开一项上得分最高,达到 98.13%,但在工作机制上

表现有所欠缺,仅有 88.09%;南京市政府在工作机制一项中获得满分;上海市各项指标发展较为均衡,但并无特别突出的方面;而苏州市各项指标还有继续进步的空间。

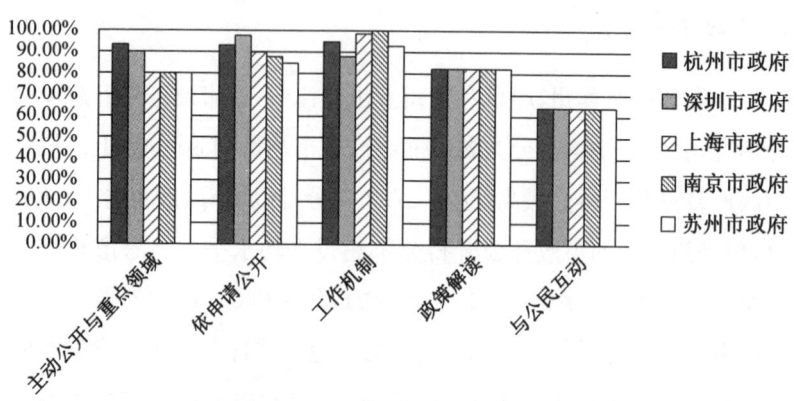

图 4-26　五市一级指标得分率对比

在五市对比中,杭州市均分位列第 1。其政务公开网站秉承以公众信息需求为导向的宗旨,保障了信息公开的时效性和权威性。根据清华大学发布的《2017 年中国市级政府财政透明度研究报告》,杭州市排名第 3(北京、广州分别位列第 1 和第 2)。在主动公开和重点领域,杭州市位列五市第 1,在信息公开的广度层面具有学习和借鉴的价值。在杭州市印发的《杭州市全面推进政务公开工作实施细则》和《2017 年杭州市政务公开工作要点》中,就全面推进全市政务公开做出了详细部署,明确任务分工,落实责任,着力推进决策、执行、管理、服务、结果"五公开",以政务公开助力稳增长、促改革、调结构、惠民生、防风险。杭州市政务公开网站目前存在的问题有:一是主动公开深度仍有待进一步拓展;二是政府信息公开的质量不高,公开要素不齐全;三是依申请公开疑难问题研究和分类指导有待进一步加强。

深圳市政务公开网站注重工作视角与用户视角相结合,发展成熟,政务公开平台建设完成度相对较高。深圳市政务公开网站相较于其他四市,在规范性方面突出,依申请公开下属二级指标办理规范性一项,仅有深圳市获得满分。深圳市印发了《关于进一步做好政策解读工作的通知》(深府办〔2017〕8号),细化明确政策解读的主体、责任、范围、程序和形式,构建政策性文件与解读方案、解读材料同步组织、同步审签、同步部署的工作机制。但是与其他四市相同,深圳市在政策解读的多样性方面仍有所欠缺。深圳市政务公开网站目前存在的问题有:(1)各区各部门政府信息公开工作进展不均衡,部分领域信息公开进展较慢;(2)政务公开与政务服务、电子政务等协同发展的机制有待完善。

上海市政务公开网站侧重于工作视角,关注政务公开的顶层设计问题,强调突出国家战略,体现上海特色。上海市在加强顶层设计的基础上,以注重协调联动,发布、解读、回应三位一体的新格局。在对上海市政务公开网站的进一步考察中,可以观察到其在标准化与规范化建设中取得的突破性进展。2017年9月,普陀区发布全国首个基层政府信息主动公开系列标准,共包含169个标准,实现政府信息主动公开有据可依、有章可循。上海市政务公开网站目前存在的问题有:(1)少数部门的公开意识、推进公开的自觉性有待进一步提高,部分基层单位的公开工作能力有待加强;(2)重点领域政府信息公开工作发展尚不平衡,主动公开的深度和广度需要进一步增强;(3)公开形式需要进一步优化,用群众语言解读政策、增加与公众互动交流的能力需进一步加强。

南京市政务公开网站基于工作视角侧重于制度建设和政务公开的标准化。2017年,市委办公厅、市政府办公厅制定印发《关于全面推进政务公开工作的实施意见》,对今后一个时期政务公开工作进行明确部署,全面推进本市政务公开工作。市政府办公厅出台《南京市2017年政务公开工作要点》,明确各项任务职责部门和时间节点,确保政务公开工作有序开展;制订《政务公开基层标准化规划化试点方案》《全市政务公开工作片会管理办法》等制度文件,切实加强政务公开规范建设。从一级指标工作机制获得满分可以看出,南京市政务公开网站在规范建设方面较有成效,在政务公开系统的结构性建设中有一定优势。但是南京市政府目前对用户导向的相关机制的建设相对略有不足,尽管结构完善,但是在政务公开的实质内容、公开途径和公开时效方面依然有提高的空间。南京市政务公开系统存在的问题有:(1)存在"形式上公开多,实质上公开少"的现象:一些单位主动公开的动力不足(缺乏必要激励,主动性较弱)。"宏观上积极支持、微观上谨慎观望":政府机关提供的信息和群众真正想要的信息有时存在"错位"现象(用户视角的必要性),公开实效不够。形式上公开多,实质上公开少;(2)政策解读专业化程度不高,政策解读规范化制度体系不完善:政策解读中专家解读较少,专家库建设不够完善。少数部门和单位缺少解读文件的意识,还存在主动解读不足、解读形式单一、解读随意性较大、效果有待提高等问题;(3)公开平台有待进一步整合,部门协同工作机制需进一步加强。个别部门、单位在本部门网站上公开信息较多,对市政府信息公开平台保障不足,也给公众查找信息带来不便。相关部门之间的沟通协调主要依赖于部门相关工作人员之间个人化的互助和沟通交流达成,而未形成制度化、常态化的协同合作机制;(4)依申请公开工作仍有待进一步规范:仍存在一些部门答复书格式不规范、缺少编号、未注明救济渠道等现象。

苏州市政务公开网站侧重于工作视角,关注政务公开如何有效开展。苏州市制订了《关于对文件进行公开属性分类的通知》,要求拟制公文时明确主动公开、依申请公开、不予公开三个属性,并随公文一并报批。制定《苏州市行政机关政策文件解读实施办法》,明确各政策文件起草部门是政策解读工作的责任主体,按照"谁起草、谁解读"的原则做好政策解读工作。在得分情况方面,苏州市各项一级指标相较其他四市均略有落后,网站建设的领导导向较为明显,缺少对用户视角的关注。苏州市政务公开网站目前存在的问题有:(1)少数地区、部门负责同志对政务公开工作的重视程度不够;

(2)从事政务公开工作的人员流动性较大;(3)各地区各部门政务公开工作进展不均衡,部分领域信息公开进展较慢。

(三)五市二级指标得分情况比较

总体而言,在政务公开的二级指标中,上深苏宁杭五市在决策公开、财政预决算、政务服务、政策解读栏目、数量与主体、信息公开平台渠道易用性、与公民的交流形式、与公民互动结果公开指标中均得到满分,在以上方面五市已经建立起较为完善的制度,政务公开工作得到有效施行。而在解读渠道这一栏目中五市均得分较低,得分率小于50%,仅进行官方解读文本的发布,而忽略新闻发布会和在线访谈的进行,存在较大的进步空间;在年度重点工作中也未能达到良好水平,得分率仅为67.72%,各项重点工作进度的针对性公开上存在缺位现象。

杭州市政府在政务公开二级指标得分中共有12项得分率为100%,是五市政府中获得满分最多的政府,与其他四市相比,在机构公开、规范性文件、政务服务、申请渠道、用户指导、机构及队伍建设中表现突出,得分位列第一。但在办理规范性、年度报告两项中得分较低,相较其他四市存在较为明显的问题。杭州市政务公开的各类指标发展全面,是五市中发展最为完善的,优点在于全面实施和深化了政务公开规范,有更加便民利民的政务服务与用户指导;但同时也存在时效性问题,在及时答复和及时发表年度报告方面还需要继续加强。

深圳市政府在政务公开二级指标得分中共有11项得到满分,仅次于杭州市政府,其中规范性文件、申请渠道、办理规范性、救济四项指标在五市政府中完成度最高,但在用户指导、机构及队伍建设、年度报告三项中表现有所欠缺。深圳市政府在政务公开各项指标中发展较为全面,虽然十分突出的指标较少,但不存在明显的短板。其优点在于实现了政务公开的规范化,但需要加强自身队伍建设,信息公开的内容与及时性方面还有很大进步空间。

上海市政府在政务公开二级指标得分中共有 8 项得到满分，在用户指导、机构及队伍建设两项中得分位列第一；但在机构公开、规范性文件、申请渠道三项中得分较低。上海市政府的优点在于自身机构建设和便民利民的用户指导实施较为完善，但缺点在于机构公开内容不够明晰，对上级政务公开文件的公开和转载中存在缺位现象，政务公开申请渠道不够多元化，在基层机构公开和政务公开工作执行力上还需加强。

南京市政府在政务公开二级指标得分中共有 9 项得到满分，在申请渠道、机构及队伍建设、年度报告中表现突出，年度报告一项是五市政府中唯一获得满分的，其年度报告相关配套制度完善，形式多样且发布及时；但在机构公开、规范性文件、政务服务、用户指导、救济上表现不佳。南京市政务公开的优点在于机构建设和主动公开形式上发展较为完善，但在政务公开规范性和政务公开实质内容上仍然有较大进步空间。

苏州市政府在政务公开二级指标得分中共有 9 项得到满分，在申请渠道和用户指导上表现较为突出，但在机构公开、规范性文件、办理规范性、机构及队伍建设上表现较为欠缺。苏州市政务公开的优点在于申请渠道较为多元完善，用户指导方面建设较好，但问题在于各项指标多处于落后阶段，在政务公开规范性上还需加强，并且在政务公开机构建设和政府机构公开方面也仍然存在问题，总体而言在政务公开方面还需加强。

五、工作视角与公共价值视角的政务公开评估结果比较分析

根据信息空间理论，在政务公开工作中，政府应在信息的编码、抽象和扩散三个维度转变工作思维，探索建立更加接近市场制度的政府与社会公众间的信息交易类型，逐步消除信息不对称，做到不失

位不越位。基于公共价值的政务公开指标体系以社会公共生活的多元参与主体普遍认同的自由、民主、效率、法治、公平五项公共价值为逻辑起点,在政务信息的编码、抽象和扩散三个维度全面提升了政务公开工作的科学性和民主性,运用基于公共价值的政务公开指标体系评估各地政务公开质量形成的测评结果,在理论逻辑层面更加符合公共价值诉求。

为直观呈现政务公开指标体系相较于传统基于工作视角的政务公开指标体系的优势,本章分别运用两套指标体系,对南京市11个区政府2017年度政务公开质量进行测评。比较两套指标体系下的测评结果,通过典型个案分析,归纳出基于公共价值的政务公开指标体系的比较优势。①

(一) 两套指标体系视角下的南京市各区政务公开质量分析

1. 两套指标体系测评结果概述

表4-2 两套指标体系的一级指标及其权重比较

工作视角下的指标体系(各区得分率90.78%)		基于公共价值的指标体系(各区得分率73.70%)	
政务公开制度建设(含政策解读和与公民互动)	30%	主动公开与重点领域(含决策、执行、结果、服务重点工作等公开)	32.4%
"五公开"推进情况(含重点领域)	35%		
依申请公开	15%	依申请公开	19.66%
组织体系和监督保障	20%	工作机制(含制度建设)	16.77%
基层政务公开试点工作推进情况(加分或减分项)	2%	政策解读	14.9%
工作创新(加分项)	5%	与公民互动	16.27%

---

① 运用基于公共价值的政务公开指标体系对各区政府政务公开质量进行第三方评估,数据来源为各单位门户网站的公开信息和数据;运用基于工作考核的政务公开指标体系对各区政府政务公开质量的测评数据来源为南京市人民政府办公厅政务公开办公室。

表 4-2 是两套指标体系的一级指标及其权重。可以看出，工作视角下的指标体系中，为保障政务公开工作顺利推进而所需的组织体系、制度建设、监督保障等占据了很大的权重，而政策解读、与公民互动等结果性的指标因为是"政务公开制度建设"中的二级指标而所占权重很小，从而体现出鲜明的工作视角。基于公共价值视角的指标体系关注社会公共生活中多元主体普遍认同的公共价值，并以此为构建指标体系的框架和出发点，更加关注从政务公开的实际结果中能够直接或间接体现五种公共价值的各个维度，因此更加侧重于结果性指标，在五项一级指标体系中，只有工作机制一项侧重于工作过程和机制，其权重仅为16.77％。这样一种评估视角和侧重点的差异直接带来了评估结果得分的差异。工作视角下各区的总得分率为90.78％，而公共价值视角下的总得分率仅为73.70％，这表明，虽然南京市各区为推进政务公开工作做了很多工作，可是最终的结果却不甚理想。下面将对两种视角下的评估结果进行比较分析。

2. 工作视角下依申请公开规范有序，组织体系和监督保障较为完善

基于工作视角的政务公开指标体系主要以各区政府自查自报的材料作为测评数据来源，通过相关主管部门打分，辅以网站数据的第三方评估，形成测评结果。工作视角的指标体系从政务公开制度建设、"五公开"推进情况、依申请公开、组织体系和监督保障、基层试点工作推进情况、工作创新六个维度考察政务公开质量。其关注的领域全部由各级政府对政务公开工作的具体指示要求衍生，带有强烈的工作绩效考核指向。运用此套指标体系对南京市 11 个区进行测评，各区平均得分率为 90.78％，政务公开质量普遍较高。六个一级指标得分率如图 4-27 所示。

第四章 政务公开的指数体系

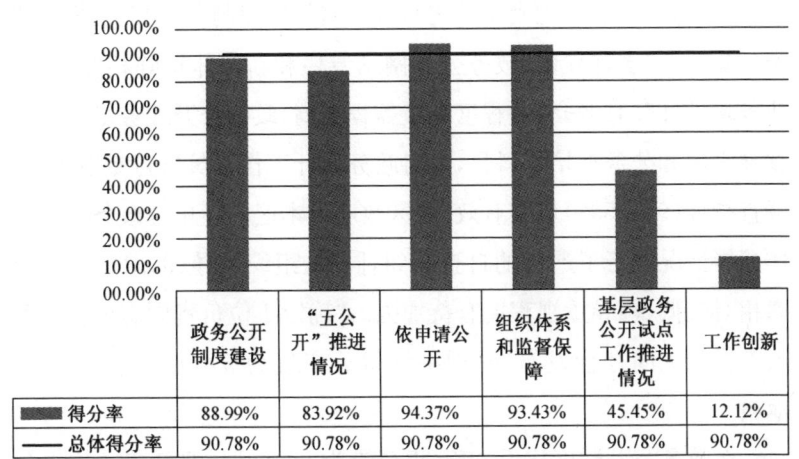

图 4-27 工作考核视角下各区政府一级指标得分率

从图 4-27 可以看出，在六个一级指标中，"依申请公开"和"组织体系和监督保障"两项指标的得分均超过了总得分率，表明南京市各区在这两方面的工作表现比较突出。而"基层政务公开试点工作推进情况"和"工作创新"方面的得分率很低，是各区政务公开工作方面的短板。

在依申请公开方面，得分率为 94.37%，高于总体得分率，在六项一级指标中位列第一，表明各区政府依申请公开工作规范有序。其中，申请渠道、投诉处理、工作保障 3 项二级指标平均得分率均为 100%，表明各区政府均能够建立畅通的申请渠道，积极规范地处理投诉建议，并有效保障上级政府所需的依申请公开需求。同时，在答复时限、答复内容和形式上普遍做到规范(89.9%)、行政复议和行政诉讼(93.93%)的纠错表现突出。在促进依法行政(90.9%)方面还有提升空间，向相关单位提出工作建议不够及时，在将公开申请较为集中的政府信息转为主动公开方面还需做出较多的努力，力求有所突破。

具体而言，在组织体系和监督保障方面，得分率为 93.43%，在各一级指标中得分率位列第二，表明各区政府已经普遍建立了较为完善的组织体系,并配套了行之有效的监督保障制度。其中,平台建设(94.81%)多样立体,政务公开网站专栏和新媒体矩阵相互配合。业务培训(95.45%)专业程度和覆盖程度高,政务公开业务培训纳入领导干部和公务员培训科目,并对政务公开工作人员进行专项培训。督查指导(95.45%)切实有效,各区政府对本区内各单位政务公开工作开展情况进行了严格的自查自纠,同时,组织领导(90.15%)得分率相对较低,领导重视程度有待加强。"确定1位负责同志分管并列入工作分工向社会发布"一项平均得分率仅为59.09%,远低于其他项。

在政务公开制度建设方面,得分率为88.99%,略低于总体得分率,在六项一级指标中位列第三。各区政府政务公开工作机制较为完善,各项工作规则(98.48%)得到基本遵循、回应关切(98.18%)及时有效、相关配套制度充实并不断完善(97.27%)。这方面比较明显的短板是政策解读(74.55%),拉低了政务公开制度建设的整体得分率。各区政府在政策解读的专栏项目建设上还存在较大改进空间,特别需要提高解读内容的时效性和易读性,并增加与政策文件的关联链接阅读内容。

在"五公开"推进情况方面,得分率为83.92%,在六项一级指标中位列第四。在决策公开、执法监管公开、政务服务公开、政策执行和落实情况公开、重点领域公开有序推进,但低于总体得分率,还有一定的提升空间。其中,重点领域公开的工作表现最为优异,得分率达到91.88%,表明各区政府对市政府明文要求公开的各重点领域更加重视,公开质量更高。比较明显的短板是决策公开和执法监管公开,得分率仅为71.09%和70.45%,拉低了该项整体完成情况。各区政府需要进一步提升决策制定的科学性民主性、提高决策发布的公开透明度,主动公开并说明重点工作的落实情况和颁布的各项政策,推进决策、执行、服务、监督和重点领域全流程有效公开。

基层政务公开试点工作推进情况仍需持续推进,得分率仅为

45.45%,远低于总体得分率。其中,各项任务按序时进度完成情况得分率仅为0.09%,完成试点任务和指导试点单位工作推进两方面都有较大的提升空间,政务公开试点的示范和引领作用还需加强。

在工作创新方面,得分率仅为12.12%,远低于总体得分率。工作创新提升空间大,需要重点加强。在推进政务公开、实施政府数据共享开放、推进"互联网+"政务、扩大公众参与方面均有较大空间供各区结合自身实际开展专题调研、进行工作方式方法思考,着力创新突破,以工作创新带动政务公开质量全面提高。

3. 公共价值视角下政民互动效果良好,政策解读存在短板

基于公共价值的政务公开指标体系主要以各区政府门户网站的公开信息作为测评数据来源,借助第三方评估,形成测评结果。从主动公开与重点领域、依申请公开、工作机制、政策解读、与公民互动五个层面考察政务公开质量。在对南京市11个区进行测评后发现,各区平均得分率为73.70%,政务公开质量总体良好。但是得分明显低于工作视角下的评估结果。各一级指标的得分情况如图4-28所示。

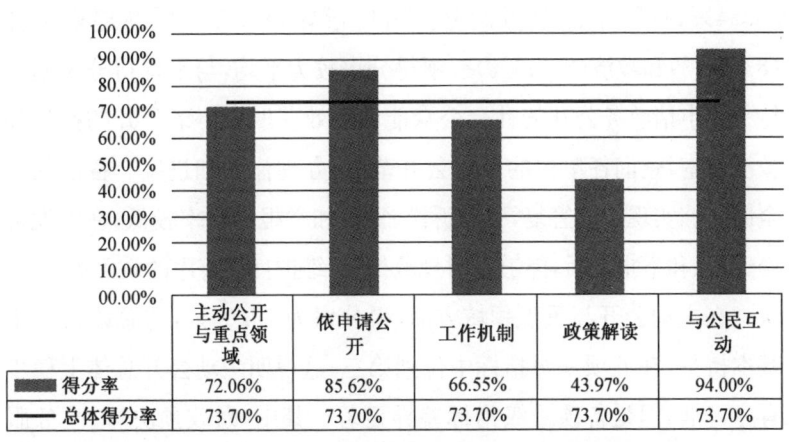

图4-28 公共价值视角下各区各区政府一级指标得分率

从图4-28可以看出,"依申请公开"和"与公民互动"两项一级指标的得分明显高于总得分率,其中"依申请公开"在工作视角下的评估

中得分率也超过了总得分率,这充分说明,南京市各区的依申请公开规范有序,基本上满足了公众的信息需求。明显的短板是"政策解读"和"工作机制",其得分率明显低于总得分率,特别是"政策解读"。

具体而言,在与公民互动方面,得分率为94.00%,远高于总体得分率,位列第一。各区政府在政务公开工作中与公民互动效果较优。其中,信息公开的平台渠道得分率为100%,各区均能在官网醒目位置展示其App手机客户端、官方微信、微博等互动平台。各平台的易用性(99.55%)较高,信息检索方便、连接有效、可下载相关资料、反馈建议渠道畅通。与公民互动交流的形式(98.18%)多样,各区政府能够主动邀请社会公众参与公共事务,公众主动参与公共管理渠道畅通。与公民互动的结果(81.82%)能够借助多种形式、及时有效公开,做到与公民互动有始有终。

在依申请公开方面,得分率为85.62%,高于总体得分率,在五项一级指标中位列第二。说明南京市各区依申请公开日益规范,公开成效显著。其中,申请渠道多元化与畅通性普遍较好,得分率为93.64%,有7个区获得满分。用户指导(82.73%)、办理规范性(83.64%)和救济(85.45%)三项得分率较为平均,与平均得分率基本持平。申请政务公开的社会公众能够有效获取依申请公开的操作和救济指南,查询各单位的信息公开范围、办理流程和进度。各区几乎全部能够实现按期答复,引发诉讼、复议和举报的比率较低;在引发诉讼、复议和举报之后,能够及时规范处置,维护良好有序的政民关系。

在主动公开与重点领域方面,得分率为72.06%,与总体得分率基本持平,在五项一级指标中位列第三,这说明主动公开总体上稳步有序开展,但是各项二级指标差异显著。其中,财政预决算、政务服务两项得分率为100%,表明各区在财政预决算公开和政务服务标准化方面执行效果明显。而机构公开(39.70%)、年度重点工作(37.88%)两项得分率远低于平均值,具体表现在内设机构职责、领导及工作人员联系方式上公开程度不足;年度重点工作的工作进度和工作结果公开效果较差。

在工作机制方面,得分率为66.55%,低于总体得分率,在五项一级指标中位列第四,表明相关工作机制难以满足当前时期政务公开工作的最新要求。其中,机构及队伍建设情况(44.55%)不容乐观,绝大多数区未能在门户网站的公开信息中明确政务公开的分管领导。年度报告得分率为85.45%,各区能够较为及时发布政务公开年度报告,并注重以多种形式呈现报告内容,增强可读性。配套制度建设与完善情况(72.73%)与总体得分率基本持平,多数区政府能够根据政务公开的最新文件要求和各级政府每年公布的年度工作要点及时出台配套制度,完善制度体系。

在政策解读方面,得分率为43.97%,远低于总体得分率,政策解读质量和水平有明显短板,与当前政务公开工作对政策解读的新提法和高要求还存在差距。从各二级指标来看,各区政府大多能够在门户网站上设置政策解读专门栏目(80%),解读渠道(68.48%)较为多元,能够灵活运用召开新闻发布会、进行在线访谈或发布官方解读版本的形式进行多渠道的政策解读。比较明显的短板在于解读数量(43.64%)和解读主体(34.09%)的表现不尽人意,政策解读文件比例较低,邀请政策起草部门、主要负责人、专家或新闻发言人参与政策解读的数量不多。最明显的短板是解读形式多样化方面,其得分率仅为9.09%,各区几乎均不能在政策解读中创新呈现形式、配有图解或采用影音动漫等社会公众普遍接受的形式进行解读。

(二) 公共价值视角下政务公开评估的关注重心

1. 两套指标体系测评下相同单位排名波动显著

运用基于公共价值的政务公开指标体系,对南京市11个区政府2017年度政务公开工作质量进行测评打分,将各区得分由高到低排序,得出基于公共价值的政务公开指标排名L1。同样运用基于工作视角的政务公开指标体系,对南京市11个区政府2017年度政务公开工作质量进行测评打分,将各区得分由高到低排序,得出工作视角下的政务公开指标排名 L2。

表 4-3 基于公共价值的政务公开质量排名 L1

1	秦淮区(A)	85.69
2	江宁区(B)	78.35
3	高淳区(C)	77.35
4	雨花台区(D)	75.84
5	栖霞区(E)	75.77
6	玄武区(F)	75.46
7	鼓楼区(G)	73.98
8	浦口区(H)	73.59
9	建邺区(I)	69.34
10	溧水区(J)	63.42
11	六合区(K)	61.86

表 4-4 工作视角下的政务公开质量排名 L2

1	建邺区	92.70
2	玄武区	92.50
3	鼓楼区	92.50
4	栖霞区	91.50
5	浦口区	91.50
6	高淳区	90.80
7	秦淮区	90.50
8	雨花台区	90.50
9	江宁区	90.10
10	六合区	88.50
11	溧水区	87.50

观察发现,在两套指标体系的测评排名中,相同区政府同一年度政务公开质量排名存在差异,将 L1 与 L2 对比,得出两套指标体系视角下测评排名的波动图(图 4-29):

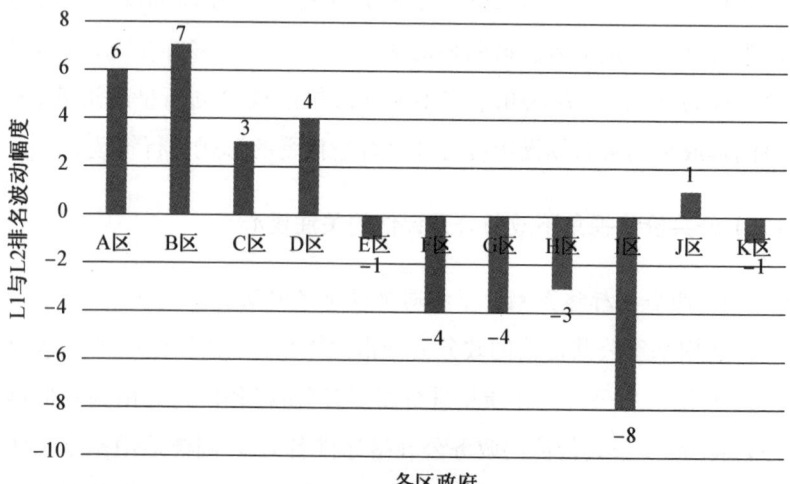

图 4-29 两套指标体系测评各区排名波动

2. 基于公共价值视角的政务公开指标体系关注重心的典型个案分析

从上图中可以直观地发现,在基于公共价值的政务公开指标体系和基于工作视角的政务公开指标体系下,各区政府政务公开质量排名波动较大。在此选取两套指标体系的测评结果中排名波动最大的江宁区和建邺区进行个案分析。

在基于公共价值的政务公开指标体系的测评结果中,江宁区位列第2名;而在基于工作视角的政务公开指标体系的测评结果中,位列第9名,排名波动高达7名。从图4-30可以看出,在基于公共价值的政务公开指标体系评估中,江宁区在各项一级指标体系中均表现突出,除"主动公开与重点领域"之外,其他各一级指标得分率均超过平均得分率,尤其是"政策解读"的得分率明显高于平均得分率,成绩突出。专门栏目、解读数量两项均获得满分,在门户网站上设立了政务公开专门栏目,解读文件数量占比较高。解读主体多元,能够主动邀请政策起草部门、主要负责人或新闻发言人通过在线访谈、召开新闻发布会、发布官方解读版本等多渠道、多角度解读公共政策。此外,依申请公开环节成绩也较为突出,得分率位列各区第1名。申请渠道、用户指导指标均获得满分,依申请公开的申请渠道多元且畅通,能明确提供本区依申请公开信息的范围、操作救济指南及办理流程,并提供办理进度查询服务。同时能够按期规范办理公开申请,引发诉讼、复议和举报的比率低。在工作机制方面,该区的表现也优于各区平均水平,能够根据各年度政务公开最新要求及时建设并完善配套制度,以多样的形式及时发布本区政务公开年度工作报告。组织政务公开相关工作人员开展多种形式的业务培训,通过专业理论和业务知识学习,主动增强政务公开工作能力和水平。得益于在政策解读、依申请公开、工作机制方面的优异表现,在基于公共价值的政务公开指标体系测评中,江宁区获得了较优的排名。

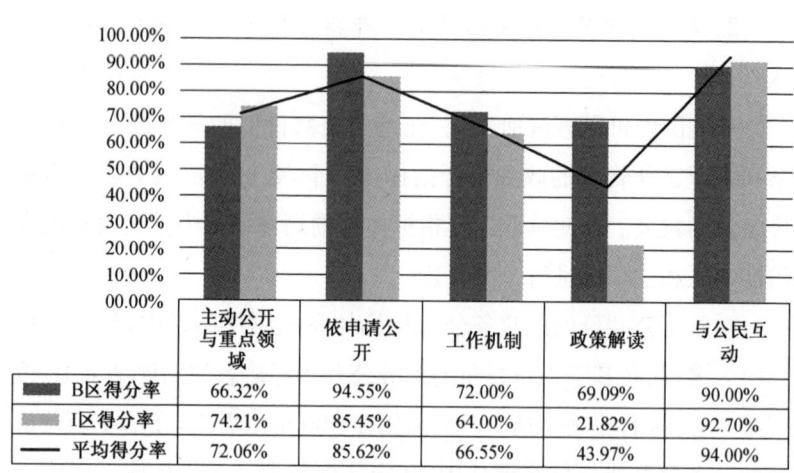

图 4-30 基于公共价值的指标体系下江宁(B)区和
建邺区(I)区一级指标得分率

在基于公共价值的政务公开指标体系的评估结果中,建邺区位列第 9 名;而在基于工作视角的政务公开指标体系的测评结果中,高居榜首,排名波动高达 9 名。我们不禁好奇在工作视角排名中独占鳌头的建邺区,为何在基于公共价值的政务公开指标体系中遭遇了滑铁卢。具体来看,在基于公共价值的政务公开指标测评结果中,建邺区在主动公开与重点领域、依申请公开、工作机制、与公民互动等主要一级指标项的得分率与各区平均得分率基本持平,基本能够做到扎实推进主动公开与重点领域公开,规范有序开展依申请公开,及时出台并完善相应的配套制度,发布年度报告,采取多种渠道和社会公众有序、便利地互动交流。但在政策解读环节,建邺区政府得分率仅为 21.82%,位列倒数第二,远低于该项各区平均得分率,由此导致了在该评估指标体系下,该区政务公开质量评估排名全面下滑。具体观察发现,建邺区虽然在门户网站上设立了政策解读专门栏目,但未实际在该栏目内发布解读信息,导致其在解读数量、解读主体、解读形式多样化几项二级指标的测评中全部为零分,也没有相关的解读渠道进行呈现和展示。

从江宁区和建邺区排名波动的具体情况来看,"政策解读"在其中扮演了关键性的角色。工作视角下的评估中虽然也包含了政策解读的评估内容,但它仅仅是"政务公开制度建设"下的一个二级指标,所占权重较低,因此建邺区在这方面的不足对其最终的结果影响很小。而在公共价值视角下的指标体系中,政策解读作为一级指标所占权重高达14.9%,此时,建邺区在这方面的不足、江宁区在这方面的优势就被放大,从而最终在很大程度上影响了其排名。此外,基于公共价值的指标体系中赋予了"依申请公开"更大的权重,从而提高了在这方面表现出色的江宁区的排名。

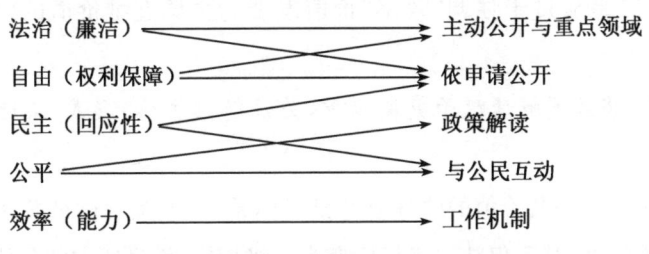

图 4-31　公共价值与指标体系之间的关系图

从图4-31可以看出,"依申请公开"与法治(廉洁)、自由(权利保障)和民主(回应性)三个现代政府管理中的重大公共价值相关,"政策解读"则与"公平"这一重要价值相关。基于公共价值的指标体系赋予其更高的权重,意味着对多维价值的兼顾和平衡,而工作视角下的指标体系更多地强调"工作机制",因而更偏重于对"效率"价值的强调。总之,在基于公共价值的政务公开指标体系中,其以自由、民主、效率、法治、公平五项公共价值衍生出的测评指标对政务公开质量进行中立的、多维价值平衡的评价,提供了一个衡量政府政务公开质量的全新界面。

(三) 基于公共价值的政务公开指标体系的比较优势

通过对南京市2017年度各区政府政务公开质量的实证分析,归纳出基于公共价值的政务公开指标体系相较于传统基于工作视角的政务公开指标体系在多个角度具备优势。

1. 强调结果性指标、弱化过程性指标

与工作视角下的指标体系相比,基于公共价值的指标体系将为保障政务公开工作顺利推进而所需的组织体系、制度建设、监督保障等指标概括为"工作机制",其所占权重远远低于工作视角下的比重。与此同时,赋予主动公开与重点领域、依申请公开、政策解读、与公民互动等更高的权重。这一变化在整体上带来了两个方面的改变:一是从侧重于工作投入、工作过程评估发展为侧重于工作产出、效果的评估;二是从过于强调"效率"价值发展为强调五维价值的兼顾与平衡。

2. 将政策解读赋予更高权重,关注解读主体、形式、渠道的多样化

在基于公共价值的政务公开指标体系下,政策解读被赋予了更高的关注度,其不仅从二级指标变为一级指标,而且所占的分值权重也更高,凸显了公共价值视角下对"政策解读"这一连接政府和社会公众必要纽带的重视。"政策解读"的实质在于通过使用普通公民能够理解的语言和各种可视化的形式,如图表、漫画等对抽象、枯燥的政策信息进行解读,即通过丰富信息编码的形式和信息扩散的渠道,变官僚话语为公共话语,让社会中受教育程度不同、财富程度不同的各个群体都能够以较低的成本接收和理解政府的政策,消除信息沟通中的语言障碍和壁垒,从而在实现信息公平——即不同群体信息的可得性、使用的方便性应当是平等的——的同时,提高政府信息传播的效度,增加公众对政府政策认知和了解,进而提升公众对政府的信任度。

与工作视角下的评估指标相比,在评价政策解读质量时,除了考察政策解读的专门栏目建设、解读数量等刚性指标外,对参与解读的主体类别、政策解读呈现的多样形式和发布解读内容的渠道等柔性

指标给予了更高的关注,体现了政策解读环节中不仅仅着眼于解读的"量",对解读的"质"及社会公众的体验感要求更高。借助此套指标体系,更能全面立体地呈现政府在政策解读中的效率效能和专注度。

3. 赋予依申请公开更高的权重,强调全流程操作指导和查询

正如图4-31所示,"依申请公开"与法治(廉洁)、自由(权利保障)和民主(回应性)三个现代政府管理中的重大公共价值相关,是所有一级指标中对应价值最多的一个,其对于保障公民知情权、及时回应公众的各种需求和偏好、对权力实现有效的规范和约束等都至关重要。因此,基于公共价值的评估指标体系赋予其更高的权重。此外,在对依申请公开的考察中,除了常规关注依申请公开渠道的畅通性,还增加了对申请渠道多元化的考察,体现了对社会公众申请获取政务信息便利度的关注导向。同时,强调实现覆盖依申请公开全流程各个环节的用户指导和服务,明确呈现本单位或部门依申请公开政务信息的范围、操作救济指南及办理流程,提供办理进度查询服务。这种设置体现了公共价值视角下对便利民众切身需求的现实关注,将这份价值理念有机融入政务公开指标体系,有利于更好地呈现依申请公开基于公共价值的真实质量,并发挥指标体系的指导功能,引导政务公开向着更加贴合公众需求、便利公众互动参与的方向完善改进。

4. 增加了"与公民互动"作为一级指标,积极推动公民参与

政务公开的核心目标在于通过保障人民群众的知情权来实现其参与权、表达权、监督权,而无论是参与权、表达权还是监督权的实现都有赖于"与公民互动"的质量。因此从评估政务公开的效果来说,"与公民互动"是非常重要的一个方面。基于公共价值的指标体系从民主(回应性)和公平的价值要求出发,增加了这一维度作为一级指标,并赋予其较高的权重(16.27%),从而能够较好评估各地政务公开的效果和质量。令人欣慰的是,南京市各区、各职能部门,尤其是

各个区在"与公民互动"方面都取得了不错的成绩。

5. 将机构及队伍建设纳入工作机制,突出年度报告的总结和指导功能

以工作机制的视角评价机构及队伍建设情况,将政务公开相关工作技能培训置于机构及队伍建设的下级指标,体现了区别于工作视角的、不以培训开展的次数和培训项目类别判定工作能力的思维。工作培训本身并不能体现公共价值的导向,其呈现于政务公开各个环节的工作能力才是公共价值的内在追求。同时,将年度报告列为工作机制下的二级指标,突出政务公开年度工作报告的总结和指导意义。通过各单位的自查自检形成报告,在总结年度工作的同时挖掘反思可改进之处,同时以公报的形式向社会公众主动公开,最大限度地发挥其对公共生活多元参与主体在政务公开中的指导功能,体现了公共价值视角下对政民互动维度的重点关注。

六、公共价值视角下进一步完善南京市政务公开的对策建议

结合上述基于公共视角的政务公开指标体系对南京市各区和职能部门政务公开情况的测评,以及对南京市、上海市、深圳市、杭州市、苏州市区政府政务公开评估结果的比较分析,大致可将南京市政务公开的现状总结为以下两方面:其一,在指标体系的5项一级指标中,南京市在依申请公开和与公民互动两项整体表现良好,而主动公开与重点领域以及政策解读两项水平较弱,有较大的进步空间。其二,就每项一级指标内部而言,主动公开与重点领域层面,机构公开、决策公开以及年度重点工作部分为得分率最低的三项,这与"主动公开少、形式公开多"的现实困境基本相符;依申请公开领域的用户指导层面,存在大量部门未提及本单位依申请公开信息的范围,缺乏对申请不予以公开情况的详细描述;工作机制层面,机构与队伍建设亟

须完善,不足集中体现在大量部门在领导分工方面未涉及对信息公开或政务公开的分管领导,以及自发组织工作培训相对较少;政策解读层面,在保障基本解读数量的基础上,尚未实现解读形式和解读渠道的多元化,且很少配有图解和影音动漫,基本仅有官方解读文本,未结合公民实际需求和专家意见做深入的专业化解读;与公民互动层面,与公民互动的结果公开为二级指标得分率最低的一项,虽然市长信箱和领导信箱的公开情况基本良好,公开时效性高,但问卷调查的结果多数部门并未予以公开,且公开形式大多单一,鲜少有所创新。总体而言,既往南京市政务公开的工作重点在于基于工作视角侧重于制度建设和政务公开的标准化,强调工作投入和工作推进,但从结果来看,仍需以公民实际需求为导向促进公开深度和广度的延伸,具体对策与建议如下所述。

(一) 以公众需求为导向增进主动公开与重点领域的工作积极性

针对主动公开积极性不强、规范性欠缺等短板,首要解决的是机构公开建设问题,应在各级政府部门的门户网站完善并及时更新领导分工及其联系方式、内设机构及其职责,以及内部分工及工作人员联系方式(办公地点、电话),也可借鉴深圳市以公众需求为导向的经验,在门户网站查询页面设置语音向导;此外,决策公开作为制约主动公开工作落实的最大难题必须要予以高度重视,应及时公开区政府常务会议、局党委党组会议、区长办公会议、局长办公会议等各类决策性会议的会议时间、地点、与会人员、会议议题及相关结果,以让公众及时了解政府重要决策的过程与内容;年度重点工作方面,不仅应在年初公布本部门的年度重点工作清单,还应在年中公布各项重点工作的进度,在年终公开各项重点工作的结果。当然也要意识到决策公开广度和深度的提升需要长时期的积累,并非一蹴而就。既需要各级政府主管政务公开的部门与其他相关部门进行积极的协同和沟通,也需全体公务人员自身增强对政务公开工作重要性的认知,转变既有的"谈公开色变""多一事不如少一事"的僵化思维,应从根本上意识到政务公开是国家治理体系现代化和治理能力提升的必由之路,也是提升政府公信力和执行力的良好契机。

(二) 以标准化为前提加强依申请公开分类管理和疑难问题研究

针对依申请公开答复的内容和形式规范性短板,出台统一的依申请公开答复模板是提升依申请公开标准化的首要前提。结合不同部门和单位的业务类别和特质,制定有效的依申请公开答复模板,有效规范答复行为。重点关注答复文本中的话语言说方式、答复内容、法律法规依据、格式称谓等细节问题,以呈现形式上的规范带动依申请公开答复态度和意识上的规范,以政务公开工作流程的规范带动工作能力和质量的整体提升。

另外,按照申请、复议和诉讼三个不同阶段,应分别建立相应的案例库以对疑难问题进行集中和深入的调研和探讨。创建分类管理的案例库至少具有以下三大功能。首先,它可以指导政府部门有针对性地改进依申请公开工作,因为通过对大量的案例进行分析研究,容易发现信息公开工作中存在的普遍性的、代表性的、根深蒂固的问题;其次,它可以指导负有公开职责的政府工作人员在答复申请、参加复议或诉讼中的行为和策略,在提高政府工作效率、应诉水平的同时,也有助于提高依申请公开等一系列行政行为的统一性、规范性和权威性;最后,案例库有助于申请人预测自己的申请后果,促使其更加理性地权衡复议或诉讼是否为其最佳选择,在一定程度上可以起到教育和规劝的作用。当然,中国不是判例法国家,政府应当认识到过往的司法判例存在局限性,有时候并不利于开拓性的政府工作。

各区各部门还应尽快明确本单位依申请公开信息的范围,对申请不予以公开情况进行详细描述。一般说来,普通公众对于政府各个职能部门的具体职责范围并不是非常清晰,因此当其产生信息需求时往往不知道向哪个部门提出。这时如果各个部门能够给出大致的依申请公开信息的范围则一方面给公众提供了极大的方便,另一方面也减少了各部门面对无效申请的可能性。

(三)以全面增强政务公开工作人员回应力为目标发挥培训功效

发挥业务知识和专业能力培训对增强政府回应力的积极贡献作用。加大对政务公开相关工作人员的业务培训力度,将相关培训纳入公务员、领导干部培训科目,将年度培训转化为定期性培训。结合每年的政务公开工作要点和最新要求设置培训项目和环节,将培训焦点放在提升政策解读、回应关切等重点领域及政务公开工作过程中的工作技巧和熟练度提升上。针对单位负责人和政务公开的具体工作人员进行差异化的培训,侧重政务公开工作的不同侧面。在培训中融入政策分析、计算机操作、图文可视化设计等内容,全面提升政务公开工作人员业务素质,以更专业化地灵活应对政务公开工作中可能出现的多种难题。

(四)以增强质量而非机械增加数量为要旨扩充解读内容的深度

在现有工作模式和工作基础上,继续提高对政策解读相关业务的重视程度,以增强质量而非机械增加数量为目标,将促进政策解读形式和解读渠道的多样化作为当前阶段政务公开工作的首要任务。具体而言,可借鉴深圳市政府的先进经验,细化明确政策解读的主体、责任、范围、程序和形式,构建政策性文件与解读方案、解读材料同步组织、同步审签、同步部署的工作机制。此外,还应广泛动员政策出台单位的负责人、专家学者、智库传媒等多视角、多维度地解读政策文本,营造官方解读版本与民间解读版本交互作用、互为补充的氛围。在具体工作中,在政策解读的易读性上下功夫,既包括"容易获取"各类政策解读文本,也包括"容易读懂"解读内容,畅通政策解读文本发布平台渠道,以社会公众易读易懂的话语言说方式进行解读。此外,增强政策解读的时效性,将政策解读发布时效性的具体要求做实做细,真正落实。

(五) 以实时公开与公民互动结果为重点提升公民参与的热情

当前,各级政府在与公民互动交流时,做了不少问卷调查,但是仅有少数的调查结果被公开,且少数得以公开的互动结果形式比较单一、公开也不够及时。这势必影响公民参与的积极性,因为"如果公民认为政府缺乏回应性,则公民参与意愿就会降低"。及时完整地公开与公民互动的结果是政府回应性的重要表征。因此,为了促进公民参与,各区各部门应将实时公开与公民互动结果作为定期绩效考核的关键指标,并发挥先进单位的典型示范作用,鼓励多种形式的公开内容和公开渠道的创新。公开结果可辅之以图片、视频等缩短政府与公众的心理距离,避免"模式化回应"和"缺乏实质内容的回应",减少公众质疑,提高政府公信力,以最大限度地提升公民参与管理公共事务的热情和信心。

七、小　结

2018年政府工作报告指出,"全面推进政务公开。坚持科学、民主、依法决策,凡涉及公众利益的重大事项,都要深入听取各方意见,包括批评意见"。政务公开是提高国家治理能力,构建和谐政民关系的重要举措。近年来,中央办公厅、国务院办公厅就政务公开工作多次发文,从若干维度和领域规范政务公开行为,以提高各级政府的政务公开能力和水平。绩效考核是政府部门评判工作的常用方法,对政务公开工作进行指标评价,一方面对各单位的政务公开工作进行打分排名,总结优势和不足;另一方面发挥其示范作用,引导各单位对标看齐,提高自身政务公开质量和水平。本章运用基于公共价值的政务公开指标体系对南京市各区和各职能部门的政务公开质量进行了评估,从而发现南京市政务公开的优势与短板,进而有针对性地提出对策建议。

该套指标的最大优势在于测评所需的全部数据均可通过各个待测单位门户网站公开获取,由第三方以公共价值的视角进行打分,实现评价结果的客观性、有效性和科学性。通过实证分析,验证了基于公共价值的政务公开指标体系相较于传统基于工作考核的政务公开指标体系在多个角度具备比较优势。基于公共价值的政务公开指标体系能够填补现有指标体系在公共价值层面的关注缺失,引导政务公开质量提升,增强政府治理能力。运用基于公共价值的政务公开指标体系,通过各级政府门户网站上的公开信息和数据,借助第三方机构,可以低成本、成规模地对多个城市政务公开指标进行测评,未来可推广至江苏省各个地级市、全国各主要城市政务公开的评估,积累形成政务公开指数数据库,并对各城市政务公开进行比较研究,通过横向纵向对比分析,挖掘公共价值导向下的政府政务公开质量提升策略,推进服务型政府、透明政府、法治政府建设。

当然政务公开指标体系的研究也存一定的不足:一是受阅读文献和收集国内外指标体系范围和数量的制约,未能对国内外全部政务公开相关指标体系进行分析研判,在剥离出政务公开中的五项公共价值后,在二级和三级指标的构建过程中,可能不能全部呈现国内外指标体系的精华;二是在运用政务公开指标体系对南京市各区政府进行评价的过程中,由于各区政府门户网站设置的栏目各异,呈现的信息形式、数量与指标的适配度参差不齐,导致部分指标在评价中难以找到确切适当的信息进行打分,在一定程度上影响了指标评价的科学性;三是对该指数信度与效度的验证需要结合其与其他领域排名(如营商环境、公众信任度等)的相关性分析来加以深入研究,这也构成了后续的主要研究方向。

第五章 行政权力阳光运行

一、概　论

经过三十年的改革开放，中国在经济增长、社会稳定、国际地位提升等方面都取得了举世瞩目的巨大成就。与之相适应，在以转变职能和机构改革为主的行政管理体制改革的持续深化下，中国政府的治理模式也发生了深刻的变化。未来若干年间，机遇与挑战并存。在经济领域，主导战略是通过结构转型挖掘潜力；在政治领域，则要注重顶层设计，继续从制度和管理变革中拓展成长空间。面对快速变化的内外环境，及时总结地方政府实践创新中的新理念、新模式、新机制，具有十分重要的现实意义。

政府治理创新是围绕治理权配置重构及其在政府组织行为上反映的公共治理活动。如果说中央政府的治理创新主要发生在制度和意识形态变迁的层面，那么，地方政府的治理创新则主要体现在政策取向和策略工具的层面。不可小视的是，一些起初看上去微小的地方创新努力，随时可能成为国家重大创新的起点与探路石。

纵观改革进程，当压力与困难迫在眉睫，又没有现成模式可以套用，上层给予适度授权等诸多机会一起出现时，有胆识的地方政府可能自发地突破旧体制，试验一些新的替代性办法，再由上级政府积极予以认可，变成政策，甚至变成法律，在更大范围推广。这类"创新推动变革"的事例数不胜数，并已然成为中国经验、中国奇迹的重要组成部分。例如包产到户、乡镇企业、股份合作、民营化等后来认定的伟大创造,起初都源于地方的突围。

正是基于这样的思考,"南京市权力阳光运行机制改革"成为一个很好的研究视点。我们认为,它的实践取向,已从初期的廉政创新,走向深层次的政府管理革命;它的规范操作,更使得这一个案具备了普及应用的巨大价值。

(一) 研究缘由

腐败作为政治社会的一种普遍现象,一般是指公共权力为谋求私利的不当行使或滥用。腐败是权力的伴生物,有权力存在的地方就有腐败滋生蔓延的土壤。在任何政治体系中,公共权力的蜕变必然导致政治体系的病变。执政基础最容易因腐败而削弱,执政地位最容易因腐败而动摇。构建防止公共权力腐化蜕变的反腐败体系,是政治体系得以维系和巩固的基本条件。大量事实反复证明,预防和治理腐败,核心在于加强对权力的制约和监督。

2005年,中共中央总书记胡锦涛在中央纪委十六届五次全会上指出,"反腐倡廉能力,是党的执政能力的重要体现,是巩固党的执政地位的重要保证"。能否有效遏制腐败现象的滋生蔓延,能否形成一套科学、严密、规范的反腐防腐机制,是衡量一个政党执政能力高低的重要标志之一。

2006年,在中纪委和江苏省委领导的指示下,南京市结合全市反腐倡廉建设现状,以政府行政管理体制改革为契机,在全国率先提出依托"信息技术+制度创新",着力打造"数字政府工作模式",开始构建一套技术先进、理念前瞻的"行政权力阳光运行系统",并制定了"一年明显见效,两年基本建成,三年巩固提高"的建设目标。截至目前,纳入系统的构建单位已从起步时的26个政府部门,扩充到有行政执法权的全部54个政府部门(机构改革后数量减少)和所辖13个区县。该系统在深化政务公开、促进依法行政、源头防治腐败、提高行政效能等方面,取得了多重综合效果,得到了中央纪委、监察部和江苏省委、省政府的充分肯定和积极推广；透明国际组织、中美执法合作联络小组、中外主流媒体记者团、中国台湾代表团以及外国代表团来南京进行现场观摩,国家预防腐败局将其列为预防试点推广项目。

在几年的探索中,南京市的决策层更加清楚地意识到,"权力阳光运行"的功能并不局限于制约和监督权力,它通过权力固化、流程再造,将政府管理由神秘引向公开,由手工作业移向网络平台,从"自由"裁量走向精细控制,从优先考虑管理方便转向优先满足公众服务需求,使政府运行面貌发生了显著变化,改革具有革命性的意义。

2011年10月,南京市"行政权力阳光运行系统"步入一个新的历史阶段,耸立在河西新城的全新建设的行政服务中心正式启用。全市绝大多数面向公众和企业的行政审批、公共服务、资源交易和效能监察项目,将透过那里实在的"物理大厅",接入在线互联的"智慧大厅"。市民们无须清楚了解政府部门的职责分工和运作细节,即可"一站式"解决全部需求。政府部门还将据此建立一个顶级的数据中心,实现应用共享和管理分析。

略感遗憾的是,这一具有领先地位的地方政府创新实践,尚未得到理论研究界的足够重视。面对下一步建立新型政府的更复杂改革进程,改革探索者意识到极有必要将"行政权力阳光运行"从电子政务的实践创新,引向政府转型发展的理论创新,从而为后续的扩展升级和经验推广打下更坚实的基础。

本章的研究旨在通过深入总结南京构建权力阳光运行系统的做法、成效、攻坚难点及创新前景,探讨行政管理体制机制改革与创新的形式,探索预防腐败、规范行政行为、提高行政效率、推动公共服务的理论基础,打造地方政府创新品牌。

(二) 文献与实践综述

南京"行政权力阳光运行"着力推动的廉政和管理革新,是中国行政改革领域的热门主题。多年来,从中央到地方,从官员、学者到社会公众,都高度关注,在政策导向、实践试点和学理分析层面,都积累颇丰,变化颇大。

"反腐倡廉"是执政党和政府的重要治理领域。有学者注意到,在经济社会持续改革的新背景下,中国的反腐败战略发生了重大转变,从"政治运动式的阶段性反腐"逐渐转向"制度性的长效性反腐"。① 有学者认为,中国的反腐倡廉在长期实践中已经形成了一些具有自身特色的经验和做法:始终坚持把反腐败作为巩固执政地位的一项战略决策;始终坚持党的统一领导下的反腐败体制;始终坚持走动员、引导、规范人民群众参与反腐败斗争的群众路线;始终坚持在总结和借鉴古今中外反腐败成功经验基础上不断推进改革和制度建设;始终坚持围绕党和国家工作大局和中心任务开展反腐倡廉工作。②

有学者注意到,当代中国对腐败行为的遏制保持了一种持续性的积极姿态。腐败现象蔓延到哪里,反腐就进行到哪里;腐败现象可能发生在哪里,廉政建设就进展到哪里。这种对于腐败现象的"追身式防御"以追求即时的反腐成效为首要目标,起到了震慑和约束的积极作用。但随着国家建设的成长和治理理念的升级,中国反腐倡廉建设亦面临转型的要求,应当超越对于腐败行为或现象的围堵策略,提升境界、志存高远、别立一格、顺势而为,向旨在提升政治有效性的、立足长远的廉政建设模式演进。③

国际廉政理论界认为,可以从反腐败机构、反腐败战略和反腐败法律制度这三个方面来评估一个国家的反腐败体制和机制。这三个

---

① 林尚立:《以政党为中心:中国反腐败体系的建构及其基本框架》,《中共中央党校学报》,2009 年第 4 期。
② 王延中、蒋来用:《新中国 60 年的反腐倡廉建设:一个简要的评述》,《政治学研究》,2009 年第 5 期。
③ 张树平:《当代中国廉政建设的现实与趋向:一种基于政治学的分析》,《中共南京市委党校学报》,2010 年第 5 期。

方面分别回答了在反腐败工作中"谁来做""做什么""如何做"的问题。透明国际据此提出了一个现代国家廉政制度体系(National Integrity System, NIS)的概念。按照这一理论,国家廉政体系建设的根本目标是促进可持续发展,实行法治和提高民众生活质量。实现这些目标需要由各种廉政支柱来支撑这座廉政大厦,其中最重要的是由行动者和核心规则共同组成的制度支柱。① 中国在建设富强民主文明和谐的社会主义现代化国家过程中也在逐步形成有自己特色的国家廉政体系。②

党的十六大以来,共产党从提高党的执政能力、巩固党的执政地位出发,提出"标本兼治、综合治理、惩防并举、注重预防"的方针,着力构建惩治和预防腐败体系。先后颁布了《建立健全教育、制度、监督并重的惩治和预防腐败体系实施纲要》(2005)和《建立健全惩治和预防腐败体系2008—2012年工作规划》(2008)。这两份重要文件全面勾勒出有中国特色的国家廉政体系的蓝图。

在《建立健全惩治和预防腐败体系2008—2012年工作规划》简称"《工作规划》")中明确规定,各级党委是反腐倡廉建设的责任主体,担负着全面领导惩治和预防腐败体系建设的政治责任。各级纪委充分履行党章赋予的职责,协助党委抓好《工作规划》各项任务的分解和落实,制定实施方案,做出具体安排,健全工作机构,组织有关部门抓好工作落实。由纪委书记担任同级党委反腐败协调小组组长,加强对重大案件的协调、指导和督办。加强纪检、审判、检察、公安、监察、审计等执纪执法机关的协作配合,完善跨区域协作办案及防逃、追逃、追赃机制,进一步形成惩治腐败的整体合力。

党的十七大明确将"反腐倡廉工作"提高到"反腐倡廉建设"的高度,并第一次把它同党的思想建设、组织建设、作风建设、制度建设一

---

① 过勇. 中国国家廉政体系研究. [M]. 北京:中国方正出版社,2007。
② 何增科. 建构现代国家廉政制度体系——有效惩治和预防腐败的体制机制问题研究[J]. 马克思主义与现实 2009(03):48—59.

起确立为党的建设的基本任务,强调治本和源头预防,加强教育,发展民主,健全法制,强化监督,创新体制,力求从源头上预防和解决腐败问题。报告还强调提出,"确保权力正确行使,必须让权力在阳光下运行"。在中央纪委十七届二次全会上,胡锦涛阐述了完善惩治和预防腐败体系的重要性和形成拒腐防变教育长效机制、反腐倡廉制度体系、权力运行监控机制的必要性,强调既要通过思想道德建设提高恪守制度的自觉性,又要通过制度建设增强思想道德建设的有效性。在中央纪委十七届五次全会上,胡锦涛阐明了反腐倡廉制度建设是惩治和预防腐败体系建设的重要内容,是加强反腐倡廉建设的紧迫任务,要以建立健全惩治和预防腐败体系各项制度为重点,以制约和监督权力为核心,以提高制度执行力为抓手,加强整体规划,抓紧重点突破。胡锦涛又特别指出,要树立法律面前人人平等、制度面前没有特权、制度约束没有例外的意识。

上述重要文件和讲话,顺应了反腐倡廉建设向纵深发展的要求,顺应了广大人民群众的期待和愿望,对社会广泛关注的腐败治理问题做出了郑重回应。

20世纪90年代以后,信息通信技术和互联网技术迅猛发展,为政府治理带来了新的机遇和挑战。各国政府越来越重视利用先进信息通信技术提高政府运作的效率效能,并进一步改革政府组织架构、运行机制和治理能力,其间涌现出许多电子政府的创新应用。与之相伴随的是,信息技术与反腐廉政建设之间的关联,也由最初的若隐若现,变得逐渐清晰。世界银行2008年发布的一份重量级研究报告认为,腐败治理的优先策略是支持公民和媒体进一步参与监督,促使政府透明化;同样重要的是,反腐应当借助信息公开和阳光法案,强化公民与媒体的问责力度。

在治理创新的领域,学术界意识到,在长期执行赶超式经济发展战略、市场取向改革和管制型行政的背景下,政府的治理问题十分突出,公共生活正遭遇前所未有的复杂情势。关键在于如何推进国家治理转型,解决政府治理模式再造的价值目标和实现路径的难题。更重要的是,今后若干年间,中国地方政府治理创新将面临多重悖论,即在明晰甚至缩小政府权力范围的同时增强政府的治理能力,在限制政府权力自由度的同时强化政府提供公共产品的能力,在解构经济型政府的同时打造服务型政府。政府治理创新亟待新的运作机制设计。

随着国家对公共服务质量的关注,以及民生问题的凸显,绩效管理意识和行为越来越多地融入政府治理体系的构建中。就一般道理而言,一个良性的治理机制,势必在价值上反映利益、权力和责任的协调关系,寻找优化国家与社会公共事务管理的途径。在具体的操作实践中,究竟如何把握政绩与治理效应的关系?如何以治理绩效管理促进政府治理能力的提升?如何在规范政府内部管理的同时又能大幅度改善对公众需求的回应?诸如此类的问题,尽管可以在书斋的经验里找寻答案,但社会究竟需要什么样的新规则,其实是一种内嵌于具体时空、具体情境中的知识,只能通过先行者的探索实践来给予回答。

开拓新路的改革和创新实践由此呼之欲出。民众的期待满足、技术的功能实现,党和政府的强烈意愿在此历史性地交汇。

(三)研究方法

本章坚持理论研究与实证研究相结合,定性研究与定量研究相结合,整体研究与个案研究相结合。根据研究内容,结合实际情况统筹安排,通过文件检索、个别访谈、专题座谈、问卷调查等多种调研形式,充分收集数据及相关资料,为更深入、全面地分析问题提供信息基础。

在研究过程中,注重使用多学科综合分析,广泛涉及行政学、政治学、传播学等领域,力求深入厚重地总结和提升已有的成功经验,为新型政府的构建提供学术参照;注重多层次比较和典型案例分析,对国内外的相关理论和实践问题,进行多角度的比较,并就南京经验进行广泛的调查,力求把技术发展与行政变革有机结合,立足本土实践,回应真实的问题,为信息技术与政府变革相契合提供可资借鉴和能够操作的方案或政策纲领。

二、宏观背景:电子政务浪潮中的行政改革

随着信息技术尤其是互联网技术越来越深刻地介入现实政治生活,"电子政务"早已从一个想象的概念迅速演变为世界性的政府变革潮流。电子政务并不简单等同于政府改进技术装备,进而将信息和服务延伸到互联网上,它是运用信息技术创新政府治理和服务的整合概念。把握形势加快革新,既是信息时代大背景下政府转型发展的内在要求,也是公民期望和技术进步对政府变革施加外部推力的结果。

在全球新一轮政府变革的浪潮中,基于跨部门整合和官民合作的连接式治理,正在成为大势所趋。后发国家如能积极跟进,创新应用,其对电子政务的运用成效将有可能改变未来的竞争格局。反腐倡廉建设的思路和绩效,也可借力打开新的空间。

(一) 走向连接式治理的全球电子政务实践

电子政务虽然是最近十年才开始流行的新词汇,但是公共治理领域的变化在更早的时候就已经开始。随着经济发展、社会进步、区域经济与全球化等巨大变化的发生,政府面对的内外环境和挑战不断增大。"工业时代发展起来的官僚体制,专注于各种规章制度及其层叠的指挥系统,已不能有效运转;它变得机构臃肿、浪费严重、效率低下;它在变化迅速、信息丰富、知识密集的20世纪90年代已不能

有效地运转了。"①

从1993年美国总统克林顿宣布利用信息技术改造政府开始,英国、加拿大、澳大利亚等西方国家均将运用信息技术重塑政府作为政府改革的主要目标。1994年加拿大政府发布了《运用信息科技改造政府服务之蓝图》,这是全球第一份由政府发布的从技术角度全面改造自身的纲领性文献,它把"顾客至上"的企业哲学引入了政府服务的理念。2000年9月,美国创建了"第一政府门户"(www.firstgov.org)网站,为公民提供联邦政府及专业网站的单一通道,实践着政府信息"一站取全"的大服务模式。此后,政府内部运作以及政府与社会、企业和公民的互动也越来越多地在数字化平台上进行。短短几年时间,无论是发达国家还是发展中国家,都在努力将信息技术引入到政治、经济、社会或行政活动中来,电子政务发展为一种全球性浪潮。截至目前,世界上超过80%的国家提出了电子政务发展计划。②

作为一种崭新的、前景广泛的政府管理与组织形态——电子政务不但被各国政府和相关学术研究机构所关注,而且正在引发一场持久的政府再造运动。现有的文献研究和实证观察都支持这样的基本观点:推行电子政务是政府部门自觉适应信息技术变革,实现行政管理创新的过程。③ 一种哲学观点认为,信息技术是电子政务存在和发展的物质载体,社会规则是电子政务的"智力"载体。电子政务就是表征政府组织和社会公众关系规则的技术化呈现。④ 乐观的技术派支持者更是坚信,政府利用现代信息技术和网络环境,可以提高工作效率和生产力,提升公共服务质量,精简机构和人员,降低管理

---

① 戴维·奥斯本、特德·盖布勒:《改革政府:企业家精神如何改革着公共部门》,上海译文出版社,2006年版,第12—13页。
② 孙宇:《电子政务建设与行政管理创新互动关系探析》,《中国行政管理》,2008年第9期。
③ 蔡立辉:《电子政务:信息时代的政府再造》,中国社会科学出版社,2006年版。
④ 白淑英、何明升:《电子政务:政府与公众互动规则的技术化呈现》,《自然辩证法研究》,2007年第11期。

成本,增加政府透明度,不断改革政府的组织结构和管理方式,使其更好地面向社会、企业和公众,建立一个廉洁、勤政、务实、高效的政府,最终建构出适应信息时代发展需要的政府组织形态,并为政府创新提供持续的源泉和动力。

无论是作为手段,还是作为政府改革的结果,电子政务的建设与发展,从本质而言,已经局部改变了政府组织和社会公众之间的关系。或如美国学者简·E.芳汀(Jane E. Fountain)所言,作为一项革命性的技术,互联网以及众多相关的信息技术提供了影响政府结构以及政府和市民关系的技术潜力。① 在电子政务的推动下,工业社会的传统行政模式正逐步向后工业社会和信息时代新的公共管理模式转变。作为公共治理领域变革的诱因、载体和主要工具,电子政务甚至被称为"下一次政府革命"。这场变革是一种治理结构和管理的基础性变革,它涉及组织和流程的变革、预算和管理的变革、关系和工具的变革,乃至政府思想和文化的变革。

近年来,在多个国际电子政府评估报告及许多发达国家和地区的电子政府战略中,传统的"电子政府"理念开始向"电子治理"的新目标迈进。电子治理更注重运用信息通信技术来改变政府与公民、企业及其他部门之间的关系,更强调通过信息通信技术实现公共服务创新,扩大公共服务的社会包容面,加强社会各个层面的整合与连接。②

联合国经济与社会事务部(DPEPA/UNDESA)从 2003 年起对全球电子政务进程进行调查,迄今为止共发布了五份年度报告。③ 2008 年的报告是《从电子政务到连接式治理》(From e-Government

---

① 简·E.芳汀:构建虚拟政府:信息技术与制度创新[M].北京:中国人民大学出版社,2004:27.
② 胡佳,郑磊.电子政府发展的国际新趋向:连接性治理[J].电子政务,2010(8).
③ 历届报告可从该机构官方网站阅读下载,http://www.unpan.org/egovkb/global_reports/08report.htm.

to Connected Governance),前瞻技术的发展趋势是通过政府内纵向与横向间协作、公私部门伙伴关系等网络关系,来实现地方性、国家性和跨国性协同与整合。最新的《全球电子政务2010年调查报告:金融危机时期电子政务的利用》(UN Global E-government Survey 2010: Leveraging E-government at a Time of Financial and Economic Crisis),从电子政务准备度指数(E-government Readiness Index)和电子参与度指数(E-Participation Index)两方面对联合国183个会员国进行了综合评估和对比。结论是,在电子政务准备度方面,韩国、美国和加拿大包揽前3名,中国排名第72;在电子参与度方面,韩国、澳大利亚和西班牙包揽前3名,中国排名第32。[1] 报告强调,电子政务可以增加灵活性,提供公共服务,以帮助政府应对一系列扩展的需求;而公众信任则可以通过政府透明度提升得到进一步加强。报告重申电子政务的建设宗旨是,促进以公民为中心的参与式政务,帮助公民提高生活品质和在有关未来的决策上的话语权。

全球信息技术的变革实践带给我们清晰的启示:技术只是实现政府治理模式转变的一种手段,关键还要取决于应用信息技术过程中,如何改变政府与公民、企业及其他部门之间的关系,以及政府业务流程设计、运作和维护的持续改进。研究者认为,计算能力和可连接性已经不是电子政务发展的主要障碍;未来的主要挑战是不同系统之间的互通性和融合性。从全球范围看,加强公民的参与将成为电子政务发展的主题,这会进一步促进政府的透明化和公民的自治。[2]

传统政府运行的主要特征是以行政计划代替公众意愿,以精英

---

[1] 本报告英文版全文见:http://unpan1.un.org/intradoc/groups/public/documents/un/unpan038851.pdf。
[2] 《2010国际电子政务交流会暨第五届中国电子政务论坛综述》,《国家行政学院学报》,2010年第6期。

设计代替公众参与,忽视公众的需求和偏好。连接式治理以公共服务功能为基础,以解决民生问题为核心,以公共服务结果为导向,把重点放在通过新兴技术手段的应用上,确定一个真正以公民、服务、需求为基础的组织架构。

研究者指出,一些电子政府项目成效有限,原因主要在于过分依赖于技术、不充分进行行政改革、忽视人员的能力建设、政府部门间的合作薄弱、未广泛征求公众的意见,以及缺乏周密的规划等。①

(二) 中国电子政务的战略部署与目标

综观世界各国实践可以发现,电子政务是政府解决其所面临的紧迫的经济和社会问题的一种手段,是推动经济与社会发展的一个工具。电子政务实践并没有一成不变的对于各个时期、各个国家通用的固定模式。每一个国家或地区在选择优先发展什么样的电子政务应用时,应该首先审视自身经济与社会发展的紧迫问题是什么。

当下中国正处于复杂的改革转型时期,政府承担着变革推动者、制度设计者、资源调动者、利益协调者等多重角色。要实现"权责一致、分工合理、决策科学、执行顺畅、监督有力"的行政管理体制改革远期目标,电子政务正好是一个契机。

近年来,中央政府对未来的信息化和电子政务做出了新的战略部署。这些部署集中体现在以下两个重要文件上。

2006年3月,国家信息化领导小组下发了《国家电子政务总体框架》(以下简称《总体框架》)。《总体框架》指出,中国电子政务建设将进入以深化应用为显著特征的新的发展阶段。"十一五"时期构建国家电子政务建设的目标是,到2010年,覆盖全国的统一的电子政务网络基本建成,目录体系与交换体系、信息安全基础设施初步建

---

① 国家行政学院电子政务研究中心:《2009年国际电子政务理论与实践交流会综述》,《电子政务》,2010年第1期。

立,重点应用系统实现互联互通,政务信息资源公开和共享机制初步建立,法律法规体系初步形成,标准化体系基本满足业务发展需求,管理体制进一步完善,政府门户网站成为政府信息公开的重要渠道,50％以上的行政许可项目能够实现在线处理,电子政务公众认知度和公众满意度进一步提高,有效降低行政成本,提高监管能力和公共服务水平。

同年,中共中央办公厅、国务院办公厅又联合下发了《2006—2020年国家信息化发展战略》(以下简称《战略》),进一步明确了信息化在中国国民经济与社会发展中的战略地位,国家信息化的指导思想、战略方针和主要任务。该《战略》规定了到2020年国家信息化要达到的目标,其中专门指出要"增强政府公共服务能力",使电子政务应用和服务体系日臻完善,社会管理与公共服务密切结合,网络化公共服务能力显著增强。

该《战略》列出了九个发展重点,其中,电子政务列在第二。它又包括四个方面的内容:

——改善公共服务。逐步建立以公民和企业为对象、以互联网为基础、中央与地方相配合、多种技术手段相结合的电子政务公共服务体系。重视推动电子政务公共服务延伸到街道、社区和乡村。逐步增加服务内容,扩大服务范围,提高服务质量,推动服务型政府建设。

——加强社会管理。整合资源,形成全面覆盖、高效灵敏的社会管理信息网络,增强社会综合治理能力。协同共建,完善社会预警和应对突发事件的网络运行机制,增强对各种突发性事件的监控、决策和应急处置能力,保障国家安全、公共安全,维护社会稳定。

——强化综合监管。满足转变政府职能、提高行政效率、规范监管行为的需求,深化相应业务系统建设。围绕财政、金融、税收、工商、海关、国资监管、质检、食品药品安全等关键业务,统筹规划,分类指导,有序推进相关业务系统之间、中央与地方之间的信息共享,促进部门间业务协同,提高监管能力。建设企业、个人征信系统,规范和维护市场秩序。

——完善宏观调控。完善财政、金融等经济运行信息系统,提升国民经济预测、预警和监测水平,增强宏观调控决策的有效性和科学性。

该《战略》还提出了六个行动计划,电子政务列在第三。它们包括:规范政务基础信息的采集和应用,建设政务信息资源目录体系,推动政府信息公开。整合电子政务网络,建设政务信息资源的交换体系,全面支撑经济调节、市场监管、社会管理和公共服务职能。建立电子政务规划、预算、审批、评估综合协调机制。加强电子政务建设资金投入的审计和监督。明确已建、在建及新建项目的关系和业务衔接,逐步形成统一规范的电子政务财政预算、基本建设、运行、维护管理制度和绩效评估制度。①

上述战略部署突出"服务是宗旨",强调深化应用、资源整合、信息共享、业务协同和以信息资源开发利用为主线等,为中长期的电子政务建设确立了清晰的政策导向。

21世纪以来,中国信息技术应用快速发展,为深度开发和广泛利用政府信息资源创造了条件、奠定了基础。各级政府在基础和业务数据建设、政府网上信息公开、跨部门信息共享等方面取得了重要进展,开发利用水平不断提高,为提高政府行政效能、提升公共服务能力做出了贡献。

在本章研究中关注的反腐倡廉领域,电子政务在构建标本兼治、综合治理、惩防并举、注重预防的惩治与预防腐败体系的过程中,也大有用武之地。纪检监察机关可以找准创新工作的切入点和突破口,更好地发挥其职能作用。正如贺国强指出的那样,要充分发挥现

---

① 上述文件的详细内容及其评论,可参阅王长胜主编.电子政务蓝皮书:中国电子政务发展报告2007.北京:社会科学文献出版社,2008.

代科学技术尤其是信息技术的作用,把科技手段融入反腐倡廉制度设计和各项工作流程之中,不断增强惩治和预防腐败的有效性。"要大力推进电子政务建设,把行政审批、政府采购、公共资源交易、服务群众窗口等重点领域和关键环节纳入电子监察范围,建立完善信访举报、投诉处理、政风行风评议、案件监督管理、预防腐败信息共享等系统,积极推进廉政风险防控机制建设,不断提高反腐倡廉工作的科技含量。"①

三、改革设想:南京市权力阳光运行机制的初始设计

南京市为贯彻落实中共中央《建立健全教育、制度、监督并重的惩治和预防腐败体系实施纲要》,加快完善该市惩治和预防腐败体系的建设,针对行政权力在不规范、不透明、人为因素起决定性作用的状态下运行易引发腐败的问题,在全国范围内较早开展了行政权力阳光运行机制建设的创新工作,着力通过应用信息技术、配套相应制度,对行政权力运行进行流程再造和优化,推动权力网上规范、透明、廉洁、高效运行。

2006年,中共南京市委、南京市人民政府发布了《关于加快电子政务建设,构建权力阳光运行机制的意见》(宁委发〔2006〕16号)(以下简称"16号文件"),就改革的指导思想、实施目标、方法步骤、主攻方向、规章制度、保障措施等进行了清晰的部署。

在该项探索实践取得突破性进展的今天,回顾改革起步时的初始设计,不得不佩服决策者的周密谋划和前瞻布局。按照最初的设想,行政权力阳光运行的实质是通过深化政务公开,制约公权行使的程序和边界,实现政府行政权力透明、规范廉洁、高效运行。后续的

---

① 贺国强.认真总结推广基层实践成果和经验,以改革创新精神推进反腐倡廉建设[J].求是,2010(13).

事实证明,不仅制约权力的各项具体工作安排得到了强有力的落实,而且它还埋下了从反腐倡廉走向行政革新的战略种子,政府管理的提档升级之路,也划出了近乎完美的递进轨迹。

(一) 行政权力阳光运行机制的技术架构

南京市权力阳光运行机制的基本模式是以电子政务为载体,以政府互联网站为平台,固化权力运行流程,实现网上办公,实施过程监控,依托电子政务实现行政权力阳光运行。

该模式依托于一个清晰可操作的总体技术架构,即结合行政业务分层管理体制,以行政审批为重点,建立全方位、广覆盖、分层次的权力阳光运行电子构架。镇街一级推广设立电子化的"便民办事窗口";区县一级推广设立电子化的"行政服务中心";开发区推广设立"一个窗口"审批、"一条龙"服务的电子审批服务系统;市级设立"网上政务大厅"、政府门户网站及部门网站、网上监察投诉系统,优化连接,推进联网办公、资源共享、政务公开、政务互动。

按照改革设计"一年明显见效、两年基本完成、三年巩固提高"的总体要求,改革目标是建成"一二三四"的框架体系(如图 5-1)。

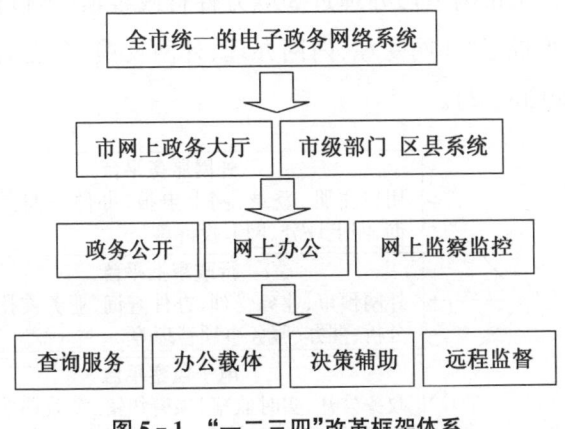

图 5-1 "一二三四"改革框架体系

"一"是指一个全市统一的电子政务网络系统,依托市党政内网和"网上政务大厅"把各级政府、各级部门连成一个整体,实现信息共享、联网运行。

"二"是指市、区县和部门两个层面的工作平台:市信息中心完成"网上政务大厅"的升级、改造,为全市行政执法电子化提供平台;全市具有行政执法权的部门和所有区县政府建设以行政权力运行为主体的网上办公系统。

"三"是指系统具有网上政务公开、网上办公、网上监察监控三大功能,有效提高了信息应用水平。

"四"是指权力阳光运行电子化系统基本满足四个方面的需求:满足社会公众了解行政事项办理情况的查询服务功能;满足机关工作人员高效办公的载体服务功能;满足各级领导科学决策的辅助服务功能;满足纪检监察部门对权力运行的实时远程监督功能。

截至2011年5月,全市政府系统180余个部门和单位,已全部接入市级机关政务内网。全市具有行政执法权的54个部门和13个区县都已建成权力阳光运行机制,实现了行政权力事项网上运行,并于2009年12月初与江苏省行政权力公开透明运行平台成功对接。全市网上已办理近300万件行政事项(不包括专网和涉密网),形成了"外网受理、内网办理、外网反馈、全程监察"的工作机制(如图5-2)。

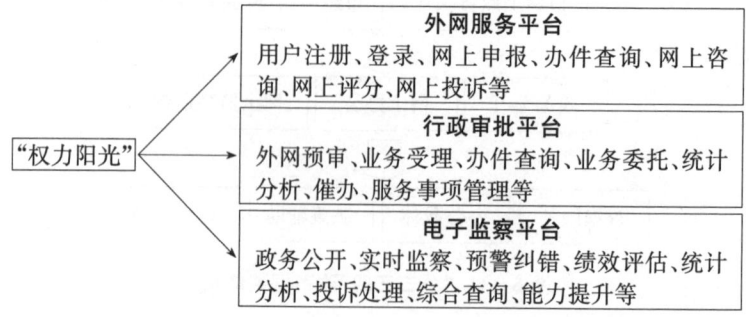

图5-2 "外网受理、内网办理、外网反馈、全程监察"的工作机制

（二）信息技术撬动行政改革的先进观念

在16号文件中，南京市决策层清晰地指出，应"紧紧围绕发展第一要务，从维护人民群众根本利益出发，运用现代信息技术创新行政权力运行方式，提高政府依法行政效能，优化政务环境，提高办事效率，从源头上治理不正之风和预防腐败，建设公共服务型政府，实现反腐倡廉与改革发展的相互促进、良性互动。"

按照该文件的指引，改革将以电子政务为载体，以网上政务大厅为平台，推动行政权力网上规范、公开、透明、高效运行。着重把握好规范、公开、监督三个环节。第一步依法对现有行政权力进行清理，规范权力运行的流程；第二步建立和完善政府部门的电子政务系统，尤其是权力相对集中、与群众利益密切相关的行政部门要率先启动，使权力运行通过信息技术得到固化和整合，实现行政权力网上的规范、透明运行；第三步建立跨部门的统一电子政务监察系统，力争实现公共权力运行的电子化、网络化，做到行为规范、程序严密、运行公开、结果公正、监督有力。

改革的动议来自廉政自律的政治要求，但文件明确指出，应将依法行政、勤政廉政与政务公开、数字南京等多项工作有机结合，努力建设为民、务实、清廉、高效的公共服务型政府。

（三）权力自律和电子监督并举的廉政方向

在16号文件中，就"依法清理和规范现有行政权力"和"全面推进电子政务建设"两项当务之急做了专门部署，明确了技术升级和权力自律相结合的主攻方向，旨在实现对行政权力的全过程、轨迹化的透明监督。

文件指出，全市各有关部门首先要依法对本单位现有的行政权力进行全面清理。清理的范围包括：行政许可权、行政处罚权、行政征收权、行政强制权以及其他行政执法权。行政主管机关对本部门内部行使的重大项目、资金分配、资产处置等重要事项决策权参照清理。经过清理核定的行政权力，须编制职权目录和权力运行流程图。流程图应按照权力运行的程序、承办岗位、职责要求、监督制约环节、相对人的权利、投诉举报途径和方式等项目进行编制。对涉及自由裁量的行政权，要制定具体的实施细则。编制完成的职权目录和权力运行流程图，报有关部门核准后，按照规定的方式，通过政府部门门户网站等载体向社会公布。

在清理权力的基础上，对权力运行进行进一步的规范和优化，形成标准化的业务流程，并通过电子信息系统予以固化，实现对权力运行相关数据的统一管理，实行全程电子化运行。结合政府职能转变和管理体制创新，在全市内网电子公务平台上，分类建立工程招投标、政府采购、经营性土地出让、产权交易、行政许可，以及城市规划、建设、环保、交通、城管等各个专门管理平台，推进网络化办公和并联审批，提高信息共享程度和办事效率。开发建设内网监控和监察系统，对重要的审批事项、行政性收费和公共资源分配等重点业务流程，实行全过程实时监控和效能监察。

（四）向公共服务和官民互动延伸的长远考虑

网上政务平台为社会公众广泛参与公共事务的决策、管理和监督提供了畅通、快捷的渠道，搭建了政府与人民群众互通互动平台。

以行政权力网上调整为契机，将政府内部管理的优化努力，转化为公众可感知、可触及的服务改进。政府部门通过政务外网发布政务信息，扩大网上审批、交费、办证、求助等应用项目，借助外网实现各项行政职能的"外网申请、内网审批、外网发布"。社会公众通过政务外网了解政务信息，进行相关事项的申请办理工作，方便单位和市民办事，接受社会监督。文件已经构想，建立一个健全的多层次的有形服务网络。它将是一个与网上政务大厅链接的综合政务大厅，届时，有关部门派出人员集中办公，使得市一级行政权力中涉民涉企公众服务项目可以在那里实现"一门受理、并联审批、一站式服务"。

让人民群众的知情权、参与权、表达权和监督权得到有效保障，切实增强政府决策的科学性，以及管理公共事务、服务人民群众的水平。除涉及国家秘密和法律法规明确不宜公开的事项外，机关办公信息应最大限度地向社会公开，进一步增强机关办事执法的透明度。加强政府与市民的网上互动，建设为市民提供综合信息服务的市民电子信箱、及时听取市民意见的网上市民论坛、实时接受市民投诉的部门联网网上投诉中心，就群众关心的热点问题进行网上对话，提高机关为民服务的水平。建立公众评议制度。通过互联网或其他形式与公众、社会形成互动，由群众对各部门实施权力阳光运行情况做出满意度评价，定期公开评价结果。

从根本上说，行政改革是社会经济发展推动的结果，任何成功的改革总是不能超越社会的经济结构以及由经济结构所限制的文化发展。但上层建筑领域的调适并不是消极被动的。在一个"反省"与"再造"相互激荡的时代，成功的行政改革必须跳出狭隘的视域和私利的纠缠，以宽广的视野、可嘉的勇气进行战略的思维与规划。正如美国学者波兹曼和 J. 斯特劳斯曼（J. Straussman）曾经提出的，"公共管理者总是忙着进行昨日就需要的行动，以至于无法从事明日所需要的规划"，然而成功的公共管理"必然需要战略意识"[①]。

南京的权力阳光运行机制改革，各项准备工作充分，预期目标清晰，主攻方向和重点难点有的放矢，推进力度"稳、准、狠"，是一次极有魄力的战略设计。

---

① Bozeman B, Straussman J., *Public Management Strategies*, San Francisco: Jossey-Bass Publishers, 1990.

四、改革实施:南京市权力阳光运行机制的操作技巧

经过几年的努力,南京市将发轫于廉政创新的改革设计,向政务公开、依法治市和管理革命的更大范围和更深层次挺进,打造了一套具有鲜明特色的行政权力阳光运行机制,诸多功能和目标的实现,使政府管理和服务面貌发生了革命性的变化,既显现了管理型政府的巨大改良空间,也揭示了向服务型政府转轨的可行路径。

总结南京的成功实践,其基本做法包括:强力组织,主要领导重视,形成了改革核心共识;抓住主线,先清理权力,后再造流程,寓管理与监督于流程之中;顺势而为突破重点难点,配套制度不断完善跟进;善用技术,职业官员出主意,技术公司做研发,以公众为中心,推进协同政务模式。

(一)组织保障:主要领导力推,达成改革核心共识

权力阳光运行的最初创意,来自纪检监察部门对廉政工作创新的考虑。

我国目前的预防腐败工作主要集中在国家制度的层面上,针对具体业务领域和环节的系统分析和评估还相对薄弱。最近以来的研究表明,良好的工作程序可以增加权力制约,减少违纪违法行为发生的机会。但在大多数地方,规范和细化工作程序没有得到足够重视。专门的预防腐败机构,人手和职能范围有限,也不具备监控全局的可能性。如何整合现有的资源和力量,深入开展预防腐败工作,一直面临重大挑战。

伴随着经济社会的剧烈转轨,要求推进权力阳光运行机制的呼声逐渐从内外兴起,逐渐激活了主政官员的灵感。一是经济的高速发展凸显了行政管理的低效。传统权力运行体制下,行政权力介入微观经济活动难以实现高效管理和服务;实行宏观调控过程中,易受

制于信息的不对称性；在封闭运行结构中，易造成权力寻租。如果将权力运行流程固化在网络信息系统上，能够保证权力运行信息的真实，权力运行过程的规范、公开，从而增大人为因素影响权力运行的难度。二是政治民主化进程具有打破传统权力封闭运行结构的内在需求。权力在不透明、不公开的体制下运行，民主和监督只能相对于权力的初始状态和结果状态而言，无法及时有效纠正运行过程中的失误。如果通过信息技术，将权力限制在规范的、可跟踪的网络平台上，授予监督部门甚至公众相应的监督权限，是政治民主参与的前提条件。三是社会活动领域的不断扩大强化了对行政管理和服务的要求。管理向服务的转变对政府提出了新的更高要求。为社会提供必要服务与以行政命令形式管理社会相比，如果沿用传统行政权力运行方式，则政府在人力、财力、物力成本将无法承受，必须通过网络信息技术实现政府—社会的互动。

在反复动员和解决问题的深度讨论中，南京市的主要决策和执行层已就改革达成核心共识：信息技术可以内嵌在国家权力系统中，帮助政府重塑行政流程，节制自由裁量权，强化监管，改进服务，实现精细的品质管理。

权力阳光运行机制的改革设计很快形成雏形。但其推广和实行，作为新的探索和尝试，不可避免地会触动诸多相关者的利益，他们可能会为维护自身或本部门的利益而在政治支持、政策影响等领域施加压力，给改革带来障碍和麻烦。基于国情考虑，搭建一个高规格、强有力的改革领导团队就显得异常重要。

南京市委、市政府高度重视构建权力阳光运行机制工作，专门组建领导小组，由时任省委常委、市委书记罗志军和市长蒋宏坤亲自负总责，时任市委副书记、市纪委书记陈绍泽担任领导小组组长，市纪委、政府办、编办、监察局、法制办、人事局等有关部门为成员单位。领导小组下设办公室，作为日常办事机构，负责综合协调、督查推进。各区县、市级机关各部门也建立了由主要领导总负责、分管领导具体负责的工作机制,形成了横向到边、纵向到底的工作网络。

全面落实责任制,业务工作主要由各职能部门具体负责,面上部署推进由政府办牵头负责,清理规范工作由法制办牵头负责,规划设计、整合资源工作由发改委牵头负责。

权力阳光运行机制良性运行需具备完整的规划和具体落实计划,而且整个机制从理念、目标、规划、方案到实施都要呈现突出的整体性特征。在复合式业务流程中,需要确立相关部门在协作政务中的共同目标,围绕目标制定具体方案,并确保每个方案的运行都有相关责任人,每项工作都有人执行,每个问题都有解决主体。

(二) 关键突围:清理规范权力,全流程固化监察

在行政决策、执行和监督等任何一个环节,如果没有明确的职责和合理的分工,都会使得权力在权力主体之间形成落差,从而使权力的行使受偶然性因素支配,给随意行政、不法行政、滥用权力创造空间,并且可能使得各个主体之间出现对权力的争夺,对责任的相互推诿,同时又缺乏明晰的判断标准和依据,制约和监督也无从谈起,权力阳光运行更是奢望。

南京市权力阳光运行机制的推行,聪明地抓住了权力源头的关键要害,选择了以清理权力和再造流程为突破口,然后逐步向其他领域拓展和深化。在流程的自动控制中,以信息的即时传递性和程序的不可更改性,压缩了人为操作空间。寓监督于流程之中,则改变了监督模式,提升了管理绩效。

改革主要通过以下基本步骤来推进完成。

——全面清理行政权力

南京市成立权力阳光办公室(以下简称"阳光办"),组织各级政府部门对市、区(县)两级行政执法事项进行全面清理,清理范围主要包括行政许可权、行政处罚权、行政征收权、行政强制权以及其他行政执法权。

"盘点权力家底"并不是简单的自我约束，还着眼于权力职能的合理配置，对长期不用或从不使用的权力予以撤销，对交叉权力予以简化合并同类项，对模糊的权力进行清晰的界定，确保每一种权力都有其存在的必要性，每一种权力都有其相对应的负责人行使，真正从源头上梳理和明晰权力，为权力的阳光运行提供前提基础和依据。对保留的行政权力，按照其类别、主管领导和内部负责机构、人员职责分工等项目编制了《南京市行政职权目录》，逐项统一编码管理，确保每种权力都有标识自己"身份"的唯一识别码。

所有行政权力事项及其相关信息必须在"市网上政务大厅"公示，各单位门户网站开设"行政权力公开"栏目，并与"市网上政务大厅"链接，同源公开、形式规范，并规定凡未经清理核定、报备、不在职权目录中的行政权力均不得行使。当行政权力的法律法规规章设立、修改、废止时，由市级部门和区县及时从网上申报调整，并通过全市行政权力事项动态调整业务系统实时修改相关数据库内容，形成动态长效管理机制。

通过三轮集中清理，全市行政权力事项大幅压减，市级行政权力事项核减到3366项，区县行政权力事项总数削减了57%。目前，全市行政权力事项调整已全部实现无纸化远程操作，开创了全国先河。

——固化权力运行流程

对经清理核定保留的行政权力事项，逐项统一编制权力运行流程图。针对过去纸质方式运行中的行政权力各环节、程序和工作表单，逐项确认行使依据、内容、程序、时限、责权等，科学合理地分解到具体执法机构、执法岗位和执法人员，利用信息技术固化到业务系统中，工作人员均在网上审阅材料、填写意见、制作文书、做出决定，实现了权力全过程网上运行和可查可控，从技术上避免了人为因素的干扰，有效遏制了权力的滥用。同时，加大权力行使相关内容的公开，行政审批、处罚等事项办理过程在"市网上政务大厅"均可查询，办理结果通过外网向群众反馈，充分保障了群众的知情权和监督权。

以业务需求为导向,对所有行政权力事项实行个性化流程定制,基本实现所有办事环节以图表方式清晰显现,时效考核以秒为单位精确统计,并做到全过程痕迹保留。有些单位尝试将权力阳光业务系统与内部办公系统有机整合,建立了规范、透明、高效的综合业务平台,并同步设立"网上申报窗口",开设短信平台,实现与行政管理相对人的实时互动,有效提升了服务水平。目前,绝大多数部门行政执法事项承诺办理时限少于法定办理时限,审批事项的提前办结率和办件提速率明显上升。

针对自由裁量权受人为因素影响较大的问题,制定《南京市行政处罚裁量权指导意见》,将行政处罚划分为案件登记、立案、调查、处罚、结案等14个标准环节,在法定的自由裁量权限内,再针对不同违法情形分解为若干不同处罚档次,建立行政执法标准数据库,根据违法事实和情节轻重由系统软件自动控制处罚幅度或自动生成处罚结果,有效限制了经办人员的自由裁量空间。在实践中,管理者还据此建立了三类规范自由裁量权行使模式,即分类控制法、统计归纳法、逻辑数学法,确保自由裁量结果的公平性和权威性。

根据权力运行流程图,将所有行政权力逐项固化上网,接入市网上政务大厅,建成全市统一的电子政务平台。规划、环保、国土、房产等部门还将业务数据按照权力阳光运行机制建设要求进行归集,建立融合行政办公、行政执法以及业务管理需要的电子政务系统,以实现信息资源整合的倍加效应。

操作时从业务性较强的行政执法领域着手,以行政许可权、行政处罚权、行政征收权、行政强制权以及其他行政执法权等权力为业务流主线,明确职能,明晰分工,确定容易辨别的主管部门和单位,以此为突破口,在明确其他机构和部门的规则、模式的基础上,再向其他不同的机构拓展延伸,进而形成一个以"公众需求"为导向,以公共服务为输出,能将多项不同的活动整合起来形成一个流程,带来公共服务的价值增值的机制。

——全面推行网上监察监控

权力阳光运行机制从打破条块限制和部门间的壁垒入手,将电子监察监控系统与"市网上政务大厅"对接,建立两级电子监察系统,一级平台为"市网上政务大厅"监察模块,二级平台为各部门、各区县电子政务系统监察模块,分别由市监察局和区县、派驻监察机构对阳光运行系统模块、运行绩效、审批流程、监察监控等内容,对全市各单位所有行政事项的办理情况,进行实时远程监察。针对发现的问题,及时发起督办指导,分类处理预警告警,纠正权力运行中的不规范行为。

根据真实环境设置49项异常事项告警点,及时准确地发现"梗阻点",对行政权力运行过程中产生的超时、违反程序等异常情况,系统自动发出告警,从程序上有效防止了违法违规操作现象的产生。以南京市规划局为例,该局参照自身的特点,建立了6个内部监控,分别是:案件超期监控、决定异常监控、裁量异常监控、规划指标异常监控、流程异常以及环节超期异常等。其中的规划指标异常监控是规划部门特有的监控,具体包含容积率、限高、绿地率、密度等,每一个数值都与建设单位的直接利益有着密切关系,对老百姓的生活存在直接影响。原有的信息系统针对此项的设计缺乏考虑,依靠人工对于问题案件查找很不方便,而通过程序实时监控,极大地加强了监督部门的工作力度。例如,在建筑容积率(地上总建筑面积/建设用地总面积)的监控上,若建设单位申报建筑方案的指标超出设计要点规定指标(容积率、高度、建筑密度等)以及对申报建筑许可的指标超出设计要点规定指标(容积率、高度、建筑密度等),且审批意见类型为同意的案件进行监控。在某项目的设计要点中,容积率为1.5,若建设单位此次报批建筑方案时,通过数字报建程序得到的容积率1.6,经办人若仍给予"同意"意见,则该案件在经办人界面上以红色显示,并以红色标示出超标的指标,并随即进入监察室人员的监察箱,进入督办流程,监察人员将要求具体经办处室回复合理意见之后,才完成督办。

同时,充分整合业务数据,实行统一用户管理、统一督查流程管理、统一数据库管理标准,并定期进行需求综合分析,不断完善权力阳光运行业务系统功能。从政务公开、流程合法、期限合法、廉洁行政、服务态度等方面,做出相应的量化测评,并进行市级行政监察监控绩效排名,作为全市依法行政考核评价的重要依据,不断增强网上监察的有效性和针对性。据统计,自 2006 年行政权力阳光运行系统启动以来,南京市每年处理腐败案件呈现明显下降趋势。目前已发出督办单 300 多份,按期回复率 95% 以上。

(三) 配套巩固:顺势而为解决改革难点问题

构建权力阳光运行机制是一场全新的变革,涉及深层次的权力配置和利益调整。主要领导的领军督阵,固然可以发挥重要的作用,但现代行政体制"非人格化"的内在要求,对各类"运动战"都心怀警惕,更强调常态化的制度运作。因此,加强相关配套制度的建设和完善是确保机制良性运行并实现最佳效能的必要条件。随着行政环境的变化、运行机制不断完善和行政管理的日益发展,行政权力阳光运行机制运行的要求也会越来越高。南京市的改革经验表明,需要跟进完善配套制度,并顺势而为,解决政府管理面临的难点问题,才能确保行政权力公开、规范、长效运行。

南京市先后出台了《构建权力阳光运行机制电子政务系统建设规范》《行政执法权公开规范及维护管理要求》《电子政务网上监察监控系统功能需求》《构建权力阳光运行机制工作考核验收办法》和《行政权力阳光运行机制建设和管理暂行规定》等系列工作规范文件。在改革推进的重要时期,市纪委还组成 10 个督查组,由常委带队对所有区县、部门权力阳光业务系统运用情况开展专项督查,并将权力阳光运行情况列入法治江苏合格区县创建考核和市级机关作风建设综合评议之中,确保各单位按照全市统一的技术标准、统一的工作机制、统一的时序进度完成各项目标任务。

针对过去"运动式"管理缺乏长效的弊端,南京市还在有条件的行政管理部门开展贯彻 ISO9000 质量管理标准活动,改良国际通用的评价指标,通过系统、透明、规范、易操作、易控制的方式确保公共权力的稳态运行,实现管理的科学与规范。

针对行政权力自我扩张的官僚系统之疾,南京市深化了行政审批制度改革。进一步减少审批事项,建立经常性的审批事项审查机制。进一步规范行政许可行为,继续清理非行政许可的行政审批项目。改革行政许可方式,加强后续监管,提高行政许可效率。

针对腐败易发的招投标领域,南京市改革创新了招投标市场的监管方式。建立全市统一的政府综合性招标评标专家库,规范和发展各类中介机构和行业协会。通过加强管理和引导,完善行政执法、行业自律、舆论监督、群众参与相结合的市场监督体系,建立竞争有序、运作规范的招投标市场。

(四) 善用技术:需求主导与外包研发克服应用障碍

信息技术的特性为保证权力阳光运行提供了可能。信息技术具有可设置性,为行政权力向数字平台移植提供了可能;信息技术具有规范性,这就切断了暗箱操作、人为干扰的途径,使权力始终在预期的规范路径上运行;信息技术具有即时传递性,消除了信息不对称,为行政权力透明、高效运行奠定了基础。

世界各国电子政务发展的历程表明,电子政务建设与应用的过程是从各部门各自为政的分散式建设与应用,发展到跨部门、跨业务系统的集成整合式建设与应用,再发展到数据共享的过程,呈现着从政府机构工具信息化、事务信息化、管理信息化到组织信息化的发展轨迹,由此实现了公共事务的管理和公共服务的提供从分散的、各自为政的方式向集成整合的、无缝隙的方式转变。①

南京市作为电子政务发展较好的城市之一,率先利用电子政务来打造行政权力阳光运行机制,给同类地区提供了示范。电子政务作为发展的一个大趋势,也是政府发展的必然选择。电子政务的不断完善,为行政权力阳光运行提供了保障,行政权力阳光运行既借助电子政务技术又推动电子政务向前发展。

但构建基于现代网络技术的权力阳光运行机制需要大量的硬件投入和软件设计,涉及复杂的技术问题。在过去的实践中,政府应用信息技术有两种常见的误区:一种是不顾实际强调自力更生,结果由于人才和技术瓶颈,使得需求无法满足;一种是惰性思维,将核心业务直接外包,软件公司缺乏对政府流程的深刻理解,使得产品适用性不足。

南京市在权力阳光运行系统的开发过程中,坚持需求主导,由政府核心或实际管理部门提出应用要求,规划流程草图,参与系统调试,将研发任务清晰下达给有实力的软件公司。通过招投标的方式细心选择合作伙伴,这种"半外包"模式克服了需求—应用两张皮的痼疾,既减轻了政府部门负担,又获得了持续可靠的技术支持服务。

在研究过程中,我们对南京市使用行政权力阳光运行系统的部分单位进行了问卷抽样调查,调查的对象主要分为主管官员、技术主管和一线员工三类,涉及31个单位,了解不同主体对权力阳光运行机制的认知和评价,并搜集了相关建议和意见。

调查结果显示,主管官员对行政权力阳光运行机制目的的认识清晰明确,认为行政权力阳光运行机制最主要的目的在于促进政府职能转变和依法行政,强化监督从源头上预防腐败,加强政府与群众的互动,最终提升行政效能和公共服务能力;八成主管官员对所在单

---

① 蔡立辉.基于电子政务应用的行政流程再造:问题与对策[J].天津行政学院学报.2009(2)。

位的权力阳光运行系统进行过成本—收益分析,并认为该系统运行有效或比较有效,全部或部分达到了预期的效果,信息化的应用对改善廉政绩效有一定的效果;绝大部分主管官员认为现有的流程设计对权力阳光运行有所支持,并意识到系统预示着未来的发展方向,他们表示愿意更多地使用该系统来行使权力。

通过对技术主管的调查发现,受访者对权力阳光运行系统的目的认识比较清晰,大部分单位技术主管是由专人负责并有明晰的权责规定,制定了信息化建设的中长期规划、定期评估和修订建设规划、制定了灾难备份及恢复计划及信息类专业人才聘用培养计划,只有少部分单位由业务领导兼职,权责不够清晰;在管理制度方面,大部分单位均建立了软硬件资产管理数据库并有专人维护,建立了信息基础设施运行管理规章,部分单位还增加了应用系统管理及维护规章及相关详细预算;绝大部分技术主管对系统的运行持肯定的态度,认为系统整体设计较好,部分提高了效能,并达到了预期的效果,表示愿意投入系统运行工作。

一线员工对权力阳光运行系统也有着较为清晰的认识。他们认为在工作过程中领导对该系统持全力支持的态度,公众对该系统的常见评价基本上都非常正面;现有的流程设计对工作效率的提高有些作用,但部分员工认为对该系统的操作有一定的难度,表示如果要使系统运行更加有效,上级部门和单位领导应该优先考虑改进系统的易用性和重视员工的技能培训;对政府管理信息化的趋势的感受,一线员工一方面存有因其变化太快而跟不上的担心,另一方面又认识到政府信息化是必然的发展趋势,并表示出必须努力赶上的勇气和决心。

行政首长、技术主管与一线员工均赞同以下理念:合理的技术应用可以推进行政体制改革;技术应用应体现"以公众为中心"的服务理念,才能效益最大化;技术应用的重要突破口在于推进协同政务模式发展;应采用"大集中"的信息化建设思路,提高社会信息化水平。

但在调研中,我们也发现,南京市的行政权力阳光运行工作还存在一些现实问题和薄弱环节。主要表现在以下几个方面:

1. 由于南京市正在开展新一轮大部制政府机构改革,涉及市级部门及区县政府权力职能的调整以及部门、处室的拆分合并,部分单位领导和工作人员还未到岗到位,客观上对权力阳光运行工作造成了一定的影响。同时,随着系统的建设和运用,硬件条件要求越来越高,数据安全稳定等日常维护任务十分繁重,需要建立稳定的长期投入机制,保证系统的正常运转。

2. 权力阳光运行工作涉及权力梳理固化、电子平台建设、电子监察监控等诸多方面,由于目前政务公开、阳光运行、电子监察等存在多头管理机制,造成信息不对称,一定程度上影响了工作效率。电子平台运用是权力阳光运行工作关键,但仍有一些单位的领导及相关工作人员受传统思维影响,往往先进行传统审批方式,再进行网上登录,仍然存在"双轨"运行的现象。

3. 权力阳光运行机制是将法律法规规定的行政权力事项、依据、人员、条件、流程、时限、形式、手段或措施、裁量标准等,通过信息技术予以固化和程序化,通过网络运行行使行政权力,其中涉及的法律问题显得尤为关键。但网上电子监察目前在法律上还是一个盲区,缺乏明确的法律法规的界定和支持。在电子监察系统发现相关问题后,对极少数不上网运行或网上运行不规范单位,没有明确的责任追究和问责的依据和办法。

4. 最重要也最困难的一点是,现行行政体制中条块分割矛盾在权力阳光运行工作中表现得越来越突出。公安及部分垂直管理部门业务受上级主管部门约束,数据传送缺乏自主权。特别是随着全国和全省电子政务建设工作进程加快,越来越多的中央和省级部门要求市里对口部门使用垂直的业务系统,市级大部分权力阳光业务系统出现了有可能被上级部门系统取代的趋势,造成基层电子政务多轮投入。

五、改革绩效：南京市权力阳光运行机制的直接贡献

南京市行政权力阳光运行贯穿了"将方便留给公众，将复杂内部消化"的以人为本的公共服务意识。在深化政务公开、促进依法行政、源头防治腐败、提高行政效能等方面，取得了综合性效果。

南京的实践思路清晰，步骤合理，符合国情，在不触动体制硬核的基础上，突破了行政改革的困局与僵局，实现了低投入带来大产出的管理效益，是一个可学可改的优秀改革样本，具有重要的全面推广价值。

（一）提供了源头预防腐败的新思路

在廉政环节，南京改革促成了三个新的变化，即从以领导干部为监督对象到以权力行使为监督对象的转变，从主要依靠被动检举到主动依靠程序规则转变，从以查漏补缺为主到全面布防转变，为源头预防腐败提供了新的思路。

在权力的自我约束方面，阳光权力运行机制通过清理规范行政权力和电子政务手段，将各部门行政行为纳入了法制化轨道，促进了政府职能转变。与时不符的审批事项依法全部被清理、取消，全市行政权力事项大幅压减。在全国率先实行行政权力网上动态调整，出台《全市行政权力事项调整管理办法》，由市政府法制办扎口管理，凡涉及行政权力的法律法规规章设立、修改、废止，均由市级部门和区县及时从网上远程无纸化申报调整，并通过全市行政权力事项动态调整业务系统实时修改相关数据库内容，形成动态长效管理机制。

在权力的动态行使方面，行政权力阳光运行机制按照决策权、执行权、监督权既相互制约又相互协调的基本要求，实行受理和办理分离的工作模式，受理和反馈统一在窗口或外网进行；事项办理统一在内网进行，当事人和具体经办人员相互隔离，截断了"暗箱操作"渠

道。同时，通过电子监察监控系统实时获取权力运行数据，实施在线督查、动态调整、数据分析、预警纠错、绩效评估，并对各部门网上办事情况进行千分制量化测评，实现了结果监督向过程监控、人为监督向自动监控的转变，促进了从源头防治腐败水平的提升。

行政权力阳光运行机制既清理了权力，又规范了权力运行。"一权一码"状态下，不仅每一种权力都有着清晰的负责人和上级领导，还为区分和监督提供了便利，即只要输入一个身份识别码，就可以立即发现相关人的廉政记录，了解其信用情况，同时，当事人也可以随时到网上关注自己的信用记录，以便调整自己的行为。该机制借助于高技术自动化的监控，数据一般不可随意更改，而作为记录永久保存，并成为日后工作人员绩效考核、职位升迁的重要依据；同时，廉政信息详细记录在案，责任非常明确，一旦出现问题都可以找到相关负责人，因而有利于对腐败行为进行追溯和查处。

从源头上预防腐败的机制完善和长期实行，有利于廉政文化的建设和廉政信用机制的形成。行政权力阳光运行机制利用电子监察平台，全程监督监控行政流程，并记录相关廉政信息，使得建立廉政信用档案成为可能。廉政信用记录又具有可感知风险的性质，迫使整个廉政信用档案与个人的政治生命密切关联。

权力阳光行动机制长期积累这种廉政信息，则有可能成为公信和廉洁的信用标志，并建构出一个向社会各界公开的全面有效防止腐败的透明监督网，进而达到营造良好的廉政文化氛围的目的。在新加坡、中国香港都有类似管理先例，政府行政人员一旦有贪污记录，便会面临被剥夺高额退休金甚至是失业的危险。在这种廉政信用压力机制的威慑下，行政人员不得不廉洁自律。

（二）克服了政府传统作业的旧弊端

在内部管理环节，南京实践以一流的业务流程再造为主线，体现了多部门协同办公和流程跟踪监管的巨大威力，解决了政府长期想做但一直没做到的诸多难题。过去权力不明、流程不清、监督不力、响应不快、效率不高的缺陷得到了显著修正。

传统政府职能的扩张，导致行政组织规模膨胀，层级增多，行政过程链条过长，再加上官僚制组织部门分工过细而割裂了完整的流程，使政府部门之间缺乏有效的协调与联动机制，从而降低了行政效率，提高了行政成本。中国行政机构改革一再出现"精简—膨胀—再精简—再膨胀"的现象启示我们，单纯行政机构改革的压缩或重组不足以实现行政高效的目标，行政管理体制改革必须与行政机制创新相配套。

行政权力阳光运行机制适逢转型期行政管理体制改革的浪潮应运而生，全面再造行政流程，根据公众需求，突破部门界限，实现部门之间的互动与协作，试图以部门的联动代替传统的按部门顺序操作，对行政业务流程进行全面改革，并有效推动行政组织再造，进而推进行政管理体制改革。

行政权力运行的业务流程，按照其运行的路线形式和步骤分，可分为串联式流程、并联式流程和复合式流程三种模式。串联式流程又称连续式，即权力运行依照时间顺序直线递进的流程；并联式流程又称平行式，即权力运行可同时完成若干步骤的流程；复合式流程又称为平等连续式，即一部分步骤依时序递进，一部分步骤同时完成的流程，是前两者的有机结合。传统的权力运行业务流程，一般被分解为采集业务资料、资料汇总、逐级上传、分析决策并制定相应的政府法规，然后层层下达，并反馈到基层采取行动措施等几个阶段。整个流程无法实现跨部门、越层级条块联网运行，整个政务被迫分割到部门之间和层级之间"串联式"直线递进传递。传递过程中，因为数据不能共享而导致重复收集、存储、加工和管理，组织间的壁垒阻隔，流程拥堵等，大幅降低了行政工作效率，增加了行政成本，导致高效快速的行政。

基于流程再造的行政权力阳光运行机制，有效利用现代化信息技术，在网上政务大厅上建立并完善信息系统，所有办事环节以图表方式清晰显现，时效考核以秒为单位精确统计，痕迹全过程保留。不同级别政府根据实际需要，在大体上参照信息系统运行的前提下灵活增加或减少服务项目。

行政权力阳光机制通过流程与信息的协作，为深化政务公开提供了全新、高效的载体和平台。系统设置了统一的行政权力信息资源数据库，该数据库可以用来存放各种信息，并保存信息处理的记录。在信息的传递和利用上，采用"一网式"模式，即所有部门和用户都可以通过网上政务大厅这个平台进行工作或了解信息，由网上政务大厅来集中办理多项政府管理事务和服务项目，公众的申办或监督均不再受办公时间和地点的限制，相关信息也可在网上政务大厅上得到新的整合。在个案处理上，采用"一表式"服务模式，即公众或其他组织和政府之间只要通过网上政务大厅外网服务平台报送一套表格，填写一次固定信息即可，政府各部门通过数据共享和流程整合，系统核对用户信息，即可完成审批事宜。

权力阳光运行机制充分利用现代信息技术，通过网上政务大厅建立，外网服务平台、行政审批平台和电子监察平台等政务信息系统的完善，进一步整合政务网络资源，对原本属于不同部门的管理环节和行政流程进行科学分析、撤销、合并、重组等，重新整合，借此将传统的"串联式"直线递进权力运行业务流程模式改造为"复合式"协作政务权力阳光运行模式。"复合式"协作政务流程旨在超越传统条块分割的职能划分，超越原来信息系统"打架"的现象，而将部门与部门，各级政府之间协同起来，围绕共同的目标解决共同的问题，通过政府内部的协同，带动政府之间的协同，真正实现为人民提供服务。这种流程确保了权力的透明、公开、阳光运行，同时也有效减少了权力运行流程的步骤，增进不同职能部门的合作与协调，强化监督监察的有效性和实时性，从根本上实现权力运行的阳光高效。

该系统是对电子政务早期"单窗口——一站式"服务（公众只需要

和政府前台交互,无须深入了解政府内部的组织结构和业务流程)的深化和发展,打破原有部门窗口职能,进行统一重组,将前台和后台的信息交换程度加深。这就要求后台的政府部门根据前台服务的需要进行组织的重构,冲淡各个部门之间的界限,逐渐成为一个统一的整体,使流程再造的程度得以深化。①

该系统更重要的创新在于对"管理流程的权力再造",即从流程上对权力进行仔细梳理,通过分门别类将权力的管理纳入到可控和数字化的范畴内,将监督功能整合到常用的行政审批类系统之中,其设计理念契合了无缝隙政府②的思想。经过再造的行政流程,在实际使用中行政效能得以乘数叠加。

六、改革启示:南京市权力阳光运行机制的拓展思考

南京个案是善用信息技术又绝不局限于信息技术的结果,为我们深刻理解技术与行政的互动关系提供了标杆,为政府转型的理论与实践分析提供了出色的样本。南京经验改变了政府管理中的许多"通常习惯"和"通常信念",为地方政府改革和转型提供了重要的理论参照和价值引导。

在微观层面,它表明反贪廉政着力点应当从事后威慑性惩罚转变为全流程防范监管;在中观层面,它表明政府的管理方式应当从上级压力型——承包制绩效管理,转变为技术自律型——公众满意度绩效

---

① 邓崧.电子政务价值评估——基于政务流程和信息整合的研究视角[M].北京:人民出版社,2008.

② 无缝隙政府是以一种整体的而不是各自为政的方式进行管理和提供服务,通过政府再造消除部门分割。无缝隙组织的重要特征就是几乎没有分界限,去掉部门分割,去掉专门分工,拆毁隔绝和分裂自然工作过程的多重壁垒,代之以小规模的多专多能的小组负责整件事情。自我管理团队,在尽可能少的管理下计划、实施和评估他们自己的工作。拉塞尔·M.林登.无缝隙政府:公共部门再造指南[M].北京:中国人民大学出版社,2002.

管理;在宏观层面,它表明政府治理的愿景应当从建设型—经济增长取向转变为服务型—公民幸福取向。上述思考为地方政府创新时面临的观念困惑提供了前瞻式答案。

(一)廉政重心转变:事后威慑性惩罚—全流程防范监管

在反腐廉政的应对思路上,中国式传统是重监督、轻制约。监督重权力权威,轻正当程序,容易导向人治;制约重程序,依靠制度建设,与法治相洽。① 监督论认为,因为客观外部环境会蒙蔽人的善根,一些偶然因素会造成错误甚至罪恶,所以需要督促。它暗含着对人性善的期待,相信只要加强修养,扩充善端,人们自可达至"贤人之治"。而权力制约的思想基础可以近似地称为"性恶论",更准确地说是一种对人性负面特别警觉的怀疑意识。它假定人的本性中有贪婪自私的因素,认为人的自私之心必须受到约束。监督依赖于权力,所以监督越是有力,越要集权;制约依赖于程序,制约越是有效越要重视程序。

在特定历史条件下,中国选择了与高度集权的计划体制相适应的权力监督机制。但在改革开放后,随着市场体制的建立,社会结构和权力关系发生了深刻的变化,权力监督机制日益显露出它的缺陷。要适应时代发展和社会变化,有效地控制公共权力,就必须加强对权力制约机制的建设。

近年来,各类腐败现象时有发生,严重侵害了个人和社会利益,破坏了民主,扰乱了正常管理秩序,成为国家治理的重要难题,难寻根治的良策。纵观政府历年来对腐败采取的对策,主要有三种模式,即事前思想教育预防模式、事后打击震慑模式及事中制度控制模式。现行反贪主要以事后威慑性惩罚为主。事前预防思想教育教育模式

---

① 刘筱勤. 从权力监督到权力制约——论公共权力监控机制的转型[J]. 中共南京市委党校学报,2010(2).

作为软约束,难操控,不易把握,容易导致"教育失灵"现象;事后打击震慑模式因其滞后性影响,也不能从根本上解决腐败问题;至于事中制度控制模式,由于缺少具体的运作机制而流于形式,未能发挥应有的作用,收效都不明显。

对于科层制的权力体系来说,权力的链条越长,对下级的监督控制力越弱,上级越容易被下级欺瞒,因此监督者越容易观察到的下级越值得信赖。权力阳光运行机制的实行,通过流程再造带动组织结构的全面革新。传统的金字塔型的层级垂直结构全部或部分已不能适应新的组织战略和组织制度的需要。"随着新科技跨时空地整合信息,层级的区别变得模糊,权威开始依赖于知识和责任之间的适当分配,而非传统组织中的金字塔的层级规制。"①

行政权力阳光运行机制将所有行政权力事项全部纳入权力阳光运行系统之中,全方位电子监控监督权力。在行政权力全覆盖、全上网的基础上,通过电子监察监控系统,事前全面监督权力网上运行情况,不留监督死角,事中全过程无障碍防范和监管权力,事后对失范的权力进行打击,并运用外网公开。通过以上措施,全流程、多方位、无缝隙地监管权力,防范腐败,真正将反贪着力点从事后被动的威慑性惩罚转向源头上预防,将事前预防贪污、事中严格监督和事后威慑性惩罚有效结合,过程监管与事后打击组合,打造了一套寓技术于政务、办公和监管同步进行、全流程防范监管的反贪污机制,将反贪着力点由事后威慑性惩罚转向全流程防范监管,对从源头上遏制腐败做出了有益的探索。它有助于克服长官意志的随机干预,避免自由裁量权过大造成的道德风险,为捍卫政府良善形象筑起了一道防护堤。

---

① 戴维·H.罗森布鲁姆.公共行政学:管理、政治和法律的途径[M].北京:中国人民大学出版社,2002:368—369。

(二) 管理理念转变：压力型承包制管理—自律型满意度管理

行政权力阳光运行机制昭示着行政管理路径由上级压力—绩效承包型管理向技术自律—公众满意型管理转变。

传统行政管理已经形成了某种流行的上级压力—绩效承包制管理模式，它指的是政府为了完成上级下达的各项指标而采取数量化分解承包的管理方式和绩效评价体系。这种管理路径着重强调政府层级分明，分工明确，上下级之间通过严格的命令、指示，将任务层层下达，逐级施压。为了完成经济任务或赶超各项指标，各级政府把上级传达的任务和指标，量化分解，承包给下级组织或个人，责令其在规定时间内完成，并根据完成的指标在政治和经济等方面进行奖惩。

行政权力阳光运行机制通过外网服务平台、内网审批平台和电子监察平台，做到政务信息及时公开，政务事项按时处理，并全程实时监控，预警纠错，提供到时提醒，对违规行为提出红黄警告，督办流程整改，对流程执行、群众投诉、群众满意度、行政执法合法性与规范性、行政执法时效等进行计分和考核。其管理路径主要通过网上技术监控审查流程操作的合理性、行政人员自觉自律规范行政行为及公众对提供服务的满意度来实现。这种管理方式是对传统单一压力型承包型绩效管理的挑战，也是对压力型承包型绩效管理方式弊端的规避，带动了行政管理向技术自律—公众满意型模式的转变。

权力阳光运行机制，一方面充分利用信息技术与政务紧密结合，对政务流程的全程式、跨部门监督监控的要求打破了传统严格的层级部门界限，力图实现通透式管理；另一方面在权力阳光运行中，行政事务的办理通道，既可通过以行政命令为主导的自上而下的单向式管理模式来实现，也可超越传统部门与部门之间、政府与公众之间的上下级关系，促使社会公众、社会公共组织等成为行政事务的管理监督主体，进而形成以政府管理为主，以电子监察平台的技术监控与自动生成记录和公众参与管理为辅的互助合作关系。这种以需求为导向构建的任务团队有利于适应环境的变化,增加了组织应对风险的柔韧性。它将权力行使置于规范化、标准化的制度空间,接受透明的、完全的制约与监督,为提升政府在法治框架下的执行力找到了新路。

(三) 政府愿景转变:建设型增长取向—服务型公民取向

政府愿景是指政府的自身定位、所承担的使命、追求的价值和要达到的目标的总和。传统政府以 GDP 经济增长为使命,直接将 GDP 增长速度与各级政府的政绩挂钩,呈现出典型的以建设型增长为取向的特征。这种政府模式较之传统计划经济体制下的政府职能有了重大的进步,也在整个改革过程中发挥了重要的过渡作用,但其"重权力、重限制、重支配"的行政理念和片面追求经济增长的价值取向,导致了各级政府简单地把 GDP 作为衡量一个地区发展的尺度,一味追求高增长而忽视社会的全面进步。

2007 年 10 月,中共十七大报告提出了加快行政管理体制改革、建设服务型政府的要求,并特别强调应"健全政府职责体系、完善公共服务体系"。服务型政府作为替代传统管制型政府的新理念被提出,并成为引领行政管理体制改革的目标选择。行政人员逐渐意识到政府的主要职能不是经济增长而是以公民为导向的公共服务,"以人为本,依法行政"成为转型期政府行政的重要价值取向,由此衍生出来的"公众需求""公众满意""服务行政"等次生行政理念,促使传统政府向秉承"重权利、重责任、重服务"的服务型政府转变。

行政权力阳光运行机制紧紧围绕发展第一要务,从维护人民群众根本利益出发,运用现代信息技术创新行政权力运行方式,提高政府依法行政效能,优化政务环境,提高办事效率,从源头上治理不正之风和预防腐败,将政务公开、电子政务、数字南京、依法行政、勤政廉政等各项工作有机结合,实现反腐倡廉与改革发展的相互促进、良性互动,努力建设为民、务实、清廉、高效的公共服务型政府。行政权力阳光运行机制的实践有效体现这种价值取向的转变,并描绘出了实现这一政府愿景的持续性制度设计。

政府治理的愿景既应当顺应国际潮流,又必须立足国情,从"为增长而竞争"迈向"为科学发展而合作",从建设型—经济增长取向转变为服务型—公民幸福取向,为地方政府创新时面临的观念困惑提供了前瞻式答案。

七、小　结

我们身处一个伟大的改革时代。单就行政改革而言,当代中国就已进行过多次。在市场化改革之前,行政改革主要停留在以精简为目标的机构、人员撤并上;随着商品经济的发展,市场化改革趋势明朗,1988年提出转变政府职能,标志着对行政改革内在规律认识的深化。1992年及其以后的改革主要伴随市场经济体制建设进程展开,改革的方向是建立适应社会主义市场经济的行政管理体制,并继续将转变政府职能作为行政改革的核心和根本途径。

在地方政府层面,转变政府职能知易行难。职能的确定、职能的划分、职能的配置、职能的履行都由中央权力主导或需中央权力参与,如果权力结构没有发生重大的调整,政府的职能转变就往往很难取得实质性的成效。政府职能还与行政生态有着极为密切的关联。不同的发展道路和发展阶段对政府的职能有不同的要求,不同的经济社会发展水平对政府的职能有不同的要求,不同的地域文化、风土人情,特别是被管理者的素质也会深刻影响政府职能及其行使方式。

撇开这些不可控的高层和外部环境变化等因素,地方政府仍然具备改革创新的制度和实践空间。事实上,地方主导的各种改革创新也在全国各地火热地进行着,虽没有大江大河般的蓬勃气势,却如一条条有着源头活水、涓涓流淌的小溪,不断汇入中国改革的大江大河。

地方政府在创新中可以充当三种角色：一是以"第一行动集团"的身份，在自己的固有职权范围内主动进行创新；二是以代理者的身份，在中央政府的制度准入条件下进行创新试验；三是以"第二行动集团"的身份，对微观主体的创新活动予以鼓励和支持，使创新得以实现。

在权力阳光运行机制的改革实践中，南京市立意高远，强势主导，表现出创新"第一行动集团"的动机和能力。地方政府在制度创新中最重要的贡献是，打破了原有制度变迁的路径依赖，以新制度的"补偿"作用，降低了制度变迁的成本；以制度的个性激励，有助于形成多样化的制度模式。

如前所述，南京市推行的"行政权力阳光运行"是从廉政创新走向管理革命的典范实践。它发轫于廉政自律的领域，继而向更广泛的治理领域迈进，既显现了管理型政府的巨大改良空间，也揭示了向服务型政府转轨的可行路径。

在廉政环节，它促成了三个新的变化，即从以领导干部为监督对象到以权力行使为监督对象的转变，从主要依靠被动检举到主动依靠程序规则转变，从以查漏补缺为主到全面布防转变。在内部管理环节，它以一流的业务流程再造为主线，体现了多部门协同办公和流程跟踪监管的巨大威力，解决了政府长期想做但一直没做到的诸多难题。过去权力不明、流程不清、监督不力、响应不快、效率不高的缺陷得到了显著修正。在改革主旨上，它贯穿了"将方便留给公众，将复杂内部消化"的以人为本的公共服务意识。这些功能和目标的实现，使政府管理和服务面貌发生了革命性的变化。南京的实践思路清晰，步骤合理，符合国情，在不触动体制硬核的基础上，突破了行政改革的困局与僵局，实现了低投入带来大产出的管理效益，是一个可学可改的优秀改革样本，具有重要的推广价值。

第六章 土地督察与信息公开

一、概 论

国家土地督察制度自2006年建立实施以来,在用途管制、耕地保护、土地市场监管、被征地农民权益维护、土地调控等方面取得了积极成效,特别是公开督促查处了一些重大土地违法违规案件,有力提升了土地督察机构的公信力,形成了对地方政府及其土地主管部门的约束机制,可见土地督察与信息公开起到了良好的作用。

2007年,国务院办公厅颁布了《中华人民共和国政府信息公开条例》,将信息公开的范围、方式、程序、监督和保障等以法律的形式确定下来,政府职能部门的信息公开已是大势所趋。前国家土地总督察徐绍史也指出,"要抓紧开展土地利用规划和计划执行情况督察,将公开、约谈作为两个重要抓手,借助社会力量和舆论宣传,继续推动土地督察效用最大化";党的十八届三中全会指出,"让人民监督权力,让权力在阳光下运行,是把权力关进制度笼子的根本之策",要"完善党务、政务和各领域办事公开制度,推进决策公开、管理公开、服务公开、结果公开";2012年7月,在"土地督察制度与相关监管制度比较研究"专家咨询会上,许多专家也强调要完善土地督察信息公开机制,为公众参与监督提供必要条件。建立健全土地督察信息公开机制,可以提高土地督察的透明度,促使地方政府更加重视土地督察整改的落实。

2013年4月,受国家土地督察南京局(以下简称"南京督察局")

的委托,我们开展《土地督察信息公开方式比较及社会影响评价》项目研究,旨在通过对国外(美国、日本、英国、瑞典等国)政府信息公开制度及国内相关领域监督机构(如纪委、环保、审计等)的信息公开机制进行比较研究,借鉴国内外信息公开的经验,提出土地督察信息可采取的公开模式。研究工作主要采用了案例分析的方法对目前土地督察信息公开情况进行了分析,找出信息公开的特点、风险及原因;采用了问卷调查的方法评价土地督察信息公开的社会影响,调查对象主要包括土地管理机构人员(包括土地执法监察人员)和普通群众,分别收回有效问卷102份和384份,其评价结果可以作为评判土地督察信息公开社会影响优劣的标准,以为完善土地督察信息公开机制及扩大土地督察效应提供参考和借鉴。

二、土地督察与信息公开

土地督察是政府内部监督的一种形式,扁平化的管理体制对于土地督察工作效率提升起到了很大作用。为了进一步加强督察效果,土地督察机构必须与党的监督、司法监督和群众监督等外部监督相衔接。土地督察信息公开,是沟通土地管理系统内外监督功能的重要手段,它可以促进形成有利于耕地保护的共同责任制度,尤其是引导社会公众参与土地督察,形成抑制土地违法违规的合力,同时,也有利于降低土地督察机构的监督成本,进一步提高土地督察效率。

(一) 土地督察信息公开的必要性

1. 土地督察信息公开是土地督察机构的责任

政府信息公开能够促进我国政府向阳光政府转化,是建设廉洁政府的重要步骤。政府信息作为最重要的社会信息资源,它既是公众了解政府行为的直接途径,也是公众监督政府行为的重要依据,因此,政府信息有必要公开。

《中华人民共和国政府信息公开条例》(国务院令第492号)第十五条指出"行政机关应当将主动公开的政府信息,通过政府公报、政府网站、新闻发布会以及报刊、广播、电视等便于公众知晓的方式公开"。土地督察机构是行政机关,必须响应政务信息公开的政策要求,将土地督察信息以各种方式公开,让公众知晓,便于公众参与及监督。

2. 土地督察信息公开是完善土地督察机制的重要手段

土地督察信息公开也是完善土地督察机制的重要手段。有50％的土地管理系统人员认为土地督察信息公开是有必要的(如图6-1)。土地督察信息的公开能够引起地方政府和社会对土地督察工作和依法依规用地的高度重视,放大督察成果的社会效应,实现督察效用最大化;有利于督促土地督察机构人员廉洁自律,为治理腐败提供激励机制,使他们能够更好地履行职责,提高队伍的专业素质;有利于完善土地督察的发现机制,提高督察工作效率。综上,土地督察信息公开机制的完善可以为建立公众参与土地管理新格局提供平台,对土地督察工作机制的建设起到推动作用。

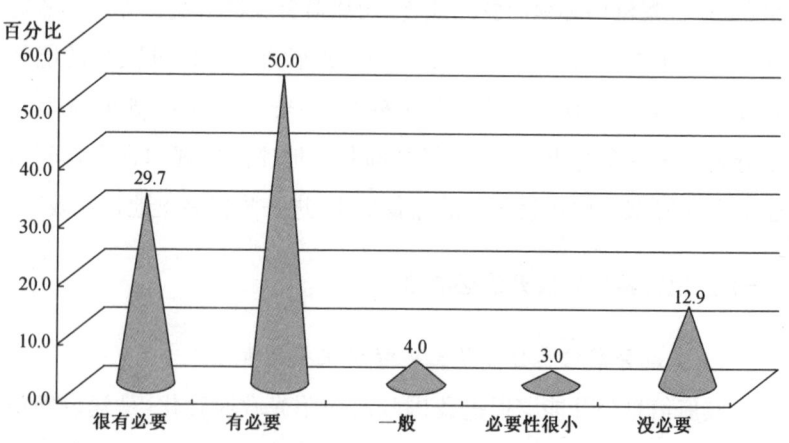

图6-1 土地督察信息公开的必要性统计

3. 土地督察信息公开可以保障公民权利

我国《宪法》明确规定,中华人民共和国的一切权力属于人民,人民群众对行政机关行使权力的内容、程序和过程享有知情权、参与权、表达权、监督权。《政府信息公开条例》将信息公开变成了政府的法定义务,这对于保障公民的知情权,进一步促进参与权、表达权、监督权的行使具有重要作用。土地督察机构作为行政机关,土地督察信息是否公开、透明,直接关系到人民群众对土地督察机构的信赖程度,也直接关系到社会政治经济的稳定。土地督察信息公开有利于保障公民权利,体现行政机关为人民服务的宗旨,并且有助于增强土地督察机构的公信力,维护社会稳定。

(二) 土地督察信息公开现状

1. 政策全公开

2007年以来,国家土地督察机构形成了发现、审核、纠正以及工作磋商机制,以专项督察、例行督察和审核督察为核心,以督促落实耕地保护目标责任制和中央土地调控政策、严格土地执法、开展调查研究与土地管理形势监测预警为主要内容,以"在线土地督察"为主要技术平台的业务体系。同时,国家土地督察机构针对土地督察制度实施的需要,陆续制定了涉及督察业务、工作机制、日常管理、支撑与保障体系等方面的诸多制度规范,形成了诸多规章、规划、意见、办法、通报、通知公告等体现政府政策的文件。其中涉及的相关法律法规主要有《国务院办公厅关于建立国家土地督察制度有关问题的通知》《国家土地督察专员派出工作规范(试行)》《农用地转用和土地征收审批事项督察办法》《土地例行督察工作规范(试行)》《重大土地问题实地核查办法》等。这些法律法规通过国土资源部网站、国家土地督察网站向全社会公开,便于查阅和监督。

2. 谨慎面向社会公开

目前面向社会的土地督察信息公开方式以《国家土地总督察公

告》为主,新闻发布会和重大督办案件通报与之相结合。

《国家土地总督察公告》是土地督察信息公开的主要渠道。国家土地总督察公告每年公布一次,主要公开国家土地督察(例行督察、专项督察、审核督察)工作情况,以便于社会各界了解并参与监督土地督察工作。从 2008 年发布《国家土地总督察公告(第 1 号)》开始,至今已经发布了 6 个年度土地总督察公告,2013 年 3 月 14 日发布了《国家土地总督察公告(第 6 号)》。《国家土地总督察公告》主要内容有:一、年度工作总结,主要是例行督察、专项督察和审核督察的区域及土地违法及整改情况,专项督察中重大案件的处理情况,现存的问题;二、开展的形势分析、调查研究和各项行动进展情况;三、下一年的工作目标。《国家土地总督察公告》是土地督察机构发布的最权威的信息,可以让公众直观了解土地督察工作,也对地方政府及土地管理机构规范土地管理和利用行为起到威慑作用。

新闻发布会是土地督察信息公开的重要方式。新闻发布会又称"记者招待会",是一个社会组织直接向新闻界发布有关组织信息,解释组织重大事件而举办的活动。① 新闻发布会针对社会公众关注的热点问题和失实舆论,适时提供相关咨询和权威解读,及时引导舆论,把握正确方向。土地督察机构除日常新闻发布外,突出宣传重点,还定期召开例行新闻发布会,向社会发布督察相关信息。2007 年 7 月 12 日,在国务院新闻办公室新闻发布会上,时任国土资源部部长、国家土地总督察的徐绍史公开国家土地督察制度实施进展情况;2010 年 5 月 4 日,国土资源部举办新闻发布会,公开挂牌督办违法案件及 2009 年国家土地督察工作情况;2011 年 1 月 10 日,国土资源部举办 2010 年度土地例行督察新闻发布会,公开土地例行督察有关情况;2011 年 4 月 19 日,国土资源部举行新闻发布会,发布 2010 年度国家土地总督察公告;2011 年 12 月 5 日,国土资源部举办

---

① 来自百度百科"新闻发布会"。

国家土地督察制度实施五周年绩效评估新闻发布会,公开土地督察制度建设和实施情况。

总的来说,通过新闻发布会公开的主要土地督察信息有:一是土地违法形势,二是国家土地督察制度实施和工作进展情况,三是国家土地督察制度相关课题研究结果。

由上可以看出,目前土地督察机构对社会的信息公开内容主要以发布工作情况、形势分析为主,对涉及政府主导的土地征用、占用,非法建设等社会敏感话题则是有选择性地向社会公布。

3. 对督察对象公开程度高

对于督察对象——地方政府及其土地主管部门,涉及的公开方式主要有发放督察意见书和建议书、提出督察意见、纠正意见、整改意见、限期整改意见、建议暂停审批等。

目前土地督察机构对地方政府及土地管理机构的督察采取的是对当事人完全公开的方式,例行督察即查即公开,专项督察、审核督察事前通报地方政府,与地方政府的沟通协调机制基本健全。

(三)土地督察信息公开的困境

1. 特殊的制度需要特殊的信息公开方式

国家土地督察制度是最严格耕地保护制度下的产物,是我国行政监督体系的有机组成部分。《国务院办公厅关于建立国家土地督察制度有关问题的通知》(国办发〔2006〕50号)中明确规定了土地监察主要职责是:监督检查省级以及计划单列市人民政府耕地保护责任目标的落实情况、土地执法情况,核查土地利用和管理中的合法性和真实性,土地管理审批事项和土地管理法定职责履行情况,贯彻中央关于运用土地政策参与宏观调控要求情况以及开展土地管理的调查研究,提出加强土地管理的政策建议并承办国土资源部及国家土地总督察交办的其他事项。可见,土地督察实际上是针对省级及计划单列市政府以及土地主管部门的监督检查,而土地问题涉及地方政府和公众以及诸多的利益主体,基于不同的利益视角和诉求,土地督察信息全公开有一定的社会稳定风险。

《中华人民共和国政府信息公开条例》(以下简称"《条例》")对行政职能部门信息公开提出了要求,土地督察机构作为政府行政部门也应当响应政府信息公开的号召,但同时也受《条例》的约束。《条例》目前还存在许多问题:缺乏健全的政府信息公开工作评估标准、与《保密法》等法规相冲突、对应公开的信息定义过于宽泛、政府处理信息公开时拥有大量自由裁量权等。而国办发〔2006〕50号文还指出,土地督察机构不改变、不取代地方政府及其土地主管部门的行政许可、行政处罚等管理职权,不直接查处案件,这对土地督察机构的权力加以界定。可见,土地督察制度本身就有一定的特殊性,是一种较为特殊的政府行政行为。因此需要制定适用于该制度的特殊的信息公开方式,同时符合《政府信息公开条例》《保密法》和国家土地督察的有关规定。

2. 现行土地督察信息公开机制存在的问题

现行土地督察信息公开机制存在一定的问题,除没有制定相应的信息公开办法外,主要体现在以下两方面:一方面土地督察信息公开方式较为单一,仅有国家土地总督察公告、土地督察意见书、新闻发布会等方式,宣传力度不够;另一方面发布内容不够及时,例如国家土地总督察公告一年发布一次,缺乏时效性,影响了社会对于土地督察的关注度,也造成了公众对国家土地督察制度认知程度不高的问题,不利于公众参与监督,不利于土地督察效用的最大化发挥。根据2011年南京大学、中国人民大学等单位完成的国家土地督察制度实施五周年绩效评估报告,在接受调查的1 247个普通群众中,仅有27%的人听说过"国家土地督察制度"可见普通群众对"国家土地督察制度"的认知度不高。

三、土地督察信息公开及社会影响评价的理论研究

政务信息公开是国家法律和法规的要求,也是民主治理建设中基础性制度安排。土地督察信息具有公益性,土地督察信息公开是土地督察机构和社会团体、公众实现信息共享的过程,研究土地督察信息公开的规律、程序、方式,可以为国家、社会和公众能够履行和实现政治问责和社会问责,提供制度化支持。

政务信息公开关系到国家、行政职能机构和公众三方权益,涉及体制、机制和技术等多个因素,因此,分析政务信息公开的理论视角因目标不同而呈现出多样化和差异化的特征。本章选择了三种分析框架为土地督察信息公开提供理论支撑。阶段论框架和公众参与框架可以对土地督察信息公开的实践状况进行分析;公信度补偿框架可以对政务信息公开涉及的主要问题提出解决思路。

(一) 阶段论框架

土地督察信息公开,是改进和完善督察工作的创新,阶段论分析框架能够体现这一创新的规律,据此可以为土地督察信息公开措施和对策的选择提供指导作用(如表6-1)。

表6-1 信息公开阶段论模型

		信息公开的层次	
		低	高
公民参与的程度	高	封闭阶段	动员阶段
	低	压力阶段	开放阶段

知情权是公民的基本权利[①],信息公开是行政机关的基本义务,也是保障人民主权的需要。新公共服务理论认为,政府的职能是服务而不是掌舵,即政府和公务员的职责不是通过制定决策为社会指明方向,而是应该为社会公民参与公共管理提供平台,以谋求公共管理领域中政府与公民及公民之间的广泛的信任与合作[②]。而这个平台显然就是政务公开。通过政务公开,使公权力置于人民的监督之下,使政策的制定、执行和执行结果置于人民的监督之下,保障"权为民所用,利为民所谋"[③]。政府提供的公共服务包括为公众提供有可能影响其权益的公共信息,土地督察信息是一种对公民个人、企业以及社会组织有重大影响的公共信息,政府应有效提供这类公共信息服务。但是,由阶段论框架分析得出,目前土地督察信息公开仍处于封闭阶段,公众参与程度不高,所保障的权益的种类也不多。因此还需加大信息公开力度。

从信息传播学的角度来说,目前公众对于督察机构的情况的了解程度不高,还没有形成固定的看法,因此在进行督察机构人员情况、工作计划等信息的公开时,督察部门应该充分利用"观点空白期",大量迅速地公开正面的材料和观点,以便在受众中形成先入为主的心理优势,树立督察机构的威信。而对于土地违法违规行为的通报以及整改信息的公开,应当采取"正反同说"的方法,如实公开情况,并提供正反两面的材料和观点,给受众以公正、中立的形象,增加受众对信息的信任度。

(二) 公众参与框架

土地督察信息公开尽管是国家法律和法规的要求,但公开具体

[①] 向佐群.政府信息公开制度研究[M].北京:知识产权出版社,2007.
[②] [美]罗伯特·B.丹哈特,珍妮特·V.丹哈特.刘俊生译,张庆东校.新公共服务——服务,而不是掌舵[J].中国行政管理,2002,(10):41—44.
[③] 王乾磊.新公共服务理论与中国政务公开[J].安徽行政学院学报,2013(2):55—57.

状况受到公众参与行为的影响,是与公众博弈的结果;拉长公众参与链,使之包括能够体现知情权、表达权、监督权和问责权的内容,是评价和衡量土地督察信息公开制度建设是否健全的重要依据之一。

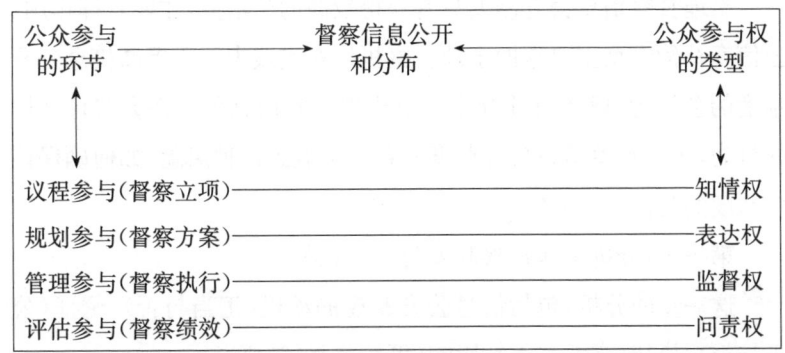

图 6-2　公众参与框架

行政机关经常出现独占工作信息,抱着保密或欺瞒、自视专家或高高在上的心态,操弄专业术语、抗拒外界知情的权利等行为,严重伤害民众直接、理性地参与公共决策的权利。为了体现公民主权的民主精义,公共行政在专业上拥有信息优势时,反而要开诚布公,让民众经由各种渠道来获取他们所想要的信息,因此建立完善的信息公开参与机制尤为重要。政府施政如能让与政策相关的标的群体及利害关系人参与,这不仅扩大了理念的宽广度,增加找出解决方案的可能性,更可增加民众对政府施政的认同感及服从度[①]。参与也指机关内部的权力分散于组织内的各个成员,组织基于民主的原则运作,决策的形成不由上级独断权威来决定,而是植根于多元化的知识与意见。组织公众参与是民主行政对公务人员提出的能力要求。但是公众参与对于公众的自身动机、认知能力等提出了一定的要求,且土地督察机构职能特殊,因此在拉长公众参与链的过程中需要谨慎

---

① 孔繁斌. 认真对待民主行政——对中国行政管理体制自我认同的一项分析[J]. 公共管理研究,2011(9):91—102.

处理信息公开问题。

(三) 公信度补偿框架

土地督察信息公开制度只有获得较高的公信力，才能发挥作用。公信度补偿模型主要帮助土地督察机构在实践中逐步提高信息公开制度的公信力，解决目前社会上对土地督察信息公开将会有什么样的行为，土地督察信息公开制度实践后会遇到何种风险，如何确保该项制度的公信力等问题。

第一步：分析土地督察制度公信力状况。

这一步的分析，包括信息公开制度的动机（正当与否）、论证（公正与否）、执行（有效与否）、影响（可控与否）等要素。

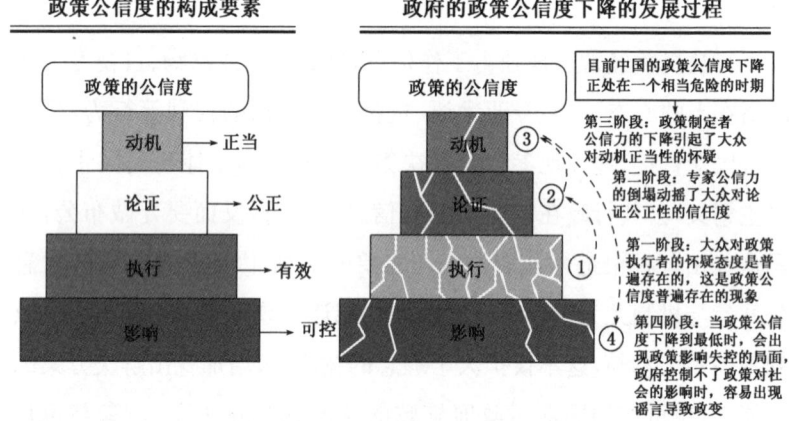

图6-3　公信度补偿

（资料来源：樊灵芝，2012）

可见，提高土地督察机构公信力需要广泛利用各种新闻媒体进行信息公开。一方面，通过各种媒体对土地督察工作进行多渠道宣传，指导公众进行社会监督；另一方面，及时客观公正地报道违法违规用地情况，用舆论的压力督促地方政府规范用地行为。通过新闻媒体进行土地督察信息公开同时对新闻媒体提出较高的要求，即要求报道客观公正,让公众了解到最真实的情况,同时,政府机关也不得封锁或者篡改信息,不得侵害新闻媒体和公众的知情权和新闻自由。

第二步:土地督察信息公开制度与公信力的提升。

主要是通过土地督察信息公开制度公信力重塑要素分析,将构成该制度公信力的时限、群体、影响和措施四个要素列出,分别从控制影响、明确动机、公示论证和指导执行四项策略出发,提升该制度公信力,而这四项策略对应着不同要求的公众参与,这也表明该项制度建设是情境化的,找不到对应的情境则无法实践公众参与,化解不了公众参与压力。

土地违法违规事件中有可能有一类事件具有突发性,容易扰乱社会稳定,此时土地督察机构应该积极掌握主动权,以积极客观的态度对待这类信息,将负面影响降到最低,可以采取湮没法和夭折法控制信息发布的影响。

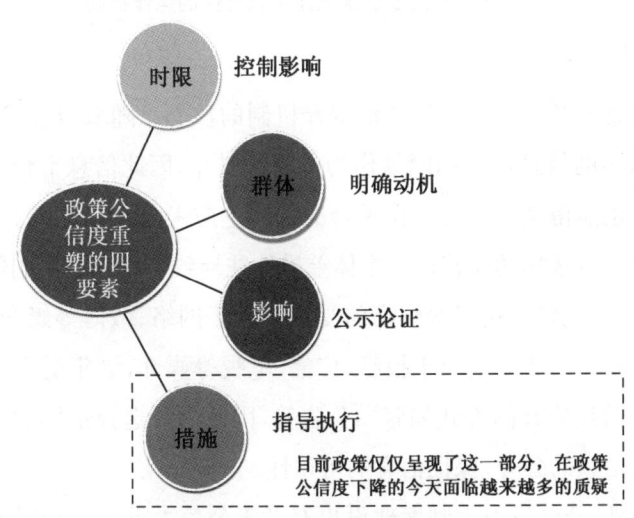

图 6-4 公信度重塑要素

(资料来源:樊灵芝,2012)

第三步：分析提升土地督察信息公开制度公信力的运作机制。

这里有两个关键机制，一个是政府基于土地督察信息公开制度发布信息补偿，另一个是在与信息获取主体之间，建立恰当的论辩解释机制，督察机构在接受质疑中重新获得公众的信任。

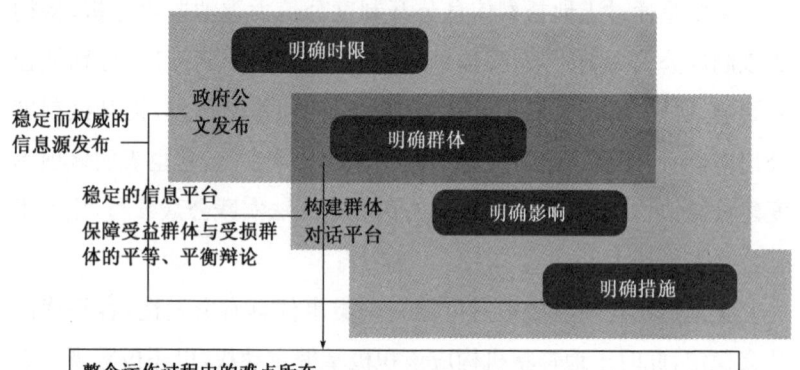

图 6-5　政策公信度重塑信息补偿的运作机制

（资料来源：樊灵芝，2012）

信息公开平台建设是论辩解释机制的核心。随着科技的进步，越来越多的信息都采用网络作为传播的媒介，因此信息平台的建立和完善也显得尤为重要。在平台的选择上应考虑受众的差异性，确保信息平台选择的完善性。个体差异往往导致受众偏好不同的信息传播媒介，比如文化层次较高的受众偏向于网络、微博等媒介，而文化层次较低的受众偏向于报纸、广播、电视等媒介，老年受众则偏向于现场信息公开的方式如张贴公告等，因此需要选择不同的平台进行督察信息的公开，保证信息的可达性。

此外，新闻发言人制度建设也有助于公信力重塑。新闻发言人制度是一种公共信息传播机制，以政府为传播主体，以新闻媒体和社会公众为传播客体，通过发布、传播与公众利益相关的政务信息和重要新闻来实现政府与社会的沟通。从人际传播的角度来说，新闻发言人制度具有很强的交流性和反馈性,对于受众态度改变的作用最为显著,同时感情色彩很浓。土地督察机构发布重要政策决定,解答社会各界质疑时采取此方法有利于受众对政策的理解,对土地督察机构工作的支持,增强部门的权威性,体现了服务型政府的理念。

四、国内外相关领域信息公开方式比较研究

(一) 国外政府信息公开机制比较研究

政府信息公开制度是在政府保密文化的背景下发展起来的,它的产生和发展是社会文明发展到一定阶段的产物。世界上最早的关于信息公开的法律制度是1766年瑞典的《出版自由法》,该法规定了政府信息的公开原则。但在此后的200年里,信息公开制度并未得到别的国家的重视[1]。

随着"二战"结束、以计算机为核心工具的高新技术发展带来的信息技术革命冲破了国界,经济全球化趋势下,信息日益成为重要的战略资源。联合国在1946年的第一次大会上,通过的第59(1)号决议肯定了信息自由是一项基本权利,也是联合国追求的所有自由的基石。1948年联合国《人权宣言》第19条规定:"每个人均有观点和表达的自由权利,包括不受干预地拥有观点以及通过任何方式寻找、接受和传播信息与观念的自由。"1992年《里约热内卢环境与发展宣言》第10条规定:"环境问题最好在不同层级公众参与的基础上解决。"《21世纪议程:可持续发展计划》提出:"个人、团体与组织应获得政府所有的与环境和发展有关的信息,包括已经或者可能对环境造成重大影响的产品与活动的信息。"此外,世界银行与亚洲开发银行等国际金融机构不但将信息公开制度引入内部管理,有时还将它

---

[1] 范朕铭.中美政府信息公开制度比较研究[C].大连海事大学,2012.

作为一项基本的商业规则。

从国家层面来看,瑞典作为最早建立信息公开制度的国家,在信息公开建设过程中一直是把信息自由法的整套制度纳入宪法之中,并且重视权利和自由的保障及其实效性。在20世纪后半叶,发达国家和地区纷纷制定政府信息公开法。在北欧,除瑞典外,芬兰于1951年、丹麦于1970年、挪威于1976年也分别制定了信息公开法。美国、加拿大、澳大利亚、新西兰、英国、法国、德国、荷兰、比利时以及亚洲的韩国、日本等也制定了政府信息公开法律制度。法律保障了公民对政府信息的知情权,也提高了政府行政行为的透明度,将"以公众为中心"作为政府信息公开的核心价值观,把为社会公众提供优质、有效的信息服务作为政府公共服务的重要内容。

国外政府信息公开的一些做法和经验对于我国政府信息公开、建设服务型政府具有重要的借鉴意义。通过对比研究瑞典、美、英、日等国家的信息公开建设机制,分析其建设过程中的特点,概括出各个国家信息公开建设中的共性与差异性,为我国加快发展和完善政府信息公开机制提供借鉴。同时,我国的政府管理模式一直深受斯大林模式的影响,亦有必要比较分析斯大林模式下政府信息私密化的倾向及戈尔巴乔夫时期政府信息公开方面的教训。

1. 主要发达国家政府信息公开机制

(1) 瑞典

瑞典1766年《新闻出版自由法》被赋予基本法的地位,属于世界首创;现行的1949年《出版自由法》、1991年《表达自由法》都被纳入宪法组成部分。瑞典将规范和保障出版自由、表达自由和信息自由的整套制度纳入宪法,体现了独具特色的构建方式。瑞典现行的宪法由四部法律组成,即《政府宪章》《王位继承法》《出版自由法》《表达自由法》。在瑞典四部宪法组成部分中,关于言论和出版自由、信息自由的就占了一半,可见信息公开在瑞典的影响。瑞典的《出版自由法》和《表达自由法》所定义的出版自由和表达自由不仅揭示了出版自由和表达自由本身应有之义，涵盖了言论自由的核心内容——信息自由和新闻自由，而且将它们实现的基本前提和条件视为出版自由和表达自由的必备要素反映到定义中，规定了任何人都有权查阅并公开政府文件。

（2）美国

世界上信息公开制度最完善的国家非美国莫属，美国的信息公开对于其他国家具有一定的参考意义。美国政府信息公开工作可追溯到 1946 年颁布施行的联邦《行政程序法》（Administrative Procedure Act），该法案规定公众有权获得涉及行政机关的架构、程序和政策等方面的政府文件。从整体上来说，美国的政府信息公开制度是随着一系列法律法规的建立而不断发展和完善起来的，这一系列的法律体系主要包括《美国联邦行政程序法》《隐私权法》和《阳光下的政府法》，其中第一次从成文法上提供给公众获得政府信息的权利的就是 1966 年的《信息自由法》（Freedom of Information Act），该法案确立了四项基本原则：信息公开是原则，不公开是例外；人人拥有平等获取政府信息的权利；由政府而非申请人对拒绝提供信息承担举证责任；不能合理获取信息的人，有权向法院寻求救济。经过几次大的修正后，《信息自由法》已成为美国政府信息公开法律制度的核心。总体来说，美国信息公开法律制度有两个重要特点：一是政府信息公开立法的内容具体、可操作性强，二是具有较完善的救济机制。

（3）加拿大

加拿大在 1983 年实施了《信息获取法》（Access to Information Act）。立法者认为，政府掌握的完整而真实的信息通过完备的体系使公民得以获取，是民主进程的必要元素，惟其如此，人民才可客观地了解和评估政府的政策。加拿大创立了独立的信息专员公署作为专职的监督机关。虽然信息专员隶属于行政机关内部的首长，但该法对其职权与保障的安排显示出对内监督且具制衡作用。信息专员公署是独立的政府机构,人员受到财政和法律的保障,机关实行首长负责制。信息专员由枢密院经国会两院同意指派,任期7年,位阶和权限与中央各部的副首长相同,其薪俸则与联邦法院法官同高,任期内不得兼任任何其他行政职务。信息专员底下的其他职员依公务员任用法指定。另外,加拿大也要求各个政府部门每年向国会提交本年度执行信息公开法的年度报告,并交由国会专门委员会审查。这项制度有益于政府各部门迫于国会质询的压力自上而下要求履行信息公开,在一定程度上填补了信息专员"外部"监督以外的监督"空隙"。

(4) 英国

历来具有较强秘密主义传统的英国,由于历史和地理环境的影响,形成了不同于欧洲其他国家和美国的信息公开制度。自20世纪80年代起,在非政府组织的"信息自由运动"(The Campaign Freedom of Information,简称CFI)的促动下,英国政府曾陆续制定过一些与信息公开相关的法案,例如《地方政府法》《个人资料获取法案》《环境与安全信息法案》;进入1990年代后,随着要求制定信息公开法的市民运动不断高涨,英政府于2000年通过了《信息公开法》,该法案赋予公众获取公共部门(包括中央政府、地方政府、警察部门、国家医疗体系、公立学校等)有关信息的权利,其目的在于增强政府工作的透明度,使其政策制订更加公平、民主和开放。由于英国是个具有保密传统的国家,为使政府文化从"以保密为原则"转化为"以公开为原则,不公开为例外",政府进行了大量的相关法律协调工作。为保障《信息自由法》顺利实施,英政府废止或修改了300多个禁止政府信息公开的法律条文,并对信息公开过程中发生争执时可采用的行政或法律手段作出了规定。

(5) 日本

日本的政府信息公开构建特色是地方自治先行,政府主导。1970年代后,日本的高速经济增长已初见成效,城市化有很大发展,但同时也出现了环境污染等问题,民众的参政愿望随之增强,日本各地特别是大城市地区出现了许多由社会党、共产党等在野党执政即出任地方自治体行政首长的"革新自治体"。这些革新自治体以民众参与为旗帜,希望政府把日常使用的公文等信息向一般民众公开,不断发生政府腐败的丑闻也促使信息公开制度的建立。日本为实现行政改革,在政府信息公开法律制度建设方面,陆续于1988年颁布《个人信息保护法》、1993年颁布《行政程序法》,并在1999年由国会审议通过《信息公开法》,在国家层面上正式建立起政府信息公开的法律制度体系。并且,早在《信息公开法》颁布之前,全国各都、道、府、县都制定了《信息公开条例》,《信息公开法》成为日本政府信息公开法律制度的核心。日本信息公开制度实施过程中,政府主导性质没有改变,并且对信息的垄断性比较强,政府仍在发挥最大限度的自由裁量权。究其根本原因在于日本政府的公共性缺失,日本政府的运行的一个明显的特点是,政府主导、垄断、集中、封闭的行政运行机制,以"供给者"为基点,在一切可能的范围内介入民间经济活动,而很少考虑"利用者"的权益。政府对信息的高度垄断,使得政府在行政过程中占据最优势的地位,掌握着政策制定的主导权。而《信息公开法》的实施,实际上切入了政府决策力的源泉,由于信息公开法实施,官僚垄断信息的局面将被打破,有利于"开放的行政"的实现。

2. 主要发达国家政府信息公开机制对比

在各国的信息公开建设中,"公开为原则、不公开为例外"是一项基本原则,具有指导作用,体现政府信息公开的基本精神,并且"公开"理念已经成为国家民主化的必备条件。这里从各个国家政府信息公开的主体、范围、方式和救济制度等方面进行对比分析。

一是信息公开的主体。在各国的立法实践中,与信息公开的相关法律不一定使用"政府"作为该类法律的限定词语,因此在研究信息公开法的时候,有些学者将信息公开法律关系的双方称之为"义务主体和权利主体"①。信息公开法律制度对信息公开义务主体做了规定,涵盖了绝大多数公共权力机关,主要分为以下几种情况:一是仅仅指行政机关,例如日本和澳大利亚,日本《信息公开法》定义的"行政机关"是内阁中设置的机关以及隶属内阁管辖的机关。二是行政机关和其他具有行政职能的组织,以及国家财政支持的组织、国有公司,例如美国。在私有化极为普遍的美国社会,许多私人组织或企业涉及公共利益,对这些组织的信息公开没有法律依据和制度保障。三是行政机关、立法机关,如瑞典,其定义的"公共机关"不仅包括国家行政机关,而且还包括国会、地方议会、瑞典国教议事大会等具有决策权的机构。四是行政机关,其他具有行政管理职能的组织、立法机关以及国家财政支持的组织,如英国。信息公开的主体决定了公民要求政府信息公开权力范围的大小,也规定了政府的信息公开义务。

二是信息公开的范围。各国的政府信息公开都本着"公开为原则、不公开为例外"的原则,对查阅政府文件的自由和权利的限制和不予公开的范围加以规定,并通过颁布法律制定了详细的标准。现代社会强调政府信息公开的着力点是信息的公开,而不仅仅是公权力运作过程与结果的公开。但是,对信息公开最大化的追求,又可能对国家利益、公共利益、个人利益造成负面影响,需要通过"例外"规则得到协调。

瑞典的《出版自由法》规定了国家可以基于下述需要和理由对查阅官方文件的权利加以限制:(1)国家安全及其与外国或国际组织的关系;(2)中央政府的财政、金融和外汇政策;(3)公共机关检查、监控或者其他监督行为;(4)预防或起诉犯罪行为的利益;(5)公共经济利益;(6)对个人人格以及经济环境的保护;(7)对动植物物种的保护。美国的《信息自由法》采用了"列举加概括"的立法模式来确

---

① 胡建能.论我国政府信息公开制度的公开范围[C].兰州大学,2009,19—20.

定政府信息的范围,这种立法模式克服了概括立法不够明确、不甚清晰以致在实践中容易受到不确定性因素干扰的缺点,同时弥补了单纯列举立法僵化、弹性小以及前瞻性差等不足①。应当公开的信息,包括总统文件、联邦机构的法规条例、联邦条例草案和行政机关的各项通知,同时保证公众可以查阅、复制的信息;免于公开的"例外"主要归纳为"国家秘密""商业秘密"和"个人隐私"三种类型。在协调"公开"和"例外"的关系时,把利益平衡点放到恰当的位置。

英国《信息自由法》是通过排除例外信息来界定信息公开范围的,基于公共利益和第三方利益的考虑,《信息自由法》规定了 25 类例外信息。加拿大《信息获取法》规定联邦政府档案记录中的信息除了规定免于公开者外都应向公众公开,而即使规定了豁免公开的条款,也绝不意味着凡是豁免公开的信息,政府一律不予提供。该法规定的"可分割性"原则,凡是能从豁免公开材料中分离出来的非保密信息,也应毫无保留地公开。

为了明确规定对于公民信息自由的限制,很多国家还针对"信息公开"的对立面"信息保密"制定了法律。1974 年,美国颁布了《隐私权法》作为对《信息自由法》的补充,平衡了信息公开和隐私权保护之间的矛盾。按照规定,行政机关不应当存在秘密的个人档案,行政机关掌握的个人档案应当向本人公开,但是在特定条件下可以不向个人公开。瑞典与 1980 年制定了《保密法》,详细列举了各种需要保密而不向公众公开的政府文件的范围,并明确规定除此之外公众都有权利要求查阅。

三是信息公开的方式。根据世界各国政府信息公开的不同内容,信息公开的方式主要是依申请公开和主动公开,具体的公开方式主要有:在政府公报刊登,卷宗阅览,说明理由,应申请向利害关系人

---

① 严真.美国政府信息公开范围的分析与启示[J].河南图书馆学刊,2006(26):7—8.

提供有关资料或证明①。

主动公开是指行政机构主动向不特定的第三人公布消息,公众可自由查阅、复制。依申请公开是指行政机构依申请人的申请,将政府信息提供给申请人。主动公开的信息,在各国的信息公开法中已经明确规定它们的种类和内容,比如行政机构的职责、工作程序及其基本法律政策、扶贫、教育、医疗、社会保障、促进就业等方面的政策、措施及其实施情况;突发公共事件的应急预案、预警信息及应对情况;环境保护、公共卫生的相关信息。依申请公开的信息,在无人行使请求权时,行政机关没有公开的义务。依申请公开的信息,数量极为庞大,法律无法明确规定,这也是各国各地区的信息公开法中要求公开最多的政府信息。如美国的《信息自由法》没有限制这类信息的种类,其包括公布信息外的其他未免除公开的全部信息。

四是信息公开的救济制度。有效的救济制度确保公众获得政府信息的权利免受侵害,以及当权利受到侵害时如何得到矫正和补救,是各国政府信息公开法律制度中重点规定的内容。普遍的信息公开救济制度有传统的行政复议和行政诉讼两种,并且都属于内部监督机制的一部分。

美国是个高度重视司法审查的国家,《信息自由法》《阳光下的政府法》和《隐私权法》都明确规定司法救济制度,在认为知情权或个人的隐私受到行政机关侵犯时,在穷尽了行政救济后,最终申请人可以向其居住的联邦基层法院、文件所在地的联邦基层法院或哥伦比亚特区法院提起司法审查。日本设立了专门信息委员会,独立于拥有信息的行政机关,设置在总理府内,其组成成员经国会同意后由内阁总理大臣任命,具有非常高的权威性,是属于第三者中立地位的咨询机关。根据《数据保护法》的规定,英国设立了独立的信息专员,只要信息公开的申请人对公共机关对信息公开申请的处理有异议,就可

---

① 马皓莹.简议国外政府信息公开立法对我国的启示[J].长江论坛,2008(1):83.

以向信息专员提出申请,请求信息专员对公共机关对信息公开申请的处理是否符合《信息公开法》的规定做出裁决。同时英国还在独立于行政系统之外设置了准司法性裁判机构——信息裁判所,专门解决与信息公开相关的技术性较强的问题,收费也相对低廉①。

3. 苏联斯大林模式下政府信息公开的经验教训

在斯大林模式下,由于众所周知的原因,苏联和苏共成为世界上最讲保密的国家和政党,政府信息表现为明显的私密化②。这种政府信息私密化制度一方面没有安排信息的沟通,毫无商量余地地确认了掌握国家机器者的政治地位,使得围绕政治制度的商谈可能性彻底丧失,社会政治生活变化为政党或政府自我组织的不断重新组合;另一方面,构建了约束各种社会力量参与和讨论的相关制度,反过来这种制度用刚性约束机制对于有任何可能影响它的异动倾向有一种天生的警惕性与防御性,政府丧失了它的服务性功能,走向了国家排斥个体的境地。

斯大林模式国家的失败其实是国家主义和苏维埃式的工业主义在结构上无法顺利过渡到信息社会。在以知识和信息为生产力基础的信息时代,信息的保密使得整个社会的信息资源极度匮乏,中央计划经济和集权体制取消了市场,生产者之间的横向联系被割断,社会成员的各种团体组织被各种行政组织或行政机构附属组织取代,自上而下的封闭权力体系掌握着国家强制工具和意识形态工具。威权型国家体制由于缺乏政治同意的基础,其合法性是薄弱的,要求人们一味地服从,这就需要垄断性的意识形态来维护。政府信息公开会破坏威权体制的统治神秘感,这种信息制度必然会累积群众的不满,增加社会的不稳定因素。

1985年戈尔巴乔夫执政后,以"完善社会主义"为目标,通过政

---

① 万梅.美、英、日政府信息公开的法律救济比较研究[J].法制与社会,2009(6):12.

② 周建东."公共性"视野下的政府信息公开研究[D].山东大学,2007.

治改革来解决斯大林模式的弊端,并倡导和实践信息公开。但是推行信息公开存在着严重失范问题且没有把握一个合适维度,由于公开化所带来的思想意识的解放,以及由此而来的公共舆论,掀起的所谓揭露苏联和苏共真相的运动,使执政党的威信降低到了极点,同时触发了社会压抑已久的不满情绪,使苏共执政的合法性基础从根本上受到了动摇。公开性非常不合由上级任命的官员们的口味,不合所有那些与权力有瓜葛的人的口味,这些官僚惟恐对其行为的公开批评会威胁到他们的名誉、地位和特权;同时,斯大林大清洗以及后来对持不同政见者的审判,使人们对参与一些问题的公开讨论充满了疑虑,认为它将早晚会对个人经历和未来生活产生难以预测的严重后果,而各地方领导对公开性批评的打击报复屡见不鲜,又加固了这种疑虑,这就使得相当一部分人因不愿为公开性后果付出高昂代价而去参与批评。最终戈尔巴乔夫关于信息公开的尝试以失败告终,苏联解体。这表明,信息公开没有完善的立法规制做保障,以应对来自上层压力,是难以顺利推行的。

(二) 国内信息公开方式比较研究

1. 国家职能部门信息公开的发展历程

国家的职能是国家实质的体现,我国是人民当家作主的社会主义国家,国家职能体现了人民的利益、意志和要求。在我国,国家职能对内具体可分为政治职能、经济职能、文化职能、社会公共服务职能和维护公平正义的职能,对外可分为维护国家主权职能、发展国际交流与合作的职能和维护世界和平和可持续发展的职能①。信息公开制度建立了政府和人民的桥梁,为更好地实现国家职能奠定了基础。

(1)《中华人民共和国政府信息条例》出台之前

国内关于信息公开制度的研究起源于 1954 年《中华人民共和国

---

① 摘自百度百科词条:国家职能。

宪法》,该宪法第 17 条规定:一切国家机关必须依靠人民群众,经常保持同人民群众的密切联系,倾听群众的意见,接受群众的监督。第一次对国家机关的公开制度提出了要求。建国初期,信息公开主要是通过对法规政策的宣传实现的,到 1980 年代初期,政府信息公开已经逐渐被纳入法制化轨道,政府部门也开始运用媒体进行政府信息的公开,但是由于政府公开信息的自由裁量权很大,这一时期的信息公开以政府部门的主动公开为主,依申请公开的附加条件格外烦琐。直到 21 世纪初,国家职能部门有关信息公开规定的情况如表 6-2:

表 6-2　1980—2007 年国家职能部门信息公开情况表

时间	职能部门	信息公开依据	公开内容
1983	国家统计局	《中华人民共和国统计法》	统计资料的管理与公布
1987	国家档案局与中央档案馆	《档案法》	政府信息的档案管理与公开
1996	司法部	《中华人民共和国行政处罚法》	行政处罚信息公开
1999	公安部	《关于在全国公安机关普遍实行警务公开制度的通知》	除了法律法规规定不能公开的事项外,执法依据、制度程序、警务工作纪律以及执法过程的信息原则都要予以公开
2000	国家税务总局	《关于在全国税务系统进一步实行文明办税"八公开"的通知》	公开纳税人的权利义务,政策法规,管理、稽查工作规范,处罚标准,纳税干部廉政的规定、监督渠道的公开
2000	国家工商行政管理局	《关于在全国工商行政管理系统深入推行政务公开制度的通知》	企业登记、收费管理、执法办案工作的信息公开
2002	财政部	《中华人民共和国政府采购法》	政府采购信息应当在指定媒体上公布,并对采购行为进行监督检查

(续表)

时间	职能部门	信息公开依据	公开内容
2003	国家工商行政管理局	《行政许可法》	有关行政许可的事项、依据、条件、数量、程序、期限和材料应予以公开且公众有权查阅
2003	卫生部	《突发公共卫生事件与传染病疫情监测信息报告管理办法》	对突发公共卫生事件和传染病疫情性质、原因、发生地及范围、发病伤亡及涉及的人员往返、解决措施情况进行公开
2003	环境保护部	《环境保护行政主管部门政府公开管理办法》	政府环保公开的原则、内容和行使、程序及要求、组织领导、监督检查
2004	国家气象局	《气象条例》	对气象预报和灾害性天气警报统一发布
2005	国家公务员局	《公务员法》	应当将招考的职位、名额、报考资格条件、需要提交的申请材料和其他报考须知在招考公告中公开
2005	住房和城乡建设部	《中华人民共和国城市规划法》	地方政府应当公布批准后的城市规划
2005	环境保护部	《中华人民共和国环境保护法》	定期发布环境状况公报
2005	国家地震局	《中华人民共和国防震减灾法》	地震灾区的省级政府应按规定向社会公告震情和灾情
2005	中共中央办公厅	《建立健全教育、制度、监督并重的惩治和预防腐败体系实施纲要》	政务公开、厂务公开、村务公开
2006	最高人民检察院	《关于进一步深化人民检察院"检务公开"的意见》(2006年)	在"检务十公开"的基础上又增加了13项公开内容

从表 6-2 中可以看出,2007 年以前,确立信息公开制度的主要是司法部门、经济运行部门和公共事务部门,出台的规定明确了公民

在该领域的权利,信息公开的内容与人们的生活十分密切。但是对于部门的机构职能、内部设置、政策法规和规划计划,都未正式向外界公开,导致外界难以了解组织内部的情况。此外,这段时间的信息公开渠道较少,群众不知如何获取信息或者较难获得信息。信息的不对称使得公民和政府部门之间产生许多误会,群体事件不断增加,妨碍了政府行政。

(2)《中华人民共和国政府信息公开条例》出台之后

随着市场经济的不断发展,人们越来越认识到知情权的重要性,参政议政意识增强。2007年,国务院办公厅颁布了《中华人民共和国政府信息公开条例》,对信息公开的范围、方式和程序、监督和保障进行了明确的规定。随着法律依据的完善,政府各职能部门信息公开的种类和内容以及公开的渠道越来越丰富。国家各职能部门也纷纷依据自身行业状况制定了适用于本部门的信息公开规定。从国家职能的角度来划分,主要领域信息公开的情况如表6-3:

表6-3 国家主要职能部门信息公开情况

职能		部门	信息公开依据	特别说明
政治职能		公安部	《中华人民共和国政府信息公开条例》(2007年)	可通过公安部刊物《公安部公报》刊发部分信息
		监察部	《中华人民共和国行政监察法》第27条(2011年)	将部门预算公开;无依申请公开
经济职能	市场监管	财政部	《财政部机关政府信息公开实施暂行办法》(2008年)	公开方式上发行主管报刊、将财政法规进行汇编公开
		国家税务总局	《国家税务总局政府信息公开保密审查办法》(2008年)	将税务稽查情况进行公开
		审计署	《审计结果公告试行办法》(2002年)	不定期发布《审计结果公告》,公布廉政建设情况
		国有资产监督管理委员会	《国务院国有资产监督管理委员会国有资产监督管理信息公开实施办法》(2009年)	将国有资产监督管理政策法规汇编、公布纪检监察的情况

(续表)

职能	部门		信息公开依据	特别说明
		工商行政管理	《中华人民共和国政府信息公开条例》(2007年)	国家工商行政管理总局商标注册大厅作为信息公开的场所
		证监会、银监会、保监会	《证券期货监督管理信息公开办法(试行)》(2008年)、《中国保险监督管理委员会政府信息公开办法》(2009年)	银监会设立公众教育服务区;证监会每月出版《中国证券监督管理委员会公告》
文化职能		教育部	《教育部机关政府信息公开实施办法》(2008年)	公开对突然事件的应对措施
		文化部	《文化部政府信息公开实施办法》(2008年)	主动向新闻媒体供稿;召开专题会议
		国家广播电影电视总局	《中华人民共和国政府信息公开条例》(2007年)	运用纸质媒体主动印发相关资料
		国家体育总局	《国家体育总局政府信息公开暂行办法》(2011年)	网上信息公开除了门户网站之外还有中华全国体育总会网、中国奥委会网,并设立信息公开查阅点
社会管理职能	资源环境	国土资源部	《国土资源部政府信息公开暂行办法》(2009年)	依申请公开方式中有邮件申请方式
		环境保护部	《环境信息公开办法(试行)》(2008年)	发行中国环境报、公布环境质量状况
		住房和城乡建设部	《住房和城乡建设部政府信息公开实施办法》(2009年)	设立新闻通气会、记者招待会的主动公开方式
		水利部	《水利部政务公开暂行规定》(2006年)	将重大工程对公众的影响及对策纳入信息公开的范围,如水利移民与对口扶贫
		国家林业局	《国家林业局〈政府信息公开条例〉实施办法》(2008年)	公开公共事件的预案预警信息

(续表)

职能	部门	信息公开依据	特别说明
民生	人力资源和社会保障部	《关于印发人力资源和社会保障部政府信息公开实施办法》(2010年)	出版人力资源和社会保障年鉴
	民政部	《民政部机关政府信息公开工作暂行办法》(2008年)、《公益慈善捐助信息公开指引》(2011年)	可通过主管报刊公开信息、定期邮寄或电子邮件的方式公开慈善信息
监管	国家质量监督检验检疫总局	《质检总局政府网站信息公开规定》(2007年)	各司局也设立信息公开系统,并有统一的公开规定
	国家安全生产监督管理总局	《国家安全监管总局机关信息公开办法》(2013年)	设立国家安全生产监督管理总局档案馆免费查阅点,公开应急管理措施
	国家食品药品监督管理总局	《国家食品药品监督管理局政府信息公开工作办法》(2009年)	信息公开管理机制有沟通机制、应急机制和预警机制
平等职能	司法部	《中华人民共和国政府信息公开条例》(2007年)	向新闻媒体供稿、召开专题会议、印发相关资料
	最高人民法院	司法公开制度:《最高人民法院关于司法公开的六项规定》《最高人民法院关于人民法院接受新闻媒体舆论监督的若干规定》(2009年)	司法全过程的信息公开、对新闻舆论媒体参与信息公开的方式、权限以法规的形式加以说明

政府对于信息公开工作的力度正在不断加大,国务院总理李克强多次就政府信息公开工作作出重要指示和批示,2013年,国务院常务会议三次讨论审议政府信息公开议题,国务院办公厅先后两次印发文件推动此项工作。2013年7月,国务院办公厅印发了《当前政府信息公开重点工作安排》,列出了信息公开工作9个重点领域,行政审批信息公开位列首位;同年10月,国务院办公厅印发了《关于进一步加强政府信息公开回应社会关切提升政府公信力的意见》,将建设政府信息公开平台、提高信息公开实效放到了更加突出的位置。

信息公开的法律依据越来越充足、范围越来越广泛,国土、住建、环保、民生等公共领域的信息公开让公众真实了解到身处的社会环境和自然环境的信息,通过政策的导向作用使群众配合政府共同实现可持续发展的目标。此外,行政监督信息公开也是大势所趋,在经济领域,银监会、证监会、保监会信息的公开规范了市场行为,保证了经济有序运行;在公共领域,安全生产监督、质量监督、食品药品监督的信息公开体现了政府以人为本的执政理念,能有效减少社会矛盾,保障人民的生活安全。

(3) 未向社会公开或公开较少的部门

在国务院组成部门和所有的国务院直属特设机构中,只有3个部门没有或者很少有信息公开:国家安全部、外交部和国防部。其中,国家安全部没有建立或者没有公开自己信息的网站,而外交部和国防部只采用了极少部分公开的方式,即只公开机构设置、法律法规和人事任免等方面的内容。三个部门的共同点是它们的工作都直接涉及国家安全或者国际安全等敏感事务,符合《中华人民共和国保密法》关于信息公开的相关规定。一旦将这些敏感信息公开,很可能会造成社会不稳定和国际争端等重大问题。

2. 典型信息公开方式

土地督察制度是拥有督察权的土地督察机构针对拥有行政权的地方政府的土地管理活动所展开的监督、监察活动,具有强制性、权威性和控权性。从权力的性质来说,土地督察权是行政权的一部分,是一种行政监督而不是监管[①]。尽管我国建立了世界上最复杂的土地利用规划体系,执行"最严格的土地管理制度",但却没能扭转农用土地日益减少,土地供需矛盾日益紧张的不利局面。同时,国土资源部执法监察情况显示,土地违法违规案件的数量一直居高不下,且多数严重土地违法问题几乎都与地方政府有关。究其原因是在土地管理过程中存在着诸多利益冲突,具体表现在中央与地方在国家整体

---

① 南京大学课题组. 土地督察制度与相关监管制度比较研究报告,2012.

利益和地方局部利益上的冲突、地方短期经济发展与全国可持续发展之间的冲突,以及地方政府官员在公共利益和私人利益之间的冲突,由此引发了诸多的违法违规行为。目前土地督察只有监督权而没有处分权,在利益的冲突和权能的缺失的情况下,信息公开可能引发更多的矛盾,为此需要谨慎选择信息公开的时间、内容和方式。

基于信息公开中可能存在的利益冲突,我们选择了纪委的信息公开制度进行比较;基于土地督察机构属于圈内监管,缺乏独立性的性质,选择了审计公告制度进行比较;基于土地督察信息的公益性,选择了食品安全信息和环保后督察信息公开制度进行比较。

(1) 中纪委信息公开制度

中共中央纪律检查委员会(以下简称中纪委)由中国共产党全国代表大会选举产生,是中国共产党最高纪律检查机关。主要任务是:维护党的章程和其他党内法规,检查党的路线、方针、政策和决议的执行情况,协助党的委员会加强党风建设和组织协调反腐败工作。1993年2月,根据党中央、国务院的决定,监察部与中纪委机关合署办公,机构列入国务院序列,编制列入中共中央直属机构。中纪委在党的中央委员会领导下进行工作。党的地方各级纪委在同级党的委员会和上级纪律检查委员会的双重领导下进行工作。

与执政党专门监督机关的地位相匹配,与党章赋予的监督任务和职责、权限相适应,中纪委组织机构比较健全,形成了纵横交织的监督网络。从中央到乡、镇、街道等基层,从党政机关到国有企、事业单位,从政权组织到城乡居民(村民)自治组织,凡是有党组织的地方,就有纪律检查委员会、纪律检查组或者纪律检查委员,使每一级党组织、每一个党员既有纪律可遵循,又处在纪律检查机关的监督之下。从纵向看,乡镇、街道和绝大多数其他基层党委都设置了纪委;从横向看,不仅中央和国家机关各部门、省直机关各部门,而且市直和大多数县直机关各部门也都设置了纪检机构。

纪委的信息公开方式主要有以下三种:

一是通过新闻发布会或新闻通气会,向社会通报反腐倡廉重大情况,回应社会关切。如每年年初,中纪委、监察部在京召开纪检监察机关查办案件工作情况新闻通气会。中纪委、监察部有关负责同志会通报上一年度纠风和执法监察工作中查处违纪违法案件的情况和上一年度全国纪检监察机关查办案件工作情况。

二是通过监察部网站加强与公众互动,增强纪检监察工作透明度。纪委在监察部网站信息公开专栏中除了按照信息公开条例的要求及时发布有关信息之外,还设置了互动栏目,听取群众意见和建议,解答群众咨询。通过向部长建言、网友声音、网上调查等栏目,广泛地听取来自社会各界的批评、意见和建议,积极回应网民关切,为网友参与党风廉政建设、网上问政、议政,加强监督创造条件提供服务。

三是图示化公开给社会各界以直观印象,纪委监察部将内设机构和工作程序以图示化的形式公开,整理制作了中纪委监察部内设机构和纪检监察机关处理信访举报、查办案件、办理政纪申诉案件等工作程序框图,并在监察部网站公布,加深了社会公众对纪委监察部工作的认知度和认可度。

(2) 审计公告制度

审计是由独立的第三方对受托责任的履行情况所进行的监督和证明。早在1994年,《审计法》中就有"审计机关可以向政府有关部门通报或者向社会公布审计结果"的规定。审计公告制度是指依照有关法规和国际惯例,除少数涉及国家安全和商业机密等内容外,审计结果应逐步做到全部依法向社会公告的制度。发布审计公告是审计机关的法定义务,公告是原则,不公告是例外。公告的内容包括公开审计活动及结果、处理处罚意见等。在我国实行审计公告制度是落实人民民主权力的需要,同时审计公开对政府规范行政行为具有一定的威慑力,并且还可以提高财政资金的使用效益,有效制约权力。

审计信息公开的方式多样，除了政府审计公报、旁听、刊载、听证、告知等传统的信息公开方式之外，还通过门户网站、定期举行新闻发布会、设立信息公开栏、公开厅、电子屏幕、审计信息公开服务热线等方式进行信息公开。其中，旁听制度是审计信息公开最具有特色的公开方式，主要指政府审计机关允许公民、法人或者其他组织参加、听取审计机关的各种会议。旁听人可以从被允许参加的会议中获得信息，但不能对会议上有关决定进行表决[1]。旁听的方式是公众最直接参与信息公开的方式，但是信息公开只对会址所在地的公众有效，且会议时间都在工作日召开，很多公众无法参与旁听，因此旁听制度还需要完善。

(3) 食品安全信息公开制度

食品安全质量监管就是依法制定设立食品安全各个环节的各类科学标准，组织监督食品相关生产经营从业主体的各项质量安全规范，治理整顿食品生产经营中的违规违法行为，有效防范和及时治理食品安全公共危机事件的发生发展[2]，其目标是确保安全健康的食品上市。食品安全直接关系人民群众身体健康和生命安全，关系到经济健康发展和社会稳定。对食品安全进行有效监管有利于推进我国现代化建设进程，对构建社会主义和谐社会，保障全面建成小康社会战略目标的实现，有重大意义。

食品安全监管信息，是指县级及以上食品安全综合协调部门、监管部门及其他政府相关部门在履行职责过程中制作或获知的，以一定形式记录、保存的食品生产、流通、餐饮消费以及进出口等环节的有关信息[3]。随着科技的进步、互联网的普及，有效运用网络技术发

---

[1] 班东启. 论政府审计信息公开制度[J]. 审计研究，2007(4)：28—32.
[2] 黄倩. 我国食品安全质量监管中的信息公开体系构建研究[C]. 华中师范大学，2011.
[3] 食品安全监管信息发布暂行管理办法[EB/OL]. (2007-4-2) http://www.hina.com.cn/law/2007-04/02/content_8051228.htm.

布食品安全监管信息,建立食品安全监管及其治理的信息平台,可以有效推进我国食品安全监管工作。通过信息公开,建设食品安全诚信系统,促进食品生产各环节关联企业加强对其产品质量与安全的自我约束和质量安全自律。此外还可以保障社会公众的知情权,充分发挥社会监督的作用,同时,通过信息公开,推进了政府食品安全质量监管作为与监管工作绩效。信息公开发布的内容主要涵盖食品及其原料的种植、养殖、生产、加工、运输、贮存、检验、检疫、销售等环节的监督管理过程中获得的、涉及人体健康的信息。发布的食品监督检查(含抽检)信息应当包括产品名称、生产企业、产品批号、存在食品安全问题等具体项目。信息公开的主要方式包括政府网站、政府公报、新闻发布会、新闻媒体等。

目前食品安全质量监管运行中的信息公开涉及的管理机制主要有沟通机制、预警机制和应急机制。沟通机制是指食品安全监管部门通过各种平台加强与新闻媒体、消费者、对应行业企业的沟通;预警机制是指以高度的警觉和风险意识密切监视环境变化,注意发现潜伏的可能造成危机的因素并预测发展动向,适时发出危机警报,以及时展开有效的危机预防,达到预防为主、防治结合的目的;应急机制是指当危机发生后,迅速启动危机应急处理计划,及时找出危机的症结,对症下药,及时采取适宜的措施,迅速处理危机,力求较短时间内,扭转不利局势,促使事态向好的方向发展,使危机得以控制和解决。一旦发生食品安全危机事件,负责食品安全事故处置的省级卫生行政部门会同有关部门,在事故发生后第一时间拟定信息发布方案,由卫生行政部门公布初步核实情况、应对和处置措施等简要信息,并及时公布事态发展和处置情况。对涉及事故的各种不正确言论,迅速公开澄清事实,消除社会中不良影响。此外,还要针对食品安全信息公开的考核机制,各监管部门的上级主管部门对食品安全信息公布情况进行检查,不定期对各监管部门的食品安全信息公布、报告和通报情况进行考核和评议。

(4) 环保后督察信息公开制度

就环境保护方面,我国建立了一种横向联合各部门的统一监督管理与分级、分部门监督管理相结合的环境保护监管体制。2008年,为了更好地进行环境管理,我国正式成立了国家环境保护部,同时成立了华北环保督查中心,确立了环保后督察制度。环保后督察制度广泛借鉴了国外发达国家的大区制管理和广域行政体系,根据区域统一政策原理,成立了六大区域环保督察中心。六个环保督查中心的建立,标志着由环境保护部环境监察局、环境保护部环境应急与事故调查中心以及华东、华南、西北、西南、东北、华北六个环境保护督查中心组成的环境保护国家监察新体制初步建立。环保督查中心为作为环保部的派出单位,实行对环保部门的垂直管理。环保督察中心的设置,是在环境污染和保护问题突出的特殊客观条件下,采用跨域治理模式,在地理空间上跨区域治理,行政单位上跨组织治理,逐步建立起多维监管体制,让省级地方政府在竞争和合作的双重府际关系下共同对环境污染问题进行监督。

环保后督察实质上是促使对环境违法的处罚措施落实到位的一项新制度。它有四方面的内容:一是公开环境处罚决定;二是对行政处罚案件定期督察督办;三是强制执行,即各级环保部门必须将申请法院强制执行作为执法工作的基本程序;四是追究责任,即对企业拒不执行处罚决定的责任人,要会同纪检监察部门,从严追究责任;对政府及监管、执法部门存在行政不作为、监管执法不到位、徇私枉法、权钱交易等行为的,要依法依纪追究有关责任人的责任。

《国务院关于环境保护若干问题的决定》中明确规定"建立公众参与机制,发挥社会团体的作用,鼓励公众参与环境保护工作。检举和揭发各种违反环境保护法律法规的行为"。因此环境保护工作的社会关注度一直很高,这也就奠定了环保后督察的信息公开必须做到透明、及时和公正。环保部门通过当地主流媒体及时公布被处罚企业的名单、违法事实和整改要求,将破坏环境的企业信息如实公布,通过社会监督督促整改。

3. 相关信息公开方式的比较研究

一是法律依据。从表6-3中可以看出,在《中华人民共和国政府信息公开条例》的基础上,多数部门出台各自的信息公开办法、条例和规定,充实了信息公开的规章依据。公众的知情权和参与权需要法律的保障,才能体现人民当家作主的本质。同时,法律规定了信息公开的内容方式、不公开的范围、依申请公开的程序等,使得各职能部门以统一的方式公开自己的部门信息,便于中央政府和人民群众知晓,也有利于实行部门联动机制,为建设服务型政府奠定了基础。

二是公开内容。国家各行政机关均设立了独立的部门负责信息公开工作,且门户网站均设有信息公开专栏,并列出了信息公开指南、信息公开规定、信息公开目录以及信息公开年度公告。信息公开指南简要列出了主动公开的信息种类,公开的形式和信息编码的标准,依申请公开的程序、方式,以及监督的渠道等;信息公开规定主要收录了该部门实施信息公开制度的法律依据;信息公开目录将各公开信息按照信息的内容进行归类形成目录;信息公开年度公告则是将一年来该部门主动公开、依申请公开的情况,申请投诉举报、行政复议和提起行政诉讼的情况,工作中存在的问题改进措施等以报告的形式向外界公开。一般而言,各职能部门信息公开的内容主要有领导简介、机构设置及主要职能、工作计划规划、财务状况、办事指南、人事管理、政府采购、统计数据、重大决策等。基于行业的特殊性和政府信息公开条例公开与例外相结合的原则,各部门信息公开的范围不尽相同,比如国防部、外交部等涉及国家重大机密的部门未制定有关信息公开的政策,监察部未设立依申请公开制度,民政部对慈善行业的信息公开以自愿公开为主,而审计署、财政部、统计局等与民生信息密切相关的部门会定期以固定的形式进行信息公开。

三是公开方式。目前信息公开的方式都以门户网站公开为主,同时，定期举行新闻发布会，通过新闻发言人向外界公布工作情况和重大事项，此外还运用广播、电视、报刊等便于公众知晓的方式向公众公开信息。由于信息公开对象的不同，针对不同的受众应选择合适的信息公开方式，如检务公开制度对人大采取文书的方式公开，对普通群众主要通过新闻媒体、门户网站、新闻发布会、年度公告的方式公开，对诉讼参与人则是直接的告知方式。由于信息内容的限制，信息公开的程度可以分为完全公开和一定程度公开，比如食品安全信息中的突发事件，对于会产生不良社会影响的信息可以通过一定的技术手段在客观报道事实的基础上弱化信息可能给群众带来的恐慌情绪。由于环境和技术的限制，信息公开仍需要传统媒介的支持。比如国家统计局、财政部、证监会等印发了专门的刊物供群众查阅；在检务公开中，将每年10月25日定为检务公开日，并走进农村，通过面对面交流的方式向群众宣传检务公开的知识。此外，群众的直接参与程度影响着信息公开的效果，比如审计信息公开的旁听制度可以加深群众对审计工作的了解。在环境领域，一些环保非政府组织制定的环境行动指南可以从不同的视角对环境信息进行公开。

四是公开的监督和保障。信息公开通过信息资源的分配保障了公民的知情权、参政权，但参与信息公开的主体间的利益关系复杂，所以难免会造成利益相关者利益的损失。因此，需要设立一定的监督和保障机制，在维护公民权利的同时达到体系内部的自洽和完整。政府信息公开条例要求各级政府建立健全信息公开的考核制度、社会评议制度和责任追究制度，并对信息公开情况进行监督检查，定期提交信息公开工作年度报告。对不履行信息公开义务的部门，公民有权通过向上级行政机关、监察机关、政府信息公开工作主管部门举报、申请行政复议、提起行政诉讼等形式维护自己的权益，监察机关、上级行政机关可以责令其改正并对主要负责人给予处分。

(三)国内外信息公开制度对土地督察信息公开的启示

1. 制度建设:保证政策稳定性

西方国家的政府信息公开制度基本上都是通过各种立法来得以确定的,政府如果没有很好地执行信息公开,就是违法行为,会受到惩罚。这些法案的实施、修订和完善,不仅改变了政府信息公开随意性、不可操控的性质,还实现了公开政府信息的决定权由国家控制和掌握,政府行为可以得到有效的监督,使得腐败行为丧失滋生的土壤。公开立法能够保证信息公开制度的稳定性,增强政府公信力。瑞典的政府信息公开法律体系完善、法律位阶高,美国的政府信息公开法律制度在内容方面非常具体、可操作性强,同时多部法律可以有机联系起来,保障了公民的知情权。

由于西方的民主和自由根植于人民的价值观,公民普遍有对政府信息公开的要求,并在政府信息公开的行政活动中扮演着重要的角色,所以对信息公开立法有很高的诉求。而在我国,公民对于信息知情权、参与权等方面的权利意识尚显薄弱,政府信息公开受到保密传统的影响,《政府信息公开条例》目前只在行政部门层面有效。国家各职能部门依照《政府信息公开条例》的要求,纷纷制定了适用于本部门信息公开的相关办法指导信息公开工作。土地督察制度是一项特殊的制度,虽然身为行政机关,但是没有具体的行政行为,需要结合《政府信息公开条例》和国务院对于土地督察制度设定的要求制定本部门的信息公开办法。

2. 公开内容:统一信息标准

国外政府信息公开制度采用肯定列举、概括描述和否定列举的方式,对政府信息公开的范围做了明确的界定,在全国范围内形成统一的标准,最大程度地削减了政府的自由裁量权,避免政府机关利用不确定的规范扩大免予公开的范围。国内的行政部门也根据部门状况,设置信息公开专栏,主要分为信息公开法规制度、信息公开指南、信息公开目录、信息公开申请方式、信息公开年度报告、意见箱等几部分，信息公开的内容一般设置为机构概况、规划计划、政策法规、行政审批、政府采购、统计分析等等，有些部门（如教育部等）甚至将具体内容进行了统一的编号，便于群众查阅。

土地督察机关由于其工作的特殊性，在督察过程中能够接触到与督察对象利益息息相关的重要信息，除了需要考虑涉及国家保密要求的诸多因素外，还需要考虑公开信息给督察对象带来的社会影响，因此对于不公开的信息，各信息公开主体要统一不公开的口径，对于主动公开的信息应注意内容表述的规范统一，对于依申请公开应有统一的范围，对于信息公开年报的发布也应当争取在统一的时间内公布，对于信息公开的申诉和处罚也应当有统一的标准；在公开方式上，各督察局应当互相借鉴各自的先进技术，保证信息获得通畅。高度统一的信息公开有利于国家土地总督办公室进行土地督察情况汇总和政策制定，也有利于各土地督察局形成数字化的督察网络，还有利于和其他各部门之间信息对接，形成联动机制。

3. 公开方式：充分利用媒体，差异化公开

公共媒体作为公众获取信息、表达言论自由的工具，在民主化国家的政治生活中扮演了重要的角色，它是民主制度赖以存在的社会基础，也是民主制度的合法性的重要来源。舆论是社会意识形态的特殊表现形式，由于新闻舆论的多样性、组织性和权威性，其对政府信息公开存在的问题批评与建议更容易吸引社会公众的关注，引起有关政府机关的重视，推动政府信息公开。在西方，大众媒体被认为是立法、行政、司法三种权力之外的"第四种权力"，它能够对政府滥用职权所导致的社会腐败与危机进行监督与批评，这种对公共权力与社会生活的守望者、监视者角色，是一种很重要的监督机制。

从国内信息公开制度的比较可以看出，政府及其职能部门通过多种大众传播方式公开其政务活动,即举办新闻发布活动,从自身的立场出发和公众的需求出发,设置政策议程和公众议程,进而对舆论进行控制,走在信息的最前端,引导舆论发挥积极作用,实现政府与公众之间关系的协调和谐①。由于信息受众的差异性,不同类型的信息最适合的公开方式是不同的,比如纪委就将机构职能工作流程等一些信息进行图示化公开便于公众理解,食品安全监管部门设立了信息公开的应急机制,在危机发生的第一时间内发布官方信息,澄清事实,消除社会中的不良影响。土地督察机构也应当根据信息的性质选择合适的公开时间和方式,更要确保公开内容对于受众的可接受性。

此外对于政府部门,进行有效的新闻发布活动,推选合适的新闻发言人最为重要。新闻发言人是由政府及其下属机构任命或指定新闻发布人员,其主要职责是就本部门责任范围内的重大事变或现实问题,通过新闻发布会、约见记者、提供新闻事实等方式,向外界宣传解释政策、提出突发事件的解决方案、澄清解释疑惑,从而达到减少和消除人们对于公共事务认知上信息不对称的状况的目的②。目前公众对于土地督察工作的了解程度不高,信息不对称的现象很严重,因此亟待建立新闻发言人制度,消除土地督察机构和公众之间的信息障碍,引导群众配合土地督察工作,共同监管地方政府和土地管理机构的土地利用行为,保障自身的权利。

综上,土地督察机构可在报刊、电台、网站上发布政府信息,增加曝光率,形成信息公开的约束力,同时定期举行新闻发布会,发布督察公告和通报,将"舆论"引入"政府—公民—媒体"的三角权力制衡体系中(如图6-6)。

---

① 叶皓.政府新闻学[M].南京:江苏人民出版社,2006年.
② 源自百度百科词条:新闻发言人。

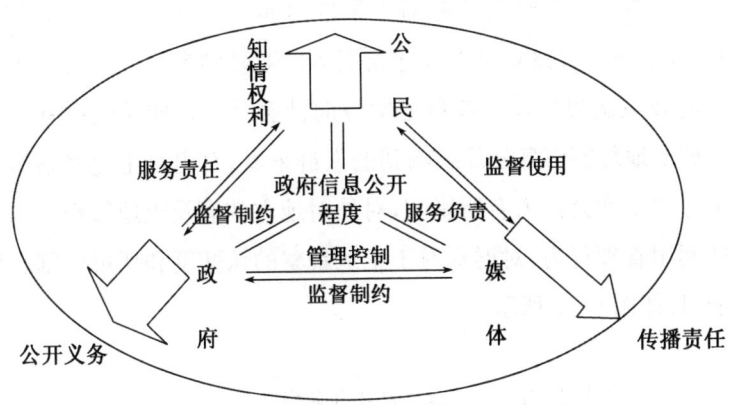

图 6-6　政府信息公开三主体及相互博弈

4. 信息互动：加深公众参与程度

公民权利意识的觉醒，能对权力进行有效的规范、监督和制约。西方国家的公众普遍参与到政府信息公开活动中来，通过信息的互动机制为政府决策提供指导。为了保障公民获得政府信息的权利免受侵害并及时补救，各国还纷纷将信息公开的救济制度列为政府信息公开法律制度中重点规定的内容。

国内的环保、审计、纪检等部门也很注重与公众的互动，及时了解公众的想法。纪委在监察部网站专门设置互动栏目，听取群众意见；审计部门则采取了旁听制度公开信息；食品安全监管部门专门设立了针对新闻媒体、消费者和企业的沟通制度；环保部门每年出台环评报告等等。从公众参与框架也可以看出，公众参与度越高，所保障的权利就越多，对土地督察机构和督察对象也能起到很好的倒逼作用。

五、土地督察信息公开社会影响评价

目前群众对于土地督察工作的认知度不高，对于土地督察的社会监督较少，特别是对地方政府主导的违法用地行为的公开渠道非常单一。在督察中发现问题,往往采取内部公开的方式,向地方政府通报情况、下达督察意见书或建议书等。对外则是将土地督察工作相关的政策法规以及一些典型案件向社会公开以便接受群众的监督。就土地督察信息公开影响到的人群来看,对内对土地督察机构的工作效率和公信力有所影响,对外对地方政府及土地管理机构的土地利用管理行为,对群众对于土地督察的认知度和认可度都有所影响,具体图6-7所示:

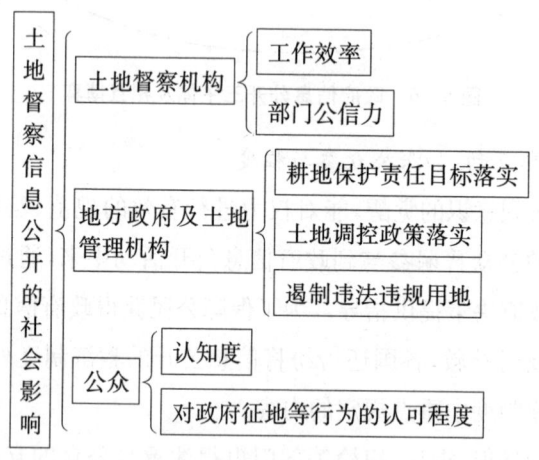

图6-7 土地督察信息公开的社会影响

为了比较不同内容的督察信息在不同时间、不同方式下公开信息产生的社会影响,为提高土地督察信息公开效用做依据,我们选择了问卷调查和案例分析相结合的方法。其中,发放土地管理人员问卷110份,收回有效问卷102份,发放群众问卷400份,收回有效问卷384份。其中群众问卷采取网络问卷的方式,男性占50.52%,女性占49.48%,年龄在19~60岁人数占到总人数的94.27%。

土地违法是社会敏感话题,目前除了每年一度的《国家土地督察公告》和国土资源部网站、国家土地督察网站上通报的部分重大典型案件之外,其余土地违法案件均未向社会公开。根据国土资源部网站归纳土地违法行为的 17 种类型①,我们对《国家土地督察公告》(2007—2012)中公开的所有土地违法案件(共 98 件,且均已结案)进行分析。统计发现,非法占用土地的违法行为和非法批准征用、占用土地的违法行为占到公开总案件的 89.8%,分别有 56 个案件和 32 个案件涉及这两种土地违法行为;其次,擅自将集体土地使用权出让、转让或者出租用于非农建设的违法行为、土地行政主管部门工作人员的违法行为和破坏耕地的违法行为也占有一定比例,具体情况如图6-8。

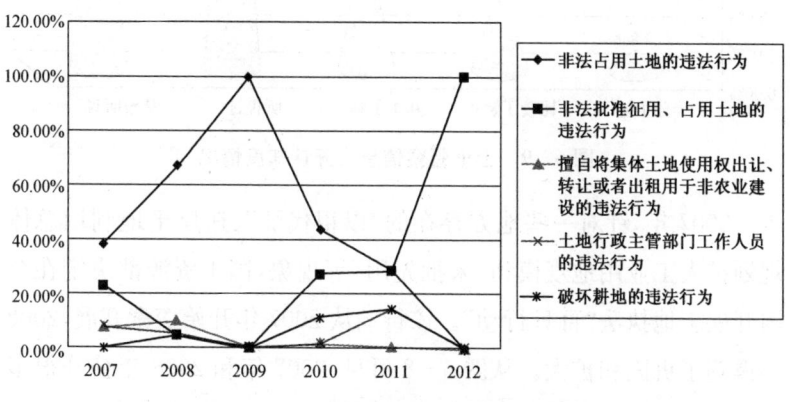

图 6-8 已公开案件土地违法类型统计

(一) 总体评价:信息公开作用彰显,但影响力仍需提升

1. 信息公开有利于宣传土地督察工作,提高全社会依法用地意识

从公众对于土地督察的了解程度来看(如图 6-9),多数人选择了听说过(42.34%)和基本了解(15.32%),占到总数的 57.66%,较 2011 年国家土地督察制度实施五周年绩效评估中只有 27% 的普通公众选择"听说过"土地督察制度而言,近几年土地督察机构正在积

---

① 资料来源:国土资源部网站 http://www.mlr.gov.cn/bsfw/cjwtjd/qt/201004/t20100401_143762.htm。

极推进信息公开工作,公众对于土地督察工作的认知度有了明显的提高。

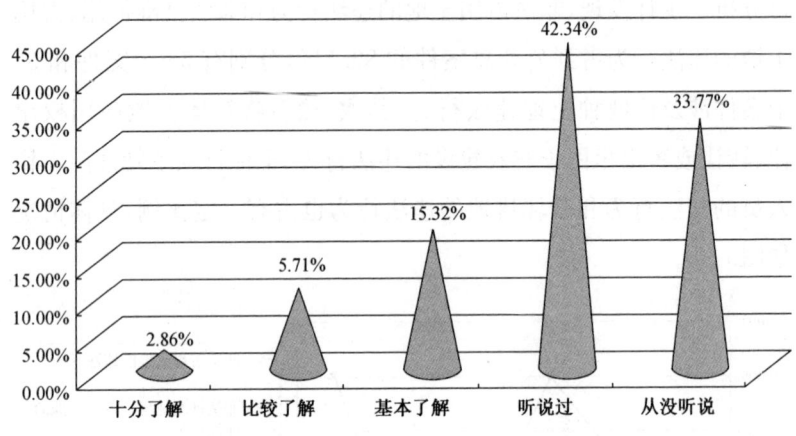

图 6-9　土地督察信息公开认知度情况

2007年,针对一些地方存在的"以租代征"、违反土地利用总体规划扩大工业用地规模和"未批先用"等现象,国土资源部决定在全国开展土地执法"百日行动"。该行动从2007年开始探索开展,2008年得到了巩固和扩大。从图6-8可见,2007年和2008年公开很多"百日行动"中涉及的非法占用土地,擅自将集体土地使用权出让、转让或者出租用于非农建设的违法案件,有利于加大"百日行动"的宣传力度,扩大影响面,加大社会监督力度,提高行动的权威性。《国家土地总督察公告》第2号文件指出,百日行动共查处土地违法违规案件31 737件,结案率高达82.9%,涉及土地25.04万公顷。

2008年,国家土地督察机构建立了案件督办快速反应机制,并曝光了一系列领导批示、来信来访、动态巡查、媒体披露的问题,各种违法案件类型都有涉及。到2009年,受理群众来信来访次数由2008年的2 370次上升至2 537次。2号公告中提出要加强卫星遥感监测技术的运用和督促卫片执法检查整改查处到位,为此2009年曝光了许多卫片执法检查中的土地违法案件。2010年,国土资源部推出了保发展保红线的"双保行动",土地督察机构与执法监察协调联动，加强了对地方各级人民政府土地管理、利用、耕地保护及违法违规用地行为的监督检查。所以2010年是土地违法案件公开数量最多的一年，公开类型主要是非法占用土地、非法批准征占土地和破坏耕地三种，突出了耕地保护的重要性。

2. 影响差别化:信息公开对土地管理机构和公众的影响差异明显

土地督察对于遏制地方违法违规用地效果明显，据国家土地督察五周年绩效评估报告统计，土地例行督察和专项督察的实行使2007—2009年的土地违法案件少发生84件、3 473件和12 500件。然而群众问卷中对土地督察信息公开对于遏制违法用地行为的作用上，选择十分明显的仅占11.95%，选择不明显的占到37.92%（如图6-10），说明群众基本肯定信息公开对于规范政府土地利用行为的作用，但是对作用大小仍抱怀疑态度。

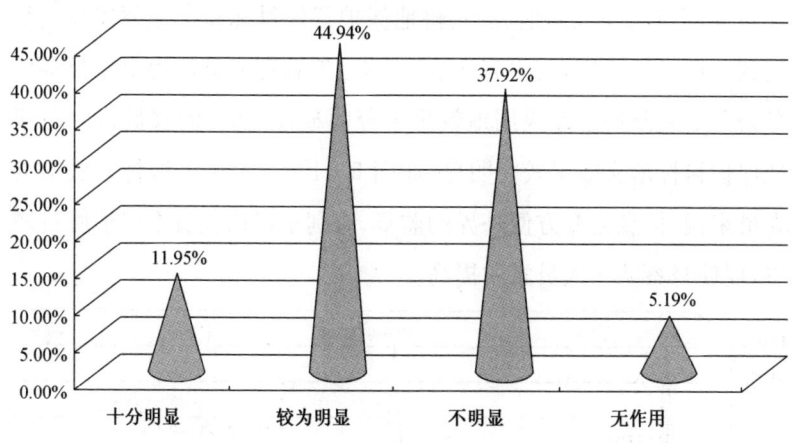

图6-10 公众对于土地督察信息公开作用的态度

对于土地管理机构官员，却有34.7%的土地管理机构官员认为土地督察信息公开对于规范地方政府土地利用和管理行为作用十分明显，认为起到作用达到88.1%（如图6-11），一方面是由于土地督察信息公开对社会公众和土地管理系统内部的公开程度不同，另一方面是因为土地督察信息对于公众的公开程度不高而造成公众的误解。

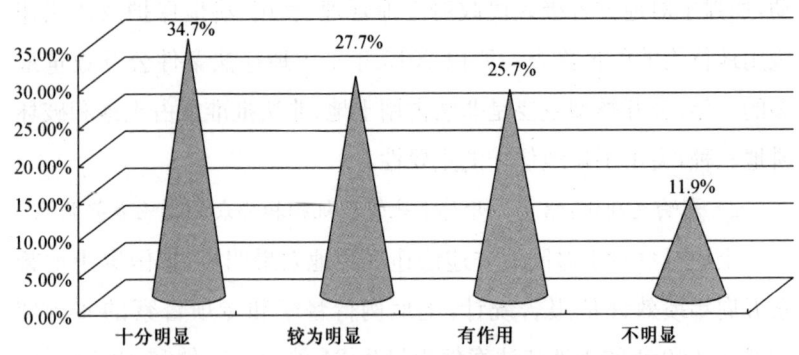

图 6-11 土管部门官员对土地督察信息公开作用的态度

土地督察信息在土地系统内是高度公开的，地方政府及土地主管部门人员也高度关注督察信息。因此，信息公开在土地系统内处于开放阶段，此阶段信息公开能带来良好的影响。土地督察信息公开对遏制违法违规用地、落实耕地保护责任目标和土地调控政策都起到了良好的作用，其中有 40.6％的土地管理人员认为土地督察信息公开对遏制违法违规用地效果十分明显，39.6％的官员认为对耕地保护目标落实效果较为明显（如图 6-12）。对于土地督察机构的人员来说，信息公开方便外界的监督，有利于机构人员更好地履行职责，促使督察队伍人员素质提高。

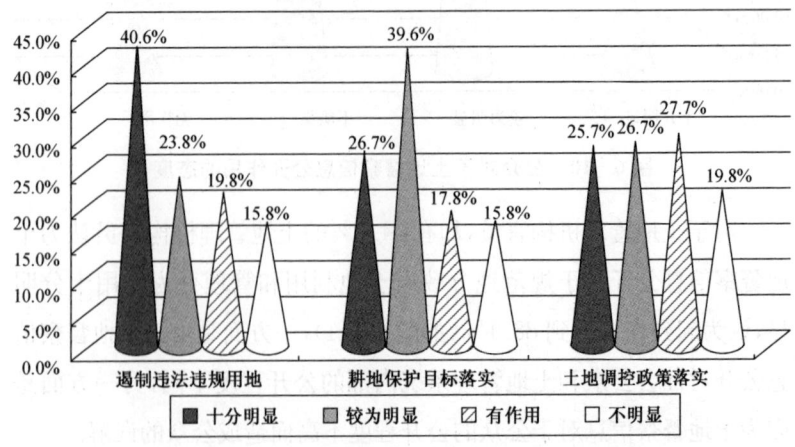

图 6-12 土地督察信息公开对地方土地管理机构效果

3. 信息公开的及时性、多样性、广泛性和互动性亟待加强

从公众了解土地督察的途径来看,53.25%的公众选择了网络渠道,33.25%的公众选择了报刊、宣传册等纸质媒体,46.75%的公众选择了电视、广播(如图6-13)。在互联网日益发达的时代,网络的影响力与日俱增,目前土地督察信息主要通过国家土地督察局网站向社会公开,电视广播以及传统的纸质媒体报道也不多,信息公开的渠道较为单一,导致影响力欠缺。

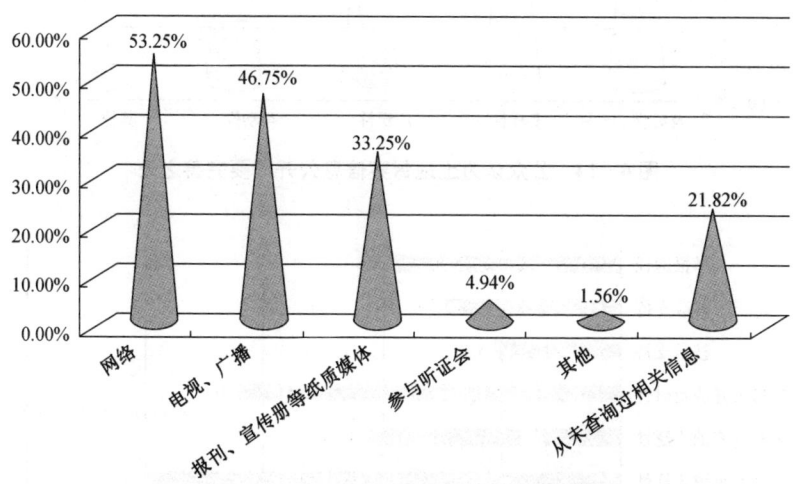

图6-13 公众了解土地督察信息的途径

从公众最希望了解的土地督察信息种类来看,耕地保护责任目标及落实情况和农地转用、土地征收信息选择的比例最高,分别占53.39%和54.95%,说明群众对与自身利益相关的粮食安全问题和土地征用问题的关注度比较高,希望加大这方面的信息公开力度。

从公众对土地督察信息公开需要完善之处统计来看,信息公开的及时性、公开渠道的多样性、公开内容的广泛性和与公众的互动性都具有较高的比重,其中有72.99%的群众和16%的土地管理人员认为信息公开的及时性需要加强,有68.31%的群众和19.9%的官员认为信息公开渠道多样性需要加强,有64.68%群众和10.6%的官员认为

信息公开内容的广泛性需要加强,有62.86%的群众和9.6%的官员认为与群众的互动性不够,应当完善举报途径(如图6‑14、6‑15)。

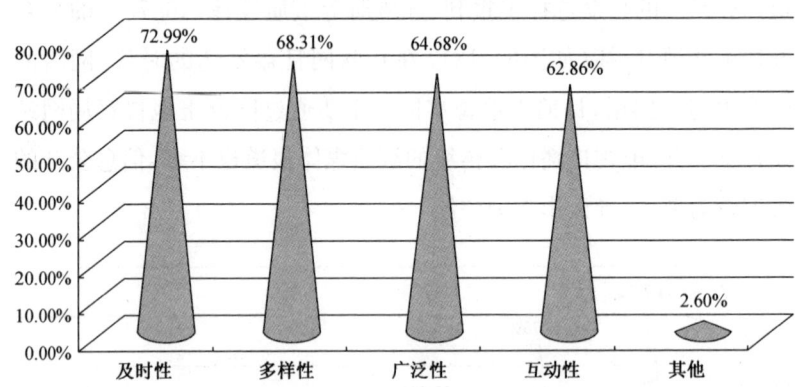

图6‑14　公众认为土地督察信息公开需要完善之处

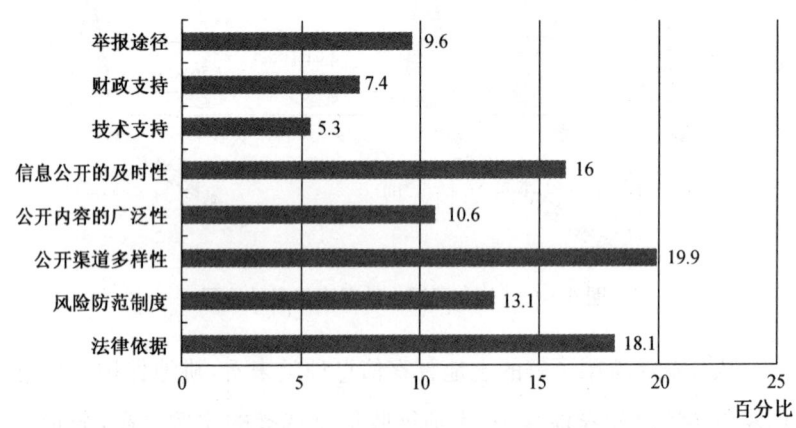

图6‑15　土地管理机构人员认为土地督察信息公开需要完善之处

目前土地督察的公众参与程度很低,信息公开的内容以土地督察机构的工作通报、政策法规为主,公开的渠道主要是官方网站和新闻发布会,《国家土地总督察公告》和《国家土地督察公告》接近一年一次,官方网站多数是督察的通知和工作简讯,与公众生活密切度不高。总体而言,信息公开程度低,信息公开处于封闭阶段。此阶段公众对土地督察工作的认知度和认可度较低。在低认知度的情况下,一方面公众在利益未受侵害时难以从社会监督的角度对规范地方政府土地利用和管理行为进行有力约束,另一方面土地违法情况发生地的公众由于信息不对称更容易激化与当地政府的矛盾。目前公开的程度、程序和内容都相对不足,而且对督察成果的宣传和应用也不足,直接导致信息公开的影响力不足,难以保障公众知情权、有效监督政府。因此,还需要在控制社会风险的基础上适当加深信息公开程度,扩大信息公开渠道,努力实现土地督察效用的最大化。

(二) 土地督察信息公开的社会风险分析

土地督察信息公开既要做到充分保障公民的知情权,又要保证公开的信息能被群众所接受,不会带来较大的社会风险,这样才能使得信息公开的正面影响最大化。

1. 不同阶段土地督察信息公开的社会风险类型分析

土地督察活动可以分为事前、事中和事后三个阶段,事前公开的信息主要包括土地督察的工作计划、工作制度以及重大督察活动的公开,事中公开的信息主要包括土地督察意见书、土地督察发现的重大土地违法案件、约谈记录以及督察的方式和程序的公开,事后公开的信息主要包括督察区域落实耕地保护政策、土地管理情况和土地调控政策的情况、信访及回复情况、土地督察中发现问题的整改情况,结合调查问卷发现,每一阶段涉及的风险类型都不尽相同,具体如表6-4:

表6-4 不同阶段信息公开风险分析

公开阶段	事前	事中	事后
认为应主动公开的百分比	82.18%	46.53%	61.88%
信息公开风险表现	可能引起群众大规模信访、举报;地方政府突击迎检	可能引起公众对政府行为的不满,引发群体性事件,公众受个人利益驱使提供不实信息阻碍督察工作进行	群众质疑督察结果而引发群体性事件

从表 6-4 可以看出,土地督察活动事前公开十分必要,少于半数的土地管理人员认为应当主动公开事中阶段的土地督察活动,事中公开和事后公开需要注意公开的方式和公开的风险。

2. 由公开的土地违法案件看信息公开的社会风险

在《国家土地总督察公告》(2007—2012)中公开的全部 98 起案件中,发生群体性事件的有 5 起,其中有 2 起为非法占用土地案件,其余 3 起分别为非法批准征用、占用土地的违法行为,擅自将集体土地使用权出让、转让或者出租用于非农业建设的违法行为和非法侵占、挪用征地费、基本农田的耕地开垦费的违法行为。这些群体性事件多与征用集体土地有关。群体性事件具有规模大、表现方式激烈、组织程度高、矛盾相互交织、处置难度大、对社会破坏性大的特点,信息公开需要建立在群体性事件发生的可能性最低的基础上,即考虑信息公开的社会影响。

(1) 风险来源:公开土地违法案件信息特别是地方政府主导的土地违法案件导致群体性事件、降低政府公信力

信息公开是土地督察机构与社会团体、公众实现信息共享的过程,信息公开的事件和内容会对公众的行为模式产生影响。就土地违法信息来说,地方政府是信息的拥有者和控制者,但同时作为违法主体的地方政府以政绩为上,往往采取隐瞒的方式,封锁与公众沟通的渠道,这样容易恶化干群关系,激发公众的不满情绪,公众的消极情绪的积累一旦受到特定事件的刺激,就会引发群体性事件,导致社会控制失效。全球信息化趋势下网络媒体迅速发展,如果政府不在第一时间内主动公开信息,信息公开就将转化为自下而上的被动公开,网络谣言会在短时间内扩散,造成"网络群体事件",从而在更广的范围内造成不良影响。

(2) 土地违法案件公开需求与风险并存

对于因地方政府违法用地行为而参加群众游行或者上访活动发生群体性事件的可能性,67.44%的群众选择"不会"或者"可能性很

小",16.15%的人选择"可能性很大",12.76%的人选择"不知道",而土地管理官员有将近一半的人认为信息公开有可能引发群体性事件(如图6-16、6-17)。说明有相当一部分人很可能受到一定的影响而参加群体性事件,这时选择适当的信息公开时间、方式和内容就显得尤为重要。

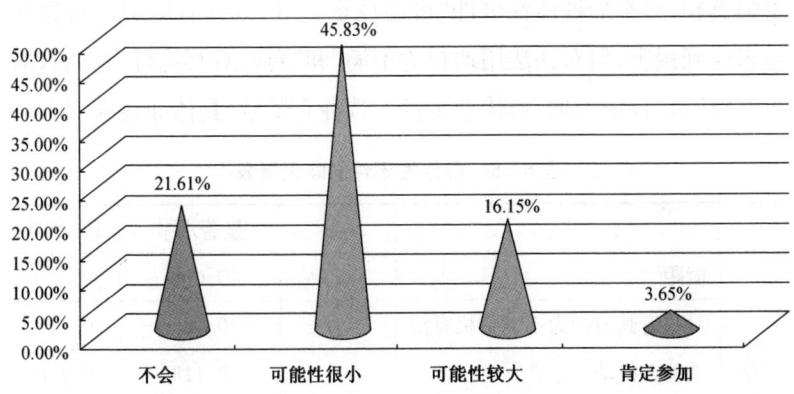

图6-16 群众认为发生群体性事件的可能性

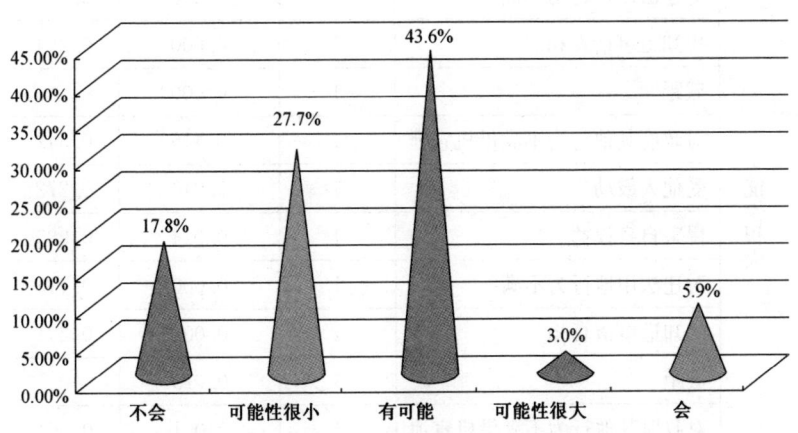

图6-17 官员认为发生群体性事件可能性

为了进一步探索发生引发群体性事件的因素,我们采用了无序多分类logistic模型对群众参与群体性上访事件的意愿和原因进行了分析,将问卷"您会因为地方政府违法用地行为参与群众游行/上访等活动吗？"的选项作为因变量，原因选项作为自变量代入无序多分类 logistic 模型，发现与不会参加群体事件相比，"违法用地侵害到自身权益""自身权益未受到侵害，但对违法用地行为不满""想知道事情真相"三种因素对于选择参加群体性事件"可能性很小"的选择有影响；"自身权益未受到侵害，但对违法用地行为不满""想知道事情真相"对参加群体性事件"可能性很大"的选择有影响；"自身权益未受到侵害，但对违法用地行为不满"和"对政府其他行为不满，借机宣泄"对"肯定参加"群体性事件的选择有影响（具体如表6-5）。

表 6-5 群体性事件影响因素表

		df	显著水平	Exp(B)
可能性很小	截距	1	0.000	
	对政府其他行为不满借机宣泄	1	0.058	0.313
	受他人鼓动	1	0.113	0.466
	侵害自身权益	1	0.000	0.250
	对违法用地行为不满	1	0.000	0.276
	想知道事情真相	1	0.000	0.294
可能性很大	截距	1	0.000	
	对政府其他行为不满借机宣泄	1	0.415	0.542
	受他人鼓动	1	0.016	0.272
	侵害自身权益	1	0.014	0.385
	对违法用地行为不满	1	0.000	0.115
	想知道事情真相	1	0.002	0.291
肯定参加	截距	1	0.079	
	对政府其他行为不满借机宣泄	1	0.001	0.061
	受他人鼓动	1	0.928	1.110
	侵害自身权益	1	0.027	0.227
	对违法用地行为不满	1	0.005	0.174
	想知道事情真相	1	0.380	0.556

(续表)

		df	显著水平	Exp(B)
不知道	截距	1	0.617	
	对政府其他行为不满借机宣泄	1	0.030	0.227
	受他人鼓动	1	0.185	4.290
	侵害自身权益	1	0.041	0.431
	对违法用地行为不满	1	0.585	0.780
	想知道事情真相	1	0.006	0.322

表6-5充分说明了自身权益受到侵害、对违法用地行为不满、想知道事情真相是群众参与群体性事件的主要动机，如果公众的知情权得不到保障，加上对政府用地行为的质疑，就会有引发群体性事件的风险。而信息公开是公众知晓事情真相的有效途径，也是化解公众不满情绪的重要做法。然而在公开方式和内容上需要谨慎处理，需要在保障公众知情权的基础上缓解公众的不满情绪，特别要注意不能因为信息公开转移公众对事件本身的注意力而将情绪宣泄到政府其他行为上，带来更大的群体性事件风险。因此，信息公开是需求与风险并存的。

（3）基于时间差异的信息公开风险分析

为了对比信息公开时间不同带来的社会影响，对已公开的土地违法案件的公开时间进行了统计如表6-6，信息公开时间主要分为事前公开和事后公开。事前和事后是信息公开的两种方式，可以有效判断何种方式可以带来更好的社会影响。本分析中的事前公开主要指通过卫片执法检查、群众举报、土地督察机构督察等方式发现土地违法行为线索，对可能发生土地违法行为的区域进行专项督察的公开挂牌督办。事后公开是指土地督察机构公开监督检查的已经结案的土地违法案件的情况，或者土地督察机构公开已经被主流媒体披露的案件情况。事前公开与事后公开在本分析中以媒体是否有负面消息披露为时间节点，在媒体负面舆论散播之前督察部门介入该案件的即为事前公开,否则就为事后公开。事前公开可以有效把握舆论的主动权,及时澄清事实,迅速消除不良影响,但是对各利益主体的考虑不够健全,事后公开可以向社会公众就整个案件进行客观、翔实的分析,但是对于信息公开主体来说比较被动,对于已经造成不良影响的信息的补救效果也相对欠缺。

表6-6 信息公开时间及群体性事件情况表

年份	公开案件数	事前公开		事后公开		
		案件数量	群体性事件数量	案件数量	群体性事件数量	
					事件发生在督察部门介入之前	事件发生在督察部门介入之后
2007	13	9	0	4	1	1
2008	21	12	0	9	2	0
2009	11	10	0	1	0	0
2010	47	43	0	4	1	0
2011	4	2	0	2	0	0
2012	2	2	0	0	0	0

从表6-6可以看出,事前公开的案件都未再引起群体性事件,说明在事前公开案件情况能让涉案地区群众充分了解和理解案件原委,及时将误会解除,同时将土地违法主体暴露在公众视线之下,对其尽快进行整改工作起到了促进作用。

引起群体性事件的土地违法案件都是事后进行公开的,由于案件在处理的过程当中都是保密进行的,会使土地违法主体产生侥幸、拖延行为,影响到整改效率,涉案地区群众的权益长时间受到侵害,便会通过群体性事件维护自己的权益,甚至在土地督察机构介入调查之后仍然有爆发群体性事件的可能性。比如湖南省湘潭市违规设立开发区问题,2007年国家土地督察武汉局就湖南省人民政府擅自批准设立湘潭九华经济区(中国台湾)工业园的问题向湖南省人民政府发出整改意见书,当地政府也积极配合纠正违规设立开发区和擅自扩区行为,但是在 2009 年仍发生了因质疑政府违法用地,农民无法保障生活导致的群体性事件。可见,事后公开的社会风险是难以控制的。

(4) 基于公开方式差异的信息公开风险分析

就主动公开而言,102 位土地管理机构工作人员中有多于半数的认为重大典型土地违法案件、国家土地调控政策及督察区域落实情况、督察区域执行土地管理法律法规情况、执行土地管理法律法规情况、耕地保护责任目标及落实情况、土地督察重大活动、土地督察工作计划、工作制度应该主动公开并且事前公开。其中值得一提的是,59.8%的土管官员认为应当主动公开重大典型土地违法案件,一些官员表示,可以在土地系统内部刊物上对这些案件进行公开,起到警示作用。

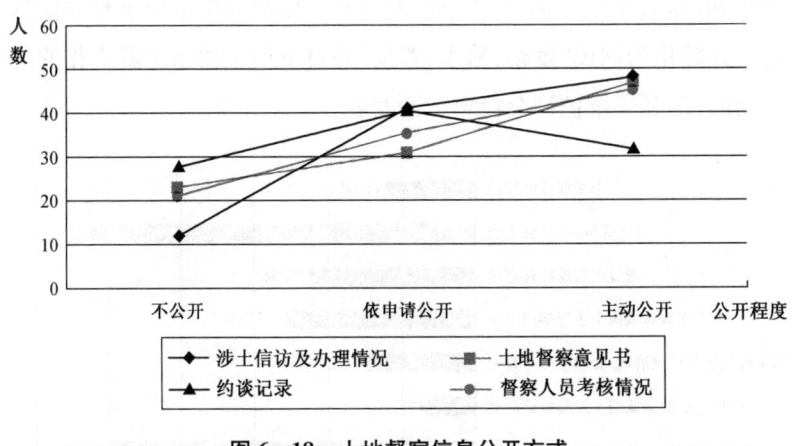

图 6-18 土地督察信息公开方式

依申请公开有利于正确引导舆论化解矛盾,一对一公开的模式既能保障群众知道真相的权利,也能有效避免信息公开引发的社会风险。有 40.2%的官员认为应当将约谈记录、信访及办理情况进行依申请公开。公开约谈记录能有效规范地方政府行为,保障督察工作有序高效进行。由图 6-18 可以看出,对于涉土信访及办理情况、土地督察意见书、约谈记录和督察人员考核情况等几项土地督察信息,选择依申请公开和不公开的人数总数超过了选择主动公开的人数。说明尽管信息公开是大势所趋,但是在现有体制下,实现信息公开的过程应当是循序渐进的。信息公开的速度要和体制改革、现行机制相适应。

对于群众对政府用地行为不满会采取的行动,有 52.38% 的人选择"寻求媒体,让社会关注",有 49.52% 的人选择"向土地督察局举报,核实该用地的合法性"(如图 6-19),说明大多数群众对待土地违法问题还是理性的。媒体是双刃剑,注重信息传播的内容和技巧就会成为土地督察机构的喉舌,对信息公开起到正面的宣传作用。而随着网络时代的到来,现代社会公民意识和权利意识觉醒导致网络民意和民间舆论迅速发展,目前公民社会的孱弱导致了社会舆论缺乏稳定的性格,因此社会舆论容易被某些消极消息所影响①,导致"网络群体事件"。网络群体事件使得本该由政府由上而下释放信息的方式转化为网民"发帖、灌水、置顶"等自下而上要求了解真相的被动局面,不利于维护社会稳定和谐发展。

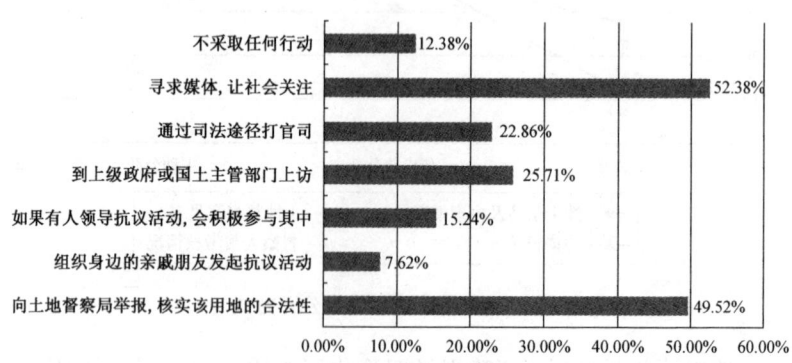

图 6-19 公众对土地违法行为的做法

---

① 靳巍巍,鲍瑛茹.从群体性事件看加强地方政府信息公开的意义[J].改革与开发,2009(10):136-137.

(5) 群体性事件的社会风险分析

从群众的角度来说,公开土地违法信息有利于消减公众的负面情绪,促使公众对政府形成正面认知,有利于拉长公众参与链以使更多权益受到保障,有利于建立和谐的干群关系,维护社会稳定。涉土群体性上访事件的起因有公众追求自身利益的因素,也有部分和地方政府及土地管理机构存在土地违法利用行为有关,因此,可以从涉土群体性上访事件的信息公开状况以及最终处理结果对比的角度分析土地督察信息公开对于群众的影响,以期让信息公开发挥最好的社会影响。为此,本部分选择了上述 5 起群体性事件进行逐一分析。

案件 1:北京顺义区"以租代征"土地违法案件

案件概况:北京市顺义区木林镇政府将其下属的唐指山村上千亩土地(大部分是耕地)出租用于圈建跑马场。案件经过如表 6-7:

表 6-7 北京顺义区"以租代征"土地违法案件经过表

时间	事件	结果及说明
2007.1.7	村民阻挠施工场地施工进行	项目被阻
2007.2.15	村民去村委会上访	退"租金收益",拒绝承认合同
2007.2.17	京华时报揭露《跑马场圈耕地千亩被指违规》	社会知晓该违法案件
2007.7.12	国土资源部公布查处土地违法违规专项行动等情况、国家土地督察制度组织实施进展情况	国家土地督察总督办公开挂牌督办,撤销批地文件,停止项目建设。同时在全市范围内进行"以租代征"情况自查和清理。
2007.7.13	京华时报报道《顺义圈地建跑马场被通报》	
2008.5.4	国家土地总督察公告 1 号公开	

案件2：湖南省湘潭市违规设立开发区问题（土地督察机构介入之后仍发生的群体性事件）

案件概况：湖南省人民政府擅自批准设立湘潭九华经济区（中国台湾）工业园，2007年土地督察机构介入并且督促地方政府进行整改，但是至今仍有群众因九华经济区征地补偿不到位、强制拆迁等问题上访，经查实多为村民出于个人利益导致该行为。

表6-8 湖南省湘潭市违规设立开发区问题

时间	事件	结果及说明
2007.7	土地督察武汉局向湖南省人民政府发出整改意见书	立即整改，撤销相关文件，全省范围内开展开发区清理工作，下发了《关于开展闲置土地清理专项行动的通知》
2008.5	国家土地总督察公告1号公开	
2009.5.27	村民与湘潭国土局土地监察部门人员发生纠纷，村民在网上发帖投诉	
2009.6.4	湘潭县国土资源局关于"违法征收土地"一帖的情况说明	该村民投诉情况系捏造
2011.10.7	新华网报道九华经济区"和谐拆迁"	
2011.11.5	有村民在《问政湖南》上继续投诉九华经济区征地补偿问题	
2012.4.6	湘潭政府市长信箱收到群众来信举报强拆民房问题	信访办人员回复，此拆迁行为合法，举报人捏造事实

案件3：京沪高速铁路廊坊段施工单位与被征地农民发生冲突

案件概况：村民与该地段施工单位因为征地补偿款问题引发暴力冲突。

表6-9 京沪高速铁路廊坊段施工单位与被征地农民发生冲突事件表

时间	事件	结果及说明
2008.10.19	村民和施工单位发生暴力冲突	
2008.11.3	中国广播网披露该冲突事件并持续跟踪报道	中铁17局负责人表示殴打事件是工人自发行为,公司毫不知情
2008.11.5	中国人民广播电台报道冲突原因系征地补偿款未落实	中铁17局处分涉案工人,安慰村民
时间不明	土地督察机构启动督办案件快速反应机制,现场督察该案件	
2009.4	国家土地总督察公告2号公开	

案件4:河北省永年县"永焦公路"占用基本农田

案件概况:2007年河北省永年县(现河北省邯郸市永年区)政府在没有征求村民意见的情况下,通过"以租代征"方式,要将永合会镇5 000亩一级保护基本农田,用于建设高污染的标准件生产基地。

表6-10 河北省永年县"永焦公路"占用基本农田事件

时间	事件	结果及说明
2007.9.8	县乡派出人员与村民发生冲突	未知
	土地督察机构介入调查	
2008.10	人民网披露《河北永年农民5 000亩基本农田被占用于招商引资》	
2009.4	国家土地总督察公告2号公开	

案件5:河北省万全县违规征地

案件概况:2009年被批准征地,2008年已开工建设;批复用地900多亩,实际征地3 000多亩;名为后勤保障基地,实为房地产开发;征地补偿每亩7 000元,土地出让金每亩32万元。

表 6-11 河北省万全县违规征地事件

时间	事件	结果
2008.10	一些村民拒领补偿,政府动用大型机械清理土地	群众向媒体举报
2010.5.16	新华网披露《河北张家口万全县违规征地3 000多亩土地开发房地产》	
2010.7.5	公开挂牌督办	
2010.12.24	燕赵都市网披露《河北万全县违法占地事件征地补偿不足至今无人问津》	
2011.4	国家土地督察公告4号公开	

事后公开的群体性事件具有如下特点:

第一,具有明确的目的性。每一起群体性事件的最终核心目的都是解决一定的利益问题,特别是经济利益。而群众在群体性事件中提出的问题主要集中在土地征收补偿、房屋拆迁补偿等方面,这些问题具有只有少数人或单个部门经手、透明性不高等特点,有关部门在处理这些问题时稍有不慎,就可能使事态扩大,引发群体性事件。

第二,具有规模的广泛性。一起群体性事件,往往聚集参与的人数少则十几人、几十人,多则上百人,有男有女,有老有少;有操纵者、组织者、策划者,也有骨干和一般成员。涉土事件之所以能发展成为群体性事件,这是因为无论是征地、拆迁还是旧城改造,这些事件都会涉及很多人的利益;因土地问题事关重大,所以不仅当事人会牵涉其中,他们的亲人、朋友有时也会参与群体事件当中。

第三,具有较强的组织性。群体性事件已由过去的较松散型向相对有组织的群体性转化,群体性事件中的幕后指挥、领导者事先会进行周密的计划,形成"台前"与"幕后"呼应;他们重视信息研究,环节把握准确。最终目的就是扩大影响、增加压力。

第四,具有很高的突发性。群体性突发事件大都属于"能量积累型",就像地震、活火山爆发,当能量积累超过所能承受的临界值后突然释放出来。在群体性突发事件发生之前,一般来说都有一个"能量"积累的过程,会出现许多明显的前兆,而且问题积累得越多,前兆就越明显。而许多问题久拖不能解决,或者对外封锁消息,最终就会一触即发,大规模的群体性突发事件就不可避免。

第五,具有严重的暴力性。群体性事件大多采取较为平和的表现方式,从本质上看是人民在根本利益一致基础上的矛盾,但暴力性、破坏性群体性事件逐渐增长,出现激化现象,对抗程度加剧。群体性事件的组织者和参加者出于"大闹大解决,小闹小解决"的心理,越来越多地采取各种极端或违法行为发泄不满情绪,围攻冲击基层党政机关、阻断交通、扣押人质,个别地方发生破坏公共设施、打砸乡镇政府或县政府的局部骚乱。

第六,网络群体性事件危机重重。从以上五起案件可以看出,村民在上访、举报未果之后,往往会采取向媒体披露,寻求媒体帮助的做法,新闻媒体也会因为不明事情真相、寻找新闻点等原因进行报道,一定程度上扭曲和夸大了事实,造成负面舆论,使得地方政府、土地管理机构都陷入了被动的局面。

(6) 风险原因:利益多元化导致的政策敏感

首先,尽管我国社会主义法律体系已经建立,但是有些部门法律仍然不够完善,土地管理机构法律规定较为凌乱,效力不够统一,因此各地操作差异明显,容易引发矛盾。比如《土地管理法》第二条"国家为公共利益的需要,可以依法对土地实行征收或者征用并给予补偿。"规定了征地的范围,但是对"公共利益"却未有明确的定义,而城镇化步伐的加快必然使得城市土地面积扩张,一部分集体土地被用于带有营利性质的经济建设。经济建设的迫切需要和《土地管理法》的相关规定起到冲突,各地对政策的把握标准、方式不一,容易引发社会矛盾。其次,《土地管理法》中对农村集体土地的产权主体界定不够明确,在实践中难免造成农村集体土地所有者无法行使权力和维护权益。此外,对于征地的补偿标准也是不明确的,各地政府的自主决策权很大,未批先征、擅自出让行为时有发生,被征地群众往往会互相攀比,一些失地农民难以维持生计,利益冲突日益明显。最后,地方政府对土地财政的过度依赖也可能导致对土地的无节制征用,引发各利益主体的矛盾。多元化的利益冲突使得地方政府和群众对于土地政策变化敏感,导致信息公开风险。

从公信力模型可以得知,目前我国正处于公众对土地政策制定者动机的正当性产生怀疑的阶段,政策的公信力已在下降,很容易出现政策失控的局面。因此,在现有的土地政策下,一些土地违法信息的公开不仅不能解除地方政府与群众的误会,反而会带来更大的社会风险。

六、土地督察信息公开模式探讨

(一) 公开准备

1. 在社会风险评估机制前提下建立信息公开具体实施办法

土地督察制度是最严格耕地保护制度下的产物,但是只有监督权而没有监管权,土地督察的特殊地位决定了土地督察信息公开需要特殊的公开方式,保证在维护社会稳定的前提下最大程度做到信息公开。因此需要结合《中华人民共和国政府信息公开条例》《中华人民共和国保密法》《国务院办公厅关于建立国家土地督察制度有关问题的通知》等法律法规制定适用于土地督察机构的信息公开具体实施办法,对土地督察信息公开实际操作过程中遇到的问题加以解释和指导。

此外,土地督察机构信息公开办法应当是在社会风险评估机制下建立的。对部分土地督察信息在公开之前应当进行必要的社会风险评估,可以让决策者从全局的角度出发,考虑信息公开与其他现行政策的配套性，避免信息公开后可能带来的不利影响，有利于体制建设，改善政府行政能力。

2. 完善信息公开平台

目前国家土地督察总督办公室和各个土地督察局网站上内容设置不尽一致，部分土地督察局网站还未设政务公开专栏，因此首先要建立统一的信息公开平台，并对信息进行管理和及时更新。此外，还要通过信息平台加强与群众互动，向群众解读各类督察信息。

3. 统一信息标准，合理分类

土地督察信息纵向上涉及总督办和各土地督察局，横向上涉及各级政府和土地管理机构以及各用地单位，信息来源、种类复杂多样，就国家土地督察南京局网站政务公开的情况来看，主要有政策法规、公告公示、典型案件和违法案件举报四个部分。其中，政策法规和公告公示类的信息并未进行更细致的分类，不便于查阅。涉及土地督察信息的文书主要有各级命令、决定、公告、通知、通报、批复、意见、函、文件等，因此首先应将主动公开的信息格式进行统一。可以有以下分类模式：一是根据土地督察工作机制——发现机制、审核机制、纠正机制进行分类；二是根据土地督察的具体业务进行分类，如例行督察信息、专项督察信息和审核督察信息等；三是根据督察的主要职责进行分类，如耕地保护信息，土地执法信息，土地管理审批事项信息，土地政策参与宏观调控信息，土地管理调查研究信息等；四是根据传统的政府信息公开条例的要求将信息分为机构职责、法规政策、规划计划、人事管理、统计数据、重大决策等；五是根据信息的层次进行分类，如国家土地督察信息和地方土地督察信息等。

(二) 公开内容：幅度仍需扩大

半数以上的官员认为重大典型土地违法案件、国家土地调控政策在督察区域落实情况、督察区域执行土地管理法律法规情况、执行土地管理法律法规情况、耕地保护责任目标及落实情况、土地督察重大活动、土地督察工作计划、工作制度应该主动公开并且事前公开。可见,信息公开内容的幅度还可以加大。

就发现机制而言,群众举报为督察工作提供了线索,但是由于群众举报可能有私利性,可信度值得怀疑,因此在官方网站上还未建立针对群众举报的反馈机制,不利于激发群众监督政府的热情,降低了公众参与度。有62.86%的群众和9.6%的土地管理机构工作人员认为要增强土地督察信息公开的互动性,在举报途径上加以完善。因此建议将部分群众举报案例及核查情况作为公开的内容之一,对举报情况做权威的解释,化解群众误会。

审核机制以核查土地利用和管理中的合法性和真实性为目的,主要是查阅相关文件,这部分文件有利于群众了解政府工作以及土地政策,增加公众的认知度,因此可以公开文件名称及主要内容。

对面向地方政府及土地管理机构的以口头通知整改、发函通报、发出督察意见书、限期责令整改通知书、约见约谈地方政府主要负责人、建议暂停审批等方式为主要类型的纠正机制而言,影响到地方政府的公信力,如果对涉案地区群众公开,容易引发群众的不信任,加深与地方政府的矛盾,因此这部分信息仍然不能对社会公开。但是可以采取向上公开的方式,将整改意见书、通报等文书向上级监察部门、同级人大等机关公开,通过党政监督,还可以采用系统内部依申请公开方式,加强内部监督。

(三)公开时间:掌握信息公开主动权

从对已公开的违法案件进行分析可以看出,土地违法行为当中政府非法征用占用土地、利用农地进行非农建设、破坏耕地的行为占多数,案件往往与农民群体的矛盾复杂。数据显示,事前公开进行挂牌督办的案例一直对外界保持着较高的透明度,往往不会引发群体性事件,而事后公开的效果则不如事前,督察部门在群体性事件爆发之后介入显得被动,而且仍面临着再次爆发群体性事件的风险。比如2007年北京市顺义区发生的"以租代征"事件,京沪高速铁路廊坊段施工单位与被征地农民发生冲突事件,河北省永年县"永焦公路"占用基本农田事件等。因此,对具有典型性、影响重大的案件需要尽量做到事前公开,特别是对案件处理结果的公开充分保障群众的知情权。

针对我国目前土地督察实践中多事后应对的弊端,可以将督察的关口前移,将事后补救的反应式应对转变为事前预测或事中控制的前瞻性应对。通过对重大土地违法违规行为信息公开,尽早地发现与解决地方政府土地管理过程中存在的问题,并进行节点控制,将其对社会与国家的危害与影响降到最低。这就避免了事后应对虽然阻止了事态的进一步恶化,但是在某种程度上已经损害了公共利益,并对土地资源与公共财政造成了不可弥补的损失情况的发生。

(四) 不同信息公开方式的选择

土地督察信息公开的对象是广泛的,可以按受众的人口学特征如性别、年龄、民族、职业、文化程度等进行分类,也可以按受众在对于传播信息的反应进行分类,还可以根据受众对信息关注程度和所关注信息的范围进行分类。由于受众的差异性、信息的多样性,最有效的信息公开方式是不同的,因此应当将各种信息方式进行合适的组合,确保信息传播效果和信息公开的社会影响最佳。

1. 不同信息公开方式对比

第一,主动公开的公开方式对比。

就主动公开方式而言,《中华人民共和国政府信息公开条例》第十五条规定:"行政机关应当将主动公开的政府信息,通过政府公报、政府网站、新闻发布会以及报刊、广播、电视等便于公众知晓的方式公开。"

政府公报是指政府机关出版发行的以登载法令、方针、政策、宣言、声明、人事任免等各类政府文件为主要内容的连续出版物。公报有中央政府公报和地方各级政府、各机关公报。政府公报是政府机关最具有严肃性和权威性的出版物,当与以其他公开方式公开的内容相冲突时,始终以政府公报的内容为准。

新闻发布会又称记者招待会,是一个社会组织直接向新闻界发布有关组织信息,解释组织重大事件而举办的活动。新闻发布会上往往是由该部门的新闻发言人做发言。目前,我国政府机关的新闻发言人约有70%左右是政府办公厅负责人或法规司的负责人[①]。新闻发布会公开制度公开迅速、涉及范围广,具有很强的权威性,但是新闻发布会的次数不多,且只在特定时间或者事件发生时举办新闻发布会,因此时效性相对欠缺。

政府门户网站是政府信息公开的重要方式,是群众了解政府部门最便捷的渠道,最容易让公众对该部门产生直观印象。政府门户网站的建设可以有效保障信源的稳定性,通过门户网站进行信息公开,成本较低且公开的内容十分全面,公众获取信息十分便捷,并且可以通过电子邮件、留言等方式发表意见,与政府部门的互动性也很强。目前,政府门户网站也是依申请公开的重要平台。

大众传媒在传播信息方面具有传播成本低、传播速度快、传播容量大、传播效果好的优点,但同时由于缺乏权威性,也会成为负面舆论蔓延的场所。对于对信息反应敏感、关注程度高,对新鲜事物接受能力强的文化素质较高的受众,运用新型媒介进行信息公开能够加深公众对信息公开工作的了解程度。近年来,微博成为网络信息传播的新媒介,是基于用户信息获取、传播和分享的平台,可以有效促进信息的交流和传播,透明性强、反馈真实、及时,内容发布简便,传播速度快,充分释放了公众的表达能力。而在科技日益发达的今天,报纸、刊物等传统纸质媒介对于不便使用网络的环境中依旧起到了

---

① 原光.信息公开背景下完善我国政府新闻发言人制度的基本思路[J].改革与开放,2011(6):6,8.

不可忽视的作用。不同的受众对于接受信息的渠道偏好也不同,对于年龄偏大、文化程度不高的受众,仍需使用传统媒介进行信息传播。传统媒介的运用能使更多的受众接收、了解信息,加强信息传播的效果。

为了对比不同信息公开方式的效果,为选择土地督察信息公开方式提供依据,我们绘制了表6-12,分别从信息范围、时效性、权威性、便利性、互动性和对受众的要求几方面对不同的信息公开方式进行了对比:

表6-12 主动公开的公开方式效果对比

方式 评价指标	部门公报	官方网站	新闻发布会	大众传媒	
				传统(纸质印刷品、广播、电视等)	新型(网络)
范围	小	大	大	大	大
时效性	弱	强	弱	强	强
权威性	强	强	强	弱	弱
便利性	弱	强	弱	强	强
互动性	弱	强	弱	弱	强
受众要求	无	对电脑操作能力有一定要求	无	无	对电脑操作能力有一定要求

第二,依申请公开的公开方式对比。

《中华人民共和国政府信息公开条例》第二十九条规定,公民、法人或者其他组织申请获取政府信息的,应当向行政机关的政府信息公开工作机构提出,并采用包括信件、数据电文在内的书面形式;采用书面形式确有困难的,申请人可以口头提出,由受理该申请的政府信息公开工作机构代为填写政府信息公开申请。电文形式主要包括电子邮件、电报、传真、门户网站留言等等,具有成本低、程序便捷、高效的特点,但是要求申请者具备一定的电脑操作能力和知识水平,适用的对象比较狭窄。书面形式更为简单,但是对申请人而言不够便捷,且花费成本就电文形式而言较高。

2. 土地督察信息公开方式的选择

在具体决定使用哪一种方法时,应当考虑下列因素:(1)利害关系人的数量和他们的特性,包括平均受教育的水平、环境知识、社会和文化地位;(2)将要传递的信息的性质,特别是技术内容;(3)所涉国家社会事业性质的情况,特别是项目可以利用的技术类型和财政资源;(4)规定进行环境影响评价的对象等①。

根据《中华人民共和国政府信息公开条例》《中华人民共和国保密法》的有关要求和国办发〔2006〕50号文中关于国家土地督察机构的主要职能的描述,结合土地管理机构官员问卷,我们将可公开的土地督察信息分为以下11类:土地督察工作计划、工作制度;土地督察重大行动;督察区域耕地保护责任目标及落实情况;督察区域执行土地管理法律法规情况;国家土地调控政策及督察区域落实情况;土地督察发现的重大典型土地违法案件;涉土信访及办理情况;土地督察意见书;土地督察发现问题整改情况;约谈记录;土地督察机构人员考核情况。结合问卷结果来看,主动公开和依申请公开的信息划分大致如表6-13:

表6-13 土地管理机构工作人员希望的土地督察信息公开方式

主动公开	依申请公开
重大典型土地违法案件 国家土地调控政策及督察区域落实情况 督察区域执行土地管理法律法规情况 督察区域耕地保护责任目标及落实情况 土地督察重大行动 土地督察工作计划、工作制度	约谈记录 涉土信访及办理情况 土地督察人员考核情况

---

① 李艳芳.论公众参与环境影响评价中的信息公开制度[J].江海学刊,2004(1):126—127.

为了进一步明确每种信息适合的信息公开方式,我们将每种信息发布需要的因素与表6-12中的指标加以对比分析,主要考虑以下几个方面:一是信息公开的效果,二是信息公开的成本,从而得出各种信息最适合的公开方式,如表6-14。

表6-14 不同信息适合的信息公开方式表

信息类型	公开需考虑的因素	符合的公开方式
重大典型土地违法案件	时效性、权威性、互动性	新闻发布会、官方网站
国家土地调控政策及督察区域落实情况	权威性	官方网站
督察区域执行土地管理法律法规情况	权威性	官方网站
督察区域耕地保护责任目标及落实情况	权威性	官方网站
土地督察重大行动	范围、时效性、权威性、互动性	新闻发布会、官方网站、大众传媒(网络)
土地督察工作计划、工作制度	权威性、时效性	官方网站
约谈记录	权威性、便利性、互动性	官方网站、电子邮件、书面
涉土信访及办理情况	时效性、权威性、互动性、便利性	官方网站、电子邮件
土地督察人员考核情况	权威性	官方网站、电子邮件

总体来说,土地督察信息公开模式的选择需要在保证政府信息符合公开要求的前提下,内部信息自上而下的政令和决策畅通,从下到上的工作内容和进展汇报准确,平级的机构对于土地督察工作成果进行交流总结,形成学习效应。管理和约束"权力—责任"主体,确保约谈和问责机制的完善,对于整改不力的督察区域,需向地方通报。在社会公开上,土地督察公开要与土地管理公开机制、社会热点公开机制相协调,形成社会影响的合力。

(1) 完善新闻发言人制度

作为信息公开的重要方式，新闻发言人制度的建设关系到土地督察信息公开的整体效果。由于新闻发言人对本部门的工作全盘了解，在领域内权威性强，便于与大众媒体进行沟通。在土地督察机构建立新闻发言人制度对重大土地违法案件的披露、重要政策颁布的解读可以起到第一时间权威解释的作用，其优势在于可以对新闻的内容、发布的时机、参与的媒体进行把关，从而控制局势。综上，土地督察机构的新闻发言人制度亟待建立，其基本要求有如下几点：

其一，要加强新闻发言人模式的立法建设。我国的信息自由立法亟待加强，土地督察信息公开条例、公开指南和公开目录亟待出台。新闻发言人制度作为信息公开的重要部分，应当将其制度化、法定化。新闻发言人的权力和义务都用法律保障，可以有效避免发言人只关注自身意志和本部门利益的缺陷。此外，由于新闻发言人制度来源于政府和新闻媒体的长期博弈，因此也需要加强新闻立法保障媒体的权利和义务。

其二，要加强新闻发言人的专业性。目前许多部门的新闻发言人是部门负责人兼职新闻发言人，缺乏新闻专业知识，因此需要加强新闻发言人的专业性。首先要塑造新闻发言人的形象，放下领导的姿态，注重与受众平等的沟通，做到命令与交流并重；其次要培养新闻发言人对于信息的整合能力，运用各种信息处理的技巧找准媒体和公众关注的新闻点和合适的表达方式；最后要加强新闻发言人队伍的建设。从个性特征、知识结构、个人影响力等角度选择合适的新闻发言人。

(2) 门户网站建设及大众传媒方式并用

门户网站和大众传媒并用的方式可以很好地解释土地督察信息、监督土地督察工作、及时反馈工作效果，且可以塑造土地督察机构的公信力。此外，网络发布信息可以在短时间内传播更广的范围，信息的及时性、获得信息的便利性可以得到保证，门户网站具有很强的权威性,大众传媒具有成本低、效率高的优势,加以并用可以有效提高信息传播效率。

土地督察信息公开首先需要在土地督察机构的门户网站上增加政务公开专栏,内设信息公开指南、信息公开目录、信息公开条例和举报监督方式。此外,还要将公开的信息进行有序分类便于群众查阅,并做到及时更新。

从互动性来看,微博媒介不失为土地督察信息公开的一种途径,土地督察机构可以开通官方微博,及时发布督察信息,以平等的姿态与群众交流,集散民间意见,共同讨论公共议题。

(3) 现场信息公开制度

政府信息公开行为不仅仅是要让公众提高对政府行为的关注度,同时也能提高政府自身的行政执行决策效力和行为的内部监督效力。现场信息公开模式从信息传播的三要素来分析,缩短了信息传播渠道,拉近了信息源和信息接收者的距离,避免信息的失真,具有新闻媒介、网络媒介等公开方式所无可比拟的优点,并且对于社会公众接收群体,这是最易得的一种信息获取方式。

重大案件的挂牌督办通报可以采用这种形式。一方面敦促土地督察机构对重大土地违法违规问题开展专项督察,切实纠正违法违规用地行为;另一方面,向社会公布需要挂牌督办的案件,让公众从政府部门直接了解到目前存在土地违法严重的区域,对区域的土地违法整改情况和土地督察执法队伍的工作状况有了一层公众的外部监督。这类方式的信息公开往往能带来比较大范围和强效果的社会影响。

张贴公告式和印刷资料式的信息公开方式作为政府机构最原始的、最早运用的信息公开模式,在现代社会依然可以发挥很大的效用。在各级公共档案馆、公共图书馆或者政府信息公开告知栏,设置专门的政府信息公开查阅和利用场所,并且加大投入和宣传力度,增强政府信息公开的社会影响。尤其是老年人,对于新兴的政府公开模式不太熟悉,通过张贴公告式的政府公报制度,有利于建立完整的信息服务机制。重大专项督察活动的预告、现场土地违法状况的问题核查,均可以采用此类现场公开制度。

学习其他领域政务公开模式,开展土地督察公众开放日,通过社区活动或者政府机构对外公开,让市民们了解土地督察相关的政府责任、工作模式和督办信息。公众开放日是文化建设和社会影响力建设的重要组成部分,可以增强政府部门工作透明度,满足人民群众对政府的知情权和参与权,增进人民群众对政府工作的了解。对于土地督察事务,国土资源部和土地督察机构应当将文化建设与公众开放日相结合,以公开为契机,以文化为导向,充分发挥信息公开的凝聚、激励、改善、约束、辐射等基本功能,让土地督察机构人员把认同土地督察事务与土地督察工作公众知情度作为提升土地督察行政知名度和提高队伍素质的切入点,营造团结鼓劲、持续深入的科学谋事干事的工作氛围。

(4) 开辟依申请公开渠道

考虑到土地督察信息的特殊性,目前土地督察信息还未有依申请公开的方式,然而在信息公开的趋势下,可以对依申请公开方式进行尝试。以对依申请公开的信息进行严格限制为前提,调查中也有官员表示约谈记录可以对土地系统内部进行依申请公开,而群众举报的案件情况在进行核实以后也可以对当事人公开。

此外,还可以采用现场征询的方式,让公众了解到他们想要了解的土地督察信息,也让督察人员深入人民群众中,以面对面的方式向他们公开土地督察信息,虽然信息公开不够正式也不够深入全面,但带来的社会效果却是十分良好的。

七、完善土地督察信息公开机制的政策建议

(一) 制度层面：构建土地督察信息公开体系

1. 建立土地督察信息公开体系的必要性

《中华人民共和国政府信息公开条例》分别对信息公开工作的管理体制、信息公开的范围、方式和程序、监督和救济进行了明确的规定，明确信息公开范围可以最大限度地保障人民获取政府信息的权利；统一信息公开渠道可以保证土地督察的真实性和可靠性；编制信息公开指南和目录可以实现信息资源的高效利用，从而促进督察绩效的提升。开辟依申请公开渠道，构建了与公众互动的平台，拉长了公众参与链，有力提升了部门的公信力。信息公开的监督和保障制度还规定了信息公开工作的考核制度、社会评议制度、责任追究制度、监督检查制度、年度报告制度、举报制度和行政复议制度，对督察部门信息公开工作起到了倒逼作用，也充分保障了信息公开相对人和社会公众的权益不受侵害。目前土地督察机构虽然对于信息公开作出了一定要求，但是还未形成成熟的信息公开体系，因此信息公开体系建设是做好信息公开工作的基础。

2. 土地督察信息公开体系的参考模型

参考《中华人民共和国政府信息公开条例》中的信息公开体系，结合土地督察制度的特殊性，土地督察信息公开体系参考模型如图6-20所示。

其中，土地督察信息构成了信息公开体系的资源层，也是体系的基础和重心，具有逻辑集中、物理分散的特点；各级土地督察局的信息公开目录构成了信息公开体系的编目层，是资源层的索引，明确了信息公开的范围；信息公开的渠道是用户获取信息的窗口，是面向用户服务的平台；土地督察信息公开保障工作机制是行为准则，明确了

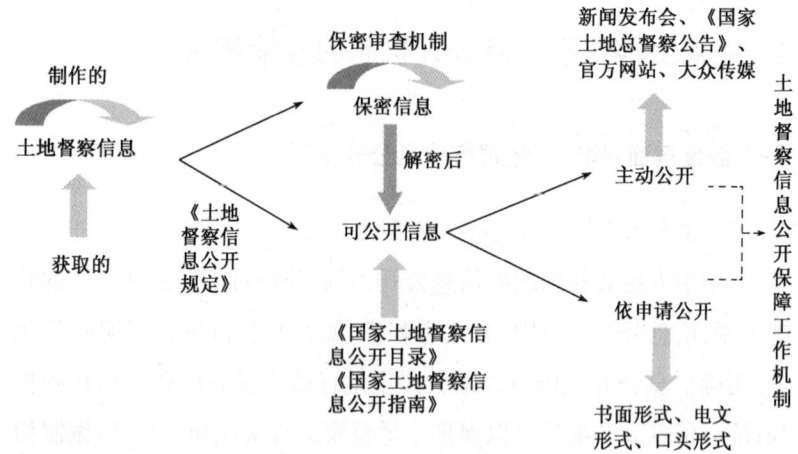

图 6-20　土地督察信息公开体系

信息公开的责任分工和工作流程。

(二) 操作层面：土地督察信息标准化建设

信息公开体系建设以梳理土地督察信息为前提，首先要将土地督察信息加以标准化的制作，再通过保密审查、筛选、调整出可以公开的信息，根据具体业务事项编制信息公开目录，对于公开和方式规定、查询信息的操作方法和监督方式编制信息公开指南，对于信息公开的具体内容则以部门的信息公开办法加以说明。

1. 编制信息公开指南和信息公开目录

编制信息公开指南和信息公开目录是将信息进行标准化操作的核心工作，最有效的编制就是将部门的"业务工作"纳入目录体系，使各组成部门依据职能对开展的政务工作进行梳理和明确，并明确内容保障的责任（图 6-21）。国家市场监督管理总局产品质量安全监督管理司、食品生产安全监督管理司等司局通过业务梳理建立了信息公开目录。从国务院各职能部门以及各地政府网站信息公开目录编制的现状来看，目录编制情况参差不齐，2007 年中国政府网站绩效评估结果显示，可以将信息公开目录编制情况分为三种状态：起步状态、目录已具备雏形、最能体现条例精神。

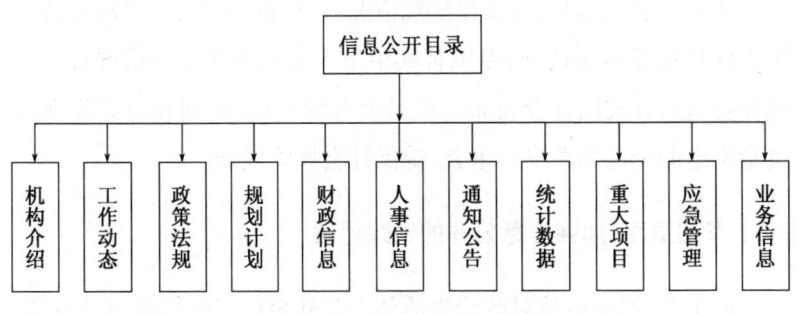

图 6‑21 信息公开目录构成

土地督察机构暂未形成健全的信息公开体系,对于土地督察信息也没有进行专门的梳理,信息公开体系建设处于起步阶段,缺乏资源层面的支撑使得土地督察信息公开目录编制相对困难。

2. 公开内容标准化

《信息公开目录》明确了信息公开的根据。国办发〔2006〕50 号文《关于建立国家土地督察制度有关问题的通知》和《国家土地督察实施五周年绩效评估报告》中制度建设这一章节确定,土地督察机构具有以下业务职能:土地例行督察业务职能、土地专项督察业务职能、土地审核督察业务职能、形势分析业务职能、调查研究业务职能、耕地保护目标责任制业务职能。通过相关法律法规、公告、通知等文件可以对以上业务职能做进一步的业务事项的梳理可将具体业务事项进行细化。再通过制作调研表对梳理出来的信息加以确认,确定每个事项产生的信息保障责任[①]。

对于经过保密审查确定可以公开的信息,信息要有统一的发布格式,且各地可以公开的信息范围应当是一致的。根据表 6‑14,结合信息本身对于信息发布的要求以及信息发布成本,不同的信息发布渠道应当相对固定。目前例行督察和审核督察的公开程度不高,

---

① 根据中国软件评测中心《政府网站信息公开体系规划设计》培训课程整理。

但是通过社会影响评价发现,例行督察中的督察区域土地宏观政策落实情况、执行土地管理法律法规情况,审核督察中督察区域耕地保护责任目标及落实情况,专项督察中重大土地违法案件情况都可以选择合适的方式向社会发布。但是公开的程度、时间和方式需要经过专家组的论证和严格的审查,确保社会风险最低。

(三) 管理层面:加强信息公开的跟踪评估

近年来,网络舆情对政治生活秩序和社会稳定的影响与日俱增,一些重大的网络舆情事件使人们开始认识到网络对社会监督起到的巨大作用。由于互联网具有虚拟性、隐蔽性、发散性、渗透性和随意性等特点,越来越多的网民乐意通过这种渠道来表达观点、传播思想。网络舆情突发事件如果处理不当,极有可能诱发民众的不良情绪,引发群众的违规和过激行为,进而对社会稳定形成严重威胁。因此要特别注意土地督察信息在网络上产生的影响,除了信息发布的社会影响之外,信息产生的次级影响和叠加影响也应当考虑。次级影响较直接影响在时间上较晚发生、空间上较远发生,叠加影响则是新旧政策的累积效应。土地督察信息公开的跟踪评估制度亟待建立。首先,要建立土地督察信息的舆情监控系统。对于重大违法违规用地行为或者其他容易引起负面舆论的信息的披露要制定危机预警方案,土地督察机构要牢牢把握信息源,保持对事态第一时间的获知权,加强对信息的监控力度。其次,要建立加强沟通机制,一方面各土地督察局要和地方政府、土地管理机构建立沟通协调机制,另一方面要和群众保持互动,建立网上互动的平台,回应群众关切,及时澄清事实,避免误会。最后,要建立信息公开的评估机制,建立信息公开的考核制度、社会评议制度和责任追究制度,定期发布信息公开工作报告。

第七章 政务公开标准化规范化

一、概 论

(一) 研究背景与研究问题

当代社会是一个信息化的社会,信息资源变得越来越重要,因此国家日益重视政务公开并积极推行。中共中央办公厅、国务院办公厅于2016年2月发布《关于全面推进政务公开工作的意见》(中办发〔2016〕8号),指出全面推进政务"五公开"(决策、执行、管理、服务、结果公开),让权力在阳光下运行;同年11月,发布通知指出要将"五公开"落实到公文办理程序、会议办理程序中,推进基层政务公开标准化规范化;2017年5月,《国务院办公厅关于印发开展基层政务公开标准化规范化试点工作方案的通知》(国办发〔2017〕42号),提出挑选全国15个省(区、市)100个县(市、区)作为试点单位,围绕25个方面开展基层政务公开标准化规范化试点工作,全面提升基层政务公开和政务服务水平。此后这15个地方陆续开展了试点工作,并形成了各自不同的特点。

本章拟通过对南京市建邺区政务公开标准化规范化试点工作的跟踪调查,总结其成功经验和存在问题,并借助于理论上的思考和外地经验借鉴,为后续的政务公开标准化规范化工作提出一些可行性建议。

(二) 国内外研究现状

1. 实践视角下的研究

这类研究主要是对某一领域内的工作实践进行研究。目前已有的相关研究主要集中在标准化的概念、标准化的原理、标准化的层级与分类等方面。郑粤琦以我国行政管理领域运用标准化作为研究对象,系统分析、探寻标准化对实现我国行政管理有效长远发展的影响和作用[①]。乔雪莲、吕金玲、邓玲等学者从改进国土资源标准化工作的视角出发,认为国土资源标准化工作取得显著成效,但也面临着诸如不适应、不匹配、不积极、缺经费等问题;介绍基层国土资源政务公开标准化研究的主要内容,并提出建议;希望通过研究,总结可推广可复制的经验,切实优化基层国土资源政务公开服务,促进政务公开的标准化和规范化[②]。杜玉玲则从行政审批标准化建设视角出发,总结广东省的一些成功做法,对推进政府行政审批标准化建设的做法进行介绍和分析,对推进过程中存在的问题提出建议[③]。洪学海、王志强、杨青海从大数据以及互联网的角度出发,回顾了国内外数据质量研究与实践的进展,对面向共享的政府大数据质量标准化的方法和测度理论进行了研究,最后对我国政府进行大数据质量控制及其标准化建设提出了建议[④]。张劲松探讨了"互联网+政务服务"的相关内容,认为优化这一模式应该建立在全国通用的标准化基础上,

---

[①] 郑粤琦.标准化在我国政府行政管理中的运用研究[D].华南理工大学,2010.

[②] 乔雪莲.关于进一步加强国土资源标准化工作的思考[J].中国国土资源经济,2014,27(10):21—24;吕金玲,徐剑,陈思嘉,黄津,张宇.基层政务公开标准化研究——广州市海珠区试点工作实践与思考[J].中国标准化,2018(11):129—133;邓玲,申文金.浅析基层国土资源政务公开标准化研究[J].中国标准化,2017(18):18—19,25;邓玲,申文金.科学建立"十三五"时期新型国土资源标准化体系[J].标准科学,2016(10):53—56.

[③] 杜玉玲.论如何推进政府行政审批中的标准化[J].中外企业家,2017(16):174,184.

[④] 洪学海,王志强,杨青海.面向共享的政府大数据质量标准化问题研究[J].大数据,2017,3(03):44—52.

强调顶层制度设计和因地制宜。①

2. 理论视角下的研究

除了上述针对实践的"现状—问题—对策"式研究外,也有少部分学者从特定的理论视角出发,对政务公开标准化规范化进行了研究,主要包括:

第一,PDCA 质量环理论视角下的标准化研究。标准化是一种科学的管理工具,标准化为科学管理奠定了基础,各种科学管理制度的形成,都是以标准化为基础的。科学管理视角下的 PDCA 循环又称质量环,是一个通过 Plan(计划)、Do(实施)、Check(检查)、Action(处置反馈)的循环方式进行科学管理的通用模型。一些学者从这一理论视角展开探讨。例如,金波借用 PDCA 的思维模式探索"标准化+"服务产业的路径,对"标准化+"服务产业发展过程中的政策规划、标准体系、实施监督、绩效评价四个方面存在的问题和解决方法进行探讨,以寻求"标准化+"应用和提升的可行路径。② 唐璐则以潍坊市政务服务中心标准化试点项目和标准化体系建设为基础,对我国行政服务发展及其标准化现状进行分析和研究。通过 PDCA 循环管理理论,研究地级市政务服务中心标准化试点项目的建设内容和步骤,总结政务服务标准体系建设的经验,进一步提升政务服务标准化水平,实现政务服务规范化、标准化、综合化和统一化。③

第二,体系设计视角下的标准化研究。有学者从标准化体系本身的设计出发展开探讨。例如张晓娟等指出,标准化是政府信息资源管理效率提升的重要途径,发达国家的研究侧重点是对实践经验

---

① 张劲松.标准化:"互联网+政务服务"的顶层制度设计[J].中国行政管理,2016(07):8.

② 金波."标准化+"服务产业的 PDCA 路径探索[J].中国标准导报,2016(10):30—32.

③ 唐璐.地级市政务服务标准化试点项目的 PDCA 路径研究——以潍坊市政务服务中心为例[D].青岛大学,2017.

的总结和对现有标准化体系的补充完善,发展中国家的研究倾向于学习经验、成果本土化及本国标准化体系的建设和落实情况,并采用定性和定量、专家评价与科学计算方法互为补充,构建出一个由信息业务标准、基础设施标准、管理标准、安全标准、技术标准5个一级指标组成的政府信息资源管理标准化体系。①

第三,规范自由裁量权视角下的标准化研究。王锐兰从规范自由裁量权视角出发,认为政府信息公开过程中自由裁量权的使用存在被过度解读与滥用的可能,嵌入标准化制度、建立政府信息公开ISO质量管理标准化体系、全方位实施信息公开过程和内容的标准化,有望从制度层面上约束自由裁量权的"脱嵌行为"。②王猛等学者以公民和基层官僚的需求为动力机制,构建了在信息化社会中思考信息技术、现代管理手段、自由裁量、政府管理和公共服务的理论框架,并以杭州上城区政府管理和公共服务标准化为案例对其进行论证,讨论了信息技术和现代管理手段的结合对规范自由裁量和推进治道变革具有的重要意义。③

(三) 研究对象和主要目标

本章拟在总结南京市建邺区政务公开标准化规范化试点工作的基础上,对其实效性进行系统性的验证与评估,一方面总结实践工作中出现的问题、找出问题产生的原因、提出解决问题的方法,争取为这一工作的改进及后续的全面开展形成一套有效的、可复制推广的经验;另一方面,也希望借助于相关的理论,对建邺区的实践进行一些理论上的思考,从而为中国政务公开标准化规范化下一步的实践

---

① 张晓娟,陈丹凤,邓福成.政府信息资源管理标准化体系顶层设计研究[J].情报理论与实践,2017,40(04):10—15.
② 王锐兰.政府信息公开、自由裁量权与标准化制度嵌入[J].探索,2017(01):79—84.
③ 王猛,毛寿龙.自由裁量、标准化与治道变革——以杭州市上城区为例[J].上海行政学院学报,2016,17(01):58—68.

提供理论基础。

(四) 研究思路与框架

研究工作将在以下几个层面展开。首先,通过查阅大量文献,了解政务公开标准化规范化的相关理论与内容,梳理国内外研究现状,确定研究的框架与思路。其次,探讨近年来各地开展政务公开工作面临的问题和困境,从理论上分析推进政务公开标准化规范化对走出上述困境而言的必要性,并归纳出政务公开标准化规范化的基本内涵和内容。再次,通过对建邺区政务公开标准化规范化试点的实地调研,详细了解与掌握南京市建邺区政府相关工作的基本概况、具体做法及成效、工作中存在的不足以及问题产生的原因。最后,借鉴浙江、上海、贵州等地的基层政务公开标准化的做法与经验,为南京市建邺区基层政务公开标准化工作提出一些建议。

(五) 研究方法

1. 文献研究法

主要对政务公开标准化规范化的相关理论和实践进行细致的梳理。具体通过以下几种方法搜集相关文献和资料:一是通过政府网站、相关新闻报道等搜集相关政策法规文本;二是通过中国学术期刊网络出版总库、中国博士学位论文全文数据库、中国优秀硕士学位论文全文数据库、中国知网、图书馆等数据库,搜集国内相关研究资料;三是通过国外的 Blackwell、Springer、EBSCO 等综合性数据库,搜集国外相关研究资料。充分了解国内外政务公开标准化规范化的研究现状,为后续的实证研究奠定坚实的理论基础。

2. 实地调研法

对南京市建邺区政府进行多次调研,并参与政务公开标准化规范化试点工作开展的过程之中,多次参加相关座谈会以及试点成果验收与分享过程,以便对政务公开标准化规范化试点的相关工作进行更深入的了解,通过对相关部门的调研,获得宝贵的数据以及资料。

二、近年来各地开展政务公开工作面临的问题和困境

党的十八大以来,我国日益重视政务公开工作的开展和推进,政务公开工作也不断深化,各地政府在政务公开方面做出了持续性努力,政务服务中心快速发展,服务功能日益健全,政务公开工作获得了公众的更多支持。尽管政务公开工作已经获得了一些成效,但是在推进过程中仍然存在很多问题和困境,主要体现为以下几个方面:

1. 政务公开的内容和范围不清晰,导致实践中的随意性较大

目前指导和规范我国政务公开的唯一法律依据是国务院2007年颁布、2008年实施的《中华人民共和国政府信息公开条例》(以下简称《条例》)。一方面,这部由政府颁布实施的法规只对政府范围内的政务公开做出了规定,而对党的组织、司法机构、基层群众自治组织、国有企事业单位、非营利组织等的事务公开并没有做出明确具体的规定,影响了政务公开的规范性、质量与效果;[1]另一方面,《条例》本身的原则性规定以及滞后于现实的粗线条解释,给政务公开工作领域预留了很大的自由裁量空间,这种较大的自由裁量空间既为各地各部门根据具体情景采取不同的裁量尺度、手段,满足个性化的需求提供了可能性,又带来了过度裁量问题,即各地各部门在推进政务公开工作过程中随意性较大,一些地方和部门为了避免给自己带来潜在麻烦,或者为了降低行政诉讼风险、保护自身利益,在政务公开的内容方面选择性公开、条件性公开和推迟性公开,变相地规避信息公开的义务。不同地区、不同政府部门,甚至同一部门内部不同机构之间在政务公开的内容和程度方面差异明显。《条例》中对于依申

---

[1] 袁忠.论政务公开的困境及其突破战略[J/OL].岭南学刊,2016,(06):60—65.

请公开的豁免条款中,对"国家秘密""商业秘密""个人隐私""公共利益""重大影响"等界定不清,既没有相关经济标准,也缺乏充分的指导案例可循,各地在执行过程中的宽严不一引发了诸多的争议和困惑,从而损伤了政府的公信力。

2. 政务公开的主体设置不规范、不稳定

目前,各地负责政务公开的主管部门设置各不相同,各部门和单位的领导机制、工作性质和职能、工作人员个人素质也各不相同,加上各个地区经济发展水平的差异、公民参与程度的差异,使得各个地区、各个部门政务公开的工作机制和公开程度差异较大,缺乏统一的战略指导,阻碍了政务公开的整体性推进。一些地方和部门人员配备不全,即使成立了专门的工作机构,也是人少事多、责任重、压力大,"临时性团队"或者"光杆团队"较多,兼职兼办、人员流动频繁等现象较为普遍。主体的不规范不稳定必然带来自由裁量尺度的"朝令夕改",影响了政务公开工作的持续性和专业化程度,难以保障政务公开工作的常态化、规范化。此外,从权责配置的角度来看,很多地方的政务公开管理机构与其他政府机关属于平级机关,没有直接的领导权、监督权和指挥权,其他机关是否配合落实政务公开的相关要求,既不可知,也难以保证。

3. 政务公开形式不规范、表面化

由于《条例》中对政府信息公开的形式,如何时公开、怎样公开、公开于谁等等,缺乏具体的规定,各地各部门公布信息的形式自成一体,地方政府主动公开信息的版式、数量和质量良莠不齐,信息可读性和一致性难以得到保障。政务公开的目录设置与类型划分、归类标准、公开信息的详细程度、公开信息的基本构成、公开与更新的时间等等都有很强的随意性。这一方面导致了政务公开形式的不规范,另一方面也使得一些公开的信息呈现出表面化的现象,即看起来是公开了但没有实质性的内容,例如,一些地方财政预算的公开过于笼统,另一些地方对重要的决策会议的公开缺乏实质性内容等。此外，各地在依申请信息公开的处理中缺乏规范统一的程序，引发了诸多的争议与质疑，影响了其合法性。

4. 政务公开偏离公众需求，尚未形成与公民互动的良性循环

政务公开工作应该是一个双向互动的过程：政务公开主体依照相关法律、政策和制度的标准和要求，运用较为有效的途径与方法，将政务信息主动公开给公众；而公众也有了解和获得政务信息的权利，同时，也有义务对政务公开工作进行监督，从而使得政府政务公开的内容与形式符合公众的需求。然而在实践中，一方面，大部分公众对政务公开的认知和了解水平较低，没有主动获取政务信息的权利意识和监督政府工作的义务意识；另一方面，极少部分公众过度使用"依申请公开"的权利。这使得政务公开工作——无论主动公开还是依申请公开，都尚未形成与公民互动的良性循环。政府机关提供的信息和群众真正想要的信息有时存在错位现象，群众关心的信息公开不够，公开的信息多为政府工作的宣传类新闻信息，群众不够关心，公开实效"不对路"。

三、政务公开标准化规范化的理论分析

（一）规范自由裁量权理论视角下的分析

上述问题产生的主要原因之一在于，当前政务公开工作中的自由裁量权过大，缺乏具体的规范和标准，也没有成熟的和稳定的模式作为参考。因此这部分首先从规范自由裁量权的理论角度来分析开展基层政务公开标准化规范化试点工作的必要性和该工作的基本内容。

前面提到，《条例》本身的原则性规定以及滞后于现实的粗线条解释，给政务公开工作预留了很大的自由裁量空间。这种较大的自由裁量空间一方面为各地各部门根据具体情景采取不同的裁量尺

度、手段,满足个性化的需求提供了可能性,另一方面带来了过度裁量、随意性较大、缺乏规范性和连续性等问题。这就有必要通过推进政务公开标准化规范化,从而"从制度层面有效应对自由裁量权的泛化甚至滥用,使自由裁量权成为'有一定之规'、有约束条件、边界清晰的权力"①,确保信息公开质量和效果最优化。政务公开标准化规范化涉及主体、内容、形式、平台和制度等多个方面:

1. 对政务公开的主体进行标准化规范化

标准化规范化是实现科学管理的重要方式和手段之一。政务公开标准化规范化的首要内容即对政务公开的主体进行标准化规范化,包括:明确各地各部门负责政务公开的专门机构及其权责、人员配备;明确相关工作人员的专业资格条件;制定统一化和标准化的入职、培训、离职管理制度,建设稳定的、专业化的政务公开工作团队。此外,还应明确各类具体信息的公开责任主体。

2. 政务公开内容和形式的标准化规范化

从世界范围来看,发达国家对政府信息公开范围的划定普遍采取的是"肯定型概括确定公开范围+否定列举除外"的立法设计模式。而我国《条例》选择的是"否定型概括除外确定公开范围+肯定列举公开事项"的立法设计模式。政务公开的标准化和规范化要求在《条例》的基础上进一步明确政务公开的事项标准,编制政务公开事项目录,在明确公开范围的基础上确保公开事项分类科学、名称规范、指向明确。

此外,还需要在此基础上逐项确定每个具体公开事项的公开形式和标准,包括公开事项的名称、依据、应公开的具体内容、责任主体、豁免性信息边界、公开数量、公开时限、公开频率、公开方式等要素,编制政务公开事项标准。

---

① 王锐兰.政府信息公开、自由裁量权与标准化制度嵌入[J].探索,2017(01):79—84.

3. 完善政务公开方式,建设标准化的政务公开平台

加快推进政务公开平台的标准化规范化建设,发挥政府门户网站作为第一公开平台的作用。通过"基本内容和模块＋特色内容和模块"的方式实现政府门户网站的规范化和优化。同时,综合运用政务新媒体、广播、电视、报纸、公示栏等不同形式的平台以及办事大厅、便民服务窗口等场所,多渠道公开政务信息,方便不同类型公众获取和查询相关信息。

4. 规范政务公开工作流程和工作制度

全面梳理和优化政务公开流程,健全工作机制,制定和实施相应的工作制度,推动发布、解读、回应有序衔接,实现决策、执行、管理、服务、结果全过程公开;进一步规范依申请公开办理程序,对依申请公开的各个环节的具体办理要求和文书格式进行统一规范;引入独立的第三方评估,对政务公开制度及其绩效进行标准化规范化评价。

(二) 信息标准化理论视角下的分析

信息社会的到来,使得信息在政府管理和服务中的地位日益重要。如何对政府获取和产生的各种信息进行有效的处理、保存、使用,成为影响政府治理能力强弱的重要因素,而信息的标准化规范化是保障政府信息得以有效处理、保存和使用的重要基础。例如,各地正在努力推进的"互联网＋政务服务"在很大程度上就依赖于能否打破部门壁垒、数据孤岛,而政府信息的标准化规范化是其技术基础。因此对政府信息资源管理标准框架实施顶层设计,有利于真正实现各部门的信息共享,实现与民众需求的无缝对接,最终提升政务公开和"互联网＋政务服务"水平。信息标准化理论认为,"没有数据的标准化,就没有共享的数据库;共享数据库一旦发展,就为进一步整合准备了平台……因特网所催发的数据标准化,代表了发生在机构内以及机构间重大的理性化进程。首先,标准化使得跨机构的冗余信息变得透明。其次,标准化减弱这样一种习惯,即让不同的机构收集

并储存高度相似的或者完全一致的数据资料。再次,数据的标准化引发了一种新的分析方式,该方式可能使得机构的组织和结构产生变化"①。

"政府信息资源管理标准范围非常广泛,包括宏观管理标准体系、信息生命周期各环节标准、应用技术标准、绩效评估标准、安全保障标准等,是一个各标准间彼此紧密联系的整体。"②然而,当前我国政府信息资源管理标准化建设仍旧缺乏全局性,各职能部门信息系统、信息资源和网络建设等采用的标准不同或标准化程度不同,导致各职能部门间的联通水平较低且对接困难,信息孤岛难以打通。从这个角度来说,政务公开标准化规范化还应包括数据采集、整理、存储、安全等技术方面的标准化和规范化。

四、南京市建邺区政务公开标准化规范化试点情况

1. 建邺区政务公开标准化规范化的主要做法及成效

自 2017 年 5 月以来,根据国家要求,南京市建邺区作为国家基层政务公开标准化规范化试点,重点围绕城乡规划、重大建设项目、财政预决算、税收管理、环境保护、食品药品监管、安全生产、公共文化服务、公共法律服务等九个方面,重点聚焦服务群众、服务企业和规范政府行为三个维度开展试点工作。主要举措包括:加强组织领导,构建全方位工作体系,打造政务公开的主力军;规范清单目录,实现全领域信息公开,建成政务公开的样板间;拓展公开渠道,突出全智能信息获取,铺设政务公开的高速路;丰富公开形式,开展全景式宣传活动,搭建政府群众的连心桥;健全规章制度,实施全流程监管

---

① 简·E. 芳汀. 构建虚拟政府:信息技术与制度创新[M]. 北京:中国人民大学出版社,2010:25.
② 张晓娟,陈丹凤,邓福志. 政府信息资源管理标准化体系顶层设计研究[J]. 情报理论与实践,2017,40(04):10—15.

监控,用好监督考核的指挥棒等。

经过一段时间试点工作的开展,建邺区政务公开标准化规范化工作取得了初步成效。第一,公共服务进一步提升。服务事项更集中,明确区、街、社区三级事项进驻的标准库清单和特殊库清单,编制公共服务清单和服务指南;服务标准更规范,统一梳理和制作办事指南、办事流程和填报表格;服务流程更优化,群众获得感不断提升。第二,营商环境进一步优化。以简政减税减费为重点,精简审批事项,使制度成本大幅降低;不断完善监管机制,积极推进综合监管和检查信息公开,建立了以公开为特点的新型监管机制,还使得区内公共法律服务产业得到发展。第三,政府行为进一步规范。公开清单,依法履职,全面梳理权力清单和责任清单,并向社会公布;公开决策,问政于民,邀请专业机构和专家参与政策方案论证,广泛征求和吸纳公众意见,提升政策解读水平,做好政策评估;公开过程,阳光监管,加大社会参与力度;公开结果,接受监督,增强政府公信力。第四,示范效应进一步凸显。公开标准可复制,从满足群众企业需求出发,将创造性的思维融入标准编制中,增强标准规范的实用性、适用性;制度规范和创新做法可复制等,从而形成了一批可复制、可推广的做法和经验。第五,公众满意度高。经第三方独立评估,建邺区政务公开标准化规范化的公众满意度整体得分为95.55分。

2. 建邺区政务公开标准化规范化试点的不足

第一,试点特色和亮点不够突出。建邺区的试点特色主要体现为聚焦服务群众、服务企业和规范政府行为三个维度,重点打造全科政务服务套餐、开办企业服务套餐和法治政府建设套餐,虽然体现出一定的创新性,并形成了一批创新案例,但整体上亮点还不够突出。

第二,从试点中的做法来看,建邺区主要侧重于政务公开内容、形式、渠道平台和工作制度的标准化规范化,而在政务公开主体的标准化规范化方面缺乏必要的探索和规定。专业化、规范化的政务公开机构和队伍尚未形成。

第三，信息资源标准体系的顶层设计不够。目前，各部门信息系统仍多数是从本部门需求出发自主建设的，在与其他部门实现信息共享与协作方面大多考虑不足，部门间容易出现信息共享时信息获取不及时、所获取信息与目标不符、共享信息实现成本高、信息共享实现过程效率低等问题，职能部门间信息对接和信息公开平台对接中仍存在一些阻碍。这主要是由于缺乏统一的规划，各职能部门间信息系统、信息资源和网络建设等采用的标准还不够统一，或者标准化程度不同，在建设和应用方法上没有统一的规范要求，实际建设思路和应用方法各不相同，导致分头开展工作，信息对接困难。

第四，从更高的要求和标准来看，建邺区政府还存在原始数据开放不足的问题。政府部门在履行职责时保存了海量数据，而大数据时代下政府所保有的数据具有巨大的公共价值，有利于推动经济增长和社会发展。政务公开的内容主要是经过连接、加工或解读之后被赋予了意义的信息，而非未经加工与解读的原始数据，建邺区政府更多的是侧重于保障公众的知情权，而忽略了社会利用政府数据的权利，降低了创造经济与社会价值的可能性。主要原因在于：一方面，政府较晚意识到原始数据开放的重要意义，相关工作也处于起步阶段；另一方面，加工解读过的信息而非原始数据，近些年来一直是我国政府政务公开的主要内容，从各地来看开放数据的数量都是偏低的，因此可借鉴的经验较为稀缺，且从整体上看，各地对开放数据重视力度不足，因此相关工作面临着重重阻碍。

五、其他地区政务公开标准化规范化的做法与经验借鉴

1. 浙江省温州市瓯海区：基层政务公开试点经验成为全省样板

在 2018 年 1 月的全国基层政务公开标准化规范化试点工作推进会上，温州市瓯海区作为浙江唯一代表进行经验交流介绍。具体经验有如下几方面：

第一,突出需求导向,坚持以公开为手段、服务群众为目的。瓯海区率先在群众和企业最关注的政务服务领域出成效,全面梳理政务公开事项和业务流程优化,制定《政务公开事项梳理指南》,触发政府服务流程再造,打通跨部门业务系统,确立"试点领域主导、部门协同参与"的工作格局。以"老百姓办成一件事"的角度将8类综合窗口252项业务全部纳入"一窗受理"系统,率先研发政务服务自助服务机,实现群众办事"一网通办"和"一端服务",全力打造"24小时不打烊"的"政务淘宝",进一步提升群众对改革的获得感。努力做到群众关注到哪里就公开到哪里,确保公开出成效;政务服务到哪里就公开到哪里,确保以公开促"最多跑一次"改革;权力运行到哪里就公开到哪里,确保公开之外无权力。

第二,突出创新导向,率先提出基层政务公开"创新工作清单"。以"五张清单一张网"为抓手,近年来共取消和下放1 300项行政权力事项,精简率达到38%。"市民参政智囊团"也是瓯海区打造基层政务公开标准化规范化全国试点"瓯海样板"的举措之一,智囊团成员被赋予建议权、询问权、参会权,反映社情民意,可围绕瓯海区委、区政府的中心工作或本领域内群众关心的问题进行建议,这在提升政务公开工作水平方面发挥了巨大作用。①

2. 上海市普陀区:全国首个基层政府信息公开标准体系

2016年5月,普陀区以"政府信息主动公开目录标准化"为题,申报了上海市标准化试点项目,并首创性地启动了政府信息主动公开领域的标准化建设。在试点过程中,普陀区共梳理形成了61个重点领域1 923项政府信息主动公开事项,其中在国务院办公厅要求的7个领域共梳理了587项。同时,还对各重点领域涉及的政务公开工作流程进行了统一规范,共编制完成了10个流程图,体现了以标

---

① 温州市瓯海区.政务公开优服务 阳光政府惠民生.http://www.zhejiang.gov.cn/art/2018/7/20/art_41423_2284485.html,2018—07—20.

准化推动规范化、以规范化促进标准化。①

2017年9月6日，上海市普陀区政府发布了"政府信息主动公开目录标准化体系"系列标准，这是全国第一个按照GB/T24421制订的关于基层政府信息公开的标准体系，共包含152项标准，从基础、保障、提供等环节，为区政务公开标准化工作提供了规范，普陀区以98分高分通过上海市标准化试点项目验收。

目前，普陀区将政府信息主动公开标准体系进一步划分为服务通用基础标准体系、服务保障标准体系、服务提供标准体系三个子体系，并对每个子体系下的各项标准和规范进行详细梳理，确定标准的名称和内容。除了重点领域信息公开规范之外，普陀区还将健全政府决策、执行、管理、服务、结果"五公开"以及政策解读、回应关切、公众参与等一系列制度和机制转化为标准，还将"互联网+政务"理念融入政务公开标准化规范化试点。

3. 贵州省六枝特区：创新打造政务公开"淘宝超市"

贵州省第一个推出基层政务公开标准体系的六枝特区，充分利用信息技术和大数据科技成果，创新打造政务公开新型平台。例如"政务淘宝超市"——"阳光六枝"政务公开信息管理平台，使用电脑、手机、微信公众号、微信小程序、政务微博、政务App、LED大屏等多种公开渠道，整合贵州省网上办事大厅、贵州省惠民政策项目资金平台、国家企业信用信息公示系统等的数据，集投诉、咨询、建言、意见征集、解读回应、政府公文库、依申请公开等管理功能为一体，成为展示政府信息的全景式窗口。群众通过手机"阳光六枝"App，可以在"阳光六枝"政务公开平台和App点击相应便民标签，享受"淘宝超市"一样的服务，实现"让群众对政务公开的了解像扫二维码一样简单"。同时将基层政务公开涉及的38个试点责任单位及参与单位微

---

① 蒋志洲. 敢！为人先！——记上海市普陀区政务公开标准化规范化试点[J]. 质量与标准化，2018(04)：13—16.

信公众号实现矩阵式接入,与"阳光六枝"政务公开实现无缝对接。①

由此可见,以上每一个试点都是根据当地具体条件和发展水平开展的政务公开标准化规范化工作,从而形成了自身的特色和亮点。注重创新性工作方式的培养,提升创新水平,采用更高效的方式开展工作,把人民群众的满意度和获得感作为政务公开标准化规范化试点工作的衡量标准和落脚点,运用科技更高效地满足公众的需求,以此提升政务公开工作的整体水平。

六、推进基层政务公开标准化规范化工作的建议

针对建邺区政务公开标准化规范化试点中存在的问题,以相关理论分析为基础,借鉴外地的经验,提出如下优化建议:

第一,根据区域特色打造试点亮点。特色与亮点的打造一是靠创造性的思维和鼓励创新的工作机制;二是要结合区域特色,从本区域政务公开工作中面临的突出问题、痛点堵点进行创新;三是要准确理解和把握政务公开标准化规范化的目的和重点。政务公开标准化规范化可以为"互联网+政务服务"提供良好基础,但是政务公开和政务服务毕竟是两个不同的领域。

第二,对照上海的"政府信息主动公开目录标准化体系"系列标准,建邺区目前出台的政务公开事项目录标准还不够全面、细致。建议通过借鉴上海等地的经验,进一步细化政务公开事项目录标准,从基础、保障、提供三个方面加强对自由裁量权的规范力度。此外,还应明确豁免性信息边界,建立标准化规范化的豁免性信息审查制度,完善审查主体机构和审查流程,从多角度限制自由裁量权,避免造成权力过大和权力滥用。

---

① 法制日报——法制网. 基层政务公开标准规范化试点持续推进. http://www. legaldaily. com. cn/index/content/2018—06/21/content_7575019. htm? node = 20908, 2018—06—21.

第三，探索政务公开主体标准化规范化建设。从目前来看，各地试点过程中对这一点的重视普遍不足。建议南京市在这方面进行探索性的尝试，如明确各层级政府、各个部门的主管机构及其职责权力边界、人员配备标准；明确相关工作人员的专业资格条件；制定统一化、标准化的入职、培训、离职管理制度；建设稳定的、专业化的政务公开工作团队等。

第四，完善信息资源标准体系的顶层设计。"现代信息技术的一个重要特性是，软件具有高度的'资产专用性'，多数硬件的更新、淘汰速度惊人，因此重复建设和推倒重来必然意味着'沉没成本'，意味着资源的巨大浪费。"[1]这一特征意味着信息资源系统的建设必须加强顶层设计，对数据采集、整理、存储、安全等技术方面的标准化和规范化做出统一的规划和设计，对信息平台和信息系统等进行科学统一的规划，建立较为科学的信息资源标准体系，避免诸如数据重复采集、系统重复开发等问题的出现。

第五，加快数据开放平台建设。首先，从观念上要加强对建立健全数据开放平台和体系的认识，未来开放的内容不应再局限于信息，而是要扩展为原始数据，认识到数据开放对保障社会利用政府数据的权利、创造社会和公共价值来说的重要意义；其次，要更多了解和借鉴国外相关工作的经验，例如，美国与英国分别于2009年和2010年建设了国家级的政府数据开放平台，相对于国内来说起步较早，因此会有更多值得参考的国际经验；再次，在具体操作层面，开放数据应具备必要的技术性特征，以满足可获取、可机读、非专属、及时性等标准，开放数据还应具备必要的法律性特征，提供充分的数据开放授权，保障数据获取和利用的非歧视性、开放数据的免费性、对开放数据进行增值利用和传播的权利等，此外，还应为开放数据提供集中、

---

[1] 简・E.芳汀.构建虚拟政府:信息技术与制度创新[M].北京:中国人民大学出版社,2010:11.

翔实、格式标准的元数据,以降低用户在获取和利用数据时的门槛和限制①;最后,政府需要更加重视推进国家级的数据开放平台的建设工作,构建和完善政府数据管理、开放、查询和再利用的官方平台,充分利用信息时代的互联网等工具,采用更科学合理的方式进行数据开放平台和体系的构建,以充分发挥原始数据开放对于激励创新、促进经济增长的重要作用。

---

① 郑磊,熊久阳.中国地方政府开放数据研究:技术与法律特性[J].公共行政评论,2017(1):53—73,206.张晓娟,陈丹凤,邓福成.政府信息资源管理标准化体系顶层设计研究[J].情报理论与实践,2017(4):10—15.

参考文献

一、著作类

[1] Barry Bozeman：*Public Values and Public Interest：Counterbalancing Economic Individualism*，Washington，DC：Georgetown University Press，2007。

[2] Herbert N. Foerstel：*Freedom of Information and the Right to Know*，New York：Greenwood Press，1999。

[3] 戴维·奥斯本,特德·盖布勒:《改革政府:企业精神如何改革着公共部门》,上海:上海译文出版社,2006年。

[4] 戴维·加森:《公共部门信息技术:政策与管理》,北京:清华大学出版社,2005年。

[5] 戴维·H.罗森布鲁姆:《公共行政学:管理、政治和法律的途径》,北京:中国人民大学出版社,2002年。

[6] 艾克·格罗伦德:《电子政府:设计、应用和管理》,北京:清华大学出版社,2006年。

[7] M.P.古普塔:《政府在线:机遇和挑战》,北京:北京大学出版社,2007年。

[8] 简·E.芳汀:《构建虚拟政府:信息技术与制度创新》,北京:中国人民大学出版社,2004年。

[9] 杰瑞米·波普:《制约腐败——建构国家廉政体系》,北京:中国方正出版社,2003年。

[10] 克里斯托弗·胡德,科林·斯科特,奥利弗·詹姆斯,乔治·琼斯,托尼·查沃斯:《监管政府:节俭、优质与廉政体制设置》,上海:生活·读书·新知三联书店,2009年。

[11] 拉塞尔·M.林登:《无缝隙政府:公共部门再造指南》,北京:中国人民大学出版社,2002年。

[12] 马克斯·H.博伊索特:《知识资产——在信息经济中赢得竞争优势》,上海:上海世纪出版集团,2005年。

[13] 马克斯·H.布瓦索:《信息空间——认识组织、制度和文化的一种框架》,上海:上海译文出版社,2000年。

[14] 迈克尔·约翰斯顿:《腐败征候群:财富、权力和民主》,上海:上海世纪出版集团,2009年。

[15] 穆尔:《创造公共价值:政府战略管理》,北京:商务印书馆,2016年。

[16] 苏珊·艾克曼:《腐败与政府》,北京:新华出版社,2000年。

[17] 文森特·奥斯特罗姆:《美国公共行政的思想危机》,上海:生活·读书·新知三联书店,1999年。

[18] 蔡立辉:《电子政务:信息时代的政府再造》,北京:中国社会科学出版社,2006年。

[19] 邓崧:《电子政务价值评估——基于政务流程和信息整合的研究视角》,北京:人民出版社,2008年。

[20] 干以胜:《中国政务公开研究》,北京:中国方正出版社,2012年。

[21] 高小平:《政府管理与服务方式创新》,北京:国家行政学院出版社,2008年。

[22] 过勇:《中国国家廉政体系研究》,北京:中国方正出版社,2007年。

[23] 韩红:《交往的合理化与现代性的重建》,北京:人民出版社,2005年。

[24] 何增科:《反腐新路——中国转型期腐败问题研究》,北京:中央编译出版社,2002年。

[25] 胡鞍钢:《中国:挑战腐败》,杭州:浙江人民出版社,2001年。

[26] 胡仙芝:《政务公开与政治发展研究》,北京:中国经济出版社,2005年。

[27] 李秋芳:《世界主要国家和地区反腐败体制机制研究》,北京:中国方正出版社,2006年。

[28] 刘飞宇:《转型中国的行政信息公开》,北京:中国人民大学出版社,2006年。

[29] 刘恒等:《政府信息公开制度》,北京:中国社会科学出版社,2004年。

[30] 刘明波:《中外财产申报制度述要》,北京:中国方正出版社,2001年。

[31] 乔立娜,李鹏:《政府信息公开工作制度与实施》,北京:中国人事出版社,2011年。

[32] 苏新宁,吴鹏:《电子政务案例分析》,北京:国防工业出版社,2005年。

[33] 孙本初:《行政学辞典》,台北:一品文化出版社,2008年。

[34] 陶文昭:《电子政府研究》,北京:商务印书馆,2005年。

[35] 汪玉凯:《电子政务在中国:理念、战略与过程》,北京:国家行政学院出版社,2006年。

[36] 王沪宁:《腐败与反腐败——当代国外腐败问题研究》,上海:上海人民出版社,1990年。

[37] 颜海:《政府信息公开理论与实践》,武汉:武汉大学出版社,2008年。

[38] 杨伟东:《政府信息公开主要问题研究》,北京:法律出版社,2013年。

[39] 杨小军:《政府信息公开实证问题研究》,北京:国家行政学院出

版社,2014年。

[40] 杨宇冠:《我国反腐败机制完善与联合国反腐败措施》,北京:中国人民公安大学出版社,2007年。

[41] 张杰等:《政府信息公开制度论》,长春:吉林大学出版社,2008年。

[42] 张维迎:《中国电子政务研究报告》,北京:北京大学出版社,2007年。

[43] 中国社会科学院"政治发展比较研究"课题组:《国外公职人员财产申报与公示制度》,北京:中国社会科学出版社,2013年。

[44] 朱红灿:《政府信息公开公众满意度测评与管理创新研究》,北京:国家图书馆出版社,2015年。

二、期刊类

[1] Patrick Birkinshaw: Freedom of information and its impact in the United Kingdom, *Government Information Quarterly*, 2010, 27(4): 312—321.

[2] H. C. Relyea: Federal freedom of information policy: Highlights of recent developments, *Government Information Quarterly*, 2009, 26(2):314—320.

[3] D. Waldo: Development of Theory of Democratic Administration: Replies and Comments, *American Political Science Review*, 1952, 46(1):494—503.

[4] 白淑英,何明升:《电子政务:政府与公众互动规则的技术化呈现》,《自然辩证法研究》,2007年第11期。

[5] 蔡立辉:《行政流程再造:电子政务应用中的问题与对策》,《电子政务》,2007年第8期。

[6] 蔡立辉:《基于电子政务应用的行政流程再造:问题与对策》,《天津行政学院学报》,2009年第3期。

[7] 蔡新燕:《移植与嬗变——我国官员财产申报制度的构建》,《中共四川省委党校学报》,2010年第2期。

[8] 蔡新燕:《中国官员财产申报制度的本土化构建——基于制度移植的框架》,《甘肃行政学院学报》,2010年第2期。

[9] 曹荣阔:《地方政府信息公开测评的实证调查——以四川省为例》,《四川文理学院学报》,2012年第2期。

[10] 曾宇辉:《服务行政视域中的政府信息公开——基于政民关系的视角》,《政治学研究》,2013年第3期。

[11] 常宏宇,张劲:《论政府信息公开的"例外"》,《中国行政管理》,2011年第8期。

[12] 陈广益:《官员隐私权与公众知情权博弈视角下的官员财产公示制度》,《中南林业科技大学学报》(社会科学版),2012年第5期。

[13] 陈岚:《从绩效水平看地方政府电子政务的实践——以江苏省13个地级市为例》,《现代情报》,2009年第4期。

[14] 陈剩勇,孙仁祺:《官员财产公开的困境与出路》,《浙江人大》,2012年第9期。

[15] 陈祥荣:《电子政务与服务型政府建设》,《行政论坛》,2005年第4期。

[16] 崔建科:《〈政府信息公开条例〉实施的现状及建议》,《前沿》,2011年第18期。

[17] 崔旭,邵力军:《美国地方政府在电子政务建设中的困境与出路》,《图书馆理论与实践》,2009年第4期。

[18] 党锋:《国内外电子政务研究比较分析》,《情报科学》,2009年第7期。

[19] 邓崧,彭艳:《电子政务支持下的政府绩效评估体系研究》,《中国管理信息化》,2006年第1期。

[20] 杜治洲,汪玉凯:《电子政务条件下善治政府的发展趋势——政

府与公众互动的视角》,《新视野》,2009年第2期。

[21] 杜治洲:《电子政务条件下政府与公众互动的三种模式》,《中州学刊》,2008年第2期。

[22] 方维慰:《我国政府信息公开研究进展的述评》,《中国行政管理》,2013年第12期。

[23] 费丽芳:《政府信息依申请公开实证分析——以浙江省11个市政府为例》,《浙江社会科学》,2010年第10期。

[24] 傅浩,李威巍,李满梅,刘磊磊:《地方政府门户网站地区营销绩效实证分析——以15个副省级城市为例》,《城市问题》,2006年第5期。

[25] 傅荣校,吴琦:《我国政府信息依申请公开程度评价——基于31个省政府信息公开工作年度报告分析》,《档案学研究》,2014年第6期。

[26] 郭俊华,程琼,樊博:《电子政务环境下政府行政成本管理策略研究》,《情报杂志》,2009年第1期。

[27] 何玉琼:《从社会公众的生活实践评估上海市政府信息公开制度》,《山西档案》,2010年第3期。

[28] 何增科:《建构现代国家廉政制度体系——有效惩治和预防腐败的体制机制问题研究》,《马克思主义与现实》,2009年第3期。

[29] 贺国强:《认真总结推广基层实践成果和经验,以改革创新精神推进反腐倡廉建设》,《求是》,2010年第13期。

[30] 胡佳,郑磊:《电子政府发展的国际新趋向:连接性治理》,《电子政务》,2010年第8期。

[31] 姜奇平,汪向东:《行政环境与电子政务的策略选择》,《中国社会科学》,2004年第2期。

[32] 蒋冠:《论服务型政府背景下政府信息公开的目标取向》,《图书馆学研究》,2010年第2期。

[33] 蒋红珍:《从"知的需要"到"知的权利":政府信息依申请公开制度的困境及其超越》,《政法论坛》,2012年第6期。

[34] 金东日,石绍成:《如何理解国家治理现代化——以民主行政理论为中心》,《中国行政管理》,2015年11期。

[35] 金太军,姚虎:《政府信息公开制度创新困境的内在机理探究——以新制度经济学为视角》,《江汉论坛》,2011年第8期。

[36] 鞠连和,程丽丽:《中国政务公开制度的特点和发展趋势》,《财政监督》,2016年第13期。

[37] 孔繁斌:《认真对待民主行政——对中国行政管理体制自我认同的一项分析》,《公共管理研究》,2011年第9期。

[38] 雷战波,姜晓芳:《中国电子政务绩效评估发展综述》,《情报杂志》,2006年第12期。

[39] 李辉:《道德论、功能论与嵌入论——西方腐败研究的范式转换(1960—2000)》,《经济社会体制比较》,2008年第5期。

[40] 李亮,汪全胜:《我国政府信息公开立法绩效评估报告——基于皖北农村与胶东城市的实证考察》,《中国青年政治学院学报》,2012年第2期。

[41] 李鹏:《地方政府网站依申请公开的发展思路及建议》,《长白学刊》,2012年第4期。

[42] 林尚立:《以政党为中心:中国反腐败体系的建构及其基本框架》,《中共中央党校学报》,2009年第4期。

[43] 刘桂兰,郝继明:《国外官员财产申报制度的典型特征及对我国的启示》,《行政与法》,2011年第3期。

[44] 刘磊,邵伟波:《公众参与视角下基于模糊层次分析法的政府信息公开绩效评估研究》,《情报理论与实践》,2014年第3期。

[45] 刘密霞,王益民,丁艺:《政府信息公开推动电子政务环境下的公众参与》,《电子政务》,2015年第6期。

[46] 刘小康:《政府信息公开的审视:基于行政决策公众参与的视

角》,《中国行政管理》,2015年第8期。

[47] 刘筱勤:《从权力监督到权力制约——论公共权力监控机制的转型》,《中共南京市委党校学报》,2010年第2期。

[48] 刘新萍,郑磊:《国际电子政府新趋势:包容性的公共服务》,《电子政务》,2010年第12期。

[49] 刘旭东:《新时期我国官员财产申报制度的实践及其完善措施——从思想观念、制度和技术方面逐步完善我国官员财产申报制度》,《中共杭州市委党校学报》,2009年第3期。

[50] 刘叶婷:《地方电子政务建设资金分配模式研究》,《电子政务》,2009年第5期。

[51] 刘祖云,林莉:《透明政府:一个政府模式变革的历史与逻辑》,《四川大学学报》(哲学社会科学版),2009年第1期。

[52] 龙怡:《我国政府网站"依申请公开"政府信息的可用性调研》,《情报科学》,2010年第3期。

[53] 陆聂海:《西方民主行政理论评析》,《政治学研究》,2013年第4期。

[54] 陆幸福:《论依申请公开政府信息之制度改进》,《法学》,2013年第4期。

[55] 罗长青:《依申请公开的制度价值》,《电子政务》,2009年第4期。

[56] 吕艳滨:《如何理解依申请公开中的政府信息概念》,《中国行政管理》,2012年第8期。

[57] 吕艳滨:《依申请公开制度的实施现状与完善路径——基于政府信息公开实证研究的分析》,《行政法学研究》,2014年第3期。

[58] 茅铭晨:《构建权力阳光运行机制应处理好几个关系》,《中国监察》,2010年第18期。

[59] 孟庆国,李晓方:《全面推进政务公开:内涵诠释、实践特色与发

展理路》,《河南师范大学学报》(哲学社会科学版),2017年第2期。

[60] 莫于川:《政府信息公开法制若干问题再思考》,《行政论坛》,2009年第6期。

[61] 潘军:《中国电子政务发展的动力分析——基于制度创新的思考》,《中国行政管理》,2008年第8期。

[62] 邵伟波,魏丹,刘磊:《基于KANO模型的政府信息公开的公众需求研究》,《图书情报工作》,2013年第7期。

[63] 沈晓:《政府信息公开制度发展现状与存在问题研究》,《人民论坛》,2014年第11期。

[64] 孙彩红:《地方政府信息公开现状及完善——以地级市为例》,《中国行政管理》,2013年第12期。

[65] 孙宇:《电子政务建设与行政管理创新互动关系探析》,《中国行政管理》,2008年第9期。

[66] 孙宇:《论电子政务的价值取向——兼论中国推行电子政务实践的策略选择》,《四川大学学报》(哲学社会科学版),2009年第2期。

[67] 陶帅:《电子政务在政府管理创新中的应用研究——以南京市政府门户网站为例》,《中共南京市委党校学报》,2009年第4期。

[68] 陶文昭:《电子政务的行政成本及其社会视野》,《行政论坛》,2005年第2期。

[69] 佟德志:《基于电子政务的服务型政府建设:模式与整合》,《中国行政管理》,2008年第9期。

[70] 汪雷,殷竹茹:《地方政府信息依申请公开存在的问题及对策探析——以安徽省政府为例》,《情报理论与实践》,2014年第8期。

[71] 汪全胜,张芃:《官员财产申报范围的法律设定考察》,《中共天

津市委党校学报》,2013年第2期。

[72] 汪向东:《中国电子政务的进展、现状及发展趋势》,《电子政务》,2009年第7期。

[73] 汪玉凯:《深化改革要敢于触动既得利益——建立官员财产申报制度的几点思考》,《中共中央党校学报》,2009年第2期。

[74] 王欢喜:《基于利益相关者理论的政府信息公开绩效评价模式研究》,《情报科学》,2013年第5期。

[75] 王辉,王刚:《公务员财产公示:伦理困境与对策》,《中国行政管理》,2009年第12期。

[76] 王建军,刘金程:《知情制度建设的问题及对策分析》,《社会科学研究》,2004年第6期。

[77] 王敬波,李帅:《我国政府信息公开的问题、对策与前瞻》,《行政法学研究》,2017年第2期。

[78] 王敬波:《政府信息公开中的公共利益衡量》,《中国社会科学》,2014年第9期。

[79] 王立华,覃正,韩刚:《电子政务绩效评估的研究综述》,《情报学报》,2005年第5期。

[80] 王士伟,王润鳞:《关于实行领导干部家庭财产报告制度和公务员依法申报个人财产的理论思考》,《理论导刊》,2002年第4期。

[81] 王婷:《电子政务影响政府成本的实证分析》,《湘潭大学学报》(哲学社会科学版),2005年第5期。

[82] 王延中,蒋来用:《新中国60年的反腐倡廉建设:一个简要的评述》,《政治学研究》,2009年第5期。

[83] 王勇:《政府信息公开的现代属性》,《理论视野》,2008年第11期。

[84] 吴光芸,吴金鑫,赵改霞:《政府信息公开中的公众参与困境及对策探究》,《理论视野》,2013年第7期。

[85] 肖卫兵:《论便民原则在政府信息公开申请答复中的适用》,《河北法学》,2014年第4期。

[86] 肖卫兵:《信息流通视野下的政府信息公开制度实施:以上海市A区为例》,《中国行政管理》,2014年第7期。

[87] 邢益精:《以制度保护精英:公职人员财产申报制度比较研究》,《中共郑州市委党校学报》,2006年第4期。

[88] 徐军玲:《政府管理的电子化治理:技术与制度共同演化的思路》,《科学决策》,2009年第9期。

[89] 徐强:《电子政务绩效评估:一个信息化、过程化的内部评估系统》,《经济体制改革》,2009年第4期。

[90] 许芳:《电子政务发展中的政府利益问题探讨》,《云南行政学院学报》,2009年第5期。

[91] 郇天莹:《美国官员财产申报制度构建的路径分析与启示》,《中国行政管理》,2009年第2期。

[92] 闫霏:《基于政府网站的政府信息公开效果评价》,《情报杂志》,2012年第1期。

[93] 姚公安,覃正:《电子政务降低行政生产成本的基本路径》,《情报杂志》,2006年第10期。

[94] 袁忠:《论政务公开的困境及其突破战略》,《岭南学刊》,2016年第6期。

[95] 张成福:《信息时代政府治理:理解电子化政府的实质意涵》,《中国行政管理》,2003年第1期。

[96] 张建彬,黄秉青,隽永龙,周志峰等:《政府信息公开服务质量面临的问题与对策》,《现代情报》,2016年第5期。

[97] 张康之,程倩:《民主行政理论的产生及其实践价值》,《行政论坛》,2010年第4期。

[98] 张千帆:《政府公开的原则与例外——论美国信息自由制度》,《当代法学》,2008年第5期。

[99] 张树平:《当代中国廉政建设的现实与趋向:一种基于政治学的分析》,《中共南京市委党校学报》,2010年第5期。

[100] 赵春雷:《论政府信息公开中公众的体验及其改善路径》,《南京师大学报》(社会科学版),2013年第1期。

[101] 赵国洪:《政府官员对电子政务的投入度侧探》,《电子政务》,2009年第8期。

[102] 赵国洪:《中国电子政务研究趋势探究——一项基于期刊数据的分析》,《中国行政管理》,2007年第2期。

[103] 赵正群,董妍:《公众对政府信息公开实施状况的评价与监督——美国"奈特开放政府系列调查报告"论析》,《南京大学学报》,2009年第6期。

[104] 郑方辉,卢扬帆:《〈政府信息公开条例〉绩效评价体系及其实证研究》,《北京行政学院学报》,2014年第6期。

[105] 郑方辉,周雨:《〈政府信息公开条例〉绩效评价:指标评分及实证检验》,《行政论坛》,2015年第6期。

[106] 周汉华:《中国电子政务发展推动力分析》,《电子政务》,2009年第4期。

[107] 朱司宾,张明毫:《电子政务与制度创新》,《情报科学》,2007年第3期。

三、文件类

[1]《中华人民共和国政府信息公开条例》,参见中国政府网:http://www.gov.cn/xxgk/pub/govpublic/tiaoli.html

[2]《胡锦涛在中国共产党第十八次全国代表大会上的报告》,参见人民网:http://cpc.people.com.cn/n/2012/1118/c64094-19612151.html。

[3]《习近平在中国共产党第十九次全国代表大会上的报告》,参见人民网:http://cpc.people.com.cn/n1/2017/1028/c64094-

29613660.html。

[4]《建立健全惩治和预防腐败体系2008—2012年工作规划》,参见人民网:http://qzlx.people.com.cn/n/2013/0530/c36458-21669082.html。

[5]《国务院办公厅关于建立国家土地督察制度有关问题的通知》,参见中国政府网:http://www.gov.cn/zwgk/2006-07/24/content_343671.htm。

[6]《中共中央关于全面深化改革若干重大问题的决定》,参见中国政府网:http://www.gov.cn/jrzg/2013-11/15/content_2528179.htm。

[7]《关于全面推进政务公开工作的意见》,参见中国政府网:http://www.gov.cn/zhengce/content/2016-11/15/content_5132852.htm。

附 件

附件1:第一章的访谈提纲

访谈提纲

一、工作事实

主要问题:从接收到一份信息公开的申请到给出最终结果,基本流程是怎样的?

(流程中需要获得的信息:是一人跟踪到底吗?大致经过几个流程?哪些部门会参与其中?对某些标准的判断是由谁得出的?对该申请的责任认定?)

追踪问题:基于互动过程的三个层次提出(以流程和结果为主)

1. 关于申请渠道:

(1)在线申请表格和供下载的表格存在不同,在线表格没有所需信息制定提供方式的选项,这一设置是如何考虑的?

(2)在线申请的表格中,传真为必填项,对于没有传真的个人申请者而言,是否考虑过会产生不便?

(3)是否对在线申请、当面申请和信函申请这三种渠道的群体特征做过分析?

2. 关于申请处理:

(1)处理信息公开申请的是专职人员,还是各单位办公室工作人员兼任？对人员是否会有上岗资格认定或者培训机制？

（2）如果是一人负责到底，如何把控其做出判断的准确性？

（3）如果是多人经手一个申请，责任是如何认定的？

（4）您认为，在处理信息公开申请的过程中，哪个环节相对而言，工作难度最大？

（5）在处理信息公开申请的过程中，在得出最终结果之前，与申请人进行沟通的情况常见吗？一般在何种情况下需要进行沟通？

（6）是基于什么系统进行申请信息公开处理的呢？通俗地说，工作人员是如何检索信息的？有统一的内部系统吗？如果有的话，能否做个展示？没有的话，是否有建设的议程？

3. 关于申请结果

（1）在南京市2015年的年度报告中，"2 840件有效申请全部办结，共做出答复2 812件"，未答复的有效申请具体是？

（2）在2015年的年度报告中，同意公开、同意部分公开、已公开并告知检索途径的处理结果占比为71.3%，比2014年的67.8%有所增长，您认为导致这种增长的原因是什么？

（3）从受理到答复，平均所需时间为多长？

（4）在答复信息公开申请后，是否会追踪反馈呢？具体是如何操作的？

二、评价和理念

1. 关于新出台《关于全面推进政务公开工作的意见》及其实施细则的评价

（1）《关于全面推进政务公开工作的意见》及其实施细则的出台，对依申请公开工作的具体影响是？未来可期的影响是？

（2）《意见》中提出要细化负面清单，明确不予公开的范围，而《信息公开条例》中规定了公开以及具体公开的范围，细则中也提出要建立健全主动公开目录,对于这两种不同的划定公开范围的规定,具体执行过程中如何认识?以何者为准?如何统一?

(3)《意见》和细则中未对依申请公开工作做针对性的说明,那么在信息公开工作中,人们是如何认识依申请公开在整个政务公开工作中的地位的呢?

2. 关于信息依申请公开中公众的评价

(1)您如何看待当前公众与政府在信息公开领域越来越多的矛盾纠纷?

(2)在实际工作中出现的公民申请公开的信息,其实已经主动公开了的情况多么?对此类现象,如何看待?

(3)学界很多人都认同信息公开应该是一个双向互动的过程,您怎么理解公众与政府在信息依申请公开过程中的互动?

(4)在受理信息公开申请的过程中,政府部门如何定位自身?是信息的管理者,还是服务的提供者?

3. 其他理念和主观评价

(1)您认为依申请公开工作中的主要压力来自何处?是绩效考核,还是处理申请的大工作量,还是来自外界舆论包括媒体的压力?

(2)您如何评价政府每年出台的信息公开年度报告?报告的编制过程是怎样的?

(3)在条例中,对政府信息依申请公开,有几条相对有争议的条款,您是如何看待的?(申请理由、政府信息的定义、一事一申请、申请要有明确的信息描述)

(4)您如何看待依申请公开制度在整个信息公开工作中的地位和价值?

(5)政府信息公开的主管部门,和其他政府部门相比,您认为最突出的特征是什么?

附件2:第二章的访谈提纲

政府信息公开监管治理研究访谈提纲
——监管者部分

1. 作为我省政府信息公开的主管部门,请问该部门承担的总体职责是什么?

2. 为了良好实现上述职能,部门得到了来自上级部门的哪些资源支持?

3. 您认为,在履行信息公开职能层面,政府信息公开办公室与其他职能部门(如省教育厅)是一种什么样的关系?为什么?

4. 江苏省政府信息公开办公室采取了哪些监督做法,以督促各职能部门(如省教育厅)按时、如实地公开相关政府履职信息?比如,监督方式有哪些?

5. 我省政府信息公开办公室借鉴了国内和国外的哪些具体经验和做法,以更好地做我省的政府信息公开工作?

6. 为了提高政府信息公开的质量与效率,主管部门进行了哪些方面的培训?这些业务指导是定期的还是非定期的?正式的还是非正式的?

7. 信息公开主管部门对各个职能部门的信息公开情况是如何评估的?评估的标准和体系是什么?

8. 为了做好我省的政府信息公开工作,主管部门针对职能部门,制定了哪些规章制度?在具体的政府信息公开工作进程中,有哪些程序的约束?对信息公开不力的情形,有哪些矫正制度做保障?

9. 在实施信息公开的过程中,主管部门面对职能部门功能多样性、地区多样性、部门多样性等问题时,是如何开展工作的?针对多样性的标准是一致的吗?

10. 您认为,政府信息公开办公室现有的机构设置和人员配备,对实现更好的信息公开,存在哪些方面的瓶颈?

11. 主管部门,在推进政府信息公开工作的过程中,遇到过哪些来自职能部门的挑战?

12. 作为政策执行性部门,省政府信息公开办公室是如何把握监管有效性与部门内部利益之间的张力的?

感谢您的耐心解答,祝您工作顺利!

政府信息公开监管治理研究访谈提纲
——监管对象部分

1. 作为省一级政府职能部门的工作人员,您是如何理解政府信息公开的?

2. 为了做好政府信息公开工作,您所在的部门做了哪些努力?

3. 您所在的部门是如何确定年度政府信息和行政文件公开计划的?确定范围的标准是什么?

4. 按您的理解,就政府信息公开这一政府职能而言,省政府信息公开办公室与您所在的部门,应该是一种什么样的关系?为什么?

5. 某位市民申请获得您所在部门的某些信息,但因某些理由申请被拒绝了,公民向法院提出诉讼。您所在的部门出现过类似的案例吗?若出现过,您所在的部门是如何处理的?

6. 您所在的部门与省政府信息公开办公室是如何开展协作,以做好日常的政府信息公开工作的?

7. 为了良好地实现政府信息公开职能,您所在的部门得到了来自省政府信息公开办公室的哪些专业指导和资源支持?

8. 在政府信息公开过程中,您所在的部门出现与省政府信息公开办公室的标准、意见不一致时,您是如何处理的?

9. 您认为,要进一步完善我省的政府信息公开工作,省政府信息公开办公室应该在哪些方面给予您所在的部门更多支持和帮助?

感谢您的耐心解答,祝您工作顺利!

附件3：第七章的调查问卷

土地督察信息公开社会影响评价调查问卷
（督察对象问卷）

尊敬的女士/先生：

您好！

我们是南京大学课题组，受国家土地督察南京局委托，对土地督察信息公开的社会影响进行调查。希望您能抽出一些时间，帮我们完成这份问卷，您的回答将为我们更好地进行相关信息公开工作提供重要依据，本次调研坚决保护答卷人的隐私，请您放心填写，非常感谢您的协助！

您所属部门：

☐市、县（区）政府 ☐土地管理机构 ☐土地督察机构
☐其他

1. 您认为将土地督察信息进行公开有必要吗？

☐很有必要 ☐有必要 ☐一般 ☐必要性很小
☐没必要

2. 您觉得土地督察信息公开的法律依据健全吗？

☐健全 ☐比较健全 ☐基本健全 ☐不够健全
☐不健全

3. 您对目前土地督察信息公开现状的态度为？

☐非常满意 ☐满意 ☐基本满意 ☐不满意
☐非常不满意

4. 您认为土地督察信息公开对于提升土地督察机构的工作效率的作用是否明显？

□十分明显　　□较为明显　　□有作用　　□不明显
□无作用

5. 您认为公开土地督察信息对于规范地方政府土地利用和管理行为的作用是否明显？

□十分明显　　□较为明显　　□有作用　　□不明显
□无作用

6. 您认为公开土地督察信息对于以下方面的作用大小为？

	十分明显	较为明显	有作用	不明显	无作用
遏制违法违规用地					
耕地保护目标落实					
土地调控政策落实					

7. 您认为公开土地违法案件情况（案件基本情况、处罚情况、案件最新动态等）的信息之后，群众可能的态度为？

□完全接受并十分理解　　□接受但不太理解
□基本接受和理解　　　　□不太接受
□不会接受且不理解

8. 您认为公开土地违法案件信息以后会不会引发群众集体上访或群体性事件？

□不会　　□可能性很小　　□有可能　　□可能性很大
□会

9. 您觉得以下信息最适合公开的时间为？

内容 \ 方式和时间	公开方式			公开时间	
	主动公开	依申请公开	不公开	事前	事后
土地督察工作计划、工作制度					
土地督察重大行动					
督察区域耕地保护责任目标及落实情况					
督察区域执行土地管理法律法规情况					
国家土地调控政策及督察区域落实情况					
土地督察发现的重大典型土地违法案件					
涉土信访及办理情况					
土地督察意见书					
土地督察发现问题整改情况					
约谈记录					
督察人员考核情况					

10. 您认为还需要公开哪些信息？

11. 您觉得土地督察信息公开哪些方面还需要改进？（多选）
□法律依据　　□风险防范制度　　□公开渠道的多样性
□公开内容的广泛性　　□信息公开的及时性　　□技术支持
□财政支持　　□举报途径　　□其他（请补充）

附 件

土地督察信息公开社会影响评价调查问卷
（群众问卷）

尊敬的女士/先生：

您好！

我们是南京大学课题组，受国家土地督察南京局委托，对土地督察信息公开的社会影响进行调查。希望您能抽出一些时间，帮我们完成这份问卷，您的回答将为我们更好地进行相关信息公开工作提供重要依据，本次调研坚决保护答卷人的隐私，请您放心填写，非常感谢您的协助！

一、您的基本情况

1. 您的性别：
□男　　　　□女

2. 您的年龄：
□18岁以下　　□18～25岁　　□26～45岁　　□46～60岁
□60岁以上

3. 您的工作：
□党政机关工作人员　　□事业单位工作人员
□企业职工　　□学生　　□退休人员
□农民　　□自由职业者

4. 您的受教育程度：
□初中及以下　　□高中/中专　　□大专　　□本科
□硕士及以上

二、土地督察信息公开的社会影响调查

1. 您对于土地督察的了解程度？

☐十分了解　　☐比较了解　　☐基本了解　　☐听说过

☐从没听说

2. 您最希望了解哪些土地督察信息？（可多选）

☐土地督察工作计划、工作制度　　☐最新工作动态

☐耕地保护责任目标及落实情况

☐土地宏观调控政策及解读

☐土地管理法律法规

☐农地转用、土地征收信息

☐督察地区整改情况

☐国家土地督察公告

☐土地督察发现的重大问题、土地督察成果

☐其他（请补充）

3. 您觉得土地督察信息公开对于遏制违法用地行为的作用是否明显？

☐十分明显　　☐较为明显　　☐不明显　　☐无作用

4. 您对于目前土地督察信息公开现状的态度为？

☐非常满意　　☐满意　　☐基本满意　　☐不满意

☐非常不满意

5. 您一般通过什么渠道了解土地督察信息？

☐网络　　☐电视、广播　　☐报刊、宣传册等纸质媒体

☐参与听证会　　☐其他渠道（请补充）＿＿＿＿＿

☐从未查询过相关信息

6. 您觉得通过以下渠道公开的土地督察信息的可信度为？（请在您觉得合适的一栏内打"√"）

	完全相信	大部分相信	半信半疑	不太相信	完全不信
针对该违法用地案件举行新闻发布会					
在国家土地督察局门户网站上发布事件信息					
权威新闻媒体发布（报刊、电视、广播等）					
网络平台发布（如官方微博）					

7. 如果您对政府用地行为不满,您会怎么做？（可多选）

☐ 向土地督察局举报,核实该用地的合法性

☐ 组织身边的亲戚朋友发起抗议活动

☐ 如果有人领导抗议活动,会积极参与其中

☐ 到上级政府或国土主管部门上访

☐ 通过司法途径打官司

☐ 寻求媒体,让社会关注

☐ 不采取任何行动

8. 您会因为地方政府违法用地行为参与群众游行/上访等活动吗？

☐ 不会　　☐ 可能性很小　　☐ 可能性较大　　☐ 肯定参加

☐ 不知道

9. 导致您想参加群众游行/上访活动的原因是什么？

☐ 该违法用地行为侵害到了自身的权益

☐ 自身权益未受到侵害,但对违法用地行为不满

☐ 受他人鼓动

☐ 想知道事情的真相

☐ 对政府其他行为不满,借机宣泄

☐ 其他（请补充）_____

10. 您觉得土地督察信息公开哪些方面需要完善？（多选）

☐ 信息公开的及时性

☐ 公开渠道的多样性

☐ 公开内容的广泛性

☐ 与公众的互动性（如对举报信息的反馈）

☐ 其他（请补充）_____

后 记

本著作是江苏高校哲学社会科学研究项目"推进政务公开与阳光政府建设问题研究"(2013ZDAM006)的结项成果。按照课题立项论证和设计，在江苏省和南京市人民政府办公厅以及其他政府部门大力支持下，通过专题研究的方式，逐步实现了预期研究目标。当然，党的十九大以来，在国家治理体系和治理能力现代化推进中，全面深化政务公开和阳光政府还需要进行更深层次理论和实务的探讨，今后我们将以本项目研究成果为基础，聚焦公共价值及其管理这一核心议题，继续完善相关的研究。

本项目的成果是南京大学公共政策研究院成员集体努力的产物，该著作包含七章的内容，参与各部分研究和写作的分工情况如下：

"前言"：孔繁斌、黄科；

"第一章　政府信息公开的互动性"：邵慧卓；

"第二章　政府信息公开的内部监督"：袁扬法；

"第三章　政务公开工作的创新"：魏姝、吴少微、张峰、李岚峰、魏旭；

"第四章　政务公开的指数体系"：魏姝、吴少微、赵雪；

"第五章　行政权力阳光运行"：李永刚、陈德志等；

"第六章　土地督察与信息公开"：汤其琪、叶丽芬、黄贤金、钟太洋、贾宏俊等；

"第七章　政务公开标准化规范化"：魏姝、吴少微等。

本课题及本著作能够顺利完成，首先要感谢省教育厅给予的课题立项，同时也非常感谢江苏省和南京市人民政府办公厅给予的多方面支持和帮助，感谢博士生吴秋怡同学为本书校对所做的大量工作，感谢参与本课题合作研究的各单位和所有人员！

孔繁斌

2020 年 12 月 10 日